# 永不过时的马基雅维利主义

［以］本-艾米·沙尔夫斯坦 著

韵竹 译

Ben-Ami Scharfstein

# 政治 非道德的

# Amoral Politics
## The Persistent Truth of Machiavellism

AMORAL POLITICS: The Persistent Truth of Machiavellism
by Ben-Ami Scharfstein
The Simplified Chinese translation of this book is made possible by permission of the State
University of New York Press © 1995, and may be sold only in the P. R. China.
Simplified Chinese edition copyright © 2022 Shanghai Sanhui Culture and Press Ltd.
Published by Nanjing University Press
All rights reserved.
版权登记号：图字10-2021-538 号

**图书在版编目（CIP）数据**

非道德的政治：永不过时的马基雅维利主义 / (以)本-艾米·沙尔夫斯坦 (Ben-Ami
Scharfstein) 著；韵竹译. -- 南京：南京大学出版社，2022.2（2022.6重印）
书名原文: Amoral Politics: The Persistent Truth of Machiavellism
ISBN 978-7-305-25096-5

Ⅰ. ①非… Ⅱ. ①本… ②韵… Ⅲ. ①马基雅维里(Machiavelli, Niccol 1469-1527)—
政治思想—研究 Ⅳ. ①D095.463

中国版本图书馆CIP数据核字(2021)第228919号

出版发行 南京大学出版社
社　　址 南京市汉口路22号　　邮　编 210093
出 版 人 金鑫荣

书　　名 非道德的政治：永不过时的马基雅维利主义
著　　者 ［以］本-艾米·沙尔夫斯坦
译　　者 韵　竹
策 划 人 严搏非
责任编辑 郭艳娟
校　　对 梁承露
特约编辑 张少军　段秋辰

印　　刷 山东临沂新华印刷物流集团有限责任公司
开　　本 880×1240 1/32　印张 14.375　字数 293千
版　　次 2022年2月第1版　2022年6月第2次印刷
ISBN 978-7-305-25096-5
定　　价 78.00元

网　　址 http://www.njupco.com
官方微博 http://weibo.com/njupco
官方微信 njupress
销售热线 （025）83594756

献给母亲百岁诞辰

如果你的权杖从手中滑落，上帝会帮你的……（因为）除了国王，没有人能触碰它。倘若王趴在地上，从家具底下取他的权杖，就不是什么雅观的场面了。换句话说，只要你一弯身，王冠便会轻易地从头上掉下。

——伊塔洛·卡尔维诺《国王在听》（*A King Listens*）

# 目　录

# 导 读

## 非道德的专制政治能走多远？

徐 贲

本－艾米·沙尔夫斯坦（Ben-Ami Scharfstein）在本书里要做的是，
"解释政治如何和为何经常是，而且如此自然地是非道德的，也解释政
治领袖和普通百姓的道德与非道德的关系"。这种非道德的政治理论和
实践被称为"马基雅维利主义"，也被称为"非道德的政治"。沙尔夫
斯坦在书的第一部分首先比较了三种古代的马基雅维利主义表现：中
国古代的法家政治家商鞅、韩非、李斯，古印度的考底利耶，文艺复
兴时期意大利的马基雅维利和他的朋友圭恰迪尼。作者得出了一个值
得我们重视的结论："马基雅维利主义是每一种政治生活的构成部分"，
而且"不能认真对待马基雅维利主义的政治或伦理理论，对于人类事
务都是不适当的"。沙尔夫斯坦继而在书的第二部分从人类心理、社会
生活实质、统治和被统治关系，以及其他因素等方面讨论了无所不在
的马基雅维利主义，从而指出马基雅维利主义不会轻易消失。人类的
道德传统不足以遏制非道德和不道德的政治权术和诡计，然而，人类
可以从过去和现今的被统治经验中总结出识别和抵御这种权术诡计的
策略。

沙尔夫斯坦对马基雅维利主义做了一个简单的定义，即"在政治
活动中摒弃道德的羁绊。换言之，就是在万不得已的情况下，为了达

到政治目的而施以任何形式的骗术与手段"。这也就是人们平时从道德角度所说的不道德或不正当权术。非道德的政治把马基雅维利主义权术的道德性搁置起来，当作一个不予考量的因素，这是马基雅维利《君主论》(*The Prince*) 的基本原则和理论。

马基雅维利主义可以说是从《君主论》抽取出来的一些非道德的政治原则和手段。如何看待这些原则和手段与马基雅维利本人的关系，这是一个有争议的问题。首先，正如沙尔夫斯坦的历史比较研究所充分显示的那样，这些原则并不是马基雅维利发明的。古人早就在运用类似的手段并总结类似的原则了。既然如此，这些原则和手段也就并不是非要冠以马基雅维利之名，即便用他的名字来称呼，也不过是为了方便。罗马历史学家塔西佗的历史著作就已经有对类似原则和手段的描述，塔西佗也因此被批评者称为"隐蔽的马基雅维利"。为什么不说马基雅维利是公开的塔西佗呢？这大概是出于方便的联想。同样，把中国古代的韩非、李斯或古印度的考底利耶与马基雅维利联系起来，也是出于方便的联想。

其次，马基雅维利本人不一定是马基雅维利主义者，这就像马克思否认自己是马克思主义者一样。马基雅维利是所谓马基雅维利主义的倡导者吗？对此，研究者们有不同的看法，一直到今天都没能达成共识，关键当然是如何理解和解释《君主论》了。这本小册子被视为专制君主政府（又称"暴政"）的指导手册，但他的其他著作——如《论李维》(*Discourses on Livy*) 和《用兵之道》(*The Art of War*)——的意旨与《君主论》中对专制君主政治的建言大相径庭，甚至背道而驰。例如，在《论李维》里，他认为，"人民的政府优于君主的政府"，他还说，"让人民害怕的君主对自己并没有什么好处"。而他在《君主论》里则说，让人民害怕比让他们爱戴是更有效的统治方式。这两处是自相矛盾的。正如美国政治理论家罗杰·博希（Roger Boesche）在《暴政的理论》（*Theories of Tyranny*）一书里所说，"如果说马基雅维利也许是最伟大的暴政理论家，他也是能够打败暴政的共和政府的最伟大的理论家"。

怎么来看待这种自相矛盾呢？马基雅维利到底拥护的是君主制还是共和呢？他在政治理念上到底有没有定见？学者们因为这样的问题而伤脑筋，也提出了不同的看法。启蒙运动时期，伏尔泰、狄德罗和卢梭解释说，《君主论》是一种讽刺（satire），是正话反说，为的是嘲笑而不是主张君主专制，所以他的共和主义是一贯的。但也有学者，如德裔美国历史学家汉斯·巴隆（Hans Baron）认为，马基雅维利写作《君主论》在前，后来立场一下子有了戏剧性的转变，变成了一个共和论者。这就像中国一些自由主义者一下子变成了"新儒家"。还有的学者，如政治哲学家列奥·施特劳斯（Leo Strauss）则认为，马基雅维利和希腊历史学家修昔底德一样，并没有明确的政治主张，而是根据情况的变化来调整自己的观点。这就像中国的"新左派"。

然而，还有一种颇为不同的观点认为，以上这些看法都是从理论到理论，从文本到文本，但忽视了作者本人以及他的写作目的和动机。英国学者斯蒂芬·密尔勒（Stephen Milner）发现了一份重要的历史文献，那就是1513年对马基雅维利的逮捕令。这份文件消失了500年，它的重新发现使得研究者的目光转移到了马基雅维利本人身上，他正是在逮捕令发出几个月后写作《君主论》的。密尔勒在回顾这项发现时说，这是"令人激动不已的发现"，"《君主论》是一部经典，对政治思想和文化影响深远。'马基雅维利主义'……的说法完全就是来自这一本书，但它的写作环境被经常性地忽视了"。他认为，如

果不是因为这份逮捕令，马基雅维利没有理由去写《君主论》这样
的作品。

1498 年，年仅 29 岁的马基雅维利就已经身处佛罗伦萨的政治中心，
在那个真正的共和政府里，他先是从事外交工作，后来又担任了政府
公职，这是一种公民服务（civil servant）。1494 年，统治佛罗伦萨长达
六十年的美第奇家族被推翻，接着由萨伏那洛拉成立共和国，领导长
达四年，之后由索代里尼继续统领共和国，这时候的佛罗伦萨是共和
主义的堡垒。马基雅维利出任佛罗伦萨共和国第二国务厅的长官，兼
任共和国自由和平十人委员会秘书，负责外交和国防。他是佛罗伦萨
首席执政官的心腹。他看到佛罗伦萨的雇佣军军纪松弛，极力主张建
立本国的国民军。1505 年佛罗伦萨通过建立国民军的立法，成立国民
军九人指挥委员会，马基雅维利担任委员会秘书，在 1506 年建立一支
小型民兵部队，曾亲自率领部队上前线并指挥作战，对共和国忠心耿耿。

1512 年，一切都发生了变化，由于战争失利，索代里尼被迫下
台，美第奇家族在教皇的支持下攻陷了佛罗伦萨，共和国随之瓦解。
新掌权的朱利亚诺·迪·洛伦佐·德·美第奇（Giuliano di Lorenzo
de' Medici）立即清洗政府，进行全面搜捕。1512 年年末马基雅维利被
解除一切公职，并在 1513 年被以密谋叛变罪投入监狱。他受到了吊刑
（Strappado）的严酷折磨，肩膀脱节、浑身剧痛，后被释放。也正是这
个时候，他写作了《君主论》。

马基雅维利心力交瘁、贫困潦倒，希望把这部著作献给那个差点
没把他整死的朱利亚诺，好换取命运的改变。朱利亚诺死后，又献给
他的侄子洛伦佐。这部著作并没有获得这两位统治者的垂青。也许是
因为这原本就是一份供君主内部参考的"文件"而非供普通读者阅读

的著作，马基雅维利生前从来没有将它公开发表。沙尔夫斯坦在书里也谈到了马基雅维利主义建言的"文件"问题。

《君主论》不仅是对一个专制君主政府的建言，而且还在积极证明：所有那些发生在马基雅维利自己身上的统治手段，包括惩罚和酷刑，都是正当的。马基雅维利洞察人性的脆弱和阴暗，在他所鄙视的软弱而可怜的人类中，就包括他自己。

虽然我们不能断言《君主论》是不是马基雅维利的违心之作，但他的遭遇让我们怀疑，这可能不是一部他在自由状态下愿意去写的著作。这或许也可以解释为什么《君主论》与他的其他著作如此矛盾，为什么他可能远非许多人所设想的那样是一个马基雅维利主义者。《君主论》所贡献于君王的不是普通的政治权术向导，而是与专制君主统治联系特别密切的专制权术指南。

马基雅维利的时代还没有今天我们所理解的"专制"概念。这个概念要到 17 世纪方才出现，而在 18 世纪，由于孟德斯鸠的阐述而成为一个现代意义上的负面政治概念。孟德斯鸠对专制政体的分析包括两个方面。一方面，他把专制列为政体的一种，像其他政体一样有自身的原则；另一方面，他又把专制政体与其他政体区分开来，君主政体、贵族政体和民主政体都是合法的政府形态，而专制政体总是坏的政体。专制政体是一种"可怖的"政府形态，它以"轻视生命来换取荣耀"。专制政体的原则是恐惧，而这个原则却有一个形似美好的目的，那就是安定（秩序和稳定）："安定绝不是太平，而是敌人即将占领的那些城市的缄默"。专制政体"是添加在已有恐惧之上的又一种恐惧"。专制政体让臣民非政治化，把人当动物，把反复无常的陌生法律强加给他们，使他们置身于腐败和残酷的监管之下。孟德斯鸠在《论法的精神》

中显然是在与专制的关系中谈到马基雅维利主义的，"我们开始从马基雅维利主义中恢复过来，而且每天都有进展。在对君主进言时需要更加有节制。以前曾经被称为政治良策的，今天即使不令人恐惧，也是最大的败笔"。

今天，我们对专制及其荼毒的认识和厌恶已经远远超过了孟德斯鸠的时代，20世纪出现的极权统治是一种我们所熟悉的新型专制，这是一种阿伦特所说的多变而无定形（shapeless）的专制。曾任哈佛大学教授的历史学家梅尔文·里希特（Melvin Richter）在给大型参考书《观念史词典》（*Dictionary of the History of Ideas: Studies of Selected Pivotal Ideas*）撰写的"专制主义"文章中指出，专制有不少同义词：暴政、独裁、绝对主义、极权等。专制是这些政治术语家属中的一员，它变得特别重要乃是17、18世纪的事情。它是作为"自由"的对立概念而出现的，因此成为政治比较或比较政治学的一个分析工具。"专制"这个概念取代以前的"暴政"说法，是因为专制特指一种与自由为敌、全面主宰人的思想和行为的政治权力。专制"很少单独用于无倾向性的纯粹分析"，基本上都是用来否定和谴责某种"与政治自由相对立或不符合的政治制度"。启蒙运动时期，孟德斯鸠从贵族政治的自由观念出发，将专制提升为三种基本政府形式之一。今天，人们从民主自由的观念出发，把专制确定为"独裁"或"极权"。

本书的主角主要是专制统治的谋士，沙尔夫斯坦称他们为"权谋之士"（Machiavellians）。"他们虽然活跃在政治舞台上，但自身往往又不是领导者，而是从属者或者理论家，为领导者提供建议。他们甘愿长期屈居从属地位，成为领导者忠实的智囊，而非他的竞争者。"这些马基雅维利主义的权谋之士可以说出领导者想说但又不便直说的话，

"正如技术高超的骗子会装出一副诚实的面孔，马基雅维利式的领导者更愿意戴着一副恒久不变的道德面具。或者更为常见的情况是，在处理对外关系时，他会尽可能少地公开运用马基雅维利主义。"

除了讨论这种甘愿长期屈居从属地位的权谋之士，沙尔夫斯坦还讨论了 20 世纪最擅长马基雅维利主义之道的统治者。他的讨论是在书的第二部分，以对 11 个问题的随想解答方式来进行。他说："在第一部分的比较政治思考中，这些问题在我的脑海中涌现。它们虽然直截了当、言简意赅，却并不容易回答。"因此，读者可以用自己的经验和体会再加以联想和补充。

如果权谋之士秉承和欣赏的治国之策是《君主论》中的那些专制伎俩和手段，那么他们所献之策便很可能是在加强某种马基雅维利自己都不可能预见的专制统治，尤其是 20 世纪特有的极权专制。说到底，马基雅维利主义体现的是一种统治与被统治的关系，强制和欺骗是这一关系的标志性特征。在这种关系中，无处不在的马基雅维利主义影响和操控着被统治者的道德判断，以至于他们明知道一些政府行为是非道德或反道德的，"但仍旧做好准备采取或宽容这些行为"。这只是 11 个问题中的一个。沙尔夫斯坦在讨论这 11 个问题时论及希特勒这个现代极权统治者的马基雅维利主义，这部分讨论应该对我们最有启发。

人们即使在意识到非道德甚至不道德行为的时候，也依旧会采取或宽容这种行为，用沙尔夫斯坦的话来说，"这既不是一种疾病或者基因变异，也不是一种违背'天使行为'幻想的表演。马基雅维利主义的策略，无可避免地伴随每一个真实存在，或者可能存在的社会系统而产生（不管这一社会系统具有何种意识形态上的借口和托词）"。他所举的例子来自许多读者熟悉的两本名著：罗伯特·利夫顿（Robert Lifton）所著《纳粹医生：医学屠杀与种族灭绝心理学》（*The Nazi Doctors: Medical Killing and the Psychology of Genocide*）和克里斯托弗·布朗宁（Christopher Browning）所著《普通人：后备警察 101 营和在波兰的最终解决方案》（*Ordinary Men: Reserve Police Battalion 101 and the Final Solution in Poland*）。两本书里描述和分析的普通医生，还有在纳粹警察队伍里服务的码头工人、卡车司机、仓库和建筑工人、白领，并不是全然没有良心或良知，但是这并不妨碍他们参与纳粹的邪恶行动。这种普通人的服从作恶是马基雅维利主义利用意识形态欺骗和集体内部的压力（它本身是一种隐蔽的暴力）所营造的统治效应，是一种"既可能产生恐惧，也可能激发热情"的极权操控。

希特勒这样的专制独裁者总是要求民众为他规定和指明的伟大事业献出渺小的个人自我。那么，这些独裁者自己"是否应当如民众所期待的那样，为了大众福利而牺牲个人利益？"这涉及专制独裁的权力欲与他自称代表的集体利益之间是什么关系的问题。马基雅维利主义者们会认为，这个问题是没有意义的。"领导者对外宣称，或者往往认为牺牲了自己的利益，但如果要将'满足自我欲求'与'为他人谋福利'两者进行区分的话，往往十分困难，以至于利己主义同利他主义之间的界限并不那么明晰，甚至两者都会不复存在。这对那些以放肆妄为和狡诈伎俩为傲的领导者尤其如此。在他们看来，自己的目的一旦实现，给所有被统治者带来的福利，将会超过道德本身的影响力"。

因此，即使当专制独裁者表现出"不计后果的厚颜无耻"，只要他们牢牢地掌控暴力（军队）和欺骗（宣传）的国家机器，他们仍然可以对自己的权力安全笃定和放心。但是，他们也会因此时时惊魂不定、寝食难安。无论他们怎样不断加强暴力和欺骗，都仍然会因为没有安全感而病态般地疑神疑鬼，"马基雅维利式的领导者有一项非常关键的特质需要在此提及：怀疑。……他们在具有敌意的人际环境中生活……把自己的不可信赖感投射到了他人身上"。怀疑别人对他们会施以暴力和阴谋，这成为他们自己滥用暴力和阴谋的正当理由，"这些领导者的想象力会异常丰富，以至于他们变本加厉地运用计谋和权术"。他们"会建立一支擅长打探情报和对人们进行监视的密探部队，以抵挡敌对力量……领导者所采用的典型方法是让他们互相监视。于是整个集体内的监视程度会增加，人们相互监视"。这便是乔治·奥威尔在《1984》中所描绘的那种老大哥极权统治。

在马基雅维利主义者看来，无论何种非道德或反道德的政治手段，只要是"以其人之道还治其人之身"，都是正当和合理的。因此他们需要制造敌人，一次又一次地发动运动，一方面是能够有效用动员群众来显示自己的威力，一方面也是用对运动的态度来测试所有人对自己的忠诚度。

我们无从知道历史上到底有多少专制君王对马基雅维利怀有崇敬之情并善于运用其政治策略。这似乎并不重要。在这个世界上，没有读过马基雅维利的照样可以通过阅读别的书来熟谙甚至发扬光大马基雅维利主义的统治权术。阅读或不阅读马基雅维利也并不能决定一个君主会成为贤君还是暴君。据说，素有"贤君"和"好王"之称的法王亨利四世于1610年在巴黎被刺身亡时，贴身带着的就是一部血染的《君主论》，而刚愎自用的绝对权力君主路易十四则每晚必温习《君主论》，否则不能高枕而眠。

18世纪"开明君主"的翘楚，普鲁士国王腓特烈二世不仅熟读《君主论》，还写过一本有名的《反对马基雅维利》（*Anti-Machiavelli*），由他的法国启蒙哲人朋友伏尔泰修改润色。腓特烈在书中逐章驳斥了《君主论》，反对马基雅维利主张的国家扩张，也反对他所提出的那些治国之道：阴险狡诈，口是心非，背信弃义，残暴无情，把功劳据为己有、把错误责任推给下属（"有功则君有其贤，有过则臣任其罪"）。腓特烈把这一套权术视为野蛮的丛林法则，认为这样的统治权术有辱王位的尊严和君王的高贵，也配不上君王行为的高尚标准。他谴责马基雅维利和奉行马基雅维利主义的同时代君主。这些都可谓义正词严，但是，专制权力的运行有它自身的逻辑和规则，并不以专制者自己标榜的高尚理论为转移。例如，腓特烈提出了四项结盟原则，也就是在什么情况下可以背叛同盟国（或其他形式的政治同盟）。第一，如果他们先背叛我；第二，如果他们可能背叛我；第三，如果我的实力不足以让我坚守此原则；第四，如果与之结盟者不仅帮不上我，反而成为我的累赘。这是 18 世纪欧洲列强争雄新形势下马基雅维利主义的新发展。

在这之后的 300 多年里，经过了 20 世纪的极权主义，随着专制独裁形式的不断变化，马基雅维利主义也在不停地与时俱进、推陈出新。威廉·J.道布森（William J. Dobson）在《独裁者的学习曲线》（*The Dictator's Learning Curve*）一书中指出，今天的后极权政权领导者与 20 世纪的极权独裁者不同。新兴的极权国家不再以旧式极权的那种赤裸裸的暴力和血腥手段剥夺人民的一切自由，并加以恐怖的残酷统治。新的极权专制给人民许多表面与程序上的"自由"，但始终渗透并控制着那些由权力赐予人民的自由。在经济上，新的独裁者更聪明，不再封闭守贫、切断与世界的联系。他们懂得从全球体系获得资源，却不会失去自己的统治权，其最重要的三个手段便是金钱收编、利益分化和虚假宪政民主。这可以说是后极权时代的新马基雅维利主义。

　　这种新发展应该促使我们更多地关注今天世界上的非道德和不道德政治。马基雅维利主义可怕的创新和伪装能力让我们更有理由相信，"未来政治生活中暴力和欺骗会被根除的想法毫无根据"。但正如康德所预见的，人类由于害怕战争会毁灭他们自己，因此会找到尽量避免战争的方法。同样，由于我们害怕新马基雅维利主义会不断加强专制独裁，害怕更多的人会心甘情愿地接受它的奴役，正如沙尔夫斯坦所说，"这种恐惧会变得异常尖锐，以至于它会促使人们寻找有效的方式去限制马基雅维利主义"。

# 引 言

　　为何政治经常是非道德的？政治是通过何种途径达到非道德的？为何这种情况时有发生，且自然而然？本书试图对以上问题做出解释。本书还想说明，上至政治领袖，下到普通百姓，不同阶层的人与道德或非道德的政治的关系。为此，笔者既考察了现代欧洲的情况，又对非西方文明古国（主要是中国和印度）的政治理论与实践进行了探讨。在考察这些地区时，笔者参考了大量的历史细节，秉持平等尊重的原则与严谨立论的态度，力求做到不偏不倚。需要说明的是，只有借鉴其他文明古国的经验，并运用于自身，我们才能变得更加智慧。而借鉴经验的过程，又远比得出结论重要得多。

　　此处探讨的理论与实践，都与马基雅维利主义（Machiavellism）有关。马基雅维利主义指的是在政治活动中摒弃道德的羁绊。换言之，就是在万不得已的情况下，为了达到政治目的而施以任何形式的骗术与手段。"马基雅维利主义"一词显然是一种理论建构，由于不同个体之间存在差异，无法用任何抽象的概念加以框定，因此它不会完全适用于某个具体的人。马基雅维利本人亦如是。针对这一点，与最初立论相比，笔者在结尾部分的阐述力求做到更加谨慎："马基雅维利主义"这一抽象概念固然能帮助我们认清对非道德性做出的任何政治上的辩护，但它并不是指原罪，即具有某种固定的、一成不变的特征。恰恰相反，它作为人类生活的基本组成部分，如同"爱""恨"这样的概念，会随着历史的发展，源源不断地以各种形式呈现出来，而每一种形式又会产生各自的结果。

巧合的是，本书所讨论的三种文明，在某一阶段的政治实践都能够与马基雅维利主义理论产生极为显著的联系。这一点有助于解释政治的本质。因此，本书第一部分将分别对三种文明涉及的政治理论家与实践家进行描述。为了让读者更清楚地了解政治理论与实践诞生的语境，笔者首先交代了每一事件所涉及的历史背景，接下来解释了这些思想家如何进行观察与判断，甚至影响了他们所在国的历史，最后说明他们的思想如何在各自所属的传统中得到继承。整个书写过程中，笔者尽可能对当代学术成果进行较为全面的体现，但是如同政治理论一样，这些研究成果仍然存在争议。

诚然，人们已经开始关注这三种文明所处的不同的政治语境。即便如此，我们继续使用"马基雅维利主义"一词来形容其中所宣扬并加以实践的非道德性，仍然合乎情理。由于这些文明各自独立存在，彼此间缺乏交流与互动，它们的相似之处因而显得格外引人注目。这些相似点可为以下主论点提供丰富的佐证。简言之，就是马基雅维利主义对任何形式的政治生活都是不可或缺的。在后面的章节中，笔者将会对这一论点加以修改，并不断添加分论点来支撑，最后进行整合。笔者确信，对那些从政多年的人来说，本论著的相关内容不言自明。他们甚至会因为对它们太过熟悉而不以为意。不过，个体经验终究无法代替大范围的调查，以及历史所揭示出的各种思想和实践。通过考察史实，我得出了一个我认为无法回避的结论：政治或伦理学理论，

2

倘若不对马基雅维利主义进行认真考察，不仅对广义的人类生产与生活是不完整的，而且这些现存理论与实际政治的关联度，也会引起质疑。换言之，笔者认为那些对人性绘制出精良考究而无污点图景的思想家，恐怕需要对那些理性上来说较为棘手的事实投入更多的精力。

为验证这一观点，笔者继续考察了一系列论据，涉及所谓"无文字记载的族群"，它们或者以王国形式、首领制度存在，或者还是尚未形成国家的社群。接下来，我将简要阐述近年来行为研究者的新发现——在非人类灵长目动物的社会生活中，也会时常用到马基雅维利主义的相关策略，即运用一些手段，以及至少在一定程度上实施有意识的欺骗行为。

笔者先前已经得出结论：政治与伦理学理论总是脱离实际生活。因此本书第二部分将通过实际案例，依据哲学与社会科学的相关知识，对马基雅维利主义进行探讨与评价。由于无意引起读者的过度期望，在这里需要解释清楚的是，这一部分并非一篇成系统的论文，也不是一则对当前思潮的重要梳理，而是集结了一系列篇幅短小的文章，借此回答一些书中的问题。笔者将它们与第一部分并置，意在让思想理论与社会现实相结合，而不是局限于学术领域。撰写第二部分的初衷，是在调查资料完毕后，有意对它们做出回应。望能激发读者的思考，对书中现有的分析与初步结论有所超越。

第一部分

描述马基雅维利主义

# 第一章

# 马基雅维利主义者介绍

在引言部分我已简要介绍了本论著的内容。接下来的章节中，我将通过相关文献来佐证自己的观点，也就是对一系列迥然不同、各具特色的人类社会的图景进行考察。在这之前，我首先要对大跨度对比分析的可行性加以解释，然后引出"马基雅维利主义"这一概念，向读者介绍几位颇具代表性的"权谋之士"（Machiavellian）。我将他们统称为"马基雅维利主义者"（the Machiavellis），并在后面的章节中对他们进行重点探讨。一眼看去，这几位政治思想家除了名字不同以外，并没有什么特别之处。但如果将他们从各自的历史语境中抽离出来，我们就能发现其中的共性：诚然，他们来自不同的历史时期与文化语境，性情气质也各不相同，但无一例外都是马基雅维利主义者。我在引言部分说过，马基雅维利主义者极度渴望对政治权力进行深度理解和剖析。相较一些思想家因为坚信道德理想和形而上的法则，或者因为想建立一套思想体系，所以将注意力从政治现实中转移开来，马基雅维利主义者则更会审时度势，对现实做出准确的评估。

首先，将政治理论与实践从它们所在的语境中抽离出来，这种方式是否合理？有论者会质疑，马基雅维利主义的这种跨文化描述，会忽略不同文明所在的特有语境，因此这样的比较是无法实现的。我认为这种反对论调基于的立场是，他们误解了"特有"这一概念所包含的限制。但我们的研究没有理由就此止步。每种文明都具有其自身的独特性，这一点无可辩驳。但是更准确地说，每一个生命个体都是独一无二的。例如我们人类，两个看上去一模一样的双胞胎也绝非完全相同。和其他人一样，他们既有相似之处，又存在差异，即便这里的差异是极为微妙的。

4　　整体上还应该弄清楚，如果简单地从"成为人"的角度来看，所有个体都是独一无二的。尽管个体间存在些微差别，在"人"的大范围内，人与人之间大体上又是相似的。如果排除独特性，我们就不能把有差异的人视为人类，也不能将他们看作独立的个体。但如果不是因为他们彼此之间、同我们之间有相似之处，将他们与同样作为人类的我们建立关联，几乎是不太可能的。生理学家或医生会发现，他们最熟悉的人群，与那些生活在完全不同环境中的人群之间的重大差异。不过即便如此，他们之间还是有许多相似之处，足以让我们通过类比的方法对差异进行区分和理解。心理学家不仅发现了显著的区别，还有可能发现（实际上已经找到了）情绪表达的基本方式（微笑、大笑、痛苦的眼神、哭泣等）大体上（而不是完全）是差不多的（实际上先天性盲人和常人一样出于相同的原因而发笑，并非通过看别人笑才学会的）。[1]

　　基于以上类比，并结合此前阅读过的历史与人类学著作，我做出一个看上去再普通不过的假设：人类的某些特质，如善良与残忍、爱与恨、利他与利己、乐观与沮丧、雄心勃勃与庸碌无为等，都是普遍存在的。即便这些特质会通过不同类型的行为或禁忌表现出来，在不同的社会环境中被强调或弱化，（我推测）它们还是在其盛行的文化背景下长期存在，并为人们所认同。善良与残忍、诚实与欺骗，这些我们将重点探讨的特质，它们之间的差异也同样具有普遍性。

迄今为止，究竟哪一个才是我们要研究的更确切、更重要的问题？是个体的特性，还是个体与他人之间的共性？实际上，由个体组成的群体也是独一无二的，据此我们可以进一步提出问题：每一个家庭、宗族、城镇、乡村甚至文明，它们各自的独特性，与构成该群体（包括作为整体的文明与人类世界）的个体之间的共性相比，是否更加显著、更为重要？相似的问题还可以涉及，成类比关系的群体所存有的共性与个性——小到它们的家庭成员、宗族成员的组织方式，大到它们在文明中的存在方式，定会迥然不同。仅就家庭而言，人们都扮演着父亲、母亲、孩子等角色。既然如此，再去比较他们在不同类型的家庭中扮演的角色有什么差别，这样的研究，重要性体现在哪里？

毫无疑问，唯一理由充分的答案是，什么才是我们所认为的"确切而重要的问题"。这样说也许有点荒谬，是否应将它改为，我们要格外留意"特性"或"共性"，因为它们对某个特定的目的而言十分重要？这个目的有可能是诊断出某种疾病，或者让我们用一个更贴近本书主题的例子——忠诚，也就是人民对国家的高度认同。特别是在危难来临之际，公民能否做到随时准备保家卫国，决定了国家的生死存亡。

至于我所称的马基雅维利主义，对共性与差异所做出的第一个回答如下：在中国、印度和欧洲（"部落"文化我将稍后谈及）这三种文明当中的任何一种文明里，善良与残忍、利他与利己、诚实与欺骗、雄心勃勃与庸碌无为，当然还有统治与被统治，正与反的区别都很清楚。这些区别反映在马基雅维利主义者与反马基雅维利主义者之间展开的激烈论战。争论的一方认为道德应具有唯一标准，另一方则从国

5

家利益角度出发，认为对普通人与对国家领导者的道德标准应有所区别。正因为共性与差异并存，"马基雅维利主义"一词的使用才变得理所当然。

问题到这里只说了一半。原因在于一旦认识和发现了相似性，并据此提出各种论点，关注差异性便是相当合理的。同样合理的还包括承认"马基雅维利主义"这一术语具有误导作用，因为它以同一性为前提。鉴于相似性因为过于简单化招致了不少诉病，我们接下来要开始理清每一种文明（或者某一时期、思想家、政治家、历史事件等）的具体特质。强调相似性或差异性的任何一方，都不意味着无视另一方的存在。在理论与实践中，两者相互依存，谁也离不开谁。相似性与独特性之间的相互作用为我们提供可能，学到普遍的真理与传统惯例，同时还会学到在何时、通过何种方式对它们进行修改或摒弃。我的兴趣主要在于清晰地考察马基雅维利主义在三种文明中的相似性，并运用其中的智慧。我还会对相关语境和个别思想家进行足够细致的描述，做出以下论断（与我的个人观点相反）：每一种文明所体现的马基雅维利主义，对于自身而言都是独一无二的。[2]针对其他相反的论断，我们可以通过区分不同条件、类型和结果的马基雅维利主义，来给予有力的回应。但需要注意的是，这种回应将理论特征与实际情况对等，免不了对理论进行生搬硬套的危险。

在这里，我所讲的大部分内容很有可能主要基于西方的材料。倘若你问我为什么将那些"陌生人"——古代中国、古代印度及其他——也囊括进来，原因在于尽管它们看上去有些生疏，但如果考虑到在它们内部也同样提倡施行骗术及手段的话，我们先前的认识就显得流于表面了。正因为它们来自完全不同的文化体系，才让我们更加清楚地审视自己，并认识到在马基雅维利主义这个层面上，我们自身比想象的还要残忍。他国文明如同明镜，若不是通过它们来观照自身，我们或许还会为自己身上不够有吸引力的地方寻找借口，声称那些是时间或地点的不妥造成的偶发性错误。当有一天学会真正面对自己的时候，我们就不会再强调那些外部理由。有句话说得好，美出自观者的期待。不过，尽管我们自以为比过去更美丽，作为真正的人，我们身上仍具有动物的本性，我们自己以及我们的亲属，都像动物一样渴慕权力。对于亲属，不论我们是恨他们还是爱他们，在面对其他同类时，我们定会团结力量、一致对外。

　　这一说法是否在措辞上有所夸大，或者过于简单？当然不是。由于在试图做出公允的判断之前，需要参考大量的事例，并对论点进行考量，我将在合适的时机对这个问题做出解释。马基雅维利主义深深根植于人类生活中，在短时间内对其抽丝剥茧，不是件容易的事。虽然它是非道德的，但它依然可以接受一些道德原则，前提是这些原则不会危及组织，或者放大一点说，一个国家的利益。这个国家由各种彼此并无亲缘的外来人组成，因而更是在人为的掌控之下。换言之，一个事物是否对组织或者国家构成威胁，完全由领导者决定，由他来说明（或者公开宣扬）何谓集体意志。尽管这样的意志受到习惯性道德的制约，但在诸多便利性借口的帮助下，人们往往会违背这些限制。

　　马基雅维利这个人是少见的直言不讳。他甚至公开宣扬，只要关乎国家利益，就不需要任何借口。人类生活必不可少的部分，就是必须不遵从道德准则。换句话说，是国家让道德准则变得可行，因而国家是高于这些准则的。国家作为道德的来源，代表着最高道德标准。马基雅维利据此得出如下结论：国家为求自保，有权使用任何手段，包括任何形式的欺骗，甚至动用军事力量。他认为，在实践中，一个政府只有按马基雅维利主义的法则施政，才会切实有效，因为马基雅维利主义的法则将国家以外的一切置于从属地位，从而保障了国家的健康发展和权威地位。正如我反复以马基雅维利之名来论述，国家领导层的福利，要比除他们之外所有公民的福利更为重要，因为没有领导者，就没有国家。倘若我们来做一个对等的辩护，那就是即便最独裁的社会统治，也比国家一片混乱要好。因此，我们可以用这样的说法对"马基雅维利主义"这一术语做出重新评价：对个体的不道德就是对国家的道德。个体道德的基本任务，就是为国家的安身立命贡献一己之力。由此可见，个体道德应受到鼓励，原因在于公民越勇敢、越诚实、越进取，国家就会越强大。与此同时，意在推行有效政治措施的统治者，也就越竭尽所能，为自己和国家增添荣耀，使其政权更加巩固。

马基雅维利主义在公开面对公众这方面，似乎仍盖着一层遮羞布。领导者不会公开承认，或者因为他们本身还未与马基雅维利主义达成和解——他们按其原则行事，而这些原则却令他们不安——或者倘若公开承认，将会颠覆和影响到日后的谋略。正如技术高超的骗子会装出一副诚实的面孔，马基雅维利式的领导者更愿意戴着一副恒久不变的道德面具。或者更为常见的情况是，在处理对外关系时，他会尽可能少地公开运用马基雅维利主义。这是因为领导者的外交战略往往要经过民众同意，并向他们承诺共同利益。然而作为本书的主角，那些典型的马基雅维利主义者，他们虽然活跃在政治舞台上，但自身往往又不是领导者，而是从属者或者理论家，为领导者提供建议。他们甘愿长期屈居从属地位，成为领导者忠实的智囊，而非他的竞争者，这暗示了马基雅维利式思想有可能陷入的一种窘境。

由于领导者渴望拥有一群进取心强、勇敢且忠实的民众，自然而然，以他名义推行的政治教义应当是反马基雅维利主义式的（anti-Machiavellian）。这不仅是为了国家的内部统治，从长远上看，也是为了让国家的外部政治手段显得合理化。领导者焚香作法，一来祈求众神祇赐予超能力的兵器，力图让那些一个个看似普通的将士拥有奇迹般的战斗力；二来让众神祇做裁判，对领导者而言同样颇为受用，因为他们更有可能站在于我方有利的立场上说话。由他们评判怎样做才算公允，这意义非凡。因为以公正（justice）的名义来推行广为接受的公平法则，永远是领导者宣称的目标。

对国家和统治者最为有用的公正，是通过一段合适的、富有传奇性的历史传达的。孩子们因为不甚了解，都接受了这段历史；从某种程度上说，这种方式取得了成功。他们从小接受这样的教育，长大后成为顺民。每个人都被规劝变得顺从、忠实、坦诚，除此之外还要表现得体面。为了让顺从变得富有吸引力，政府承诺给予公民社会上的、心理上的或者宗教上的奖励——社会认同、自我认同或者来自神明的保佑。但是，尽管马基雅维利主义在其主要的政治意义上说，更倾向于（培养）普通民众的传统道德，但这并不意味着反复灌输这种传统观念的任务轻而易举。相反，由于马基雅维利主义认为人性恶，因此它的预期判断是人总是非常自私、懦弱，或者富于攻击性、贪婪、爱骗人以及容易腐化堕落的。基于此种观点，普通人也会运用马基雅维利式的策略来对付他人，在某些情况下甚至会对付国家，这是理所当然的事。倘若这种观点可以成立，马基雅维利式的领导者将想方设法探察民众个体的马基雅维利式倾向，或者在不得已的情况下，通过残忍的惩罚方式予以镇压。

8

除了那些雄心勃勃、对国家谈不上忠诚的公民之外，如同其他组织内部的马基雅维利式的竞争者一样，任何国家都会有领导者或群体认为，他们自身的存在权，定义甚至超越了道德的权限。对一个国家而言，最为强劲的对手是宗教，因为宗教将自身视为终极道德权威。在本书最后一章，我将提供一个附加案例，来解释宗教如同国家一样，是如何产生马基雅维利式的特征的。

到目前为止，我一直在说马基雅维利主义，在此名义之下，欧洲政治史得以变得合理而恰当。不过正如本书将通过细节说明，它在中国和印度也有相对应的思想体现——在中国有法家思想（Legalism），在印度有《政事论》（*Political Science*）*。欧洲、中国与印度形式的马基雅维利主义，随着下面论述的展开，它们的区别将会愈发清晰。不过最为重要的（起码在这里）是它们之间潜在的相似性。

首先，让我来介绍一下马基雅维利主义在三个文明中的代表人物。在中国一共有三位：商鞅、韩非和李斯。商鞅活跃于公元前 4 世纪，韩非和李斯活跃于公元前 3 世纪，他们都归在法家名下。在印度，代表人物为考底利耶（Kautilya）。他所撰写的《政事论》是一部系统的著作，约成书于公元前 4 世纪至公元前 1 世纪之间。在欧洲以文艺复兴时期的意大利为代表，有马基雅维利本人，以及他的朋友、政治批评家圭恰迪尼（Guicciardini）。

马基雅维利主义分别在三个文明里出现，这是否可以理解为它们

---

* 该书也称为"Arthaśastra"。——编者注

中的任意一个对其他两个文明产生了影响？我们知道，早在公元前 4 世纪之前，中印两国就有过接触和交流。在亚历山大大帝取得胜利之后，印度与希腊之间也有过接触。而文艺复兴时期的意大利，正是从希腊汲取了大量的文化养料。然而，我们从将要涉及的文本本身的措辞、行文结构、所涉及的具体细节、所呈现的文化和历史传统中，可以看出它们彼此又是十分独立的。这些材料因而为我们提供了一次与众不同的历史试验，我称之为人类政治的普遍特质。

　　为了集中说明我的结论与论据是相吻合的，我现在将比较以上所列马基雅维利主义者的相关教义。为避免做出错误的阐释，我将尽可能引用他们的原话，诚然，需要借助译文。我的比较将涉及（1）社会与政治背景的相似性；（2）人性观念的相似性；（3）"领导者作用"观念的相似性；（4）他们共同推崇的一系列谋略。

　　（1）马基雅维利主义者所在的社会与政治背景的相似性。人们可能会认为，越是仔细考察这些思想家的背景，就越是感到他们彼此大不相同，他们就越像是三个独立的中国人、一个形影模糊的印度人，以及文艺复兴时期两个社会地位和性格都迥异的佛罗伦萨人。但如果我们退后一点，以一种中立的距离进行审视和比较，会发现他们之间具有令人惊异的相似性。[3]

　　这些马基雅维利主义者都深谙治国之道。他们皆对自己充满信心，皆认为自己的思想能立刻被采用。商鞅、李斯作为他们各自时代最为强势的改革倡导者，连同相传著有《政事论》的考底利耶，都是极有主见的大臣。作为马基雅维利主义者之一的韩非与李斯同为一个帝王服务。韩非主要为帝王提供建议，但很快便被陷害。在意大利，马基雅维利本人是一位经验丰富的外交官，他由于同情共和派，因而受到

9

驱逐。至于圭恰迪尼，则由于从政并持有一定权力，才免于不幸。

除了自身的政治经历，促使这些马基雅维利主义者进行思考的还有大体上相似的政治形势：国家周围邦国林立。它们不论大小，不论是盟国关系还是彼此征战，恐惧、希望以及错综复杂的阴谋都在他们所在国内部发酵。在这三个文明中，都有对政治局势进行分析的传统。这些分析彼此差别很大，并逐渐形成各自的代表性观点。这些国家都有丰厚的知识分子传统，滋养了不少思想家。他们虽然门派各异，但都渴望能将自己的理论付诸实践。通常情况下，他们当中越倾向于马基雅维利主义的人，到后来就越受到其他人的谴责。考底利耶的书可以说是一部综合性的政府手册，却受到来自佛教徒（Buddhists）和耆那教徒（Jains）的谴责，这主要是因为他们反对将道德与政治实践区分开来。然而古代印度教徒（Ancient Hindus）（不像今天）不仅接受了考底利耶的学说，还认为他的著作很好地总结了政府学的相关内容。虽然该文本在很久以前不幸遗失，但在印度其他更为人所知的著作中，传授的都是这本书的教义。[4]

（2）马基雅维利主义者的人性观。仔细分析可以看出，他们的人性观也许并非自始至终保持一致，也许会因时而变，而且很显然各不相同，但我们还是足以得出结论，即六位马基雅维利主义者对人性的态度都是消极的。他们认为，人之本性是邪恶的，或者是有缺陷的。换句话说，人会受到诱惑，会以自我为中心，会有惰性，会胆小懦弱，会有报复心理，等等。因此，他们提倡严苛的法律和具有警戒性的惩罚措施。这种观念在以下四段文字中有所体现。前两段来自韩非，第三段来自考底利耶，第四段来自马基雅维利。考底利耶所说的"权杖"（rod）象征王权，也是规则的同义词，这个规则指的是通过惩戒，或者是以惩戒为威胁的规则：

> 夫民之性，恶劳而乐佚。佚则荒，荒则不治，不治则乱，而赏刑不行于天下者必塞。[5]

> 夫严刑者，民之所畏也；重罚者，民之所恶也。故圣人陈其所畏以禁其邪，设其所恶以防其奸，是以国安而暴乱不起。[6]

> 权杖（指王权）经过统治者充分考虑后行使，它赋予属下精神的神圣、物质的富足和感官的愉悦……倘若没有王权，就会滋生"大鱼吃小鱼"的情况，换句话说，权杖不发挥作用时，就会形成弱肉强食的世界。[7]

> （聪明的君主）比起那些由于过分仁慈，坐视发生混乱、凶杀、劫持的人，仁慈多了。[8]

由于认为人性恶，一个马基雅维利主义者会很清楚，对政府而言，爱戴不如敬畏有效。有时候，马基雅维利主义者还会说，统治者让人生畏，反倒是爱民的体现。因为统治者通过惩戒让国家长治久安，让公正得到伸张，最终会收获民众的爱戴。以下段落体现的就是这样的观点。它们分别来自商鞅、韩非、考底利耶和马基雅维利。在这些引述段落中，考底利耶相对柔和一些。而在其他地方，这六位思想家都不假思索地反对冷酷与残忍，并主张予以打击：

> 重罚轻赏，则上爱民，民死上；重赏轻罚，则上不爱民，民不死上。[9]

> 从是观之，则圣人之治国也，固有使人不得不爱我之道，而不恃人之以爱为我也。恃人之以爱为我者危矣……[10]

11

　　行政严苛的国王让人畏惧，行政温和的国王受人轻视，行政公允的国王令人尊敬。[11]

　　君主使人们畏惧自己的时候，应当这样做：即使自己不能赢得人们的爱戴，也要避免自己为人们所憎恨。[12]

　　（3）马基雅维利主义者所认为的领导者作用。在约定俗成的观念里，中国的帝王乃是受到上天的恩惠来治理国家的。换句话说，王朝的万物生长是由上天赐予的。在印度，除了佛教徒和耆那教徒之外，君主的统治受命于某个至高无上的力量，有时候君主被认为是神，受到上天派遣缔造了王朝。在印度，相对温和一点的观念认为君主本人并不是神。这种观点与欧洲的观念类似，后者认为君主的统治由神建立，而治国之法则是对神明统治法则的天然效仿。因此在印度和欧洲，人们一般认为君主统治是政府仅存的形式。然而，人们还认为君主必须与宗教机构共享对社会的治理权。在中国，儒家的信徒认为，他们的道德观甚至应当凌驾于君主意志之上。考底利耶及其他共同完成《政事论》的印度作者并不反对宗教享有独立存在的权利。不过，他们与马基雅维利和圭恰迪尼一样，认为制度性宗教（institutional religion）之所以重要，仅仅是因为它们会有助于增加或减损国家福利。中国的马基雅维利主义者，由于需要与传统形式的中国礼仪和宗教达成和解，大体上也有着类似的考虑。

　　只有在欧洲才产生"社区有权自治"的思想理念。它发源于希腊的独立城邦以及罗马共和国，在中世纪时期得到延续。与此同时，也只有在欧洲才发展了一套清晰明了、一以贯之的理念，并废除社会契约制度（对于该权利，最为知名的表达方式都出现在马基雅维利的时代之后）。[13]因此，在我们讨论的马基雅维利主义者中，只有马基雅维利本人和圭恰迪尼将他们的政治理论运用于共和制。这也是继王国制和独裁制之后，同样受到他们青睐的体制。

马基雅维利主义者强调，统治者由于自身地位所赋予的权力，是国家最为杰出的代表，这一点必须在国家内部广受承认。有时候他们甚至会构想出真正适合这一卓越位置的人。以下来自韩非和考底利耶的选段，就说明了他们对这一点的强调：

> 万物莫如身之至贵也，位之至尊也，主威之重，主势之隆也。[14]

> 君主应有良好的政治学养，确立国家的统治法度，独揽王国版图，不可与任何其他统治者共享，并致力于谋求百姓的福祉。[15]

马基雅维利从罗马共和国中寻找他的理想政体，我不相信他本人写过类似上述的文章。他的确为臭名昭著的恺撒·博尔吉亚（Cesare Borgia）写过颂扬文字，但这与韩非和考底利耶截然相反，原因在于他歌颂的不是统治者之位，而是博尔吉亚的个人特质。马基雅维利褒扬博尔吉亚身为君主会适时调整政策，时而表现得严酷苛刻，时而又宽宏大量；会以新制度代替旧观念；会很清楚地知道如何向其他君主施加压力，让他们亲切而体面地帮助自己，即便遇到不利局势，也要把伤害降到最低程度。总之，马基雅维利称赞他：

> 争取朋友，依靠武力或者诈诈制胜，使人民对自己既爱

戴又畏惧，使军队既服从又尊敬自己。[16]

考底利耶类似的言论则是对理想君王的赞美。不过这一理想形象似乎无法在历史中找到对应的人物。考底利耶认为，君王除了对宗教要虔诚，还应当：

> 出身高贵、家境殷实、天性聪慧、灵魂高尚、尊敬长辈……不食言、有感恩之心、思想开明、精力充沛、行事坚毅果断、不拖泥带水。周边王子势力薄弱……（还应充分具有）胆识，疾恶如仇、反应敏捷、手脑灵活。[17]

考底利耶的君主基本上将精力都投入了战事。后面我会解释，这位统治者天性好斗，身边围绕着一群敌人。同样，如第二段引文所言，马基雅维利的君主也关注战事：

> 国王……是将要取得胜利的一方。和他的国家毗邻的土地，都被他称作敌人。[18]
>
> 君主除了战争、军事制度和训练之外，不应该有其他的目标、其他的思想，也不应该把其他事情作为自己的专业，因为这是进行统帅的人应有的唯一的专业。[19]

韩非认为，失败的统治者无视法度与规定，摒弃防御工事及其他重大事务。对于新颖的观点与规划，他们倒是有浓厚的兴趣。这最后一项特质在韩非看来，会成为统治者失败的一大诱因。这一点我将在后文中进一步解释。不过在考底利耶和马基雅维看来，这对于明君来说是必不可少的特质。韩非的理想君主施行道家式的无为而治，这一点颇为独特：

> 故虚静以待令：令名自命也，令事自定也。虚则知实之情，静则知动者正。[20]

（4）马基雅维利主义者推崇的几种策略。马基雅维利主义者天生擅长谋略。有人会感觉这些策略无非是扫除政治障碍，使用肮脏的手段或者一些特别（绝非仅仅）能够激发他们想象力的斗争方法。在一种马基雅维利式的情况下，也就是秘密监视，韩非和考底利耶走得比马基雅维利本人还要远。与前两者不同，首先，马基雅维利并不鼓励人人要相互监视，也并不提倡要建立庞大的秘密情报网。其次，针对制止统治者亲信谋权篡位的方法，他也并没有较多涉及。或许原因在于，即使马基雅维利的人生经历坎坷，对同时代的人给予了消极评价，但相比韩非与考底利耶，他更加信任人们，也建议他的君王信任身边的大臣。

以下来自韩非的引文主要讲的是怀疑。韩非建议统治者先将自己的观点藏起来，倾听其他大臣的意见，并禁止他们相互交流，违者重罚。除此之外，韩非还建议统治者将所有的功劳都归于自己，将过失归于他人。像其他马基雅维利主义者一样，他对潜在的危机来源具有超强的敏锐度——一个马基雅维利主义者能感觉到周围是否有同类——他很清楚，关系越近，危险就越大：

> 君无见其所欲，君见其所欲，臣自将雕琢……虚静无事，

以暗见疵……勿令通言。[21]

然则去微奸之道奈何？其务令之相规其情者也。[22]

有功则君有其贤，有过则臣任其罪，故君不躬于名。[23]

爱臣太亲，必危其身；人臣太贵，必易主位；主妾无等，必危嫡子；兄弟不服，必危社稷。[24]

在一件事情上，考底利耶对于谋反篡位的措施比韩非更加严厉。他建议君王不仅要监视大臣，还要同其他人一样，给他们最大化的利诱。他还主张精心筹备"悄无声息的惩罚"，也就是让密探暗杀有谋反倾向的人。当然，君王的妻妾与儿子，是危机的主要来源：

任命大臣后……（国王）应秘密考验这些人是否正直诚恳……他不仅要在高层领导之间安插眼线，也要对城市与乡村的居民加以监视。[25]

他应当毫不犹豫，对自己的党派或者敌人的党羽实行"悄无声息的惩罚"。[26]

君王只有在自己不受身边人与敌人侵犯的情况下（首先是来自妻妾与儿子的威胁），才能保卫国家。[27]

马基雅维利建议君主揭露大臣的真面目，这种做法很符合他的个性，在程度上却远没有韩非那样极端。他向君主提示，臣僚倘若只想着自己，就永远不会忠于职守。[28]与韩非相当接近的是，他建议君主对臣子应免于苛责，只能给予信任：

在每一类行动中，只有一个人获得幸福的结果，而其余的人则不幸以终。[29]

通过前面所列举的一小部分范例，我将对引言部分做出结论，让它引导我们继续探讨马基雅维利主义者共同的思想内核。为了完成这种跨文化的比较分析，也为了让马基雅维利主义者之间的共性更为显著，我将补充说明他们作为思想家各自的特性。

所有的马基雅维利主义者给人的印象都是强有力且经验丰富、善于谋略。考底利耶因知识广博而显得卓尔不群。他的写作属于典型的婆罗门学者风格，文章细节丰富，但用笔晦涩。有别于其他思想家的是，他力图对古代印度的政治学传统做出完整记录，并通过自己的阐释对以往学者做出回应。他的不同之处还在于，写作过程中几乎不利用史料。他似乎不屑于对自己所处时代的问题做出回答，而意在为任何时代提供建议。令人意想不到的是，《政事论》一书对他所服务的君王，以及他所参与的政治事件均未有指涉。

其他几位本书所言的马基雅维利主义者——最起码在某些部分——对当时发生的具体事件有一些跟踪描述。韩非所提供的建议，在特定时间为特定的君王服务。他门下的弟子都支持他所倡导的谋略。马基雅维利写作时，总想到当时佛罗伦萨或邻近地区发生了什么，并对历史事件加以搜集整理，从而验证他当时的论点——出于相反的目的，圭恰迪尼可能会通过一些例证加以驳斥。倘若有人因他们没有认真体现自身和他人经历，而对此加以攻讦，那绝对是有失公允的。诚然，他们的思想并非从长远上考虑；他们想让自己的思想在短时间内服务于当时的政治。

马基雅维利主义者们不仅在思想内容上相对一致，还几乎不约而同地避免创立一套基于形而上的哲学。考底利耶致力于完善一门具有印度特色的政治科学，也就是汇集各种法律与社会学上的专业资料，而非通常所认为的哲学；马基雅维利和圭恰迪尼也只对实际而有用的政治法则感兴趣，或以圭恰迪尼之说法，以一种训练有素的警惕来代替统一的法则。在他看来，这种法则在不断变化的历史中只会被误用。两位意大利思想家都无心创立一套思想体系，他们在不同时期提出的观点，前后也并非完全一致。他们认为政治思想的抽象概念固然必要，却过于严格死板，不能将过去与现在的多样性囊括其中。有别于政治思想，政治智慧可能会对一些格言警句大加炫耀，但这些只有运用到个体身上，才会显得名副其实。换句话说，就是只在应对具体事例中发挥作用。因此马基雅维利、圭恰迪尼及其同类的问题应当是："这些建议是否在过去和现在同样适用？倘若并非如此，我现在的建议，是否与过去在类似的事件中提供的建议一致？"

马基雅维利主义者在性格特质上应有前后一致之处，因为他们一定都是（且在某些方面一直是）聪明人。这种前后一致体现在他们对政治的总体态度，但这并不意味着他们对在不同时段阐述的更大层面上的抽象概念，有着前后一致的特别考虑。由于缺乏这种特别的考虑，他们与同时期很多思想家颇为相似。这种缺乏不仅体现出我所讨论的马基雅维利主义者并不属于哲学家，还体现他们在哲学层面都停留在原始阶段。历史上那些著名的自我批判的哲学家，诸如蒙田、克尔凯郭尔和尼采，对自身前后思想是否一致给予了足够关注，因此在后期挑战自己原先思想的时候显得肆无忌惮。但我们所说的马基雅维利主义者并不认为，对他们不太感兴趣的内容加以否定是一件必须做的事。

这些马基雅维利主义者中，只有一位给人感觉有时候会具有哲学家的头脑（当然，是在一个相对简单的哲学层面上），那就是韩非。原因在于他将法家与道家思想结合在一起。我之后将解释这个结合并非全无道理。然而在韩非的例子中，或许一个无情的评论家会说，这是务实的愚蠢与偏执狂式的怀疑纠缠在一起的结果。不过正是这两者的结合，才有可能让韩非的思想达到一定深度，这样的结合体现了他身上不同思想线索的交织，一种神秘主义与务实政治的交织，或者是一种幡然醒悟与坚守理想的交织。韩非的一部分思想内容同马基雅维利的《君主论》相似，均言辞华丽，为了个人目的而服务于君王；还有一部分仅列举了格言式的政治警示，大意是劝诫君王要防微杜渐。我认为这一部分虽然读来有趣，并且的确可以让君王增强防备之心，但对实践并无很大帮助。韩非的著作还包括对老子哲学思想的评述与解释，某些内容看上去不像他的风格，倒像出自他人之手。

17

　　在读者看来，最接近马基雅维利主义的两位思想家还是马基雅维利本人与圭恰迪尼。这两位佛罗伦萨人中，前者更为温和一些。两位都擅长文字，与我们时代的距离较近，关于两者也都有相关的报告、回忆录及信件供我们参阅。马基雅维利欣赏允许不同言论表达的自由。对他而言，不同言论的冲突代表着不同的社会利益诉求，这对于政治力量的更新有推动作用，当然前提是要在法律的制约下。中国和印度的马基雅维利主义者在他们本国的文化里，虽然也能够包容不同的声音，但他们所认为的政治秩序须由统治者的意志决定。

　　前面的比较还有许多地方有待补充，但我们已足够得出一个总体的结论：三种文化各自都产生了复杂的思想体系，倡导摒弃普通的道德观念，通过行使骗术与手段来维护国家稳定。需要强调的是，倡导这类观念的人并非站在日常生活中的道德的对立面。这些马基雅维利主义者对宗教信仰持平和态度。他们并不反对让宗教服务于国家，也不对宗教愤世嫉俗。对他们而言，政治还需考虑其他因素；由于教义和法则不同，它与宗教也有着迥然不同的追求。

不管怎么说，这三种文明中的马基雅维利主义的相似性，为我们提供了以下可能，即这种思想对文明生存而言是自然而然的。作为实践的政治活动更加支持了这个观点。换句话说，之所以（假定）这些马基雅维利主义者具备普遍的相关性，是因为他们的思想对普遍的政治经验而言，更加接近真理。

这一结论将马基雅维利主义者与大部分哲学家区分开来，虽然二者同为政治思想家。马基雅维利主义者宣称他们仅仅指出国家安身立命的法则。他们不但做出了这一宣称，还加以解释。很自然，他们觉得没有必要再为自己的主张辩护，而是继续着眼于实际的政治技巧，后者更为他们所感兴趣。这就产生了哲学的原始性，也就是一小部分概括性的、简洁的思想，由一些筛选好的带偏见的例子支撑。不过一个重要的特征是，比起后来那些受到他们影响的哲学家——在欧洲较为知名的有霍布斯、斯宾诺莎和黑格尔，马基雅维利主义者更具优势。这一优势也就是我所认为的马基雅维利主义者的哲学原始性。

解释很简单。正如我前文所描述的那样，马基雅维利主义是一种功利主义的教义，它基于社团利益考虑，而社团的个体成员被认为是弱小且不受信任的。鉴于此，需要坚定果断、应变灵活且随时能够做到冷酷无情的领导者。而国家内部、国与国之间领导席位的角逐，本身就是残酷的。赢家往往是最聪慧、有洞见、灵活、果敢、无情、最具吸引力的领导者——当然，他通常也是其中的幸运儿，因为经验告诉我们，未来总是不可详尽预测的。

正如马基雅维利主义者的著述所揭示的那样，这种教义似乎反映了一种幡然醒悟的状态。这种醒悟是个人经历教会的，源于对历史不抱幻想的解读。按照通常的哲学规范——韩非也许预料到——我再重复一下，这教义是原始或浅显的。我的意思是说它涉及野心、怀疑、计谋以及较为务实的经验等，却没有对宇宙的一种持续理解，或者是深入探究所有普通人的本性。马基雅维利主义做出了很多关于人的论断，都不太讨好。按照一般哲学标准衡量，马基雅维利主义所谓"浅显"恰恰是它的长处。霍布斯对于人性也有过不讨好的论断，不过他是将之放在一个数量化的类物质主义（quasi-materialism）的框架之中，试图让它在逻辑上完美无缺，并借助激进而（有目的性的）前后一致的理论论证。斯宾诺莎的形而上理论纷繁复杂，并未过多涉及他那不动感情的政治理论。但熟悉他的《伦理学》（*Ethics*）的读者应会对他的主张有所了解，即真正的哲学可以被准确证实且毋庸置疑。这种哲学将引导人们永远热爱至高无上的"第三种知识"——上帝。[30] 简言之，斯宾诺莎可能会相信绝对的、永恒不变的、形而上能证明的真理，并在某种程度上与作为神的自然融为一个统一的整体。黑格尔认为马基雅维利的观念十分伟大且正确，他认为世间万物都被包括在建构与拆解的复杂的综合体之中，只有他本人哲学观的解释，才能得出全方位的认知。[31]

这几位伟大的哲学家都在建构思想方面颇有建树。这些思想在知识层面上令人兴奋。然而，最终每一种建构都是哲学家表达自身对世界看法的方式。这些看法有时候带有个人偏好。思想建构的过程，如同一位伟大的画家作画一样，哲学家同样也是极为主观的。至于哲学家被其对世界个人化的认知所统领，他对人的观念与理解也是这认知

19 全景的一部分。这与普通人的经验或者经验主义的科学观所描绘的世界截然不同。这足以解释为何我们会感觉到这些哲学体系都是人为建构的产物。正因为如此,它们固然可以激发人们思考,提供思想的避难所,但并没有足以让人们认识到(亚里士多德也一样)真理也是不完善的,日常生活中面临的各种偶然性会给其一成不变的思想体系带来干扰。[32]

典型的马基雅维利主义者更接近政治实际,且不会因体系而有所偏离。他们对命运更加出人意料地警觉,更加意识到历史往往变化多端、不受人支配。与其说马基雅维利主义是一套系统,不如说它更近似于一系列令人幡然醒悟的观点、例子和寓言故事,意图拓宽我们关于人类生活的经验。它时刻提醒我们,马基雅维利主义并非基于抽象的哲学概念,而是基于在这个无法预料的世界中存在的各种人之本性特征。当然,这里所考察的马基雅维利主义,总体上是那些雄心勃勃的老师给颇具野心的统治者提供的建议。而在西方,统治者如今基本已与政客画等号。我想象他们起初对阅读马基雅维利饶有兴致,但很快将之摒弃,原因在于他们意识到马基雅维利的建议大部分源于生活本身。

第二章

# 古代中国的马基雅维利主义：法家

## 历史背景

　　古代中国，无论神话传说、文化传统还是历史观念，对人类文明的教化都以"三皇"为始、"五帝"为终。此后的历代统治者，无论明主还是昏君，相较于三皇五帝，都属寻常之辈。中国历史上的第一个王朝是夏，夏在历史上是否真正存在，到今天还是个谜。商紧随其后，它的存在倒是毋庸置疑。再往后的三个王朝分别是周、秦和汉。正是在这段时期，法家学说作为中国形式的马基雅维利主义，成为治国安邦的主导教义，在全国推行实施。

　　据考证（尽管我们对其中某些部分仍然存疑），周灭亡前，全国约有170个封国，彼此征战不断。即便在封国内部亦时有纷争。据统计，在159年里共发生540次跨国战争，130次内战。[1]封地领主由武士贵族担任，并世代相传。他们拥有独立的首都、庙宇、祭祀品和宗祠。周朝末年进入战国时期（公元前475年至公元前221年），城市规模不断扩大，商业得到发展。步兵和骑射手替代了车战军士，由职业将军统领。后者对王室谈不上忠诚，仅为俸禄出卖劳力。另外，军队中还有职业剑手，以及贵族的家臣扈从。他们心甘情愿地驰骋沙场，为主人赢得尊严与荣耀。无论生死，只要能为主人报仇雪恨，就是对他们莫大的肯定与褒奖。[2]*

随着诸侯国势力日渐强盛，各国军队规模不断扩大，组织结构也越发精密。比如，公元前 3 世纪秦国与楚国的一场战争，就有 100 多万人参加。与此同时，战争策略也变得越发复杂。[3]军事计谋起初通过私下口授，即便后来落于纸上，也是秘密流传。[4]它们一以贯之的理念，就是要给指挥官传授一种圣贤般的智慧，培养他们判断敌我双方战斗实力的敏锐度，从而化解不利局势，反败为胜。从这个角度来看，军事指挥官之间的较量，可以理解为智识的博弈。除了才干之外，还需要诸多美德，例如信任、仁爱、勇敢和坚毅。如果指挥官下达的命令清楚明了、毫不含糊，奖惩计算精确到位、不差分毫，就说明他德才兼备。

有一点要明确的是，为了军队的利益，指挥官必须辅以计谋。军事理论家教导说，无计谋，战略技巧便无从实施。指挥官的一项重要任务，就是愚弄敌军，让对方惊讶并沉浸在沾沾自喜中，继而滋生腐败，终因内讧而分崩离析。对指挥官而言，最大的胜利是在战争打响以前，

---

*　由于此时期的历史文件被蓄意销毁，史学家司马迁（后面将会提到）在描述这段历史时，只能参考《战国策》来进行著述。《战国策》一书旨在启迪、教化统治者，训练他们的论辩修辞能力。"只要一提到这本书，那些捍卫公众道德的人听了，肯定会刺激胆汁流动。（公元前 5 世纪古希腊医生希波克拉底认为人有四种体液——血液、黏液、黄胆汁、黑胆汁。每种体液所占比例的不同决定了人的气质差异。'刺激胆汁流动'意指这类人一听到《战国策》的书名，就会情绪激动、慷慨激昂起来。——译者注）可以想象一下，这些卫道士中，大多数从未读过这本书。如今，这类书也十分罕见（在西方，以马基雅维利的《君主论》为范例）。"（见 Crump, trans., *Chan-Kuo Ts'e*; p. 2 quoted）

以欺瞒、恫吓的方式降服敌军。关于诱敌之法，《太公六韬》一书鼓动向敌军首领慷慨赠礼，与其心腹重臣秘密缔结联盟，并满足那些浪荡成性官员的私欲。[5]

从长远看，最有影响力的军事理论家是公元前 5 世纪的孙子。以他名字命名的兵书（他可能只写了其中的核心部分）将战事定义为诡计的艺术。具体来说，就是一方在准备就绪时要假装说没准备好，临近敌军时要假装说离得很远，反之亦然。

23

> 利而诱之，乱而取之，实而备之，强而避之，怒而挠之，
> 卑而骄之，佚而劳之，亲而离之，攻其无备，出其不意。此
> 兵家之胜，不可先传也。[6]

孙子提倡借助五类间谍的力量，知晓敌方情况："因间、内间、反间、死间、生间。"他又说："五间俱起，莫知其道，是谓神纪，人君之宝也。"[7]

上述这段时期，也就是周朝末年，分封国与周天子之间古老的联盟关系变得越来越名义化，王朝大部分土地逐渐被几个独立的国家统领。它们各自为政，各有一套行政体系和法规政令。诸侯列国中，最大的赢家是秦国。秦的崛起由大良造商鞅（卒于公元前 338 年）推动。商鞅也是我在本书开篇时提到的马基雅维利主义者之一。他率兵在战场上屡屡获胜，为秦国立下汗马功劳，获封于、商十五邑，号为商君。商鞅的改革以及他的政治主张，我将在后文阐述。不过需要事先说明的是，他所做的一切都是为了建立一个强大的国家。商鞅确信，农民是构筑国家实力的根本。无论抵御自然灾害，还是进行农耕作业，都与他们密不可分。由于秦国大体上是农业国，依据农业生产来定四时，

意义重大。秦国规定，春夏二季乃作物生长发育的时节，定为农事；秋冬二季乃万物凋零与死亡的时节，定为战事。[8]

秦国实力日益壮大，一部分要归功于商鞅的改革。在始皇帝时期，秦国实力达到顶峰。作为辅佐丞相，李斯是另一位我先前提到的马基雅维利主义者。公元前 221 年，秦始皇统一六国。我们知道，秦朝政权是彻头彻尾的暴政。即便如此，该事件仍为历史上一大惊人壮举。为何是秦国在诸侯列国中脱颖而出，大获全胜？中国史学家由此引申出一系列议题。有人认为，秦国地理位置优越，被群山阻隔，因而富国强兵不受外界干扰。还有人认为，秦国的农业发展之所以取得很大成绩，是因为先进的灌溉技术。其他原因还包括秦国军备领先、行政改革有效、政府行事严厉、法纪分明等等。与此同时，相较其他国家，秦国更有先见之明，不囿于传统观念，借助异邦贤才为本国服务。尽管后世做出种种推测，秦国的统一大业还是倚仗了好几位雄心勃勃、目标专一的统治者。[9]

上述政治发展历程，是通过典型的中国思想表现出来的。这一思想认为，王朝兴衰是上天意志不断转变的结果。"天"本是周朝至高无上的神，也是周天子本人最为崇拜的神灵。后来"天"逐渐演变为不带个人色彩的"天堂"之意。然而，这种剥离了拟人色彩的含义也并非前后一致。原因在于人们（包括哲学家）都更倾向于求助拟人化的神，因此"天"既可以是拟人的，也可以是非拟人的，还可以是两种形态并存。[10]无论如何，它最终还是演变为接近命运伦理的东西。在一些思想家看来，"天"与政治成功的联系，意味着道德行为比祭祀更重要，因为"天"在此处被理解为不带拟人色彩，是赏罚分明的象征。据此，国王一旦摒弃道德和伦理法则，就不配继续统治国家，上天会给予他应有的惩罚。相反，一个国王具备保持自己地位的能力，正是他品行端正的基本标志。上天对人类世界道德性的这种响应，为商朝的灭亡、周朝的崛起提供了解释。

周朝的道德伦理法则，对于一个封建社会而言不可或缺。其中最为重要的是对王室的忠诚，这一点通过儒家对血缘先祖的尊崇体现出来。这种基于封建理念的道德性还有以下表现形式，比如敬重社会上层人物，为家庭和世系中不同成员各自履行的社会义务树立规范，属下之辈对尊长予以敬重，前提是尊长对比他级别低的下层人的福利也给予关注，以正其名。

## 对传统意义上的"过去"做出的若干解读

中国人很快就学会借上古时代来思考政治。因此，周秦两朝的思想家（包括法家）在才智上的区别，主要体现在对神话历史的不同解读。这段历史的开端为"三皇"，指的是伏羲、神农、黄帝。[11]伏羲氏相传为人类历史上的第一位君主。他制定了婚嫁制度，还教人狩猎、结网捕鱼、做三十五弦瑟。他还经常观测天象，并创造八卦图。《易经》中的许多道理均来源于此。[12]

上古部落的另一位首领为神农氏，他用赤色神鞭鞭打各色草木，了解它们的性状，测试哪些可以医治疾病。除此之外，他还首创了集市贸易。如许多思想家所想象的那样，在神农生活的时期，人类生活在没有统治者、没有军队、没有惩罚、没有不平等的世界。

"三皇"中的最后一位是黄帝，位列"五帝"之首。司马迁认为，他才是真正出现在现实生活中的历史人物。作为早期中国的著名史官，

25

司马迁从"五帝"开始书写历史。出于对史实的尊重，他更倾向于将这些统治者描述为生活在极为遥远、无从考证具体年代的远古时期。他声称自己搜集相关资料，从中筛选出最符合情理、最为可靠的部分进行书写。\*

"黄帝"的"黄"字与土地密切相关。因有土德之瑞，故号黄帝。他分管手工业，创制了很多精美的工艺品；他还著书立说，撰写了许多药材、炼金术、占星术和武术方面的书籍。他之后的两位君主颛顼和帝喾，在史书上的记载较为模糊。再后来出现了尧。他集德高望重、聪慧敏锐、功勋卓著、审慎思考于一身，可谓儒家美德的典范。尧制定历法，管理领地上的百姓，让他们安居乐业，并且灵慧聪敏、团结一心。在尧统治时期，社会安定和谐，百姓健康长寿。[13]

尧一生中最为重大的决定，是与他指定的继承者——才智卓越的舜，共享统治权。人们认为舜具有杰出的美德，为人忠诚。他居然可以与心术不正的父亲、两面三刀的继母和傲慢无礼的异母兄弟相处融洽。相传，舜在执政期采取了一系列大刀阔斧的行政改革，并重新修订历法、度量衡与五礼，制定规范的官员考核方法。除此之外，他还整肃刑罚，包括流放、鞭刑、棍刑以及"可赎罪"的罚金。无心之过与灾难中万不得已触犯法律的行为，可以得到原谅，但是多次蓄意犯

---

\* 司马迁所罗列的统治者基于的哲学思想，是阴阳五行学说。该学说认为构成大自然的五种要素分别为土、木、金、火、水。每一种要素代表一个王朝的力量，并随王朝更替而衰落，一轮循环完成后，下一轮循环重新开始。到了秦朝，这一理论认为木为首要元素，也是能量生产的主导力量。接下来依次为火、土、金、水，再回到木。按照这个顺序，黄帝不再位居榜首，顺序于是变为伏羲（木）、神农（火），黄帝则名列第三。这一名单共包括八位早期的统治者。早期君主的名单和排列顺序多种多样。（详见 E. Chavannes, trans., *Les Mémoires Historiques de Se-ma Ts'ien*, vol. 1, p. cxci。）

罪则要判处死刑。他对自己说："让恻隐之心统领刑罚吧，我要成为德高望重的人！" [14]

舜的经历证实了最卑微的人也能爬到名誉与地位的顶峰。作为舜所选中的接班人，禹的情况也是如此。他的最大功绩是治理洪水。作为政治论争的焦点，尧选择舜、舜选择禹，这两个例子都可作为史实证明，一个统治者应当将权力交给最具能力的管理者。这一权力交接的正当性通过新任统治者的成功（也就是拥有天命）来加以体现。然而禹去世后，人们并不认可他心目中的接班人，却对他的儿子有所偏爱。这一事件让前述问题变得复杂起来，同时也说明在历史的某一时刻，人们更倾向于接纳世袭制，于是诞生了第一个王朝——夏。综合以上例证，政府的最佳形式可以基于以上任一先例，即圣贤承袭制（君主将权力移交圣贤）以及世袭制。[15]

从政治层面上看，尧、舜、禹三位统治者都并非凭武力征服，而是通过让百姓理解礼义法则来树立道德威信。这一点至关重要。尊崇传统的思想家反复强调，舜的影响力十分广大，他只要面向南方，面露威严之色，或者弹五弦琴歌唱《南风歌》，百姓便会臣服于他。[16]

虽然禹勤政爱民，缔造了夏朝，但是传统史观告诉我们，王朝由盛及衰是自然规律。到了夏桀统治时期，道德彻底溃败。桀一方面知识广博、能言善辩，另一方面残暴至极、作恶不断。王妃妹喜美艳惊人，十分贪图享乐，她的欲求桀都满足。最为臭名昭著的是桀命人筑造规模大到可以划船的酒池，笑看众人下池畅饮。那些劝诫桀王的大臣都被流放、下狱或诛杀。桀王却信誓旦旦，夸耀说只要太阳不掉落下来，自己和王朝就能永世长存（"天之有日，犹吾之有民。日有亡哉？日亡吾亦亡矣"）。不过，很快他就梦见天空中有两个太阳在打架，这

27

显然是旧的夏王朝将被新生的商朝取代的征兆。随后，接连不断的预示都说明，天道正在慢慢离夏朝而去。而商朝虽然统治了很长一段时间，但最终还是亡在一个与桀一样腐朽的君主——纣手里，并被周朝取代。[17]

"三皇五帝"这些远古圣贤的传说，令各思想学派都想从中找到自己的社会理想。一些道教信徒选择了分管炼金术的黄帝。在商鞅和黄老学派（接近法家的一派，后文将进行描述）看来，黄帝不仅是一位掌管文明教化的领袖人物，还能有效地组织政府、严明执法。农家与道家对简朴的生活情有独钟，于是他们选择神农为理想的领导者。儒家的孟子则倾向于家长制的尧、舜二帝，他们管理的社会规范有序、重视礼乐。提倡"兼爱""节用"的墨家与儒家一样，也倾向于尧、舜，但是更推崇他们的简朴。比如大禹在治水和疏通河道期间勤勤恳恳，累得形容枯槁，病得只能拖着脚走。他全身心地投入治水之中，即使三过家门，听见儿子的哭声，也止步门外。[18]

周朝末年社会混乱，诸侯国纷争不断，中国哲学思想在这一乱世中应运而生。不少军事上或哲学上的圣贤，都参与了这一时期思想建立的过程。他们各立门派、广招学生、周游列国、找寻盟主，以施展自己的政治抱负。至于周朝时期的思想家如何借鉴上古历史来宣扬他们的社会理想，我将通过以下五位思想家进行说明。他们分别是墨子、孟子、庄子，以及两位法家的代表人物——商鞅和韩非。

墨子（约公元前468—前376年）倡导功利主义，因而不赞同礼乐。他说很久以前人们住在岩洞里，受尽了阴冷潮湿的折磨。于是圣贤为他们建造房屋，这并非为了外观华美，而是为了遮风挡雨；做衣裳也不是为了愉悦感官、吸引别人注意，而是为了保护身体、抵御寒冷；那时的人们还未掌握烹饪术，食物也仅用于填饱肚子。

素食而分处，故圣人（显然指神农氏——作者注）作，

诲男耕稼树艺，以为民食。其为食也，足以增气充虚，强体

养腹而已矣。[19]

孟子（约公元前 372—前 289 年）是中国历史上儒家的代表人物。他既尊崇传统思想，又同情普通民众，对百姓的苦难感同身受。[20]* 他毫不留情地谴责那些为了争夺领土而屠杀百姓、导致尸横遍野的行为。他认为这些杀戮者不论是军事专家，还是缔结联盟、拓宽疆土的能人，都死有余辜。孟子说，暴君总有一天会自食其果（"诛独夫"）。他的话后来得到了证实。在他去世后不久，鲁国被灭。他的思想在一段时间内也受到冷遇。

孟子企望实现的"天命"取决于人的潜质：恻隐之心（与他人共患难、为他人牺牲）、仁爱（爱他人、行仁义）与谦恭（恭顺对人）。[21]他坚信根据天意，历史大约五百年一循环。经过一段较长时间（周朝建立以来已过去了七百多年），伟大的君主便会横空出世。然而天意不让人间太平，最终社稷的稳定，还是要靠孟子自己才能实现。

孟子在一篇长文中谈及自己的历史观。他首先罗列了有序与无序社会的几个阶段，接下来描述了尧统治时期出现的景象：洪水蔓延王国中部，猛兽肆虐，百姓居无定所，他们不是在低地筑巢，就是住在

---

\* 孔子反对刑罚统治，《论语》中的一句名言体现了这一主张："道之以政，齐之以刑，民免而无耻；道之以德，齐之以礼，有耻且格。"然而，儒家学说包含了无数言外之意，这一点下文将会做出解释。《尚书》虽然相传为孔子编纂，但《洪范》一章流露出战国末年用法家术语来描述占统治地位的儒家的立场。这种妥协符合了汉朝的政治立场，即将儒家与法家结合在一起作为封建正统思想来接受。（参见 Nylan, *The Shifting Center*。）

高地的岩洞里，或是在树上搭建平板栖息。后来舜帝请大禹治理洪水，
赶走了猛兽。然而好景不长。尧、舜之后，暴君继位，圣贤之道衰微，
民不聊生，百姓无处安居：

29

> 弃田以为园囿，使民不得衣食。邪说暴行又作，园囿、污池、
> 沛泽多而禽兽至。

孟子回想起武王在周公辅佐下惩罚暴君，缔造了自己的合法统治。
不过在他之后，世道衰微，邪说暴行又开始盛行起来，臣子弑君、子
弑父夺权的现象比比皆是：

> 圣王不作，诸侯放恣，处士横议……吾为此惧，闲先圣
> 之道……[22]

面对世道中落的乱象，孟子仍然坚定地相信历史对今天的借鉴意
义。正如他所言："遵先王之法而过者，未之有也。"[23]

庄子的书内容庞杂，融汇各种意见与立场。总体来说，他反对所
谓"圣贤以史为鉴"之说。他轻视先贤，不重道德说教，这一态度在
《盗跖》所虚构的盗跖与孔子的对话中有所体现。二人的对话似乎反映
了某一时期（约公元前209年至公元前202年）秦国日渐衰微、汉朝
还未完全立足中原的情况。[24]我之所以引用这段对话，是因为它提倡
违背道德准则，甚至连卫道士都可为之。

故事是这样说的：强盗盗跖拥有九千多手下，令封建诸侯望而生
畏。孔子企图劝服盗跖，结果事与愿违。与孔子不同，盗跖喜欢和平
的无政府统治，他认为这才是人最初的生活状态。他痛恨当时的文明

统治，认为那是通过强权盗取的。孔子试图予以解释。盗跖反驳说，远古时期，人们在树上筑巢以躲避野兽，以坚果为食，以木生火取暖。在母系氏族，百姓只知道有母亲，不知道有父亲。他们"与麋鹿共处"，耕田求食，织布求衣，彼此相亲相爱，"无有相害之心"，这才是道德的鼎盛。可是后来黄帝为了私利，大战蚩尤于涿鹿。后来尧、舜出世，设立群臣与等级制度。接下来暴君接连当政。从此以后，"以强凌弱，以众暴寡。汤、武以来，皆乱人之徒也"。他面向孔子，气愤地说：

30

> 今子修文、武之道，掌天下之辩，以教后世，缝衣浅带，矫言伪行，以迷惑天下之主，而欲求富贵焉，盗莫大于子。[25]

庄子的著作对黄帝的态度较为隐晦。不过，后来的道家门徒以及黄老学派（黄帝与老子的追随者）都将黄帝视为门派宗师。庄子批评黄帝创造了所谓文化，"始以仁义撄人之心"。尧、舜作为他的追随者，"愁其五藏以为仁义，矜其血气以规法度"。尽管如此，尧、舜的执政效果还是不尽如人意。天下局势日渐恶化，独夫、盗贼大行其道，传道者遍及天下。于是乎：

> 愚知相欺，善否相非，诞信相讥，而天下衰矣……天下脊脊大乱，罪在撄人心。故贤者伏处大山嵁岩之下，而万乘之君忧栗乎庙堂之上。[26]

然而，商鞅、韩非两位法家的代表人物，从历史中汲取了截然不同的养分。商鞅（卒于公元前338年）认为，人们相处之所以会有亲疏之分，是因为对亲人偏袒；之所以没有安全感，是因为既担心被别人疏远，又害怕有一天失去财产。于是人们相互争斗，甚至兵戎相见。正所谓"民道弊而所重易也，世事变而行道异也"。[27]神农氏统治时期没有刑罚，但他去世后，天下"以强胜弱，以众暴寡"。随着时代的变化，为了统治者的利益，有必要对内、对外都诉诸武力。[28]商鞅认为起初社会并无等级制度，后来因为社会变得混乱无序，所以才由圣贤进行规范管理，将贵族与普通人做出上下层的区分。

31

> 地广，民众，万物多，故分五官而守之。民众而好邪生，故立法制为度量以禁之。是故有君臣之义，五官之分，法制之禁，不可不慎也。[29]

法家的另一代表人物韩非（卒于公元前233年）怀有道家的恻隐之心。他认为上古时期人类生活固然和谐完满，但这并不代表人与人之间的原初关系始终保持和睦。与孟子、庄子相似，在韩非看来，上古时期的人类被各种动物困扰，直到一位圣贤教会他们建造木屋、遮风避雨，情况才有所改善。出于感激，人们推举他为统治者。接着又来了一位圣贤，教他们生火。直至后来，大禹治水救了他们的命。这之后，人们的生活如田园牧歌一般美好。男人不用耕种，因为草地里的种子、树上结的果子作为食物，足够填饱肚子；女人不用织布，因为鸟兽的皮毛足够御寒。那时人烟稀少，无须争抢资源。人们从不吵架，很少需要奖赏或惩罚，皆实行自我管理。可是到了后来，即便是仁慈正直的统治者也失去了威信。

> 是仁义用于古不用于今也。故曰：世异则事异……上古竞于道德，中世逐于智谋，当今争于气力。[30]

韩非从历史中学到，高效的政府既不需要道德，也不需要智慧、信任，需要的是权威，是怀疑，是可靠的奖赏和永不改变的刑罚。"他的理论……可以看作一种预示，总结了秦汉以降两千多年来为政失败的根源——统治者头脑模糊、疏于管理。"[31]

## 商鞅：法家的早期代表

"法家"这一说法乃由后世发明。[32]在司马迁的著述中，我们首次见到这个词。他将"法家"列为中国六大思想流派之一，认为该学派虽然严厉冷酷，却在建立统治者与被统治者的上下等级关系上正确可行。针对何人拥有何种权力，他也认为法家做得十分完善。司马迁的父亲也是一名史官。他在著述中说，法家通过法律对所有人做出评判，不会因血缘亲疏或社会等级而有所偏倚。司马迁评价道，用来评判人的法律可以在特定的时间段内作为一种权宜之计，然而是不能长久的。[33]

"法"的本义为范本或标准。无论伐木工的尺规，还是建筑工人的铅垂线，都属于一种标准。"法"还可以指方法或政治手段，不过在"法家"一词里的意思，更接近法律或者狭义上的刑法。在法家看来，法律应当不偏不倚，并排除任何先例、宗教制裁或道德性，因为这些都会替代法律本身而成为判断的标准。[34]

诚然，法家最强调法律与奖惩，但这并不意味着他们的主张前所未有，也不代表后世因为对法家颇有微词而不予采用。法家与其他先秦时期的思想流派的区别在于，后者在倡导以刑罚作为惩戒措施时，常以道德为名。正如我在前文中指出，孔子认为如果民众的道德观没有养成，他们就会缺乏羞耻心，会使出狡猾的手段挑战法律。[35]

商鞅的思想为后世许多人铭记。这一点我们可以从司马迁那里得知。司马迁说，在他生活的时代，也就是公元前 2 世纪，家家户户都有一本商鞅制定的法典。[36]相传由商鞅本人所做的诸多著述，在文体风格上彼此差别很大，且其中提到的不少事件都发生在他去世之后。但人们通常认为，这些著作反映了他的思想，而且可信度很高。[37]司马迁所著《商君列传》在描述史实时有意识地进行了戏剧化处理，比如虚构了一些对话。此类手法在古希腊与古罗马的历史学家的著述中亦不少见。

商鞅的早年经历我将略过不谈，这部分主要涉及他在青年时期致力于研究"以法治国"，以及后来作为侍从服务于诸侯的经历。商鞅对自己的雄心壮志自信且固执。他曾连续三次游说秦孝公。孝公初次召见商鞅时，后者的进言无法提起前者的兴趣，以致前者无聊得打起了瞌睡。[38]后来，在商鞅的恳请下，孝公同意再次召见他。这次，商鞅通过历史事件向孝公说明，沿袭旧制无法完成统一霸业。他说："智者作法，愚者制焉……治世不一道，便国不必法古。"[39]

孝公采纳了他的建议，于是商鞅开始大刀阔斧地改革。首先，他需要说服民众，必须贯彻实施新法。为了达到这一目的，商鞅使出了一招妙计：他派人到都城南门竖立起一根三丈高的木柱，并贴出告示说，谁能把这根大木柱扛到北门，朝廷就赏他十两黄金。

> 民怪之，莫敢徙。复曰："能徙者予五十金。"有一人徙之，辄予五十金，以明不欺。[40]

取得民众信任之后，商鞅决定对国家实行中央集权，并以法治国。

他在全国推行县制，每县任命各自的地方官，从而削弱土地世袭，让人们自由买卖农耕地；改革赋税制度，实行按粮食产量计征税收的办法，以取代徭役。为了加强对人民的统治，他还采取了一项对中国历史有着深远影响的措施：全国居民以五家为保，十户相连，互相监督，依法奖惩，杜绝犯罪。此外，他还统一度量衡，奖掖有军功的人，凡是生产粮食和布帛超过一定数量的，也可享受奖励。为进一步推行新律，他还鼓励民众互相揭发，"不告奸者腰斩，告奸者与斩敌首同赏，匿奸者与降敌同罚"。根据商鞅制定的新法，"僇力本业，耕织致粟帛多者复其身；事末利及怠而贫者，举以为收孥"。[41]

商鞅认为，法律不偏不倚是至关重要的。君主犯了法，得不到惩治，商鞅便抱怨法度受到毁坏，因为连最上层的领导都无视它。由于无法直接惩罚君主，他提出让太子的老师代为受过。"明日，秦人皆趋令。行之十年，秦民大悦。"新法推行了十年，秦国"道不拾遗，山无盗贼，家给人足。民勇于公战，怯于私斗，乡邑大治"。那些原本认为新法不合时宜的人，虽然改变了主意，商鞅却依然对其做出马基雅维利式的回应。他谴责这些人扰乱教化，并将他们流放边疆。从那以后，百姓再也不敢议论新法了。[42]

《商君列传》描述了商鞅在行政管理与军事方面取得的巨大成功，以及他生前唯一但致命的不幸。他对秦国的一大功绩在于，他建议秦国先假装与敌国缔结盟约，趁敌国君主袒露心迹之时，再将其一举拿下。至于商鞅的不幸结局，前后经过如下：太子再次违法，商鞅要惩罚其老师公子虔，并割下他的鼻子。秦孝公死后，太子即位，公子虔告发商鞅图谋不轨。商鞅无奈之下，集结邑中的士兵谋反，被秦国镇压。最终商鞅被五马分尸示众，并按中国的惯例诛灭全家。[43]

34

商鞅的观点如果不是被明确陈述，就是在著述中被暗示。在他看来，国家有三种人的职能是长久的：农民、商人和官吏。这三种人会产生虱害：农民不种田反倒白吃粮米；商人贩卖华丽奢侈的物品；官吏营私舞弊。这些虱害让国家由强变弱。[44]商鞅认为，"弱"对一国政治具有破坏性。国强而不去打仗，礼乐虱害就会产生，国家继而被削弱。敌军乘虚而入，国家就会面临瓦解。农民少、商人多，国家必被削弱。商鞅抨击儒家倡导的传统主义。他坚持认为，倘若以孔子所提倡的"国有礼、有乐、有《诗》、有《书》、有善、有修、有孝、有悌、有廉、有辩"来治理，那么国家不是陷入贫困，就是沦为敌军的猎物：

> 国无力而行知巧者必亡。怯民使以刑，必勇；勇民使以赏，则死。……国无敌者强，强必王。[45]

商鞅反复强调，强有力的政府只能通过持续的赏罚来维持。为了行之有效，惩罚必须足够严苛，以让犯法者感到羞耻和痛苦。[46]他还说，效仿旧制、提倡美德、满足人们的欲求，这些都会导致人民闲散懒惰、无法无天。但如果使用刑罚，其震慑力会有效杜绝犯罪；而民众在受到许可的范围内进行活动，也会长治久安，令他们心满意足。"重罚轻赏，则上爱民，民死上；重赏轻罚，则上不爱民，民不死上。"因此，"王者刑九赏一，强国刑七赏三，削国刑五赏五"。[47]

商鞅著述中的一段话，被后来的英译者引用。这段话很可能出自公元前3世纪晚期。以下为这段话的摘要：

> 法令者，民之命也，为治之本也，所以备民也。为治而去法令，犹欲无饥而去食也，欲无寒而去衣也，欲东而西行也，

其不几亦明矣。[48]

## 荀子：法家的儒家导师

孔子是儒家的开山祖师。在他之后，另两位儒家的代表人物为孟子和荀子（约公元前313—前238年）。荀子是儒家早期涉猎范围最广、思想最缜密、体系最完备、理论色彩最浓厚的思想家。他提出的人性论奠定了其作为思想家的地位，并深刻影响到后来的韩非与李斯。既然荀子赞同儒家所提倡的礼义廉耻，那么这两位法家的代表人物，会从他这里学习到什么呢？可能的答案为，荀子所用的"法"是法家的概念，指的是**法律**以及**政治或管理手段**。与法家类似，荀子同样认为刑罚要有固定的规范，也认为国家实力是由总的财富决定的，因此国家强盛与民众是否节俭、是否供职于基础性的财富生产行业密不可分。[49]不过荀子与法家最为显著的联系，还在于他的"性恶论"，这也是他有别于孟子"性善论"的地方。荀子认为孟子：

> 是不及知人之性，而不察乎人之性、伪之分者也。凡性者，天之就也，不可学，不可事。礼义者，圣人之所生也，人之所学而能，所事而成者也。不可学、不可事，而在人者谓之性，可学而能、可事而成之在人者谓之伪，是性、伪之分也。[50]

荀子果断地得出结论，认为人性本恶。在一则著名的类比中，他将人性比作弯曲的木料，一定要依靠正木器进行熏蒸、矫正，方能挺直（"故枸木必将待檃栝烝矫然后直"）。[51]荀子说："人之性恶，其善

36

者伪也。"人的本性是邪恶的，他们的善良都是有意识的行为。人一生下来就有喜欢财利之心。倘若依顺本性，沉湎于财富，就会导致争抢掠夺、追逐名利，礼让推让的美德也就失去了。

> 今人之性，生而有好利焉，顺是，故争夺生而辞让亡焉；
> 生而有疾恶焉，顺是，故残贼生而忠信亡焉；生而有耳目之欲，
> 有好声色焉，顺是，故淫乱生而礼义文理亡焉。然则从人之性，
> 顺人之情，必出于争夺，合于犯分乱理，而归于暴。[52]

## 韩非：法家的哲学家

韩非（约公元前 280—前 233 年）是韩国的贵族。据司马迁记载，他"喜刑名法术之学，而其归本于黄老。非为人口吃，不能道说，而善著书"，与李斯都师从荀子。[53]李斯说，二人（自己与韩非）之中，韩非的成就更大。

韩非眼见韩国实力日渐衰弱，多次上书规劝，但韩王始终没有采纳他的意见。韩王的无动于衷与低效率的管理方式，让韩非很是不满，于是韩非写下了许多政论文章。后来他的著作传入秦国，秦王读了《孤愤》（关于不称职与不可信的官员）、《五蠹》（导致国家毁灭的几种人）等书后，深为作者的才能所折服。他说，如果能亲自见到这个人，并与之交往，那真是死而无憾了。李斯告诉他，这是韩非撰写的书。于是秦王立即决定攻打韩国。起初韩王并不重用韩非，等到局势危急时才派遣他出使秦国。韩非在秦国备受秦王青睐，李斯、姚贾却对他存有疑心。[54]

现存的韩非著作包含韩非进谏秦王的最早记录（《韩非子·存韩》）。在这则记录中，韩非说韩国以前一直隶属秦国，与秦缔结联盟长达三十余年。但假使有一天秦攻打韩，韩会严密部署军队进行防御，并与其他国家建立同盟，足以形成一股可畏的力量对付秦国。韩非于是说，为什么不聪明一点，先来对付韩国的潜在盟国呢？派人出使楚国，厚赂执政大臣；给魏国送去人质使其心安。然后率韩伐赵，即使赵与齐联合，也不足以令秦王担忧。攻打赵、齐的事完成后，只需一道文书，就可以平定所有困难局势。[55]

李斯历来主张攻打韩国，因此十分反对韩非的谏言。他说，韩国虽然现在臣服于秦，却是秦国的一块心病，总有一天会发作的。秦国要是有了什么突发事件，韩国一定靠不住。他又说，倘若采纳韩非的主张，后果可能不堪设想。他提议自己代表秦国出使韩国，说服韩王来秦，随后将他囚禁起来，借此方式除掉韩国。

李斯在论述中还说，韩非之所以来秦国，是因为想借保存韩国来求得韩王的重用。他说韩非巧舌如簧、掩饰真意，就是想使秦、韩两国亲善，以凸显自己的重要性，从而赢得威望。这是他的计谋。[56]过了一段时日，也许是因为未能成功觐见，他同姚贾联名上书秦王：

> 韩非，韩之诸公子也。今王欲并诸侯，非终为韩不为秦，此人之情也。今王不用，久留而归之，此自遗患也，不如以过法诛之。[57]

我所引用的史料，其精确程度并不能肯定，因为我们知道在中国，撰写历史要将官方文件囊括其中。司马迁在《史记》中说，秦王没有

38

理由不同意李斯的主张。李斯差人送毒药给韩非，叫他自杀。韩非想要当面向秦王解释，却不得而见。后来秦王后悔，派人去赦免他，可惜韩非已经死了。[58]

刚才说完了韩非凄惨的结局，接下来我们将对他的政治思想进行考察。与荀子一样，韩非认为统治者是出于仁爱，才对民众加以管制和约束。"刑胜，治之首也；赏繁，乱之本也"，"故法者，王之本也；刑者，爱之自也"。[59]

韩非说，由于好逸恶劳是人的本性，土地荒芜、国家混乱是常有的事。因此，容易导致社会混乱的上古时期的传统，必须加以遏制。在那之后，人们时而单纯，时而睿智，法度必须因时而变。[60]

韩非拒绝进行逻辑推理。他认为具有说服力的雄辩术不是远离现实，就是因为过于强调辩证而显得荒谬，超出了理性思考的范畴。韩非说，华美精微、深远阔大的理论往往不切实际。比如虞庆虽把匠人说得理屈词穷，照他的话造出来的房子却很快倒塌了（"且虞庆诎匠也而屋坏"）。所以为了求得真理，必须依靠实际的方法（"是故求其诚者，非归饷也不可"）。[61]因此统治者不应对百姓动恻隐之心，也不应公正和仁爱，否则就会给自己和国家带来灾难。这是为什么呢？因为虽然全社会均认同向穷人施舍是一桩善举，可是当统治者无原则地给予施舍时，穷人即便得到了好处，也并无感恩之心。敌人来袭时他们没有勇气迎战；无论在家里还是在田里，他们都无心劳作。相反，他们会热衷于个人名利，一心谋求高位和经济上的奖赏。其结果为，社会高位都让那些一心为己的臣子和莽撞无畏的流氓占据。统治者如果仍然心慈手软，不及时对他们加以处罚，此种乱象将愈演愈烈。[62]就像一位母亲，无论多么溺爱自己的孩子，当他淘气时还是要找老师来调教；孩子生了病，还是要寻医生来治疗。因为母亲心里清楚，再怎么舍不得，凭一己之力既不能把孩子从歧途中挽救回来，也不能给重疾缠身的孩子带来一线生机，即"慈母虽爱，无益于振刑救死，则存子者非爱也"。总而言之，母子之间由爱来维系，君臣之间则只有以个人利益为出发点的权宜之计。怜悯与善举只会将国家弄垮，这与中邪一样可怕。因此，有智慧的统治者很清楚，依赖民众的爱戴是危险的。他的治国方略会明确反映出，并不是让人民爱戴他，而是让人民为君主立下功劳。[63]我们可以通过以下类比来说明：

39

> 无棰策之威，衔橛之备，虽造父不能以服马；无规矩之法，绳墨之端，虽王尔不能以成方圆；无威严之势，赏罚之法，虽尧舜不能以为治。今世主皆轻释重罚严诛，行爱惠，而欲霸王之功，亦不可几也。[64]

韩非认为，虽然尧、舜备受民众爱戴，二人将君臣关系倒转，却削弱了王权本身的威信。尧让自己的臣子舜成为王，舜也反过来，让身为君主的尧俯首称臣。[65]韩非在《忠君》一文里说，君主要做到独断专行，才能称得上是王。"势"为一个国家内在的威权，如果运行得当，便一定会让政令根深蒂固，让民众言听计从。*

---

*　这一时期的军事著作中，"势"意指（两个相互敌对部队的）战况、现时情势、（兵队）部署或有利的（策略性的）局势。《商君书》又增添了有利的政治局势或局势的权威性两层意思。与法家学派不同，在荀子看来，国家的权威来自顺应民意，也就是说，政府需要自觉遵守道德法则。在法家看来，"势"通常指的是伴随着政治地位，甚至足以对政治地位下定论的威权。关于两者的区别，参见 Ames, *The Art of Rulership*, chap. 4。

韩非另一篇更有趣的文章，记载了法家哲学家慎到与一位政论家的辩论。慎到认为，谁的权力大，谁就能统治国家。君主个人的品性如何，不会起什么决定性作用。他接着说，像尧那么好的君王，如果只是平常百姓，则不能改变什么；夏桀作为天子独享王权，所以才能荒淫无度，搞乱整个天下。[66]

那位政论家回答，权力并非一切。让卑劣可鄙的人身居高位，暴力恶行会无处不在，天下将大乱。为了进一步论证观点，他引用了《周书》的相关内容："毋为虎傅翼，将飞入邑，择人而食之。"[67] 意思是不要给老虎添上翅膀，否则它将飞进城邑吃人。权力固然重要，但更为关键的是谁在行使权力。

接着，韩非以一位评论家的身份出现，以区别于慎到和那位政论家做出的回应。他认为，如果将"权""势"限定在自然范围内，显而易见，自然环境要么会创造出良好的政治秩序，要么会导致混乱不堪的局面。如果是第二种情况，恐怕再有才能的人也无法加以控制。不过他在这里主要关注的是人为设立的权势，与统治者自身的素质无关。简言之，"尧、舜、桀、纣（可谓）千世而一出"。然而现实是，"世之治者不绝于中"，"中者，上不及尧、舜，而下亦不为桀、纣"。世上的君主不断以中等人才出现，中等才能的君主，上比不过尧、舜，下也不至于成为桀、纣。君主如果掌握法度、拥有权势，可使天下太平；如果背离法度、丢掉权势，会使天下混乱。倘若废弃权势，专等尧、舜这样的君主出现使国家太平，就会有一千世的混乱和一世的太平。反过来，如果掌握法度、拥有权势，只有桀、纣出现才会混乱，国家就会享有一千世的太平和一世的混乱。由是观之，一个国家有必要确立权势，而不应依赖君主本身是否贤能。等待尧、舜这样的贤人降临，就像等待最好的饭菜来挽救饥饿者的生命一样荒唐，就像等待越国的游泳能手长途跋涉来解救中原地区的落水人一样不切实际。韩非批评说，慎到与那位政论家的论述，都陷入了进退两难的局面，并且都缺乏有说服力的论据；只有自己的立场前后一致，说理详尽透彻，才足够令人信服。[68]

对于国家兴亡的原因，韩非也有不少真知灼见。他在一篇论及亡国征兆的文章中对这些原因进行了详尽列举。虽然它们缺乏一定的连贯性，但足以用来分析和考察君主专制的兴衰。韩非说，以下几种情况可能导致国家覆灭：君主弱小而臣下强大，君主权轻而臣下权重；君主轻视法令而好用计谋，荒废内政而依赖外援；群臣喜欢私学，贵族子弟喜欢辩术，商人在外囤积财富，百姓崇尚私斗；君主嗜好宫殿楼阁池塘，爱好车马服饰奇物；君主敬奉鬼神，迷信卜筮，喜好祭神祀祖；君主听取意见只凭爵位高低，而不去验证意见是否正确；官职可以靠权势求得，爵禄可以用钱财买到；君主办事优柔寡断，好坏不分，无一定原则；君主或贪得无厌，或爱好夸夸其谈而不求实用，或泄露机密而不加隐藏；君主拒绝劝谏而自认高强，不顾国家安危而自以为是。如此种种，韩非一共总结了47条亡国的征兆。最后一条为："公婿公孙与民同门，暴慢其邻者，可亡也。"[69]意即皇亲国戚和普通百姓同里居住，但横行霸道欺压邻居，国家可能灭亡。

韩非对于统治者迷信占星术和巫术非常警惕。这一点似乎可以说明他认同理性主义思想。这在当时看来非常与众不同，但与他的老师荀子颇为一致。以上列出的亡国征兆，很明显反映出韩非希望统治者就算不怀疑身边人，也要时刻保持警惕。无论臣子，还是王后、姬姜以及王位继承人，都有可能构成长期威胁，有的甚至会让君主命悬一线。

41

韩非还说，对君主而言，信任任何人都是危险的，因为信任就意味着依赖，就意味着受制于人。对于臣子而言，他们与君主并无骨肉之情，只不过迫于权势才不得不对君主恭敬有加。

> 故为人臣者，窥觇其君心也，无须臾之休，而人主怠傲处其上，此世所以有劫君弑主也。为人主而大信其子，则奸臣得乘于子以成其私……[70]

为了杜绝那些不易觉察的奸邪行为，统治者必须让民众窥探彼此的隐情，并施行连坐法，同里有罪连带受罚，告奸的人免罪受赏，知情不报的人连带受刑。这样一来，有奸邪之心的人，四周都受人监视，犯罪行径就能有效杜绝了。"夫治法之至明者，任数不任人。"[71]不过韩非又说，统治者必须心中有数，如果没有民众的支持，即使他比尧、舜还要贤明，也无法有所作为。不论他的能力如何，借助他人的力量必不可少——视力再好的人也无法观察自己的睫毛。因此有智慧的君主会从容接受自己与他人力不能及之处。[72]

作为道家的继承者，韩非认为道是万事万物之始。明君通过牢牢把握这一点来了解万物的起源，所以他能够冷静地对待一切，让自然定义所有功能、确定所有事情。君主应尽量避免显露他的偏好，否则臣下会进行伪装和自我粉饰。因此，君主有智慧但不轻易判断，不外露于行动，以便察看臣下依据什么、有何高见；有勇力也不用来逞威风，使臣下充分发挥他们的勇武。于是"群臣守职，百官有常"。

> 明君之道，使智者尽其虑，而君因以断事，故君不穷于智；

贤者敕其材，君因而任之，故君不穷于能；有功则君有其
贤，有过则臣任其罪，故君不穷于名。是故不贤而为贤者师，
不智而为智者正。臣有其劳，君有其成功，此之谓贤主之
经也。[73]

韩非说，作为万物之法，"道在不可见，用在不可知"，统治者要"无
为""无心"。[74]"虚静无事，以暗见疵。见而不见，闻而不闻，知而不知。"
他要在暗中观察臣下的过失而不被发现。了解臣下的主张后不要纠正，
而是通过对比他们的行为来加以检验。如果每个官职只有一人，不让
他们相互通气，那么万事万物的真相都会显露出来。杜绝臣下的窥探，
破除臣下的揣测，不要让人贪求君位。如果不小心提防，不紧闭门户，
"老虎"就会闯入。如果君道"大不可量，深不可测，同合刑名，审验
法式，擅为者诛"，国家就没有贼子了。[75]

韩非的道家智慧，或者说诡诈之术，不论是否用于政治领域，对
许多中国人而言都意味深长。这与韩非的其他主张（为一个主动性强
的统治者提供的建议）是否一致？他在政治活动中所倡导的清静无为，
似乎假定了在理想情况下，人类各项事务全凭自律运行。或者仅以政
府为例，当官员完全依照法律规定履行各自的职责时，君主专制制度
本身就具备了自我约束力。所有人都在法律管辖范围内，即便是微不
足道的过失，也会让潜在的违规者在严酷的刑罚面前望而却步。官员
占据主动地位，统治者则通过自身的权势和能力，依照下属官员各自
所在的职位对他们进行考查和评估。统治者不能发表意见，否则就意
味着破坏了规则——不给臣下提供机会，让他们自己理解所在官位的
职责。倘若统治者一意孤行，也就是按自己的某一特定目标行事，那

么就破坏了以君主为轴心运行的自然法则。对君主而言，在系统内部
实现利益最大化的方式，是尽可能减少权力的平衡运行。君主的沉默
寡言体现了他的智慧，他的顺势而为体现了与"道"的完满统一，他
与臣民保持距离体现了他的强力和威严，他的藏匿不露体现了他保护
自己的安危。最关键之处在于，君主就是君主，他就是唯一，他就是
全部。

到这里还不算完。在韩非看来，以上系统必须辅以相当严密的监督。
要想让他为君主提供的建议听起来神妙莫测，行文就必须做到迂回婉
转、发人深省、壮丽恢宏、夸大其词，虽然韩非自己并不喜欢别人这
样用。[76]我之所以这么说，是因为他倾向于营造一种道家式的幻想，
为普通的宫室增添一个哲思般深邃的光环。

## 法家的典范：李斯

之所以称李斯（约公元前 284—前 208 年）为法家的典范，是因
为他联合秦王巧妙用权，缔造了中国封建王朝的政治格局。不过，他
也是破坏中国传统文化与礼义经典的罪魁祸首。如果我们与中国人一样，
将他与秦始皇放在一起考察的话，我们可以说他身上兼具尧的才能与
桀的残暴，也可以说他作为一名马基雅维利主义式的天才人物，早年
备受上天的眷顾，最后却被腰斩，结束了人生。

司马迁在《李斯列传》的开篇里讲了一个故事，听起来过于富有
传奇色彩，以至叫人难以相信：李斯在还是个郡中小吏的时候，看到
办公处附近厕所里的老鼠在吃脏东西，每逢有人或狗走来，就受惊逃跑。
而粮仓里的老鼠吃的是囤积的粟米，它们住在大屋子之下，不用担心

人或狗惊扰。于是李斯慨然叹息道，一个人有出息还是没出息，就如同老鼠一样，是由自己所处的环境决定的。这件事让他一直铭记在心。于是，他跟随荀子学习帝王治理天下的学问。[77] 后来，为了寻找有潜质和作为的君王，他西行秦国，鼓励秦始皇"灭诸侯，成帝业，为天下一统"。[78] 他还游说秦王，倘若现在懈怠不抓紧此事，等到诸侯国再强盛起来，订立合纵的盟约，那么纵使像黄帝一样贤明，也不能吞并它们了。秦始皇采纳了他的计策，暗中派遣谋士带着金玉珍宝去各国游说，对各国著名人物能收买的，就多送礼物加以收买；不能收买的，就用利剑把他们杀掉。这些谋士通过离间诸侯国的君臣关系，为秦国创造了有利条件。紧接着，秦王派良将攻打各国。[79]

由于担心外来人士离间秦国，一些王族和大臣对秦王说，从各诸侯国来侍奉秦王的人，大都是为他们的国君游说，以离间秦国，于是请求把客卿一概驱逐，李斯也包括在内。李斯就上书，列举历史上那些来自异国却立下汗马功劳的臣子。他论述道，来自别国的臣子是秦国的一笔重要资源，他们都愿意为秦鞠躬尽瘁，死而后已。倘若将他们驱逐出去，秦国人口会锐减，这些人如果再跑去别国挑拨离间，就会埋下仇恨的种子。[80]

秦王随即撤销逐客令，恢复李斯的官位，让其充当身边的顾问，直到自己生命结束。秦的治国政策十分有效。周边国家相继归秦，秦王嬴政最终"一统天下"。躁动不安、崇尚神灵、爱权如命的嬴政，为了奖赏自己完成华夏大一统的丰功伟绩，决定采用"皇帝"作为自己的称号。精明强干、严谨苛刻的李斯则被任命为丞相。[81]

为了缔造统一的王朝，李斯废除分封制，把全国分为三十六个郡，郡守为最高行政长官，掌管全郡政务，直接受中央政府管辖；郡尉辅佐郡守，掌管全郡军事；郡监则掌管监察工作。一郡之内又分若干县。为了让先前的地主服从统治，他们被重新安置在都城内复建的殿阁中；为了让地方保持和平，法律规定外的一切兵器都要上交秦始皇：

> 收天下兵，聚之咸阳，销以为钟镰，金人十二，重各千石，置廷宫中。一法度衡石丈尺。车同轨。书同文字。[82]

秦律在全国范围内的推行，让新帝国的法令得到统一。秦律以酷刑（这一点在其他中国古代法令中屡见不鲜）、连带责任（也不足为奇）、等级化管理（随着时代的发展变得愈加复杂）著称。从近期发现的史料中我们了解到，秦朝的地方法律条文事无巨细，其中涉及公文的特征与应用范围、下属官吏任免的规定、仓库使用的度量标准，以及每个地区贷给农民的种子和谷物的额度等。[83]

国家统一后，便可投入税收、分派犯人来修建道路。横贯秦帝国的公路（秦直道）远远长于古罗马的道路系统（约公元 150 年建成）。为了让公路最大化地投入使用，秦朝制定车同轨法令，让运货马车将道路压成宽度一样的硬地车道。这些道路彼此连接，广远绵长，除了军人之外，还供许多商人使用。为了配合道路系统，秦朝还开凿了灵渠。这条运河至今仍在使用。除此之外，秦始皇还下令修筑万里长城（并非 16 世纪建造的明长城）以防御匈奴入侵。约三十万人修了十多年，长城才得以竣工，这在当时是规模最大的防御工事。然而，法家原则的另一玄机在于，一些渎职官员因不公正处理法庭案件，被判充当修长城的劳动力。[84]

统一的帝国通过军事上取得的胜利向外扩张领土，同时还对俘虏和罪犯进行改造。然而从长远看，与领土扩张相比，秦国改革文字的意义更为重大。原因在于这项措施破坏了先秦以来中国语言文字的多样性。书写文字统一后，意义由此固定。[85]

除此之外，李斯最为人知的要数公元前 213 年的焚书。这项对文字的大规模审查在中国历史上史无前例。虽然现在看起来不那么明显，但这对于中国文化而言无疑是一场浩劫。之所以说它的影响有限，主要是因为秦朝十分短暂，还没全面实施焚书，秦朝就灭亡了。另一原因是，大部分禁书保存在皇家档案库中（后来被起兵造反者烧毁）。虽然毁坏程度不如人们想象得那么严重，可是这一措施的确形成了中国文化的一大分水岭。它激发了一部分中国人对典籍、历史的兴趣与热情，激励他们寻找先秦旧文，致力于细读和研究其中的语词和文体，从而验证哪一部分有可能缺失，哪一段落如何恢复完整。对典籍的不断搜罗，引领人们发现所谓"古文"。这些典籍由汉朝以前的文字书写，与汉以后的"今文"相区别。"今文"为学者通过回忆记录下来的文字——隶书。"古文"与"今文"经学之争，对日后两千多年的中国正统学术产生了深远影响。[86]

接下来我还是回到"焚书"这一历史上躲不过的劫难。李斯之所以提出焚书，是因为这些典籍会提醒未来读者关注过去王朝的事情。拿周朝来说，周王朝之所以世代相传，是因为周天子将土地赐予王族、功臣。这些书似乎暗含着一种思想：一度沿袭的分封制遭到摒弃，王朝危在旦夕。倘若君主身边再多些阿谀奉承的人，危机就会更加严重。[87]在李斯看来，秦朝以法治国，这样的批评却通过肆意借用古代之事来提倡恢复旧制，于是他对诸子典籍通通加以否定。他说，现在天下得以统一，黑白是非得以分辨，海内共同尊崇皇帝一人；诸子百家却

46

在一起任意批评朝廷的法令制度，听说朝廷令下，立刻就以自己学派的观点来议论它，回家便心中不满，出门则在街头巷尾纷纷议论。这样下去而不加以禁止的话，君主的权力威望就要下降。因此，还是禁止为好。李斯就进谏秦始皇：

> 臣请诸有文学《诗》《书》百家语者，蠲除去之。令到满
> 三十日弗去，黥为城旦。所不去者，医药、卜筮、种树之书。
> 若有欲学者，以吏为师。[88]

也许是担心丢失那些珍贵的史料，司马迁紧接着写道，秦始皇很快批准了他（李斯）的建议，没收了《诗经》《尚书》和诸子百家的著作，"以愚百姓，使天下无以古非今"。[89]

公元前212年，也就是焚书事件发生后的一年，又发生了"坑儒"事件。这件事与李斯有关联，却并非由他执行。460名学者因此丧命。这一事件日后成为中国一些文字狱的代名词（晚近一些说法除外）。*根据传统的解释，将人"置于死地"可理解为"挖坑活埋"。不过在司马迁后来的记述中，这一事件只不过是秦始皇恶行的冰山一角。[90]

在古代中国人看来，李斯的后半生类似一则发人深省的寓言——骄傲自矜。我在这里以严肃的口吻简要说明一下，以给读者留下足够的空间去想象其中有关背叛与反背叛的戏剧化场面。首先，秦始皇在统治了十二年后突然驾崩，年仅45岁。在此之前他本想将皇位传给长子

---

\* 1973年出版的官方历史书上写道，在秦始皇活埋的儒生中，在咸阳的只有460名保守的儒生，罪名为"借古讽今"。在秦朝统治者看来，这项措施十分必要，目的在于"厚今薄古"，以巩固秦朝的中央集权。参见 Bodde, *The State and Empire of Ch'in*, p. 72。

扶苏，然而赵高窃取遗诏，篡改继承人为另一子胡亥，并扶植其上台。

据司马迁记载，赵高问李斯是否愿意参与密谋，李斯说："安得亡国之言！此非人臣所当议也！"[91] 赵高站在李斯的角度，通过逻辑分析以及回顾历史来对其极力相劝，李斯最终做了妥协。于是二人合力伪造了一份给长子扶苏的诏书，诬陷其作为人子不孝顺，赐剑令其自杀。扶苏对秦始皇忠贞不贰，接过诏书后自杀而死。胡亥成为皇帝后，听从赵高的建议，施行更加严峻的法律、更为残酷的刑罚，防止人民暴动。赵高于是进一步建议，杀死当朝大臣，疏远兄弟。赵高说："陛下则高枕肆志宠乐矣。"[92]

司马迁此处引用的对话，暗含了对后面朝代有所指涉的内容。鉴于对话最不可能以口语的形式记录下来，司马迁在此发挥想象就顺理成章了。即便如此，这一场景对于中国人而言仍然难以忘怀和省略。不论事情真相如何，很明显赵高与李斯在此时发生了冲突。鉴于二者的关系，这样的冲突也是必然结果。李斯多次找机会进谏均未成功，其间又发生了一些事（我在此省略）让他非常担忧，便曲解秦二世的心意，求得宽容后上书说，贤明的君主必定能够独立做出判断，对臣下予以监督，提拔贤能之士并且独享政治权力。为进一步说服秦二世，李斯还引用韩非的话，说明监督的重要性——慈爱的母亲会养出败家的儿子，提倡对违法犯罪的人严加惩处，不能姑息养奸。[93]

秦二世看了李斯呈上的谏书后非常高兴。结果是，向百姓收税越多的，就越被认为是贤明的官吏；杀戮百姓越多的，就越被认为是尽职尽责的贤臣。[94] 秦二世虽然听从了建议，赵高却故意在不恰当的时候鼓动李斯进谏，又惹怒了秦二世。赵高继而趁机报告，说李斯身居宫外，权力比皇帝还要大，说不准有谋反的企图。李斯试图为自己辩护，

48

并上书揭发赵高的阴谋。可是秦二世已经相信赵高，担心李斯会杀掉自己。"赵高案治李斯。李斯拘执束缚，居囹圄中。"司马迁在此描绘李斯仰天长叹，回忆古时那些被杀的忠臣，数落秦二世的暴虐无道。[95]

李斯因谋反罪被捕，受到严刑拷打，最终不堪折磨，冤屈地招供了。在即将判决的最后关头，他上书为自己辩护，陈述自己曾经为秦国立下的功劳，以求赦免。然而赵高以囚犯不能上书为由拒不上报，随后派遣他的门客假扮成御史、谒者、侍中，轮流往复审问李斯。李斯如实作答，赵高就让人再拷打他，以至于后来秦二世派人去验证口供时，李斯以为还和从前一样，不敢再改口供，全盘承认了自己的罪状。赵高把判决书上呈，秦二世高兴地说，若不是赵君，他就被丞相出卖了。[96]公元前208年，从7月30日至8月27日，经过又一番严刑拷打后，李斯被判在咸阳街市上腰斩。三族的人，包括其父母、兄弟、妻子和孩子，也都被处死。[97]

后来，赵高教唆秦二世去远离宫廷的望夷宫居住，并让卫士们穿着白色的衣服，手持兵器假扮成土匪面向宫内。秦二世看了非常害怕，赵高"即因劫令自杀，引玺而佩之"，发现身边的文武百官无一人跟从。赵高自知上天不给予他皇帝之位，群臣也不会答应，就把玉玺交给了子婴。子婴即位后，担心赵高再作乱，就命人刺杀了他，还诛灭了他的三族。几个月后，刘邦率军抵达咸阳，文武百官纷纷叛秦。子婴将丝带系在脖子上准备自尽。刘邦把他交予部下看押。项羽到达咸阳后包围了城市，烧毁宫殿及皇家藏书阁，然后杀死了子婴。秦朝"遂以亡天下"。这一年是公元前206年，距秦王朝建立才过去十五年。[98]

整篇列传引人入胜、荡气回肠。结束语里，司马迁虽然责备了李斯的背信弃义，但是仍然将其列为缔造秦王朝的一位不可多得的贤良功臣。

49

## 评价与反思

秦律是真如司马迁所说的那样残酷严苛，还是后人篡改史实，以说明他们憎恶秦朝合情合理？不同学者出于不同理由，默认了这些篡改，但是在 20 世纪，人们更倾向于认为这些听起来不怀好意的寓言具备合理性，因此中国人一直将它们看作历史上真实发生的事。对秦朝做出的评价代代相传，成为中国历代伦理学家关心的重要内容。在这些评价中，一个较为知名的评述是秦亡后不久由西汉儒生贾谊做出的。区区一个戍卒发了难，就让秦国走向灭亡，并为天下人耻笑，何也？贾谊解释说："仁义不施而攻守之势异也。"[99]

倘若抛开道德不谈，秦国为何灭亡？如果秦始皇把皇位传给长子扶苏，会很快亡国吗？秦亡国的原因是否在于，随着领土不断扩大，国家的行政能力无法驾驭？当代史学家认为，纯粹依靠法家，统治会由于缺乏变通而无法长久，后来汉代将儒法两家结合，"让中国王朝既能严明决断，又能灵活多变，从而保障国家的长治久安"[100]。

法家与儒家（道家与其他诸子百家暂且搁置一边）看似彼此对立，但如果将两者糅合在一起，在很多方面则具有内在联系。这一点在黄老学派思想（正如我前面所说，该学派由"黄帝"与"老子"两个名字合并而成）中表现得尤为突出，并在汉朝初期成为治国的主导思想。与老子个人的主张相比，道家的目标更为明确，更容易实践。具体说来，该学派倡导的"清静无为"，具体指政府考虑到民众的利益而减轻赋税，让法律实施更加人性化，等等。根据这一学派的思想，只有当臣下有所建议时，统治者才会保证采取措施。

黄老学派对朝政的影响，在公元前 140 年汉武帝继位时戛然而止。司马迁说，武帝身旁的顾问董仲舒请几百名儒家学者与文人任职朝廷，拒绝了道家、法家等其他学派。[101]* 经过汉初休养生息，此时的中央政府信心满满，儒家学说可能更为实用、更具政治意义。儒家积极进取的思想为政府放宽限制、开明开化、勤政为民提供了理论依据，同时也为政府从地方势力中夺取政权，实现领土统一提供了理论支持。[102]

黄老学派至今保存完整的历史文献写在丝帛上，于 1973 年从皇陵中出土。这些文件对战国末年到汉朝初期的中国思想做了一次梳理。其中心思想为，天地、自然万物的运行法则不受人的支配，人类生产生活亦是如此。这也是道家思想的核心内容。因此，为了掌握自然法则，人需要清静、虚空、无为，大致意思就是不应有个人的偏见好恶。在这种观念支配下，人需要顺应自然运行的规律，认识自然持续往复的定律，并能够应时而变、顺势而为。人还需要明白，（运用得当的）语言、道德准则以及人类的法律如何体现了"道"这一自然法则。法家思想家主张"道"必须客观超然、不受人力支配，然而他们不太愿意承认，统治者本人如果想成为明君，就要遵守相同的法则。[103]

另一本饶有兴味、文学气息浓厚的著作《淮南子》也汇集了汉代思想，将儒、道、法三家合一。[104] 让法家的"狮子"与儒家的"绵羊"互为表里，外加道家的"水牛"（老子的坐骑）。与法家类似，这本书

---

\* 作为史学家，司马迁之父司马谈曾论及道家的教导方式。他所称的"道家"明显指黄老学派："道家……赡足万物。其为术也，因阴阳之大顺，采儒墨之善，撮名法之要，与时迁移，应物变化。"（ Watson, *Ssu-ma Ch'ien*, pp. 44–45 ）

同样认为，由于人们对桀王下达的命令言听计从，尧如果只是个平民，就什么都做不了。另外，法是"君主衡量的标度"。[105] 与儒家类似，这本书同样褒奖了尧、舜对缔造文明社会的贡献，重申了仁慈与智慧二者与生俱来的一致性。[106] 与道家类似，这本书还认为，文明教化"污染"了人的本性。[107]

　　法家与儒家在观念上的区别十分明显；但如果我们将法家采取的措施理解为通过奖惩来治理国家，规范经济，提高军事效率，努力扩张领土，并建立以皇帝为首的严明的等级制度，那么在汉朝不论黄老学派是否成为正统思想，中国都是一个典型的法治国家。我们不难发现，这一时期政府的统治思想闪现出法家的光芒。与此同时，这一时期的政治论争也最为突出，交战双方所引用的论据令人想起法家与儒家在过去的对抗。争论的一方为"现代派"，他们提倡由政府管制自然资源、大规模的农业生产以及商业贸易。另一方为"改革派"，他们反对国家干预，认为发展商业贸易尤其是奢侈品，牺牲了穷人的利益，因而必须按对象进行分类征税；小规模的农业应当成为国家的经济支柱。

　　政府需要资金养活守卫边疆的军队，因而更倾向于"现代派"的主张，铁、盐产量归国家支配，规范物价，并从中获得可观的利润。可是铁的价格昂贵，政府提供给农民的铁制劳动工具质量下降，引发了人们的强烈抗议。[108] 为了缓解矛盾，中央政府召集六十名"改革派"的代表与政府代表进行辩论。这场辩论史称"盐铁之议"，于公元前81年展开，由当朝史官秉持公正的立场进行笔录。[109] 论争有着明显的中国特色，论战双方通过举出大量例证各抒己见。虽然论争并未给现实状况带来重大改变，但在今人看来一个颇有意思的地方在于，政府持法家立场，而改革派持儒家立场。

51

在这场论战中,御史大夫桑弘羊捍卫政策,反对中央将权力下放给人民。他论证说,很久以前商鞅担任秦国大良造,以严刑峻法闻名,以政府管理有序著称,其结果为:

外设百倍之利,收山泽之税,国富民强,器械完饰,蓄积有余……是以战胜攻取,并近灭远。[110]

由贤良文学组成的"改革派"以汉文帝执政时期(公元前179—前156年)的繁荣景象为典范,对以上论点加以反驳。在他们看来,盐、铁专卖为国家带来厚利,却让民众陷入困境。商鞅固然积极进取,但他的变法只在短时间内取得成功,因此他不得不依赖中央集权与强权统治。

欺旧交以为功,刑公族以立威,无恩于百姓,无信于诸侯。[111]

桑弘羊答道:"缟素不能自分于缁墨,贤圣不能自理于乱世。"贤良文学随即做出回应,提醒他:

今秦怨毒商鞅之法,甚于私仇,故孝公卒之日,举国而攻之,东西南北莫可奔走……卒车裂族夷,为天下笑。斯人自杀,非人杀之也。[112]

很显然,这次辩论与周朝道家与儒家的争辩极为类似。相比之下,这次争辩的双方都赞同王朝实行中央集权,沿用旧时礼制;与此同时,没有任何一方对除此之外不相关的内容加以宣扬。虽然现代派人士与法家相似，但改革派人士的确也重申了商鞅和韩非对奢靡生活的批评。仔细衡量这些立场上的转变，我们需要记住的是，法家不同于儒家，它只是一种回溯性的创造，而不是依附于传统的教条理论，让那些捍卫者紧紧跟随。历史可以证明：儒家化的法家、儒家化的道家，甚至儒家式道家化的法家，彼此之间并非完全格格不入。不过这些都是后来发生的事，不在这里的讨论范围内。[113]

　　法家的正式衰亡，并不意味着严苛的政府退出了历史舞台。司马迁在《酷吏列传》中写道：

　　　　昔天下之网尝密矣。然奸伪萌起，其极也，上下相遁，至于不振。

　　写到汉朝时，司马迁写道："而吏治烝烝，不至于奸……由是观之，在彼（指宽厚的态度、美德）不在此（指酷刑）。"[114]然而，司马迁仍然描述了几个特别严苛的汉朝官员，其中一个是王温舒。王温舒年轻时做过盗墓等坏事，后来因善于处理案件，官职一路上升。"督盗贼，杀伤甚多。"他上任后逮捕豪强和奸猾之人，连坐一千余家。他上书皇上，请求将罪大者灭族，罪小者处死，最终"郡中毋声，毋敢夜行，野无犬吠之盗"。[115]后来他调任中尉，玩弄法令条文，巧言诋毁奸猾的平民，威迫豪强。

　　　　奸猾穷治，大抵尽靡烂狱中，行论无出者。

　　结果，"郡守、都尉、诸侯二千石欲为治者，其治大抵尽放温舒，而吏民益轻犯法，盗贼滋起……大群至数千人"。[116] 由此可知，严苛的治国方式虽然立竿见影，却并非长久之计。

司马迁对酷吏的评价与《史记》的其他部分有所不同。他写道：

> 网密，多诋严，官事浸以耗废。九卿碌碌奉其官……何暇论绳墨之外乎！[117]

司马迁评论说，这些酷吏中有清廉者，也有腐败者。但是他们性格都很暴戾，都是名副其实的酷吏。他们中绝大多数人通过凶残的手段镇压人民。比如其中一个"擅磔人"（擅长肢解百姓），一个"推咸"（椎击犯人逼供定案），一个"妄杀"百姓，两个"蝮鸷"（十分凶狠），还有一个"朴击卖请"（拷打逼迫犯人出钱买得宽恕）。[118]"何足数哉！何足数哉！"司马迁最后如是发问。很显然，他认为清官与贪官严苛施政，并不仅限于以法家方式治国的秦王朝。

第三章

# 古代印度的马基雅维利主义政治科学

## 历史背景

如同前一章探讨中国一样，本章我们所关注的历史跨度约为一千年。首先出现的是佛教，它兴起于公元前 6 世纪，结束于公元 5 世纪。这段历史非常模糊，并没有类似司马迁《史记》这样的记载。[1]其结果为，古代印度的一切似乎都包含在各种史诗、神话和法典中，倘若我们想通过这些材料，来描绘某一特定时间或地点的社会生活或思想状况的图景，这样的努力可以极大地刺激原创力，得出一些令人信服的结果，可是在历史上并不很精确。如同利用废墟的石头建造起来的房屋，无法重组时间、地点及建筑结构一样，它只能是另一个未知时间与地点建造出的其他建筑。

继佛教的早期形式耆那教的诞生，以及亚历山大大帝的伟大征服之后，有关编年的问题才得到解决，历史也逐渐变得清晰。我们需要知道的这段历史开始于公元前 321 年——如果这个时间正确，那么它就是在中国的秦始皇确立统治前 100 年。这一年，年轻有为的旃陀罗笈多（Chandragupta）在精明圆滑、不择手段的考底利耶的辅佐下，推翻了难陀王朝（Nanda Dynasty），建立了孔雀王朝（Maurya Dynasty），缔造了印度历史上第一个统一帝国。虽然史书对这位国王有所记载，不过有关他的真实事件，后人却知之甚少。有希腊史学家记载旃陀罗笈多与亚历山大大帝早年的会晤。根据他们的叙述，亚历山大大帝因为受到其冒犯，曾想置其于死地。旃陀罗笈多打退了亚历山大大帝下属统帅的军队，并与地方官员建立友谊。

与李斯见到老鼠后顿悟类似，印度的旃陀罗笈多偶然听到一位母亲教育孩子，才懂得了人情事理。母亲看见孩子挑了蛋糕的中间部分吃，丢弃了其余部分，还向大人要更多的蛋糕。她说："你把外面的扔掉，吃了里面的，这正如旃陀罗笈多忽视国家边境，企图攻下国家的中心来实现征服。殊不知他的军队已经被层层包围，以溃败告终。"旃陀罗笈多醍醐灌顶，于是在后来的战斗中，他开始通过蚕食外围地带来吞并敌国领土。[2] 除此之外，相传旃陀罗笈多具有与生俱来的威信与魄力。比如他从敌军中侥幸逃脱，因疲惫不堪打起了瞌睡，这时一只巨大的狮子来到他身边舔他，唤醒了他的斗志。[3]

那时候的印度是什么样子呢？古希腊作家麦加斯梯尼（Megasthenes）对此做了最为详尽的描述。麦加斯梯尼作为使节，由塞琉古一世（公元前302年—前291年）派往旃陀罗笈多的宫廷。他随后书写的报告为后人揭示了考底利耶政治主张的历史背景。虽然其中某些部分取材于寓言故事，偶尔也会出现史实上的错误*，不过麦加斯梯尼作为历史的见证者，仍为我们留下了极为珍贵的历史资料。

---

* 比如他曾在一则故事中讲到一个彬彬有礼却没有嘴巴的男人，以烤肉、水果和花卉散发出的香气为食。他还错误地认为印度没有奴隶，并将印度的职业描述为种姓制度。

　　麦加斯梯尼说，人群中的最少数也最受尊敬的阶层为"哲学家"。一些婆罗门（Brahmans）研习自然，践行宗教（据说他们的观点与希腊人有些相像），其余的人则成为国王身边的顾问。整个国家绝大部分人属于农民阶层。他们温顺和善，不参与战争，只负责耕地种田，缴纳赋税。尚武人士也有不少，他们唯一的职责便是参与征战。还有一种人是马基雅维利主义者意图成为的，就是政府的秘密监察员，向上级报告民众的动向。最后一个阶层的人为地方官和行政管理人员，他们颇具智慧，为人正直，全力为政府服务。[4] 国家军队由国王统领。和平时期国王负责评判一切事务，主持祭祀仪式，参与狩猎等活动。据说晚间他还会更换床榻，以防有人伺机谋取性命。中央政府由地方、城镇及军事机构的官员组成。举例来说，军事机构又有独立的委员会，分管海军、交通运输、步兵、骑兵和象兵。[5]

　　麦加斯梯尼称他所居住的都城巴特利普特那为"印度最宏伟的城市"。据他描述，这座城市长约 14 公里，宽约 2.8 公里，被一堵加固的木质围墙包围，上有 570 座塔、64 扇门，外面建有一条约 18 米深的壕沟。宫殿为木质建筑，雄伟壮丽。殿外花园里种满了各种本土植物和奇花异草，还饲养了孔雀与雉。池塘内也饲养了很多鱼。都城内的人们喜爱鲜亮的色彩，他们诚实可信、宽厚待人。[6] 这样的褒奖似乎很难与考底利耶繁杂的惩戒措施相匹配。麦加斯梯尼还写道，坑蒙拐骗和法律纠纷鲜有发生。倘若他的描述属实，那么都城内人们的良好品质并非先天的，而是严刑峻法的结果，正如法家所提倡的那样。

　　麦加斯梯尼所描述的正是旃陀罗笈多统治下的印度。旃陀罗笈多联合考底利耶，成为一部马基雅维利式话剧的两个主角，这出剧在他去世很久以后被记载下来。作为王朝的缔造者，他的辉煌功绩与以往

57

的印度传统形成强烈反差。不过他在晚年仍然遵循传统，笃信耆那教，在饥荒时弃位，并按该教习俗绝食而死。[7]儿子频陀莎罗（Bindusara）后来继续对外扩张，只剩下羯陵伽（今奥里萨邦）未被征服。直到旃陀罗笈多之孙阿育王（约公元前274年至公元前232年）经过一番浴血奋战，最终拿下这片土地。阿育王的帝国覆盖了除最南端以外的整个次大陆。

阿育王屡战屡胜，所向无敌，晚年却笃信佛教，以慈悲为怀。这一点在世界各国君主中实属罕见。有印度史学家说，他的统治"谱写了印度历史最鲜活的篇章"。[8]幸运的是，阿育王的法令以文字形式镌刻在纪念碑式的岩石和石柱上。有的刻于三十五块岩石上，沿帝国的边界放置；有的刻于约14米高的砂岩石柱上，放于重镇或沿街竖立；还有的刻于岩洞内，这些岩洞日后成为邪命教（Ajivika）（无神、反婆罗门）僧侣的生活场所。[9]

在阿育王的法令中，一切围绕佛教法规（dharma）展开。在做具体解释之前，我倾向于将它理解为"普遍的（道德）准则"或"道德法律"。这也是阿育王由好战转向和平之后倡导的标准。阿育王名字的本义为"无忧"。他在13号岩石法令中对自己的这一转变做出了解释。这则法令开头描述了他造成的一系列苦难：在他统治的第八年，为征服羯陵伽地区，有15万人被俘、10万人被杀。基本上每次战争的死亡人数都会接近这个数目。他说，这些战争结束后，他立刻皈依法门，服从佛教法规，并对之前大开杀戒、驱逐犯人出境等行为深表悔恨。连年的征战为死难者亲友带来的痛苦令他良心不安。经过一番深刻反省，阿育王说："一个人对我做了错事，如果错误本身可以被原谅，那么他也应该得到宽恕。""错误本身可以被原谅"这个短语让阿育王与过去划清了界限，展现出他后来广为人知的宽宏大量。他也宽恕了"森林部落"，可他们一旦犯下罪行，还是严惩不贷。与此相似，对于帝国周边那些未能征服的部落，他也表示友好，希望彼此能够建立信任，而不希望对方惧怕他。他坦言已经做好准备，去宽容他们"可以得到原谅的冒犯行为"。

阿育王的诚恳之心不容怀疑。他表示："世人皆为我之子。"这些文字出现在某一法令的前言部分，他将这段法令置于先前敌方的领土上。接下来他又说："如同我在今世与来世都为自己的孩子谋求福祉，我亦愿为普天下人民谋求幸福。"继而他劝诫各级官员消除怨恨之心，不采用凶残手段，专注而有耐心地进行判断与决策，忌"严苛凶厉，而要温和行政"，原因在于：

> 在审讯过程中，被告有时会遭受牢狱之苦或严刑拷打的折磨，有的甚至会因此丧命。他的亲属则会痛不欲生。（羯陵伽法令 1）

看到这样平实朴素却极富怜悯心的文字，读者会不由地稍加停顿。阿育王的劝诫是否能在百姓的日常生活中行之有效，我们并不清楚。不过他本人的精神信仰却体现得十分清晰。在 7 号法令中，阿育王回顾了以往帝王曾经尝试，但终究还是没能引导人们严格遵循佛教法规的历史。与此形成对照，他声称自己已发布一系列公告宣传佛教法规，并下达指令，希望人们在生活中加以履行，从而在道德上取得进步。国家的最高层官员和地方官员，也奉命解释和传播佛教法规的相关内容。他们需要投入大量时间，为禁欲主义者和普通居民提供福利。一些官员奉命照看佛事，一些官员负责照看婆罗门与邪命教的禁欲主义者，一些官员与耆那教的僧侣一同工作，其余的则参与其他宗教派系的日常事务。这些官员还负责分发或监督贡品，这些贡品有的为自己进献，有的则来自其他家庭成员。

阿育王并非一位谦逊的老师。他宣称自己已经成为人民的典范，人们则效仿他的善行，遵从父母与师长的意愿，对禁欲者、贫穷与体弱多病者，甚至对奴隶与仆从都恭敬谦让、有礼有节。他不只说些善意的言语，在行动上也十分虔诚。在岩石 3 号法令中，他命令各地方、省级和国家级官员每五年对所在地区进行巡视，以宣扬佛教法规——这一颇具教化意义的举措让人联想起 19 世纪中国清朝皇帝的微服私访。

不论僧侣与禁欲主义者属于何种教派，阿育王都愿意为他们提供帮助。即便如此，他的兴趣还是在他所谓"佛家教规的礼节"上，包括善良、尊崇之心、和平与慷慨。而对于那些"多样、琐屑而无意义的礼仪"，比如疾病、婚嫁、生育、离世等，尤其是与女性有关的内容（9 号岩石法令），阿育王虽然接受，却不以为意。对与仪式相关，却并非面向道德的内容，他也会流露出些许不耐烦。不过阿育王大体上宽宏大量，这一点毋庸置疑。至少从口头上说，在我熟悉的古代帝王中，他在这一方面做得最好。阿育王曾公开表示，希望所有持不同信仰的人互相了解各自的教义，让"各种宗教的整体素质都有所提升"，因为他坚信"其他派别的宗教信仰，不管出于何种原因，都应受到尊重"。他在 12 号岩石法令中说："只有尊重其他宗教，一个人才能提升自己的信仰，与此同时为他人的信仰服务。"

对于身处帝王之位的阿育王而言，他虽然皈依了佛教，但并未严格遵循清规戒律。他享受到的宽容不仅在道德层面上获得许可，在政治层面上也符合一个帝国所采取的权宜之计，因为一个宗派心强的人很容易让国家陷入岌岌可危的境地。[10]事实上他经常对外宣称，他的善举不只是为了亲人和都城内的居民，还是为了全天下所有阶层的人（6号石柱法令）。他说，从今往后，他的巡视是一次道德之旅，在这个过程中他探访神职人员、苦行者、老人以及乡村居民（8号岩石法令）。为了充分了解他们的生活情况，阿育王要求当地官员随时向他汇报——不论他是在进食、在后宫内廷、在侍候他的爱牛、在专注于修行。为了强调他的主张，他表示从未对自己的工作感到很满意，对公共事务还需更加上心。针对这一点，他补充说：

> 我以提升公众福利为我本人的最高职责。为了实现这一理想，我还需持续不断地工作与实践……一旦这项工作完成，我便能抵偿亏欠天下百姓的一切，让他们今世幸福欢乐，来世升入极乐世界。（6号岩石法令）

60

为了将善意与怜悯推广至一切生灵，阿育王禁止都城内杀生；此前他将膳房内杀生的数目减至每日两只孔雀和一头鹿（1号岩石法令）。他还亲自制作了一份禁杀动物的名单，规定不可将活物喂食其他动物；仅在限定的日子里才可杀鱼、卖鱼、阉牛、将马和小公牛标价出售；森林地"除特殊理由外不得焚烧，禁止焚烧森林后杀戮牲畜"（1号岩石法令）。

历史上的阿育王以执法果断坚定赢得了世人的尊重。这与马基雅维利主义的非道德性相距甚远。但是佛教传说中的阿育王，为佛家人道主义与马基雅维利式的冲动或需要之间的关系，上了一堂内在更为模糊隐晦的课。传说中的阿育王（传说能反映铭文略去的事实）激励了许多国家的帝王竞相效仿，成为佛教的皈依者。[11] 这样的传说把年少时的阿育王描述成丑陋不堪的孩子，备受父亲的嫌弃。这扩大了他内心的阴暗面，于是他在父亲死后谋杀了作为合法继承人的兄长，自己登上王位。阿育称王后，手下有些大臣对他心存蔑视，并不恭敬。他要求下属将所有长出花果的树木通通砍光，只种植带荆棘的树木，却无人服从，于是他一下子杀掉五百名官员。后宫的女眷都不喜欢抚摸他粗糙的皮肤，纷纷跑去皇宫花园摘下无忧树的花，以发泄对王的不满。阿育王就下令将她们全部活活烧死。他费尽心思寻找符合他暴虐性情的刽子手，最后找到了一个十分凶残的大恶人。此人辱骂父母、殴打子女，一逮住飞虫、蚂蚁、老鼠和鱼，便将它们置于死地。这个刽子手说服阿育王建造一座监狱，里面的刑罚手段力图模仿那些在（佛教中的）地狱里获得重生的人所遭受的酷刑。由于传说中阿育王被描述为奇丑无比、凶残暴虐，他后来弃恶从善的转变就显得戏剧化了。不过这则故事还说明：权力独立存在，不依赖外表和道德；善恶两面也可以兼施。

相传阿育王的转变与一位年轻的僧侣有关。这位僧侣被关进大牢，遭受严刑拷打，他努力战胜对死亡的畏惧，竭力忍耐，在狱中目睹行刑处决时不感到害怕。此人意志极为坚强，以至于"打破了存在的联系"，修得无常十六圣谛法，成为罗汉。[12] 刽子手并不知发生了什么事，把他扔进滚烫的大油锅，在底下添火数次。他打开锅盖瞧了瞧，发现这名僧人盘腿坐于莲花上，丝毫不受伤害。刽子手随即叫阿育王来目睹这一奇观。僧人通过法术让在场的人目瞪口呆。他还预言阿育王有朝一日能成为伟大的佛门君主。这足以说服阿育王皈依佛门，行佛家之善道。阿育王当即下定决心，要痛改前非、重新做人。刽子手却在这时候拦住了他。由于阿育王当初授予他特权——杀死每一个进入祭堂者，不让一个人活着出来，因此他想杀掉阿育王。阿育王随即命人将其带入处罚间烧死，并拆除了这座人间地狱。

相传阿育王后来为表虔诚，做了许多善事。比如兴建八万四千座佛教寺院，慷慨捐助佛教事业，供养大批佛门僧侣，等等。然而，他也经常使用不那么神圣的手段。传说中的阿育王"是一个擅长手段的君主"。他曾威胁处决城市里持有过多舍利子的人们。有人告诉他，一名耆那教徒画了一幅佛祖向耆那教师长鞠躬的画，他便将这名耆那教徒连同全家一起杀死，并悬赏缉拿其他耆那教首领。他还烧死自己的妻子，屠杀一城的人，这样做的理由对一个普通君王而言更为充分，而不是一名圣人般的佛教徒。[13]

以上行径为什么能保留在传说中，成为这个佛门君主人生的一部分？一名学者给出的答案是，作为一名君主，这样的行为是免不了的。虽然佛门思想家将印度政治科学中的非道德教义排除在外，但阿育王这个传奇人物倒是更接近一个君主的真实面貌——他易怒暴躁，报复心强，手段血腥。他屠杀异教徒，擅长使用颇具欺骗性的"聪明手段"。[14]根据他的法令推断，真实的阿育王应当不大可能如传说的那样，行使那般残忍的手段。

当时的佛门弟子接受阿育王伟大而慈善的印度君主形象。他被称为"转轮圣王"，驾驶着轮宝战车，行路畅通无阻。传说中的阿育王作为一种帝王的代表，属于那种无法避免动用武力胁迫的类型。颇为明了的是，即便是历史上最伟大的佛门君主，也无法达到佛教圣徒的地位；传说中的阿育王也认为自己的价值并不能与他所尊崇的佛教前辈相提并论。[15]

在这则传说的结尾，阿育王在弥留之际决意为佛教寺院捐一笔可观的款额。可他的儿子与继承人都反对父亲挪用国家款项，理由正是他自己所说的"君主的权力以国库金额的多少为衡量标准。因此君主需要有所节制"。[16]阿育王于是将侍奉瓜果的金盘散发出去。受到孩子们的阻止时，他将银盘散出，再次受到阻挠，他便把铜盘散发出去。最后，他将只够盛半个水果的盘子也散发了出去。阿育王心里十分难过，他的眼里噙着泪，批评王公大臣说，你们作为人民的统治者，还不如种这半片水果的农夫。他还批评身边那些伺候他的人抢夺了自己的统治权。最终他宣布与子孙断绝关系，说他们如同波浪起伏的海水一样变化无常，不可信任，而唯一安稳可靠、不随情感而变化的统治权是理性的思考。[17]在感到亲缘关系十分空虚淡薄之时，阿育王溘然长逝。

现在我们将焦点从传说转向历史。阿育王统治印度长达三十七八年。史学家将他的成就，归功于孔雀王朝历代统治者为罢免或削弱君主权力而进行的实践，因此阿育王成为诸多君主中相对仁慈的一位。他待人宽容忍让，重视发展城市与商业贸易，这些都让他的政策得以推广施行，并产生深远影响。[18]可是不管他生前的功劳有多么伟大，他去世之后，整个帝国迅速走向衰亡。这些法令为手写文本，直到1837年才被破译出来。即便如此，它们很可能并非阿育王本人所作——手迹里对他的称呼充满赞誉之辞，比如"仁慈的君主"或"众神所爱者"。直到1915年才发现一份直接称呼"阿育王"的手迹。对佛教徒而言，他们一直以来通过传说来了解这位君王，但随着佛教在印度逐渐消失，他的故事几乎被后人忘却。[19]

阿育王帝国的衰亡，起因于婆罗门反对他赞同佛教的一系列政策

（阿育王本人力图对任何教派不偏不倚）。另外，由于他反感使用武力，军队规模不断缩减（阿育王本人尽量做到切合实际，在统治期间保持足够的军事实力，抵抗他国入侵）；经济压力增大；官僚主义作风严重，加之各级行政机构刚刚建立，以致阿育王本人公开表示难以应对（不过他的重点在于谴责其他君主不闻不问，直接让政令通过）；缺乏应急状况下（比如君王去世）的行政管理系统；帝国民众对国家的认同感和凝聚力有所欠缺。也许"孔雀王朝在当时已经成为时代的先驱"。不论是何种原因造成帝国的衰亡，阿育王的理想主义信念，换句话说是一种宽容而又专断的父系家长主义，与他本人一并尘封在历史中。他之后的几位统治者与他截然不同，最终断送了王朝的命运。[20]

马基雅维利式的旃陀罗笈多，与他热衷于佛教法规的孙子阿育王，二者的差别颇具讽刺意味，但我不想在此过多提及。我猜绝大部分人会更喜欢阿育王。但祖孙二人在帝国内部的区别也说明了整个马基雅维利主义的问题所在：平心而论，他们之中谁更成功？

## 印度人眼中的政府起源

在古代印度，有关政府的理论通过宇宙神话得到证实。这些理论框架构成了印度人观看世界的方式。在他们眼中，宇宙始于一种近乎完美的状态，后来逐渐衰微，到达恶劣的极点时被彻底毁灭，随后万物重生，开始新一轮的循环。[21]与其他"正统"（接受《吠陀经》的）印度人相矛盾的是，佛教徒不相信造物主的存在，不相信种姓制度（四种社会等级的划分）起源于宇宙的运行，也不认为婆罗门拥有权威、帝王神圣不可侵犯。因此以上内容均未从宇宙进化或人类政府起源的

63

神话中得到证实。

我们可以通过《起世经》这一著名文本，来对佛教徒眼中人类堕落的循环过程进行一番考察。相传这部经书为佛陀所作。佛陀说，外在现实世界衰亡后，大部分生灵在"光音天"中重生。他们活在精神世界里，整日沉浸在狂喜中，身上闪现出熠熠光辉。他们穿行于空中，一路上光芒不断，如此这般延续了很久。[22]那里只有河水以及无底深渊。接下来宇宙循环重新开始，"华根出汁，色白如乳，味甘若蜜"。

正在这时，一位来自前世的人心怀贪欲，他将华根品尝，甚为喜欢。出于强烈的渴望，又品尝多次。他人竞相效仿。这种欲求渐渐地充斥了整个生灵。他们身上的光辉在一点点褪去，日月星宿相继出现。他们从甘甜的大地中获取食物，身体变得日益坚挺，长成的体量与所摄入的食物量大小相符。久而久之，生灵之间有了美丑之分。美丽的生灵无法继续生长时，甘甜的土地消失，出现了芳香的土地。在这种情况下，生灵的健壮程度、外表的美丑得以凸显出来。后来芳香的土地也消失，出现了味甘如蜜的蔓生植物。生灵吃的蔓生植物越来越多，还吃了不少自我再生力强的无壳大米，于是长得愈发强壮，他们的坚实程度、美与丑也愈发明显。接着，女人（前世为女人）成为有别于其他生灵的女性，男人也成为与众不同的男性。女人十分热切地凝望着男人，男人也回以同样热切的目光。激情于是产生，欲火在他们体内燃烧，二者发生性爱。这一行为在当时为大逆不道，其他人便向这些男女抛掷烟灰和牛屎，冲他们大叫"走开！"，已发生性关系的男女不得不离开村镇，自己搭建房屋生活，隐匿这些不光彩的事。

有的人生性懒惰，不愿意每日早晚收割大米，而打算一次性收获两顿饭的粮食。其他人纷纷效仿，将收割的时间延长，竟然一次性囤积八天的大米。由于人们开始吃囤积米，米的表面逐渐盖上了一层白白的粉和外壳，收割后不再具有再生能力。我刚才说过，这些生灵活在精神世界里，整日沉浸在狂喜中，身上闪现出熠熠光辉，那时的华汁与土地甘甜可食。人们不由得哀叹，囤积粮食这样的不良习惯让大米生了壳，从而停止再生，长成块状。于是他们决定分割田地，为稻田划界。

接着又出现了一个贪婪的人。他留着自己的粮食，拿取其他人的份额食用。尽管他之前许诺一定偿还，但屡次不守信用，引发众人不满。有人用手打他，有人用土块砸他，还有人抡起棍棒以示抗议。这些偷窃、控告、欺骗与惩罚的原始形式开始为人所知。人们对此感到十分悲伤，他们聚集起来商量，提议各家拿出一份米，选一个人为代表，为那些需要控诉的人伸张正义，将那些理应受到惩罚的人驱逐出去。他们选出人群中相貌最英俊、最有吸引力的人来统治，并上交一定数量的大米。大家给这位统治者命名为摩诃三末多（Mahasummata），意为"由人民任命的管理者"。[23]

神话还没有结束。人群中逐渐产生了统治阶级。这一过程自然而然，又正当合理。那些拒绝"不良生活方式"的人成为婆罗门阶层。他们用树叶建造小屋，在森林里沉思冥想。那些无法静下心来沉思的人居于乡镇外围，负责汇编典籍，这些公认的"诵经者"（背诵《吠陀经》的人）属婆罗门的最低一级——不过现在他们的地位最高。而余下的人有的经历过性生活，有的工作很体面，这些人形成了最早的第三等级或种姓。还有的人从事凶残的工作，他们形成了第四也是最低的等级。苦行者的起源并非异于他人。这些人原本也属于以上四个阶层，但由于对从事的工作不满意，因而选择过一种四海为家的生活。

　　以上有关起源的传说，体现出如下伦理：四个阶层中，任一成员的未来都会遵循这一个体生活中的道德伦理观。现世中的任何不良言行和思想，来世都会遭到报应，也就是下地狱；与此相反，现世中的任何善举、言辞和思想，来世都会得到补偿，也就是升入天堂；现世中善恶并存的人，来世苦乐参半。四个阶层中的任何人，如果经历了七个阶段达到"开悟"的境界，就会在此生涅槃。[24]

　　从字面上说，这则传说告诉我们，欲望会将原始世界里人与生俱来的那种熠熠生辉的、近乎无形的存在消磨殆尽。在原始世界里，"心"被认为是极佳的质料。原始世界里，无人犯下罪过，也不需要统治者。然而受欲望驱使，他们追逐物质，犯下罪过，争执不断，从而变成我们现在所熟识的可悲的人类。从这一角度看，这则传说反映出明显的佛家思想：统治者需要让社会生活有条不紊地进行。为实现这一目标，需由大家共同商讨决定。这样的讨论类似于汇集一群佛教僧侣，或是早期佛教徒所熟悉的"共和团体"。按照佛教徒的理念，最高层的统治者并非顺应天意选出，而是取决于统治者自身是否具备相应的特质。借助一些颇有意趣的词源（我在此将它们略去），我们可以领略这则故事的要义，即社会等级或种姓制度并非神圣之物，而是社会生活运行的自然结果。种姓制度的由来，与宇宙的运行和印度教所说的世代遗传并无关系；任何社会的发展纯粹是自然法则运行的结果。最后要说明的是，任何人不论属于何种阶层，在道德或非道德的行为、言语或思想层面上，都获得同等的奖赏或惩罚，都享有均等机会到达涅槃的境界。[25]

　　婆罗门的观念则与之相反。在他们看来，由四个等级构成的社会秩序和宇宙的运行法则密切相关。"宇宙的运行法则"等同于社会

等级秩序，会永远运行下去，不受任何干扰。现实世界等同于祭祀的
权力与君主的神圣权威，并由它们维系。君主与各神祇相连，有时候
合二为一。比如天神之王因陀罗——即便是神祇，也需要借助君王之
力来对抗宇宙中颇具干扰的力量。相传人类世界的君主来自人类的祖
先——人神合一的摩奴。[26]

　　史诗《摩诃婆罗多》（Mahabharata）与《罗摩衍那》（Ramayana）
中的血腥暴力、背信弃义与政治投机对人类世界造成极大破坏。人们
对君王俯首称臣，相信只有他能够在这个时候主持公道，维护天下太平。
王权以及对王权的臣服因而成为正义的永恒代表。这要求君主必须施
行善举，他的行为必须永远符合正义。只有这样，国家才能符合道义
的要求，世界才会牢牢建立在真理的基础之上。[27]倘若用史诗中宣扬
的思想来表述（大概是由一位诗人向国王吟诵）的话，君主的绝对权
威地位必须保持，原因在于：

66

　　　　假使国王不存在，其他人都无法存在。有了国王，才有
　　了其他人。谁敢对国王不敬？……不可轻视国王，将其视为
　　等闲之辈：他是伟大的神灵，以人身形象出现……有悖国王
　　意愿行事之人，永远不会得到幸福；与他亲近的人，甚至包
　　括他的儿子、兄弟与朋友，也不会得到幸福。[28]

　　《摩诃婆罗多》中的一个段落可以说十分独特。根据此段的描述，
社会起源阶段本是有契约的，但并未成功。我在前文提到，无政府统
治让民众苦不堪言，于是他们达成协定，需要推选一位君主，这一计
划失败后，为了延续大家之前的共识，防止恶人当道，就让婆罗门来

提名君主。这则故事很可能意在驳斥佛教徒所主张的"第一任君主由大家推选产生"这一说法。它告诉人们，权力必须从上而下施加，否则无法树立权威。[29]

婆罗门教与之后的印度教思想的结构特征，在《摩奴法典》（*The Laws of Manu*）的开篇中有所提及。这部作品系统而完备，托名由人类始祖摩奴所撰。书的开篇将宇宙的诞生与人类政府的起源相结合：起初世界一片黑暗，一位无形圣王忽然横空出世，让宇宙得以显现。他播撒出的精液形成一个金蛋，像太阳一样光芒四射，从中诞生出创造神梵天（Brahma）。他既是人类的始祖，又是一切神祇之主。除此之外，无形圣王还为万事万物命名，同《吠陀经》（*Veda*）上的记载和真理完全相符。他创造了时间，并对其进行划分，还创造了星座与星象，还有内热、言辞、情欲、愤怒等等。为了区分是非对错，他将欢乐与痛苦赋予一切生灵，让行善的人得到快乐，让作恶的人尝到痛苦。为了世界的繁荣昌盛，他从自己的口、手、股、足中创造了婆罗门（僧侣贵族）、刹帝利（军事和行政贵族）、吠舍（自由的平民阶层）和首陀罗（顺从地为以上阶层服务）。随后，圣王一分为二，一半为男，一半为女，并释放苦行热，生出新的造物主。他接连又生出十子，十子再生出七个摩奴——每一个摩奴掌管一个摩奴期——在那之后，神祇、圣贤和其他一切生灵，都拥有各自的活动方式和内在意识，都经历了欢乐与痛苦，都在一个轮回中生活。终有一天，造物主再次隐身。他的苏醒与沉睡，将宇宙毁灭殆尽又重新创造，世界由此循环往复。[30]

一个摩奴完成创世的使命后，由下一个摩奴接管，并解释世界轮回的内在规律，也就是梵天划分的昼与夜。[31]梵天的一天有四个阶段，在第一阶段里宗教完满，人们免于疾病之灾，所要之物皆能获得，可以生活四百年；可是到了下一个阶段，宗教力量减弱，世间充斥抢劫、撒谎与欺骗，人们的寿命缩短。法典规定，无论何时何地，都由婆罗门阶层统治，因为他们出生于梵天身体的最高处，既然如此，他们便掌管了吠陀。[32] 这一阶层负责向神祇与祖先供奉祭品，并掌管所有的创造物。"传统上认为，僧侣贵族为所有人的最高级。"[33]

《摩奴法典》对印度教的形成起了至关重要的作用。该书有关人类社会起源的解释，对后世影响深远。在《摩奴法典》中，种姓制度与《吠陀经》一样，都建立于创世的过程中。削弱宗教势力或其保卫者及僧侣的势力，等同于削弱维持整个可见宇宙的力量。基于这一思想，为摩奴说话的僧侣，便对人类社会统治者的起源加以神化。根据他们的言论，世界还没有人统治时，人们分散而居，在恐惧中生活。后来梵天生出一位君王，来保护他创造的所有生灵。为了让这位君王成形，梵天从天神因陀罗（Indra）、死神阎魔（Yama）、太阳神、火神、伐楼拿（Varuna）、财神俱吠罗（Kubera）身上各取一部分，让其成为不朽之身。这位君王身上汲取了各路神祇的精华：

> 超越一切生灵，精力充沛，所向无敌。如同太阳神，他的眼睛和心灵都燃烧着熊熊烈火，以至世间无人敢看他一眼……即使是男孩子一般大的国王，也不应对他失礼，心想"这不过是个普通人而已"，因为立于眼前的是一位具有人形的神祇。[34]

我们现在阅读这段神话，一定相隔很大的文化距离。摩奴在描述君主和他的职责时，笔调诗意诙谐，又具教育意义：君主的行为包含了一个轮回的所有四个阶段。他的行为体现了所有神祇的能量，汲取了八位神祇的精华：如同因陀罗降临季风雨，他施舍百姓万民；如同太阳神吸取水分，他从民间吸纳赋税；如同风神行走各处，他在全国布下间谍，让法网恢恢、疏而不漏；如同死神在适当的时候对敌友进行裁决，他对人们的行为加以限制；如同伐楼拿捆绑罪人，他全力捉拿那些十恶不赦的人；如同满月令人心情舒畅，他让人们感到愉悦欢乐；如同火把万物燃烧殆尽，他对恶人恶事严惩不贷；如同大地滋养世间生灵，他极力支持并供养子民。[35]

以上总结性描述固然对君主的能力有所夸大，但在摩奴看来，这都不足以对僧侣的权力构成挑战。后者依然处于最高等级，生来便比任何人高贵。因此摩奴劝诫君王"再怎么样，都不能惹僧侣生气"，否则他们"就会调动军队和车辆，顷刻间将君主毁于一旦"。[36]尽管国王汇集了各路神祇的能量，但还是无法与婆罗门阶层相提并论。后者倚仗的是《吠陀经》，他们宣称的教义一板一眼，是整个世界的支柱，那些神祇也不例外。

## 鱼类法则以及君主的愤世嫉俗

无论中国还是欧洲的思想家（比如霍布斯和洛克），他们都有一种深深的畏惧。这种畏惧在印度的政治思想中也有体现，那就是社会的混乱。在印度人们称之为"鱼类法则"（the law of the fishes）。换句话说，就是大鱼吃小鱼，弱肉强食。"鱼类法则"促使人们在政府尚未形成时诉诸神祇，通过它们进行道德教化，指定一名君王。[37]这一时期，王权的组织形式仍然介于神灵统治与无政府统治之间，可是人们依然对身边的威胁惴惴不安。《摩诃婆罗多》里的一位智者说，试想一个没有君主的国度，盗贼横行，他们劫掠妇女、倚强凌弱；弱者如同砧板上的肉，任人宰割；没有君王主持正义，人们就会像浅水中的鱼或者空中的鸟儿，各自徘徊了一小会儿，便相互攻击，以致毁灭。[38]

试想一下，当世界最后一个轮回即将消亡时，人们对无政府状态充满担忧。君主即便存在，人们还是感觉生活在一片混乱中。许多恐惧通过对世界末日的种种描述加以体现，夸大了人们对现实的体验或恐惧。为了让读者能够对最后一个恶时代里面人心的险恶有所感知，我想起一位智者的描述，"过去一千年所剩时日不多"，"大多数人都开始说谎话"，那么[39]"未来将会发生什么（在以前的轮回里已经发生）？"从印度历史中时常出现的情况来看，无政府状态首先意味着社会等级颠倒混乱：婆罗门阶层不再供奉祖先和父辈，不努力学习，不祈祷，不奉行斋戒，饮食不加选择与控制；反倒是奴隶（首陀罗，shudra）参加祷告，囤积财产，或者奉行统治阶层的法规教义。

在这一末世图景中，整个世界发生大逆转，政法无度，"野蛮的君主错误施政，恶人与谎言乘虚而入、大行其道"。[40]这一时段即将告终，女人无节制地生育，她们目光短浅，不顾一切伦理道德；君主谋杀婆罗门，婆罗门为实施报复，从君主那里掠取钱财，还进行诬告；为得到更多的救济金，一些贪婪的婆罗门蔑视法律，私吞他人土地；房主为逃避缴税，接连成为盗贼；伪隐士参与经商，商人则使用不法手段敛财；仅凭一点小资产，傲慢无礼的人便能发家致富；研习《吠陀经》的婆罗门贪图享受，在修道院饮酒作乐，与老师的妻子发生性关系，做出违背礼法的事；修道院被冒名顶替者侵占；吃人的老虎潜藏在市内公园里；女孩子七八岁便怀孕，男孩子十一二岁就当父亲。[41]

正因为日常生活中出现一系列灾难性事件，才有了我们刚刚得出的结论。首先，一个君主要像神灵一样受人供奉和尊崇。不论在何时、何种情况下，人们必须对他的命令绝对服从，因为没有君主统治，比拥有一个昏君更可怕。[42] 第二条结论为，如果君主不愿或者不能履行保卫国家的职能，那么终有一天他会垮台。第三条，也是最极端的一条结论为，人们有权弑昏君与暴君。《摩奴法典》列举了对君主构成威胁的若干情况。无论出于何种原因，这些君主都触怒了婆罗门阶层。这本书的其他章节里写道，如果一个君主贪得无厌、有所偏袒或者残忍刻薄，他最终会毁在自己制定的刑罚手里；许多君主连同他身边的人，因为缺乏谦卑之心（主要是对婆罗门阶层），最终被毁灭；有君主因纵容暴力行径而引起公愤，政权最后垮台。这是全书末尾的一句话。后面还接上一句，暗指当灾难降临到上层贵族的身上时，他们定会拿起武器，以表反抗。[43]

《摩诃婆罗多》里有一个地方得出的结论更加明显：当君主的统治面临危机，无法保卫国家时，如果他明智一点，就应该借助自身信仰（也就是"梵天"）的力量来恢复权力，因为除此之外，他失去了其他一切力量。至于深谙《吠陀经》教义的婆罗门阶层，则应当团结起来，共同提升君主的信仰力量——旧有的《吠陀经》文本里写道，玄妙的典礼仪式能为国王恢复失去的权力。[44] 可如果社会秩序与等级混乱不堪，已经到了无法挽救的地步，那么各阶层的人都应当拿起武器进行反抗。还有一种更为绝对的说法：倘若君主未能兑现承诺，无法保护他的子民，人们就会像杀一只患了狂犬病的狗一样将其置于死地。[45]

《摩诃婆罗多》里还有一段结论令人惊讶，它看起来有反神话的意味。这段文字说，君主的行为直接决定他所统治的时期为辉煌期、平庸期还是衰亡期。这一结论听上去好像并非由佛教徒得出，而是后来者的观点，也就是更从实际出发的政治学说。即使这段结论有隐含义，写出这段文字的人也一定已经摆脱了如下观点，即各个时代都有其特定的道德尺度，而时代的更迭仅由命运决定。君主对属下的职责在于，他为百姓谋福利，便会得到天赐恩惠；他给百姓带来灾难，便会受处罚、下地狱——正因为他是君王，他所得到的奖赏或受到的惩罚，远比一个普通人多。[46]

在道德沦丧的年代，有所谓"伤痛时期"之说。这段时期善恶、是非颠倒，比如君主可以任意杀害臣民，摧毁敌国的矿井。[47]不论举什么例子，印度人所认为的"我们正生活在一个最坏的时期"，恰好符合了我们在史诗巨作中发现的马基雅维利式的态度。《摩诃婆罗多》里有一则故事描述一个婆罗门既精通《吠陀经》，又是射箭的好手。他后来进宫服务，一见到君主就问候道："朋友，您还认识我吗？"可是君主对他很轻蔑，说他的头脑不清醒——没有哪个君主会同一个如此贫穷的人建立友谊。"时光让人老去，也会让友谊枯萎。"君主说。

> 我们的确曾经是朋友，但那种友谊关系取决于我们有什么权力……好婆罗门，我曾经与你为友，那是为了我自己的目的。贫民不与富人为友，蠢人不与智者为友，懦夫不与勇者为友。谁还会需要一个老朋友呢？只有两个财产、地位相当的人才会成为朋友或缔结姻亲，富人与穷人之间绝对不会建立这样的关系……谁还会需要一个老朋友呢？[48]

这段文字出现的时候，印度的马基雅维利主义思想应当已经为人所知。不管这个君主有多么冷酷无情，他的言论都接近一名愤世嫉俗者，自信满满地认为他们不需要任何科学知识的支持。然而，《摩诃婆罗多》中还有更加微妙的马基雅维利式的建议：君主治国的秘密法宝为不信任他人，他需要收敛个人欲望与愤怒之情，才有可能在敌军毫无戒备心的情况下直捣黄龙，大获全胜。除此之外，君主所拥有的武器还包括平缓的、引人尊敬的谈话，立下誓约与挥洒泪水。作为一国之君，他绝不能心慈手软，他应当在谈笑间让敌军灰飞烟灭，把他们杀个精光之后，再回来哀痛伤兵。他应当八面玲珑，"像孔雀五彩缤纷的羽毛一样有多副面孔"。[49]

这些听上去十分微妙的建议，很有可能来自政治科学。接下来我们将对此进行着力探讨。首先要讨论的是与"法"（dharma）和"利"（artha）相关的社会政治学观念，并将两者进行对比。

## 正义的王权身份或现实的王权身份——"法"或"利"

"法"的词根义为"坚固稳定、长期存在的支柱"。从广义上理解，正如我前面所说，"法"是宇宙和社会存在的法则，它支撑着整个世界。在最早的宗教中，"法"指的是对典礼仪式的规定与履行，随着时间的推移，它逐渐成为维护社会稳定与公正的规则。在这里，"法"明确规定了不同社会阶层成员应履行的责任、每一阶层成员享有的正当权利，对成员自身与他人的关系做出解释。由于需要法规进行约束，这一正当权利要有所加强。相关文献已经解释清楚，对于那些违背法律规定的职责的人，君主将予以强制性惩罚。为了创制法度，君主需要上天赐予的礼物，也就是"棍棒"或"丹达"（Danda），它象征着统治者保卫国家、惩罚恶人、胁迫敌人的能力。无法惩罚违"法"者的君主本身就有罪过。如果君主为了国家利益在战场上奋勇杀敌，他杀人的罪过可以免除。君主日理万机，有时候为了避免打断政务，他在礼节上的不纯正也可免于追究。"法"规定婆罗门为最高等级，他们无须缴税（虔诚的行为举止就是他们对国家的贡献），享有路权和一些豁免权。几乎所有文献都记载，婆罗门的唯一限制是不许夺取他人的生命、土地或女人。[50]

　　尽管在社会生活中"利"与"法"两者会有所重叠，但总体来说它们截然不同。"利"指的是"获利"或"财富"。从狭义上讲，它更为确切的意思是"维持生存的方式"，其基本形式为"继承（有产量）的土地"。与"利"相关的思想被定义为"有关获取、保护继承土地的手段的科学"。[51]基于此定义，这其中自然应当包括许多经济学方面的知识，我们将它翻译成"政治经济学"（political economy）较为恰当。不过作为一种规定，翻译成"政治科学"（the science of politics）或"施政之道"（the art of government）则与它的主题更吻合。有两个词的范围更小，但是经常被用作它的同义名词。我之所以在这里进行重复，是因为它们可以反映出印度人对政治的概念。这两个词分别为"强制性权威的法则"（the principles of coercive authority，印地语为 dandaniti）与"君主箴言"（the conduct of kings，印地语为 rajaniti）。

　　以上对"政事"（arthashastra）或"政治科学"的定义，来自考底利耶的《政事论》，这是迄今为止有关这一主题最早最全的著作。作者的名字至今还是个谜。这名字也许出自他的家族，不过由于"考底利耶"本意为"奸诈狡猾"（craftiness），有可能它形容的是一类人而非某个具体的人，比如英国戏剧中会称某类人为"权谋政治家"（Machiavel）。考底利耶引用了他的前辈学者，与此类似的是，他的学说也被后来人

72

引用。《政事论》一书结构鲜明，语言风格独特，作者立场明确，如果认为它出自某一位作者之手，并假定这位作者至少在知识层面与感情色彩方面和国王旃陀罗笈多身边两个狡猾的顾问——考底利耶或毗湿奴笈多（Vishnugupta）有所关联，这样的看法也不无道理。以上联系在《政事论》末尾的一句话中有所体现。这句话透露作者"在愤怒中振兴难陀王朝所掌控的政治科学、武器和土地"。虽然这样的叙述有可能是后人添加的，但在后来涉及同样主题的文本中，作者加曼达格（Kamandaka）（约公元4—8世纪）明显引用了考底利耶版《政事论》的相关内容，并说明其思想师承毗湿奴笈多。难陀王朝覆灭后，旃陀罗笈多称王，他翻阅卷帙浩繁的政治科学著作，力图从中寻找治国安邦的精微要义。[52]

历史学家对考底利耶的生活做出种种细致的描绘。这些描绘取材于一部戏剧，其中考底利耶为主角。有关这部剧的详细内容，我将在后面描述。不过需要注意的是，剧中所描绘的事件，在动笔前六百年已经发生——比圣女贞德这段历史与萧伯纳所著同名传记之间的时间间隔还要长，加上《政事论》一书的作者仍然无法确定，更让我们无法判断其成书年代。[53]* 即便如此，有关著作年代和作者身份的争论，丝毫不能削弱这本书的地位。它对古代印度社会，尤其是孔雀王朝的生活做出了十分精准的刻画，无论在篇幅上还是细节上都独树一帜。

73

---

* 这本书提到了中国，所以它应当不太可能成书于秦帝国建立之前。从书中讨论伪币的部分可以看出，作者明显缺乏伪币制造的基本知识，因此他也不太可能在公元前1世纪后将书写成。从货币面值来看，笔者推断这本书有可能在公元前1世纪问世。然而，如果有人假定这本书经人窜改，以上论据或许只能确立其中一些片段的写作日期。

由是观之，虽然马基雅维利主义在古代印度历史悠久，并呈现出多样化的形式，但我们选择《政事论》这一代表性著作来讨论，既合乎情理，又节约篇幅。

《政事论》并非仅限于讨论马基雅维利主义的相关法则，它包罗万象，从一名高层管理者的视角出发，生动详细地反映出当时的社会生活。与其说它是一名法家学者对王权和王位的论述或回忆文章，不如说它更接近中国秦汉时期的法典律令。全书共十四卷，首卷主题繁杂，主要讨论如何治国。其中大部分篇幅涉及君主和他的辅佐大臣、间谍、使节以及子嗣，并特别指出子嗣有可能威胁他的生命。接下来的几卷主要讨论政府各部的首脑、民法和刑法、政府的秘密活动、外交政策（和平与战争时期分别有所讨论），以及战争中运用的策略与手段。书的结尾部分归纳了科学论辩的内在逻辑，主要涉及印度式的修辞与辩论技巧。

对考底利耶而言，政治科学完全为实践所用。除了首尾部分搭建的理论框架之外，书中内容极少关乎抽象的哲学理论，也很少涉及历史。当然，一些重大的历史事件有所提及，目的在于告诫君主要居安思危，不可沉溺于声色犬马。考底利耶提到历史上的一个君主对婆罗门祭司的女儿有所冒犯，后来受到这名祭司的诅咒而走向毁灭；另一个君主因为错误地鞭打了婆罗门，也招致不好的下场；还有一些君主滥用职权、傲慢专横，最终被毁灭。然而，所有这些事例均来自古代印度的两部史诗，其中的道德内涵经叙述者的夸大渲染，已全然不像历史学家那样关注史实。有人评价考底利耶著作的局限性在于手头缺乏历史论据，只有一些故事书类型的事件，因而与历史有一定的距离。[54]

从广义上看，在某些方面考底利耶想兼顾地方传统与传统意义上的"法"。他执意要求君主着重培养公众舆论。对他所描述的理想君主而言，这一点比较容易实现。君主会学习政治科学，从而对自己的声色欲望进行控制。君主不是不可以尽情享受声色犬马，可前提是"不能与其纯净的精神信仰相抵触，也不能危及自身的物质保障"。然而精神与物质又似乎不能平衡："'物质保障高于一切。'考底利耶说。因为精神上的纯净与肉体享受都离不开物质基础。"这句话是否意味着考底利耶降低了防卫底线，或者不小心将别处的格言警句挪用到自己的文本中来了呢？[55]

考底利耶规定的理想君主所接受的教育，体现出他作为一名政治顾问既认真负责，又考虑周全。君主的主要职责在于主持圣典、遵守道德规范、加强国防军事力量。通过君主每天的日程安排可以看出，他的任务十分繁杂。君主一天的事务按先后顺序依次为：一大早与大臣商讨国防和财政方针；检查都城以及乡村内外居民的生产生活情况；沐浴，用膳，学习；接纳现金收益，向各个部长派发任务；向各委员会大臣分发信件，接受间谍带来的信息；检查象、马、战车和军队；与总司令商讨军事计划；最后，在一天即将结束之时，"在夜幕中休息"。

休息过后，君主开始忙碌的晚间工作，它分为八个部分：与密探沟通交流；沐浴，用膳，学习；伴随音乐开始就寝仪式（一个夜晚有两部分的时间就寝）；伴随音乐声起床，开始思考政治科学以及即将开始的工作；问政于大臣，部署和派遣密探；接受来自僧侣和祭司的问候与祝福；向御医、厨师长和占星家问询相关事宜；"绕过一头带着牛犊的奶牛以及一头公牛之后"，方才进入议政厅。[56]

考底利耶希望乡村地区（占了印度大部分土地）也能够得到有序管理。他认为，农民的经济福利、勤勉程度以及对国家的忠实度，都应受到培养。因此农民的管理者必须十分有智慧。除此之外，他还十分重视宗教，并在书中详细规定了皇家祭司和掌管祭祀的僧侣的职责。在他看来，占星术、各种预兆、典礼、巫术等都应用于预见、避免和缓解各种灾难。不论（国家）对何种习俗予以承认，他建议婆罗门阶层在免去税收的土地上居住，或者到适宜研习《吠陀经》的森林里隐居，还鼓励他们建造寺庙。尽管宗教信仰受到尊崇，但它主要还是为政治服务。

考底利耶提醒君主，那些假扮成圣人的密探应当进行对外的政治宣传，从而诱导敌方为我方服务。他还提醒君主利用恰当的时机向密探放权，让他们没收寺院的财产。还有一个利用宗教信仰来达到政治目的的事例比较特别：敌方君主拜访圣人或参观寺庙时，最易受到暗杀。考底利耶认为，倘若此时抓住时机，便能迅速将其置于死地。[57]　75

## 考底利耶有关惩罚与怀疑的科学

以上探讨了考底利耶为君主提供的非马基雅维利式计策。现在我们将转移注意力，考察其向君主提供的马基雅维利式建议。根据这一分类，我又罗列了以下几个标题，作为后文的讨论框架：政治科学作为强权的一种正当手段；借助密探来试探各部长大臣是否忠诚，一旦发现谋反端倪，将做小心而谨慎的处理；在国内和国外都安插间谍；保护君主免受太子和其他危险人物的进犯；战争的地缘政治本质和相关策略。

**政治科学作为强权的一种正当手段。**考底利耶首先为自己的计策构建了一个总体框架。他在开篇简略探讨了各个传统"科学"之间的关系。他说，保守派认为《吠陀经》应当作为基础科学，因为在他们看来，哲学只是《吠陀经》研究的一个分支；不过其他人认为，只有经济与政治科学属于基础科学范畴。一位前辈宣称，之所以将政治科学作为根基，是因为一切建立在其他科学基础上的内容，都依赖政治科学。在考底利耶看来，《吠陀经》、哲学、经济和政治，相互依赖、相互影响，都是必不可少的科学（这一论点与他之前所说的"经济学为基础"相矛盾）。

在诸多科学中处于第一位的哲学，是对其他科学中的正与负、好与坏两方面进行理性探讨的科学。哲学为其他学科指明了方向，让思想更加明晰透彻，让言语更加熟练精通，让行动更加通达无阻。值得注意的是，考底利耶眼中的哲学是一个广泛的概念，它甚至包括了《顺世论》（*Lokayata*）——其中的诡辩术饱受人们诟病，在后来的文献中，这本书成为激进物质主义的代名词。[58]*

据考底利耶描述，政治科学与我们自身的联系最为紧密。它教导君主如何使用"权杖"，确保人们对哲学理念和宗教的追求，大大促进经济的发展，并让世俗生活井然有序。简言之，根据政治科学，国王过于严苛则令人畏惧，过于温和则受人蔑视，只有公正行使权力的国王才受人尊敬。"倘若完全不行使（权力），就会滋生'大鱼吃小鱼'的情况，

---

* 由于考底利耶支持传统宗教，在他看来哲学就是"通过推理来进行考察"。这里最好将他所指的《顺世论》理解为逻辑分析的一个学派（如果将这种逻辑分析付诸实践，外行看来则为诡辩术）。这种逻辑让宗教教义迷惑重重。考底利耶不应当受到它的干扰，正如他不应当主张宗教被政治利用。《政事论》的作者给人的印象接近一位精明现实的观察家，而非一名严守教规的印度教徒。

根据考底利耶的叙述，宗教之"学"由圣典（三部《吠陀经》）组成。它划分出四种社会等级和生命的四个阶段。倘若能良好地遵循这些秩序，个体会收获幸福，社会将繁荣兴旺。考底利耶说，经济学主要涉及农业、畜牧业和商业贸易。君主统治和国家军队主要由商贸收益来维持。

换句话说，权杖不发挥作用时，就会形成弱肉强食的世界。"[59]对正义手段的追求，并非马基雅维利式路线，不过据考底利耶陈述，这一行为带来的结果往往名副其实。

《政事论》中提到的"强权"或"权杖"实际上指的是一套法典律令。考底利耶将其理解为整个生活的法则，而不仅仅是那些为我的例证提供补充的法律条文。《政事论》包括婚姻法、继承法、财产法、借债法和储蓄法。它对人际关系的规范无所不包，甚至对言辞伤害——无论对身体、性格，还是对学识、职业或所属地区的诽谤中伤——都有明确的规定。倘若人身冒犯属实，比如辱骂某人"独眼"或"跛子"，政府将处以数额较小的罚金。与冒犯社会地位低下的人相比，冒犯上级罚金会多出四倍以上。[60]

如果我们以现代的规定来衡量《政事论》中的处罚方式，会发现后者更为严苛。这种处罚方式固然是为了迎合"仁慈导致社会混乱"这一马基雅维利式的概念，但如果我们不将之与前现代的其他法律体系做比较，而只是进行一番批判的话，那将会有失公允。需要对合法的诉讼程序和一些特例进行清晰的考察。[61]故意犯罪与过失犯罪也会有所区分，倘若被告的清白有目共睹，则会予以免罪，否则将受到刑罚的折磨。然而用刑也有许多例外情况。针对小型案件的犯罪嫌疑人、婆罗门、苦行主义者、弱势群体（如老病者）、醉汉、疯子、腹饥口渴者、长途跋涉劳累者等，以及所有情况下的孕妇——以上名单可以很长——都禁用刑罚。如果一名婆罗门犯了法，可对他进行定罪，并判处流放。[62]

针对案情严重者还有一系列刑罚可供选择，包括不同形式的殴打，"手中穿针"，灼烧一部分指关节，"在太阳下暴晒一天"，"冬夜睡在布满牛筋草（balbaja）尖头的床上"。[63]除一些纯属过失杀人的案件外，其他刑事案件的罪犯均被处以死刑（正当防卫虽然在当时的印度已受到法律承认，却不在考底利耶的讨论范围内）。对杀人犯的处罚为折磨致死；犯人存活的时间越长，刑罚程度会越来越轻。嫌犯存活超过七天时，可交付罚金赎罪。最严重的杀人罪，比如谋害父母、儿子或师长，首先要将滚烫的开水浇到嫌犯的头上，然后剥皮，最后进行火烧。针对谋反行为，会用火烤嫌犯的头和手，倘若嫌犯为婆罗门，则会挖去他的双眼。[64]

借助密探来试探各部长大臣是否忠诚。有关密探的作用，考底利耶对此有十分详尽的建议。与其他章节类似，这一部分的叙述精炼而晦涩，但是列举行动方法时（其他印地语文献虽然寥寥数笔，却足以证实）极富雄辩力，尽显作者的足智多谋。在开篇中，他建议君主通过各种利诱来考验新任官员。第一项测试重在考验忠诚。鉴于祭司在宗教上的地位，君主佯装将他打发回府，此时由密探引诱大臣谋反，如果大臣想要通过考验，就需表明即使在宗教面前，自己也对君主忠贞不贰，并严词拒绝谋反篡位或拥戴另一位更加尽责的君主。第二项测试为物质上的利诱。君主假装将军队指挥官免职，原因在于后者暗中支持恶人。此时让密探用巨额钱财引诱大臣参与谋反，以试探他的忠诚度。第三项测试为爱情。由一名四处徘徊的修女化妆成男密探，她事先已获得大臣们的信任，在宫廷内广受尊敬。她私底下同各位大臣说，自己受到王后的爱慕。倘若诸位大臣做出承诺，促成其与王后的幽会，那么将会得到一大笔财富。第四项测试为恐惧。君主假借某一阴谋将臣下打入监牢，之后派一名密探到其他大臣中间游说，说当今君主行事不正，倘若取得各位的同意，应当将其就地处决，并拥戴新帝。[65]（虽然我正在对考底利耶的文字进行解释，而不是批评，但在这一问题上我持有不同意见：可以明显看出，通过以上考验的人应当为忠臣的典范；不过这也引人深思，假使真的实施了这些测试，宫廷上下将会谣言满天飞，人们纷纷猜测事件的前因后果，原本故意营造的密谋很有可能会弄假成真。在我看来，以上测试固然设计得十分高明，却很难付诸实践。它更像是某人以操纵马基雅维利主义为乐的游戏。如果不是游戏，那么它体现了权力持有者居心叵测的猜忌心理——倘若有大臣知道了这些测试的目的，他们的反应会如何？倘若得知大臣有可能猜出这其中的陷阱，君主脑海中一闪而过的念头又会是什么？）

　　考底利耶接着说，既然臣子已被证实对君主保持忠诚，君主就应该设立情报机关。其实早在佛门君主统治期间，密探就已经存在，他们的身影出现在相关的史诗作品中。不过在印度，唯有考底利耶的著述对这一现象进行了详尽描述。他建议君主让一部分间谍或密探（后一称呼更加合适）常驻某些站点，至于其他"流动密探"则单独工作。

　　常驻密探所在的站点由君主手下大臣监管。在考底利耶的时代，这些密探来自印度各行各业。他们有的是非常聪颖的学生，有的是智慧过人、为人"诚实"的叛教僧侣。他们有经济来源，还有相随的助手，后者四处游荡，过着普通僧侣的生活。有的是聪明可靠的农民，他们十分贫困，在成为密探之前，不是靠租卖房屋，就是靠耕田谋生；还有的是聪明可靠的商人，虽然没有赚到钱，但可以继续从事商业活动。最后一类人为隐士，他们不是剃了光头，就是有一头蓬乱的头发，他们想谋取稳定的工作，可以成为禁欲主义者（尽管他们得到允许，可以私下肆意饮食），并引领其他密探。受其引领的密探假扮成商人的助手，同时也是伪禁欲者的信徒。这些并不神圣的"苦行圣人"的"信徒"需对外声称自己可以使任何人脱离贫困、飞黄腾达。为了树立威信，"苦行圣人"必须通过以下方式让那些潜在的信徒心服口服：他要提前知道这些人的家庭情况，这些信息事先由伪信徒给他递送暗号。这名"苦行圣人"还需预测到发生在其他密探身上的事。除此之外，他还要为那些（真）信徒中有才干的人安排生活。对于那些易动怒的人，他要用金钱来安抚，并给予他们充分尊重；对于那些无缘由就满腹怨气、言行举止冒犯到君主的人，他要为其安排后事。[66]

考底利耶在描述谁应当被选为流动密探时，总结了几种不同类型人的特征，他对此没有过多解释，但他所选出的类型体现了潜藏于印度政治思想中的心理敏锐度。他宣称，流动密探不能从近亲中招募。录用人选需要得到资助，学习身体记号的意义、魔术、幻术奇方、解释预兆等等——最重要的是人际交往之道。考底利耶说，流动密探应当符合以下三种性格类型，每一种都对应一个合适的功能：刺客以及为了钱可以与象或其他野兽搏斗的勇士；下毒者——这类人心狠手辣，内心虚空无挂，对亲属没有丝毫感情；四处徘徊的修女（无论婆罗门阶层还是异教徒），也就是女性苦行者或行乞者——这类人通常为贫寒的寡妇，可是胆子很大，她们一直在找寻稳定的工作，进宫后会受到礼遇和尊敬。

经过一番装扮，再编出一段可信的故事，这些流动密探负责对所有的高官进行监视。勇士装扮成送伞人、送水工、车夫等，可以轻易在门外监视官员；下毒者装扮成厨师、侍者、理发师、贴身男仆，或者聋哑人、盲人、疯子、智力障碍者、演员、舞者、乐师或职业说故事的人，负责在室内探听情报。倘若一名修女被禁止进入她所要获取情报的官员的府邸，其余女密探可假扮成仆佣的母亲、女艺术家、歌唱家或奴隶以获准进入。她们将情报夹在乐曲、吟诵文章和乐谱中，藏于乐器内运送出府，或者通过符号传送。密探还可以假托生病或装疯卖傻，以尽快离开府邸，再或者放火，或给某人下毒以脱离险境。

密探时而犯错，时而腐败，这些都是自然而然的事。只有三个密探提供的情报达成一致时，方才可信。频繁出错的密探将被秘密处决。在间谍体系内部，安保措施十分严密：密探将情报带回站点，由助手负责将其翻译为字母码。这些助手与密探并不相熟（换句话说，密探将情报带到解码助手与站点雇员都不相熟的地方）。[67]

由于谋反与叛国行为时有发生，考底利耶提出一系列解决方案，其中不少措施对症下药。君主一旦发现某位重臣有谋反行为，且这位大臣在朝廷里德高望重，不可公开审理，可派遣密探挑唆其兄弟和这位大臣对着干，君主为表支持，以一部分国有土地相赠。倘若其兄弟将大臣杀害，便立即以杀害兄弟罪将其处决。密探还可诱导逆臣之子相信自己为君主的亲生子嗣，放在大臣家里作为人质，唯恐这位大臣谋反叛乱。紧接着，国王私下接见逆臣之子，告诉他如果不是对这位大臣有所提防，就会马上立他为王位继承人。逆臣之子听了这样的话，便会去杀自己的父亲，随即国王以弑父罪将其处死。再或者让一个女密探给逆臣之妻赠送春药以赢取信任。妻子正要和丈夫缱绻一番，这时女密探偷偷将春药换为毒药。还有一种情况是，密探扮成圣人，假装为叛乱者举办助力其夺权的仪式，在此过程中将他杀害。另外，还可以让医生为叛乱者诊断出不治之症，诱使其服用有毒的药物或食物。诸如此类的构想残忍无情、诡计多端。[68]

在国内和国外都安插间谍。国王不仅要在高官重臣间安插间谍，还要在全国各地千家万户里布下眼线。之所以这样做，一部分是因为要树立积极的舆论导向。比方说，人群集中的地方通常会展开辩论。作为开场白，有人会大声抱怨君主征收罚金与税款，让百姓苦不堪言。为回应这个抱怨者和那些拥护他的人，密探就应该提醒在场的听众，很久以前当人们还受制于"大鱼吃小鱼"的生存法则时，大家推选摩奴为君主，并承诺将自己所有谷物的六分之一以及货物和存款的十分之一贡献出来。基于这一共识，密探应当说，君主保障人民幸福安康。他还应当指出，拒付罚金的人将会承受君主的苛责，正如无能的君主要承担所有臣民的罪过一样。连隐居山林的苦行者也对此表示认同，并将一部分谷物上交给保护他们的君主。为了向民众普及君主的重要性，密探还需强调，轻蔑君主者将受到来自神灵的惩罚。

密探的另一项职责在于检查和提高地方管理水平。他们假扮成苦行者，前去调查王土内究竟有多少人从君主那里得到了粮食、牲畜和金钱，从而在地方事务上辅佐君主，协助他镇压叛乱、击退敌军。为了巩固统治地位，对于那些随遇而安的地方官或高僧，君主应给予奖励；对于那些不太安分的官员，君主应给予安抚；对于那些热衷拉帮结派、反对君主的人，应将他们分开。如果君主付出了努力，有人仍然不满意，一个有效的办法是，君主可以任命这些人协助国家征收罚金与税收，以引起民众的不满，君主于是借机将这些人一网打尽，或者针对他们掀起一场暴动，再或者将他们发配到矿井或工厂里劳动。为避免那些在地方上举足轻重的人物因贪婪、易怒、胆小或骄傲等弱点而受到敌军的诱惑，密探打扮成预言家或占星家的模样，前去打探这些人与敌方的关系和交往方式，君主随即对听话的人予以奖赏，至于其他人，则"通过调解、安抚、赠礼，或者抵制、诉诸武力等方式"来解决。[69]

由于人们往往不愿意透露相关信息，以避免受到管制，这些信息需让密探进行收集。他们假扮成房主，对其站点所在村镇的田地、房产、家庭和人口进行清点，并汇集一系列与税收、职业、迁入迁出记录、反社会活动以及潜在的敌方密探等有关的信息。还有一些密探装扮成商人，对矿井、水利工程、森林、工厂和农田，以及所有进出口贸易的货品数额及价格进行考察和记录。为有效防止欺诈行为，有的密探装扮成苦行者，对农民、牧牛者、商人以及部门顶头上司的诚信度进行监察；为防止颠覆国家政权行为，有的密探装扮成偷窃的老手，去探寻为何小偷和敌军密探会在某个地方逗留一段时间后离开。借助以上监控方式，地方官员便可对其所负责的乡村地区进行有效的管理。[70]

除此之外，敌方领土也需进行监控，并对其施加影响。为了达到目的，君主应派遣双重间谍（妻儿作为人质以确保他们的忠诚）在敌方君主身边谋得职位，并揭露敌方的双重间谍。此类间谍需要尤为小心谨慎，他们不光被安插在敌国内，还有可能被派往同盟国和中立国，因此全过程中不能让人寻出任何蛛丝马迹。与此同时，要害之地还需安插反击间谍。[71]

这些间谍任务繁重，因为在敌国境内探寻那些心怀不满的重臣，对我方君主而言十分有利。同考底利耶其他系统性的著作类似，他对这一类人的特征做出了详尽列举。这些要臣心怀不满的理由多种多样：有的人之前受到君主欺骗或侮辱，失去宠爱或支持，在竞争中被打败，受到驱逐而沮丧万分，或受到阻碍无法履行职责；有的人被剥夺继承权、荣誉或公职；有的人因为妻子受到调戏，或者因为曾经入狱，被判缴纳罚金而郁郁寡欢；有的人惴惴不安，自己曾经犯下罪过，受到惩罚的却是别人，原因是那人一夜暴富，或不受君主待见，或对君主

81

心存敌意；还有的人十分贪婪，可能因为他一贫如洗，财产被人夺走，还有可能因为他鲁莽地投了一笔买卖，却一败涂地。从性情气质上看，有些心怀不满的人骄傲自负，不是极为渴慕荣耀，就是嫉恨别人获得荣耀。还有的人性情暴躁或有暴力倾向。总之，那些自认为没有得到应有奖赏的人都包括在内。

这个时候我们再一次见到了假扮成圣人的密探。考底利耶解释说，这是因为每一个心怀不满的人都会被"圣人"（全心全意为君主服务的密探）鼓动。密探应当向我方君主报告，敌方君主对政治科学全然无视，由他来统领这位心怀不满的要臣，好比让一个醉汉来驾驭一头醉象，国家随时会有灭亡的危险。如果挑唆另一头象与之对抗，那么这头象就会受到伤害。考底利耶说，心怀怨气的人就应该以此种方式受到挑唆，而胆怯、贪婪、骄傲的人，也应采取与他们各自性情相对应的方式进行挑唆。通过这种方式，密探将会网罗一大群心怀不满的要臣，然后对他们进行策反，与此同时派遣间谍对他们进行全程监视。

对考底利耶而言，所有策反行动中，最诱人的结果为征服敌方。为实现这一目的，在赢得我方民众以及敌方一些人的支持后，君主应当仔细考虑通过武力来占据对方领土的可行性。[72]

保护君主免受太子和其他危险人物的进犯。出于对君主的保护，考底利耶强调，君主必须在皇子出生时就开始对他们严加防范。皇子如同螃蟹，长大了就会忘恩负义。考底利耶的一位前辈甚至还提议，皇子刚刚出生，父亲还没来得及对他们宠爱有加，就应当将他们扼杀于襁褓之中。有人认为这种措施太过残忍，相比之下，还是应将皇子软禁起来，不对任何人构成威胁。考底利耶还倡导，让皇子沉迷在娱乐享受之中，让他无心参与王位斗争。不过他又说，这其实生不如死。

如果皇家子弟都不务正业，一旦面临敌国入侵，王朝就会分崩离析。

其他建议还包括：皇子长大后，密探应当用狩猎、赌博、美酒、美女加以引诱，并教唆他谋反君主，夺取王位。与此同时，另有一位密探应该加以劝阻。考底利耶认为，此时"规劝皇子回头是岸，如果他不能幡然悔悟，仍旧一意孤行，那将是极危险的"。一个像皇子一样心智不成熟的人，定会对自己听到的意见予以采纳。因此必须给他灌输最上乘的内容，在精神和物质上都对他有裨益。同时，他身边应当有忠贞不贰的密探进行守护和监督。言传身教的方式最为有效。如果皇子好女色，就进献德貌双全的女人，防止他有不正当的性行为；如果皇子嗜酒，就在里面投放麻醉药吓唬他；如果皇子爱赌，就让他与最高明的赌徒过招，从而打消他的热情。密探应该用类似的方法来削减皇子的热情和欲望。如果皇子动了弑父的念头，密探首先要假装认同，紧接着向他说明这一举动的危害——会有牢狱之灾或激起民众的愤慨——以进行规劝。考底利耶还提出了其他富有教育意义的权宜之计，以备不时之需。这些计策并不严苛。如果君主的独子本性恶劣，则一定要想方设法让其生子，也就是要拥有一个贤德的孙子，或者挑选几个女儿生子。考底利耶最后得出结论：寡头政治家族"难被攻破，永存于世"。[73]

倘若考虑一下君主在宫廷内有可能面对的一切危险情况，他"应防火、毒药和蛇"，还要提防王后和宫中其他人，他们可能有谋反之心。任何进宫的人、运送到宫内的物品都要经过检查记录，或密封传送。君主还应提防有毒食品、服装或花卉，避免在人群中行走，避免身边仅有几个卫兵陪同。如此种种，我留给各位读者尽情发挥想象。[74]

《摩奴法典》虽然受到《政事论》的影响，不过相比之下，考底利耶的马基雅维利主义更为全面。要想对两者的区别有所了解，可将两本书就提防毒药这一点分别向君主提供的建议做一番比较。摩奴在书中说了五句简短的话，他在开头几句话中提议君主请人在珍馐美食周围歌唱驱毒的《吠陀经》诗文。至于管理毒药的办法以及如何辨识毒药的品种与功效，他都没有提及。而让人提前品尝食物虽然间接有所涉及，却并无深入研究。相比之下，考底利耶并未提到请人歌唱《吠陀经》，却主张让人不断品尝食物，说出饮料和水中藏毒的可能性，描述有毒食物和其他物质，并形容各种中毒症状。他还指出，不仅需要内科医生，还要请治毒专家进行医治，将解毒药融入君主的药材中。《摩奴法典》中有关预防措施的简短描述，仅是对君主的行为做出补充。而考底利耶则将整个问题严肃对待，在他看来，那些让君主中毒的人一定图谋不轨。[75]

战争的地缘政治本质和相关策略。考底利耶认为，对一个成功的君主而言，战争是司空见惯的军事活动。在他看来，拥有绝佳品质、丰富的物质储备，且施政成功的君主，定是未来战场上的赢家。根据这一说法，所有毗邻区域为君主的敌人，与这些土地相隔甚远的则为君主的盟友。因此同样根据这一说法，邻国君主强势，则为敌军首领；邻国君主软弱，则为软弱的敌军首领。除了这些天生的敌人外，还有天生的盟友。

以上概念化的内容看上去较为正式，它们由考底利耶的前辈提出，居于中心位置的为征服者或侵略者，受到敌人（由各国国君组成的敌人集团）包围，再外一层为盟友（仍旧是由各国国君组成的集团），再往外分别为第二敌人（国君集团）、第二盟友（国君集团），以此类推。所有圆圈之外、处于中立地位的是君主，他不仅能帮助任一国君，还可以镇压任一没有同盟的国家。《政事论》提出，国家圈的标准形式由十二位君主构成：居于中间的为征服者或侵略者，他面对的是由五位君主分别构成的集团，这些人与征服者亦为敌，亦为友。至于敌友关系程度，按征服者与他们各自的距离成比例划分；与此同时，在侵略者的支持下还有四位君主分别构成集团，在不同程度的敌友两种关系中相互转换；余下的是两名中立的国王。[76]

从学术角度继续看，我们可以发现六种外交政策，国家可借此控制与邻国的关系。这六种政策分别为：和平——需要与对方缔结条约；战争——意味着让敌方有所损伤；中立——保持沉默；向敌方进军——此为实力积累到一定程度时采取的战略；从一个强大的国王那里寻求庇护——意味着投降与屈服；"双重政策"——在同一时间段对一国议和，对另一国宣战。

当君主对自己的国家可能面临的三种状况（衰落、进步与保持均势）有所考虑时，他将决定哪一种政策较合时宜：本国相对敌国处于衰落期，应当维护和平；本国处于繁荣期，应当对敌国开战；本国与敌国都无法互相攻打时，应当按兵不动、静观其变。不论哪种情况，都应考虑时局。他与敌国保持和平，并非出于善良和怜悯；相反，他宁愿按兵不动，以让敌军沾沾自喜，等到我方取胜时，大大削弱敌方的进取心。或者他可以利用和平时期与敌国建立信任，在暗中使出手段对付敌人；再或者通过高额俸禄或丰厚条件吸引敌国能臣，以壮大自身实力。

其他可能的情况还有很多。比方说，和平会使敌国与其盟友疏远，这些盟国会向君主靠近，成为我方盟友；再比如，君主借兵给敌国，让其去攻打其他敌国。这些国家与敌国对峙时，我方君主随即加入，虽然已与敌国缔结盟约，但此时可趁机将其一举歼灭（将表面上建立盟国关系的敌国一举歼灭）。以上这些可能的情况说明，最好在某一边保持和平，在另一边征战。不论选择哪种方式，君主都应当将重点放在处理与周围国家的关系上，从而帮助国家由衰落走向稳定、由稳定走向进步。[77]

制定外交政策需要考虑诸多因素。比如一个弱小的邻国符合了我方一切要求，那么君主应当与之缔结和平，因为"悲愤出英雄，愤恨使人如林中之火，激起奋勇抗争的力量"。除此之外，这样的和平关系让君主从弱国国王圈内的其他成员那里获得好感。[78] 国王还应当与敌国保持和平关系，在这种敌国中，一些异见人士拒绝与该国君主站在同一立场上，因为他们不是害怕被敌国吞并，就是担心诸如此类的战事发生。类似的考虑还应包括我方君主本人是比邻国君主弱，还是不相上下。

君主应如何与邻国国君达成协议？一般情况下，形式上较为简洁，计谋上却十分丰富。考底利耶建议，可通过缔结姻亲，进献贡品或上交一大半兵力、森林产品或其他商品，抑或割让一部分领土来与强国建立盟友关系。他还说，另一种权宜之计为欺骗敌方。我方首先通过夸大敌方最终所得而假意臣服，之后向敌方派遣密探或强盗，或者撤回一切有价值的物资。[79]

对于正义的考虑有时也能成为权宜之计。比方说，是选择攻打强大却不义的君主，还是攻打弱小但公正的君主？我方君主应当选择攻打前者。在考底利耶看来，不公就会带来不忠，反之亦然。面对强大却不义的君主，民众会"把他赶走或与之为敌"；相反，面对弱小但公正的君主，民众会在他受到攻打时全方位地给予支持，倘若他被迫逃亡，民众会自发跟随他。[80] 不过这一结论也招致种种非议：一个君主无能，说明他缺乏智慧，让民众受苦受难，致使他们日后弑君或投靠敌方。

考底利耶说，胜利固然能带来犒赏，但是有些犒赏会带来危险。对于一个相对落后的地区而言，能够掌控这些危险更易赢得当地居民的支持。相比之下，富庶地区则会有固执而持久的敌人。同样，民心涣散的地区比民心团结的地区更易管理，这是因为后者会形成潜在的团体，足以构成危险。对被征服地区采取的措施，应当视情况而定。征服者应当采取调和、安抚的政策，尽量保护随处可见的普通居民，当然，逃兵和对国家造成危害的人要另当别论，应该将他们直接交给作为征服者的君主处理。至于安抚民众，君主应当以土地、金钱、女人作为礼物，并保证人民安全。对于那些强有力、在智识上能对被征服地区的行政管理有所帮助的人，应当为他们安排要职。[81]

考底利耶提出的应战策略，在这里很难进行概括。这些策略的描述十分详细，操作性也很强，但是缺乏指导方针。这些策略关于如何建立和守卫军事营地、如何从营地出发进军、如何在行军中护卫军队、多种形式的隐蔽战，以及如何鼓舞士气。激励士兵的斗志这一点，与当今世界的战争观念十分接近。考底利耶对此十分关注，他主张君主集结士兵，号召他们攻打敌军，并对将士们说，"我与你们拿同样的酬劳，同你们共享这帝国的一切"。大臣与大祭司表扬大家准备就绪，整装待发，以鼓舞士气。

> 诗人与演说家应当宣扬勇者得天下，弱者失天下。他们唱歌赞颂种姓制度、团体力量、家庭氛围以及战士的英勇行为。祭司身旁的助手应当讲述巫术与黑魔法。技工、木匠与占星家负责总结各自工作的成败，并对敌方的失败之处进行

86

分析。[82]

于是参战带来的荣耀与金钱削弱了等级差别。总指挥官应当向诸位将士声明，奋勇杀敌者重金犒赏。杀敌军首领者赏金十万，杀普通步兵赏金二十。另有医护人员驻扎在部队后方，他们随身携带手术用具、仪器、药品和绷带，还有"负责管理食物与饮料以及适时满足男性欲望的女人"。[83]

接下来，书中描述了适宜决战的场地、不同兵种（步兵、骑兵、战车部队以及象兵）的作用，以及作战队形布置——是选择翼形、侧翼形还是前排一字队形。

我从考底利耶的诸多建议中选择若干军事战略以及他的两句格言来作为本段的结尾。军事策略出现在"有关弱势的君主"一章。考底利耶向这类君主提供建议，既不要像弯折的芦苇一样卑躬屈膝，也不要调动自己所有的兵力。相反，他建议弱势的君主应当从强有力的君主那里寻求庇护，或者选择无法攻破的堡垒来避难。他当然可以打外交战，或者挑拨敌国将领与年轻貌美的妓女发生关系，待时机成熟后将其暗杀。他还可以派遣密探在敌方将领头脑糊涂时，往酒里掺毒药，或将毒药掺进草料中，供象、马食用。此外，敌军打夜战时，听见我方无数军鼓响起，传达获胜的信号，一定痛苦不堪。紧接着，我方军队攻入敌方君主的营房，在其痛苦万分时将他杀害。

对于弱势的君主还有其他权宜之计：倘若堡垒受到敌军围攻，夜间无法突围，他可假扮异教僧侣逃跑，或者假扮成一具尸体悄悄被运出堡垒，再或者男扮女装，随着葬礼队伍出去。倘若堡垒被占领，他可栖身于藏有神像的洞中，或者藏在洞穴墙里，再或者藏入地下室。

待到敌军疏于看管时，便可在夜间通过地道进入君主寝宫，趁其睡觉时下手。再或者趁君主入睡时，让女刺客将毒蛇或毒火置于其身，并喷射毒烟。这部分的细节描述多种多样，有的耸人听闻，不过总体逻辑与前文保持一致，不会让读者感到陌生。[84]

说起考底利耶的两句格言，其中一句反映了他最接近马基雅维利主义的一面："弓箭手射出的箭可能置人于死地，也可能不会。但由智者构想的谋略能让婴儿死于襁褓之中。"另一句格言十分有趣，它有广泛的影响力，与韩非身上的偏执和不切实际颇有几分相似：

> 有智慧的（君主）应当保护外人免受外人侵犯，保护自己人免受自己人侵犯；保护自己人免受外人侵犯，保护外人免受自己人侵犯。至于君主自己，则既要提防自己人，也要提防外人。[85]

## 马基雅维利主义的戏剧和预言

印度文学反映出两方面的态度：一方面支持"政治的科学"，另一方面坚守道德底线，反对在政治生活中使用手段。以上两种观点在两部伟大的史诗作品中有所反映。公元 4 世纪至 8 世纪，也就是梵语文学兴盛的时期，文学作品中时常提及，并集中反映了政治思想与道德的关系。这一类作品种类繁多，在此不一一列举。不过它们并未超出前面我们讨论的范围，其中不少内容对考底利耶的建议提出了强烈抗议。[86]公元 7 世纪，熟谙佛理的伟大作家波那（Bana）就质疑人们

88

将考底利耶严苛的政治思想奉为圭臬的公道性。这些思想由铁石心肠的人传授，他们：

> 金钱欲望强烈，理应被君主所抛弃；致力于实践有破坏性的思想与科学；兄弟间原本具有的亲情不复存在，他们之间居然要相互残杀。[87]

考底利耶的思想在一些具有文学期许的作品中也有所体现。其中一部为耆那教的月天（Somadeva）于公元 10 世纪所作，它讲述了马基雅维利主义甚至可以成为耆那教徒的向导。众所周知，耆那教徒类似佛教徒，对世间万物充满怜悯。月天写道："一个只有怜悯之心，或总是郁郁寡欢的人，连手心里的小物件都可能保护不了。"任何"不能对敌人下狠手"的人"即便是活着，也如同死了一样"。[88]

因篇幅有限，接下来我把要描绘的文学作品减至两部。第一部为戏剧作品，有可能作于公元 4 世纪，名为《指环印》（The Minister's Seal）；第二部为著名的寓言故事集，名为《五卷书》（Panchatantra），这本书约于公元 500 年编纂完成，书中的大部分故事早在这之前就已出现。

《指环印》的作者为毗舍佉达多（Vishakhadatta）。他在书中末尾写道，将此剧献给"旃陀罗笈多，我们最仁慈的君王"。[89]这里的君主指的是旃陀罗笈多二世——历史学家通常会将他与他父亲旃陀罗笈多一世，即旃陀罗笈多·孔雀（Chandragupta Maurya）加以区分。古印度后期，人们对这部剧做出种种评价，将其作为研习人物与政治科学的介绍性蓝本。在故事的开端，难陀王朝末代君主兵败如山倒，所幸太子存活下来，先前一些臣下对王朝依然忠心耿耿。其中最危险的幸存者为首相罗刹（Rakshasa）。他足智多谋，对王朝忠贞不贰。

该剧最让人印象深刻的毫无疑问是考底利耶（Kautilya，此处化名Chanakya）。他并不想杀人，而是打算竭尽全力让罗刹投靠孔雀王朝。为了达到目的，他利用密探，使出了最为狡猾的手段。罗刹则予以还击，也派遣密探向国王旃陀罗笈多告知作为首相的考底利耶有谋权篡位之心。

然而考底利耶早知道对自己不利的计策，与孔雀王朝国王旃陀罗笈多合演了一出戏。他假装与国王争吵,在这过程中为了实现戏剧效果，国王总是撤回自己的命令，还假装很生气，而考底利耶则充满戏剧性地演绎了自己的傲慢无礼，国王对其没有感恩之心，他便演出很愤怒的样子，并假装离职。与此同时，考底利耶的密探却在罗刹与难陀王朝的太子之间进行真正的挑拨。两人的信任真正出现危机，是源于在罗刹之处发现的一封信，上面假托罗刹之名，封口处也盗用了罗刹的印章。他们的信任危机加剧，是因为罗刹一日佩戴了考底利耶卖给他的首饰，这一首饰原为难陀王朝末代君主所持有，如此看来，罗刹叛变的意图铁证如山，被不光彩地赶出国土。即便如此，罗刹还是对太子忠心耿耿。他最终投靠孔雀王朝，是为了挽救一位朋友的性命，交换条件为他代替考底利耶出任首相，为孔雀王朝效劳；而成为首相的他，便可将被俘的难陀太子送回母国。面对重重压力，他最终答应了。

我虽然省略了相关部分的情节，但可以大致看出，这部剧的主题紧紧围绕欺骗与忠诚展开。有趣的是，欺骗促成效忠，反之亦然，并且二者最终都取得成功。双方都对各自的君主忠心耿耿。考底利耶虽然八面玲珑，却全心全意为君主服务。他的忠诚体现在为了让对手罗刹归顺孔雀王朝，不惜让出首相之位。他心里很清楚，这个对手对孔雀王朝必不可少，原因就在于罗刹的忠诚感天动地。

以下为这部剧的相关段落：在序言中，我们可以听到一个女演员的恐怖声音，她形容考底利耶"尖头尖脑、诡计多端"。紧接着考底利耶出场，他在精心推动各种妙招时，想到只有像罗刹这样"将智慧、勇气与忠诚结合起来（的能臣），才能为君主谋利"。他还将罗刹比作离群的大象，它正处于发情期，"在森林中疯狂地嚎叫，精力十分旺盛"，还说"我将运用智慧将你捕获囊中，将你拉拢过来，让你像驮兽一样为孔雀王朝服务！"

我以国王旃陀罗笈多的感激之词作为本段叙述的结尾。考底利耶成为赢家之后，旃陀罗笈多自言自语道：

> 面对几近战无不胜的敌国部队，我的丞相居然不费一兵一卒就将其拿下，为此我感到羞愧……只要我的军师头脑清醒，面对各项事务都不敢有一丝怠慢，（我军）甚至不用勒紧弓弦，身为国王的我在睡梦中就能让地面的敌军全部消失。

于是国王旃陀罗笈多走向考底利耶，对他说："我的臣啊，旃陀罗笈多向你鞠躬！"[90]

《五卷书》首页题词献给前面六位作者（从摩奴到智者考底利耶），他们撰写了有关行为规范的著述。[91] 作品开头讲述了一位名叫"永恒权力"的君主生了三个愚蠢又不学无术的儿子，他身边的大臣绞尽脑汁，仍然无济于事。正在这时，一位婆罗门向君主承诺，保证在六个月内教会三位皇子智慧生活的艺术。他将三人带回家传授自己的五卷书，一段时间后，果真如他所言，效果极佳。"从那以后，"书中写道，

"这部关于智慧生活的艺术的书定名为《五卷书》，在全世界广为流传，意在启迪年轻人的智慧。"

这绝非狂言妄语。据说除了《圣经》以外，《五卷书》在全世界流传得最为广泛。该书共有两百多种版本，共翻译成六十多种语言——包括阿拉伯语、古希腊语、希伯来语、拉丁语、斯拉夫语、土耳其语、德语、意大利语、法语、西班牙语、英语、格鲁吉亚语以及荷兰语。《五卷书》旨在传授印度政治科学，其中一些内容引自《政事论》，并且真实反映了考底利耶著作的思想精髓。我们可以毫不夸张地说，考底利耶的思想通过诙谐幽默、易于为大众接受的形式传遍了世界，甚至连孩子也接受了马基雅维利主义世界观的教育。

我在此仅对其中一则故事做简要介绍。它来自该书第一卷，典型地反映出道德性与《政事论》中提倡的"统治者优先"这一原则之间的冲突。在这则故事中，一头狮子为一头骆驼提供了皇室级别的庇护所。有一次狮子受了伤，无法出去捕食猎物，他身边的顾问乌鸦劝他吃掉这头骆驼。但是狮子引用《法论》（Dharmashastra）说生命安全是最宝贵的礼物。乌鸦说狮子错了，因为最伟大的圣人为了自身利益犯下罪过是可以被允许的。乌鸦进一步解释，为了整个家庭的利益，要牺牲一名成员；同理，为了整个村庄的利益，要牺牲一户；为了整个国家或领土的利益，要牺牲一个村庄。圣人也教导说，整个世界如果要为一个人牺牲的话，那就是为君主。狮子被乌鸦说服，杀了骆驼。不过事后他懊悔万分，形容失去了一位明智的属下，如同君主自己受死一样。

乌鸦于是接着说，君主想要干出一番事业，面对任何威胁其人身安全的人，甚至是他的兄弟、朋友，都要赶尽杀绝，不可心慈手软。倘若君主在这方面有怜悯之心，他就是无能之辈，人们必须将他推翻。

91　　乌鸦进一步解释说，一个国家不可按常规统治，因为常人的恶行就是君主的美德（"治国勿循常规，他人之恶乃君王之德"）。制定政治策略的确是件难事，因为"君主的策略变化多端，言辞上亦真亦假，亦严厉亦温和，亦凶狠亦有怜悯，亦贪得无厌，亦慷慨大方，亦花钱如流水，亦从各处吸纳财源"。[92]

　　至于是否要为了保全自己而牺牲一切，乌鸦的意见与《政事论》并不一致。《政事论》认为君主为大，平民百姓次之。对于想要对马基雅维利式逻辑的公正性或智慧加以评判的人而言，乌鸦的主张造成了天然的困境。这一点我将在后面的章节进行阐述。

第四章

# 文艺复兴时期意大利的马基雅维利主义

## 历史背景

文艺复兴时期意大利政治的分裂，与地理的分隔、各地文化背景
和各城市历史的差异有着紧密联系。[1]对某些城市来说，独立是它们
的传统权利，有些则认为市政机构由上帝授予，因为上帝凭借与生俱
来的自由创造了它们。在各城邦之间争夺领土的过程中，士兵用箭和
矛保卫城池，知识分子从罗马民法中汲取知识，并展开论战。基于罗
马民法，他们达成共识，在同一个独立的司法体系下建立一个团体、
一座寺院或一所大学。博洛尼亚的阿佐（Azo of Bologna，卒于 1230 年）
认为，罗马人只是有条件地将权力转移给君主，因此后者所拥有的权
力不应大于所有人之和。阿佐去世约三十年后，亚里士多德的《政治学》
被翻译成拉丁文，市民可以借此质疑君主制作为一种政府形式的优越
性。[2]由于争论本身并无很好的效果，许多城市的管理权落在了世袭
统治者的手里，他们自认为可以保卫城池免于灾难，免受集权的压迫。
然而，佛罗伦萨和威尼斯却自始至终保持独立，自由的传统也得以传承，
这项成就缘于当地人对传统政府形式保持忠诚。[3]

意大利各城邦之间战争频仍，有时候显得散乱无序。职业兵团为主要的参战者。这些战争激发了各地人民的斗志和自尊，这一点在文艺复兴时期的文化中有明显体现，它们反映了人们宣扬现时战绩，以及在未来战场上赢得不朽名声的豪情壮志。大部分人文主义者或学者，也属于渴慕辉煌战绩的统治阶层。越来越多的独立艺术家倚仗的赞助人亦是如此。[4] 许多人文主义者和艺术家充满自信地认为，他们的文化虽然在中世纪有所停滞，却与古罗马时期一脉相承。为了说明这一文化的延续性，那些长期闭锁在修道院里的典籍成为理所当然的智慧来源，古希腊时期的雕塑不论完整与否，都激发了艺术家不知羞耻地尊崇人体。然而，无论对辉煌战绩的渴慕，还是对古典文化的复兴，都无法缓解意大利动荡不安的局势，结束灭绝人性的战争——作家纷纷哀叹命运女神的邪恶，被人与人之间故意施加的恶行放大。

为了在 15 世纪前叶恢复公民政治（尤其是佛罗伦萨式），佛罗伦萨市民认为自己属于一座自由的城市，该城市的传统可追溯到罗马共和时代，政府的构成形式为"混合体"。[5] 这段时期的气氛宽松乐观，以布鲁诺·布伦尼（约 1370—1444 年）为代表的人推崇公民人文主义，也就是提倡让自尊自重的公民担任政府要职。基于这一理想，让年轻有为的贵族致力于成为公众演说家或律师，便是自然而然的事了。换言之，就是训练他们的论辩能力，来为政治服务。他们的理想政体为罗马共和制，并尊亚里士多德的《尼各马可伦理学》( *Nicomachean Ethics* ) 为道德准则。布伦尼于 1417 年将这本书翻译成拉丁文。

无论亚里士多德，还是那些坚信公民美德的年轻贵族，都认为"幸福"与至高美德品质有直接关联。亚里士多德对慷慨大方与心胸开阔的描述，暗合了当时贵族的秉性气质。与他的观点达成一致不是一件难事，为了展现一个人的美德，他必须对外行善，通过这种方式让美德彰显。有人问："倘若一个人眼睁睁看着父亲因饥饿而奄奄一息，却没有一点办法，他又有什么幸福可言呢？"[6]佛罗伦萨的贵族们基本同意亚里士多德的说法——"卓越的人如同一位艺术家，因为他可以察觉到什么最合时宜，并能在公共场合得体而优雅地享用"；他还善于发现具有永恒美的艺术品，如同祈愿物一样。[7]

美第奇家族的统治始于 1469 年，这一时期佛罗伦萨再次发生变化。经济状况的恶化、理想化的公民政治理念衰弱，这些都让人们寄希望于命运女神和沉思冥想的生活，换言之就是生活在纯粹的哲学或形而上学领域之中。同公民人文主义相反，人们这时候自然而然地选择避开政治。1470 年，阿尔贝蒂写文章对家庭与国家做出了区分。在他看来，家庭的组建乃是基于爱、信仰和仁慈，而国家则基于背叛与仇恨。很明显，国家应由"权力"而非"权利"统治，可是公民人文主义的观念是无效的。高一层的地方行政官职并非按常理进行随机分配，而是从权贵的家臣中选出。智者因此远离公民生活，隐居郊外别墅，在那里潜心研习——可与中国的儒家学者进行对照，后者出于伦理道德原因远离朝政。如果说他们有什么政治理想，那就是让哲人王执政。[8]

共和制的理想行不通是人为操纵的结果，这对于统治佛罗伦萨的美第奇家族而言十分有利。为避免专制，公民采取的选票措施相当小心谨慎。为防止个人偏袒，所有合格公民的姓名都写于一张纸上，并放进红皮袋里，从中产生未来政府职员的名单。为确保流动性，每个职位设立一定任期，从两个月到一年不等。还立下规定：所有供职人员届满后，在一定时间内不得担任其他公职，同一家庭在同一时间内供职的成员不能超过一名。然而在实际操作中，以上所有措施都被巧妙规避。那些负责评判谁符合供职条件的官员，只会在红皮袋里放进支持美第奇家族人员的名字，地区性会议大部分由显贵参加和管理。[9]美第奇家族很显然学会了分而治之的策略，将整个城市掌握在自己手中。

在这一时代背景下，尼克罗·马基雅维利（1469 年—1527 年）应运而生。他的早年生活我们几乎无从知晓，他的父亲是一名律师，早年研习古典学，并与多位德高望重的学者建立了友谊，这一点事关重大。受父亲影响，马基雅维利对法律产生兴趣。在他看来，只有卓越的立法者才能为人类真正带来恩惠。尽管马基雅维利认为君主制或贵族统治的政府具有不少优点，但他仍然认为应坚持实行共和制。[10]

在马基雅维利的青壮年时期，佛罗伦萨由美第奇家族的洛伦佐统治。洛伦佐知书达理且崇尚诗意，慷慨挥霍却又精于盘算。当这个独裁专断的统治者于 1492 年去世时，整个城市由他的儿子皮埃罗统治。不过他的统治期很短，因为他十分轻易地将城市管辖权让给了入侵意大利的法国国王查理八世，激起了全城人民的愤怒。皮埃罗被逐出佛罗伦萨，逃往威尼斯。多明我会（Dominican）修士吉洛拉谟·萨伏那洛拉（Girolamo Savonarola）领导平民赶走了美第奇家族。萨伏那洛拉以谴责教会和王室的腐败闻名于世。法军入侵时，民众认为这与他所预言的大灾难不谋而合，让他的威望在短时间内达到顶峰。在他的鼓励下，佛罗伦萨恢复了共和国体制。可是终有一天萨伏那洛拉失去了民心，让佛罗伦萨再次陷入危机。他领导宗教改革，在广场上焚毁珠宝、奢侈品、华丽衣物和所谓伤风败俗的书籍等，并攻击教会的种种丑行。[11]1498 年，受其政治上的死对头美第奇家族挑唆，萨伏那洛拉以宗教分裂者和异端的罪名被绞死，尸体被焚烧。

美第奇家族的皮埃罗出逃，体现了他的夜郎自大和轻率鲁莽。然而贵族们却为之庆幸，为避免内战，他们反倒希望与其他人分享治国权，于是设立了所谓"大议事会"作为"国民的灵魂"，如佛罗伦萨人的雄文所述。该议事会的规模大于之前任何一个具有代表性的组织，它效仿威尼斯的大委员会而建。那个时候威尼斯城内气氛和谐，军事实力强大，在外人看来，这是因为它的政府组建体现了古希腊和古罗马时期辉煌的政治智慧。佛罗伦萨 7 万市民中，约有 3 000 名（年龄为 29 岁以上的男性中，有五分之一到四分之一参与其中）在大议事会任职。议事会成员负责选出驻扎在要塞和城堡的统帅，而政府要员的选拔方式则将议事会与抓阄儿选举结合。政府竭尽全力避免城邦治理权落到独裁者手中，避免形成寡头政治。[12]

然而，实际上选举的赢家往往是贵族，有时候是因为他们颇具名望而得以入选。中产阶级成员于是开始质疑他们所中意的选举方式的公允性。自萨伏那洛拉被处决后，宪法问题尤为突出。此外，由于需要筹钱支付佣兵团的薪俸、收买敌方官员，还要在对比萨的战争中维持兵力，主导议事会的两个阵营发生了剧烈冲突。紧接着，收成锐减、战争频仍、物价上涨、失业率增高等一系列问题让民众躁动不安，人们对秘密的政治阴谋产生恐惧，整个城邦笼罩在一片抱怨与相互猜忌中。并非大议事会的所有成员都能顺利得到他们所期望的"职位津贴"。在这个俗称"国民的灵魂"的大议事会内部，旧的统治阶级由跨国银行家、商人和布料制造商组成——在佛罗伦萨他们分别代表有钱人、成功人士、贵族或头等公民——他们面对的是数量上远胜一筹的地方店主、小商小贩、手工业者，以及佛罗伦萨人所称的中产阶级人士（mezzani）、平民（populari），再有就是聚集在大议事会的普通民众

（moltitudine），还有一些无权入选大议事会的人，如穷人、庶民和乌合之众（vulgo）。大议事会中两大主要阵营对峙，要想让它们和平共处并非易事。[13]

佛罗伦萨的关注焦点并非仅来自内部。从当时的相关外交协议可以看出，处理对外关系让他们十分费心。这也是马基雅维利职业生涯的重点关注对象。这些外交协议主要涉及佛罗伦萨是要同法国结盟，还是要同米兰和"教皇国"结盟一致对抗法国，抑或是借助外部势力（如西班牙或神圣罗马帝国，那个时期西班牙君主当选为神圣罗马帝国的皇帝）向法国提出调停。1494年，作为佛罗伦萨海港的比萨城邦发生暴动，外部势力通过向比萨提供援助，迫使佛罗伦萨与它们结盟；一旦佛罗伦萨放弃中立立场，与诸强国站在同一阵营，便承诺从比萨撤回援助。

从这些条款我们可以看出，佛罗伦萨人虽然为自己处于文化的优越地位而深感骄傲，但在处理外交事务时显得格外谨慎。他们更倾向于延期做决定，为自己争取时间，团结国内力量仔细考虑，直到他们确定哪一方会取胜。为了充分享受和利用这个所谓"时间优势"，他们通常保持中立。[14]由于惧怕外部势力，加之对方无法揣度的动机会让自己产生挫败感，佛罗伦萨人力图对强国统治者的秉性气质进行全方位的了解，以此预测未来。在他们看来，理智地决策——"逻辑推理"（ragione），方能掌握人类行为的普遍规则。这些规则可以从佛罗伦萨自身的历史中得到借鉴，而更好的方式则是从古罗马的典籍中汲取养分。他们全身心地研习典籍和旧基督教文献，以至于出自其中的任何常识性道理，在他们看来都格外重要。他们认为"对逻辑推理的要求，是许多意外事件不断干扰的必然结果"。每个人都会有需要（Necessita）

之物，无一例外；然而运气（Fortuna）变幻无常，它只垂青一部分人，让另一部分人直皱眉头。不过这也为人的主观能动性提供了施展空间。"有利的机会来临时，如果不将它抓住，幸运之神还是会离他而去。"[15]世事变化无常，为了获得好运，佛罗伦萨人努力增加智慧，无计可施之时则会采用宗教仪式的游行，为穷人提供救济金，或是制作雕塑，或是面对神像祈祷一整天，以种种方式求得庇护和奇迹的出现。[16]

　　这一时期危机四伏，贵族贝纳多·卢彻莱（Bernardo Rucellai）力图复兴哲学学园的传统，并开放自己的花园作为贵族、学者和人文主义学家的讨论场所。其中，探讨最多的话题为历史和政治。许多人对"伟大的洛伦佐"（Lorenzo the Magnificent）统治时期的和平昌盛以及艺术的繁荣念念不忘。由于洛伦佐的功绩让人们心悦诚服，贝纳多总结道，他的成功凭借的不是良机，而是他非凡的智慧。同样出身贵族的政论作家弗朗切斯科·圭恰迪尼后来写道："卢彻莱家的花园点燃了智慧的火花，照亮了整个城邦。"[17]

　　为了尽快结束这场持久的危机，圭恰迪尼提议修正佛罗伦萨的法律。通过追溯古希腊和古罗马的历史，他认为人们已经对不同形式的政府进行了研究，解决问题的关键在于应当将所有内容汇集起来，堆积成团，重塑形状后再进行切割，正如"面包师傅先和面再切面"。[18]圭恰迪尼对过去的得失十分清楚，他认为应当先对以往经验进行批判性检查，再进行效仿。他想重新构建贵族的统治地位，并非因为贵族的地位可以继承，而是因为贵族拥有较强的治国能力。然而他仍然强调，佛罗伦萨必须保持共和制，因为公民早已习惯这种政府体制。[19]

　　圭恰迪尼的立场因时而变，这一点我们可以从他对"伟大的洛伦佐"前后不一致的评价中看出。在他早年的著作《佛罗伦萨史》（*Florentine*

98

History）中，他既不把洛伦佐看作一名邪恶的独裁者，也不把他视为领导人的典范，而是认为他一方面精明谨慎、心胸宽广，另一方面骄傲自大、凶狠残暴、疑神疑鬼，这两个方面达到了平衡。而圭恰迪尼在之后的著作中则认为，一个国家只有动用武力才能实现其存在价值。至于它是否为集权统治，则是无关紧要的话题。是否需要动用武力只取决于民众的生活是否稳定富足。鉴于政府的行事效率取决于它在具体情况下所发挥的作用，圭恰迪尼认为美第奇家族的统治机制相比于后来的民主政治更为优越。洛伦佐的远见卓识、对司法行政的投入与关注，以及他让每一个社会群体都尽可能满意，这些功绩弥补了他的过失。圭恰迪尼对此做出如下解释：洛伦佐头脑理性，全力为城邦谋福利，这些都足以让他"在某种程度上削弱机遇与好运在执政中所起的作用"。[20]

在圭恰迪尼的最后一部著作《意大利史》（The History of Italy）中，他对洛伦佐毫不吝惜赞美之词。我们可以推断，这样的赞誉反映了贵族阶层的要求。公元 1512 年共和制垮台，贵族登上历史舞台成为执政阶层。圭恰迪尼不仅再次阐述了作为获胜方的贵族阶层对先前平民政府的批评，还表达了限制新政府专制统治的诉求。他前后思想的变化，很明显有利于曾经掌权的一方，而非现今政府。

直到这个时候，青年贵族方才自然而然地相信，政治只被武力统治。鉴于意大利面对外国入侵束手无策，雇佣兵的作用遭到越来越多的诟病。以马基雅维利为代表的相关人士鼓励建立国民军。在他们看来，国家的重要性取决于所掌控的资金数额，而军队的实力又远比这重要。借助武力做决定，无论对外交，还是对内政，都是必不可少的。老一辈的贵族仍然指望重获对城邦的管辖权，而年轻一代却大都对美第奇家族及其以共和制为外表的统治方式颇感满意，甚至认为这种治国方式比先前的美第奇家族统治更透明。一些与美第奇统治者来往甚密的年轻贵族认为，讨论不同形式的立法完全是在浪费时间。其中一位就说："聪明人是不会制造革命的。"连反对专制的圭恰迪尼本人都这样写道："政府向来是由统治者对被统治者实施暴力，只不过有时候通过诚信来加以缓和与控制。"基于这一前提，有人认为最好的方式是让美第奇家族将任何有意愿及有能力反对政府的人一律格杀。"为何还要保留共和制与民主的遮羞布？"有人这样问佛罗伦萨公爵小洛伦佐（1492—1519）。圭恰迪尼将这一问题记录下来，并做出回答："这一执政程序随着时间的推移，会面临重重困难。它会引起人们怀疑，导致暴力的结局。"

　　尽管提倡武力这一观点十分盛行，却并没有极端行为发生。恰恰相反，洛伦佐与他的朋友时常写诗并创作戏剧；卢彻莱的私家花园也云集了大批有才之士，各种讨论十分热烈；佛罗伦萨本地的画家、雕塑家也纷纷拿出自己的作品，参加盛大的市民展览。这一时期成为和平与美的黄金时代——武力作为保卫力量成就了这一时期的辉煌。正如美第奇家族游行时的一首歌谣唱的那样："铁腕诞生黄金时代。"它接下来唱道："世间一代接一代 / 福变祸来祸变福。"[21]

## 人类社会起源的诸多观点

　　马基雅维利很早就对典籍产生兴趣。在他小时候，父亲便会给他购买或借阅这类书，其中包括亚里士多德的《尼各马可伦理学》和西塞罗的《论义务》(De Officiis)，这些作品我稍后提及。他父亲在日记里记载了自己让少年马基雅维利提着一桶葡萄酒,去为李维(Livy)的《罗马史》支付装订费。马基雅维利日后的《论李维》(*Discourses on Livy*)就是为这本书做出的注解。[22] 从他的家庭环境、拉丁语学校教育背景、后期研习、文字风格与兴趣点等方面可以看出,马基雅维利是一名人文主义者。他认为古希腊史和古罗马史与自己生活的年代极为吻合。

马基雅维利对人类起源的看法以古希腊和古罗马典籍为出发点。同样,不管多么困难,对《圣经》的解释也必须以这些典籍为准。[23] 在《论野心》(*Tercets on Ambition*)中,他叙述了亚当和夏娃被逐出伊甸园后,一股对人类不友善的隐藏力量带来了两个复仇女神——野心与贪婪,以及其他恶势力。这与赫西俄德(Hesiod)的《神谱》(*Theogony*)有些相像。马基雅维利写道,复仇女神让该隐(Cain)妒火中烧,随后最残忍的死亡出现在世间,鲜血染红了第一棵草!自那以后,邪恶的种子开始在人间生根发芽,行恶的缘由多种多样,以至于人类没有理由忏悔自己的恶行。[24]

很难说马基雅维利本人如何从字面上理解这些话的意思。虽然他对教会十分厌恶,但并没有迹象表明他不信基督教。然而,他给出的理由却与占星术和异教思想更为接近,而非基督教。由此可见,马基雅维利源于《圣经》的传统观,与他的人类发展观并不统一。后者用于解释"人性本恶"这一根深蒂固的特质。

古希腊和古罗马传统给予马基雅维利的一系列基础观念,不亚于古代中国与印度神话赋予思想家的智慧与学养。这些基础观念包括:起初完美的人逐渐堕落;原初具有动物性的人通过不断努力取得进步;灵魂的堕落与重生循环往复;无规律的灾难伴随着新的开始;还有斯多葛学派的观点,即世界的大灾难与重生周期性地交替出现。在中国和印度，人性堕落论符合悲观主义者的想法；人性进步论符合乐观主义者的想法。循环论则允许人们对善恶两方面都有所考量。顺带提一下，早期古代希腊思想与同时期的中国和印度思想一样难以确定时期。至于如何对个人幻想与群体认同的信念加以区分，三种文明对此提出了相同的疑问。[25]

赫西俄德的《工作与时日》（*Works and Days*）是我们手头拥有的最早资料，它记录了人类的两种发展方式，都强调了人性恶。赫西俄德对第一种发展方式做了如下描述：在陆地上生存的人类部落原本不需要常年辛苦劳作，也不曾患有致命的疾病。直到有一天，普罗米修斯为人类盗取天火，惹怒了宙斯。为了抵消火给人类带来的巨大好处，宙斯决定让灾难降临人间。他将一个密封的魔盒送给美艳动人、充满诱惑力的女神潘多拉。然而后者禁不住好奇心，打开了盒子，里面所有的灾难、瘟疫和祸害顷刻间都飞了出来，只有放在盒子底层的美好东西——"希望"还没来得及飞出。一种解释是人类世界中仍然留有"希望"，另一种解释则与此相反。[26]

到这里开启了"另一个传说"的新篇章，以说明"为何神与凡人来自同一个起点"。众所周知，主神宙斯先后创造了黄金、白银、青铜和英雄四个时代的人类。黄金时代的人们"像神一样过着无忧无虑的生活，远离任何劳苦和灾难"。如同生逢盛世的佛教徒一样，他们的"土地能无限地生长出谷物和水果，物产十分丰饶富足"。直到有一天大地将他们覆盖，这些人化作一个个美好善良的精灵，伴随在凡人身边观望他们的言行。后来的世界开始堕落，一代不如一代。首先是犯罪盛行、不敬神灵的白银时代，然后是粗鲁凶残的青铜时代，这一时期同类相残，战争连绵。再后来宙斯创造了英雄式的半人半神，他们浴血奋战，

101

最终光荣牺牲。然后是第五个，也是最为不幸的时代，即"堕落到极点"的黑铁时代。黑铁时代的人们"从早到晚马不停蹄地劳作，灾难无时不在"。人类从出生起便心理阴暗，社会关系紊乱：子不孝、父不慈、主客不分、兄弟相残；城镇之间互相抢夺，人们对信守诺言以及正义的行为不知感恩，骗子、歹徒、恶棍大行其道。

> 世间灾祸盛行，人们饱受其苦。人心险恶，嫉妒心使人幸灾乐祸。于是正派、体面以及道德上的非难成为神灵的专属，将人类抛弃。"邪恶让世界无可救药"。[27]

初读这段文字，我们会发现它与印度神话所描绘的一个完美国家的堕落十分相似。然而，它的前后不一致却颇为反常。赫西俄德认为人类已经堕落到极点，他满怀一腔愁绪，希望自己能够在这一时代到来之前了结生命，或者等过了这个时代再出生。至于接下来有可能发生什么，他只字未提。

不同于以上"堕落传说"，希腊神话主张的是人性的进步，起点为凶残的动物国家。这一时期的人类没有衣服穿，没有房子住，没有语言和社会技能，无法抵抗野兽和疾病的侵袭。我们可以在色诺芬尼（Xenophanes）、埃斯库罗斯、索福克勒斯、欧里庇得斯、克里提亚斯（Critias）、普罗泰戈拉（Protagoras）、德谟克利特（Democritus）、伊索克拉底等诸多希腊人的著作中捕捉到以下传说的影子。这则传说的开端讲述了随着技术的发展，人们学会说话并开始群居。相传普罗米修斯协助人们完成了这一切，因而他也是创造与发明的象征。[28]而在另一个版本里，柏拉图的《普罗泰戈拉篇》（*Protagoras*）讲述了一个更为完整的故事，其中普罗米修斯看见人类"裸体赤脚，无床入睡，也无任何兵器"，因此他盗取了天火和生存技艺。人类于是开始为事物命名，并发现了演讲修辞术；还进行耕种，从土地里收获食物；建造房屋，做衣服和鞋子，布置寝具。可他们依然争吵不断。宙斯害怕整个人类走向毁灭，于是派赫尔墨斯教他们互相尊重与正义，从而过上有秩序的生活，并建立友谊。[29]

关于循环论，最著名的范例莫过于柏拉图的《理想国》( Republic )。柏拉图将典型的个体与城邦的演进形式进行平行对照。社会生活首先起源于相对单纯的田园牧歌式城邦，并以经济的相互依赖为基础。出于贪婪的本性，这种城邦形式日渐衰落，形成了范围更广、生活方式更奢华、结构更复杂的贵族阶层——虽然它离堕落的底线仅差一步，但柏拉图还是将之描述为平衡且理想的城邦。贵族政体后来退化为斯巴达—克里特政体( timocracy )，再退化为寡头政体，然后是平民政体——这一体制与柏拉图所处时代的雅典城邦颇为相似。民主政治进一步退化为僭主政体。柏拉图并非从字面意义上理解政体的周期循环过程，而是对他所处时代的城邦所体现的价值观进行分类，这样做不无道理。除此之外，柏拉图对这一理想过程进行了粗略的计算（这样的计算堪称荒谬），用来解释即便是最好的城邦也会退化，因为"任何现有的东西，终有一天会毁灭"。[30]这里或许暗示了一种重复性的循环，或是一种间歇性的进步与发展。亚里士多德对此评价道："或许每一种艺术与科技形式，在发展到巅峰状态之后都会走向衰亡。"对于宇宙学，亚里士多德持拒绝态度。宇宙学认为世界经历着无终止的创造与消亡的过程，在亚里士多德看来，这并无可能发生。[31]

世界经历着由火灾到复生的周期性循环，这是斯多葛学派的基本

102

观点。它看上去与印度人的世界观颇为相似。当然，这并不意味着每一名斯多葛学派成员都接受这种观念，或者说这一观念并非一成不变。[32] 有一份报告说斯多葛派成员认为：

> 在某些命中注定的时刻，全世界都受到大火的侵袭，之后经历重生阶段。但这原初的火如同孕育万物的种子，掌握着一切事物的法则，以及过去、现在和未来事件的缘由。[33]

斯多葛派所说的"火"就是智慧本身。它就是上帝本人，是一种面向自我的生命力。从大火灾到创世，再回到大火灾，就是上帝一生的循环过程。在这一过程中他净化世界；进入充满激情的、高尚的自我；向世界显灵，将万物（也是他的生命）发展的秩序安排妥当，形成一个最完美的整体；之后回到他纯粹的自我。[34] 斯多葛派得出结论说，一段时间过后，我们将重返自我，或者说世间万物都会经历无数次这样的"返回"——"还会有苏格拉底和柏拉图出现。每一个人也是如此，也会有相同的朋友出现；每个城邦也会有相同的公民出现"。[35]

与佛教徒有着明显的区别，那些相信以上"回返"过程的斯多葛学派成员，有时宣称每一个"回返"的事物，前后状态一定有所不同，但是很难令人觉察出来。比如（重新）出现的人并非苏格拉底本人，而是一个难以与苏格拉底区分的人。照此说法，一个世界与另一个世界的区别，只能假定它们之间存在着极为细微或者"偶然的"变化，但这并不影响整体上的完美。那些细微的差异往往被人视而不见，正如脸上有一颗痣的迪翁与没有痣的迪翁相比，虽然本质上并无区别，但我们可以依此对两个世界进行区分。[36]

尽管马基雅维利本人并未承认，但他的历史观来自波利比奥斯（Polybius，约公元前 200—前 118 年），后者力图解释为何一种政府形式会转变成另外一种。波利比奥斯吸收了柏拉图以及其他无名哲学家的思想，最后形成他自己的一种刻意而简单化的观点。在他看来，大灾难或将整个人类文明毁于一旦。"传统观念告诉我们，这样的灾难时常降临人间，因此我们没有理由预料它不会再次重演。"随着时间的推移，那些灾难的幸存者继续繁衍后代，扩大人口，如同种子发芽结果。后来为了自我保护，逐渐形成一个个群体。"在这种情况下，让身强体壮、勇猛果敢的人成为领导者和统治者，便成为必然结果。"这样的统治方式被称为君主制（monarchy）。家族与社会关系壮大时，这一体制会进一步发展为亲属制，"人类历史上第一次出现了善良、公正等概念，以及它们的对立面"。

波利比奥斯还认为人类自身能够建立道德规范。作为"唯一具备逻辑推理能力的生灵"，人类首先会思考对方的行为，想象自己站在对方的立场，并确立了公正的含义。"当逻辑推理比残暴和武力更有效时"，原本处于优势地位的人就会成为君主。人们假定君主的子嗣后代依然会尊崇其先辈提出的法则，但也有可能对其子孙后代的统治表示不满，于是他们另选君主，这一次并非基于体格是否更加强壮，而是基于是否具备更强的判断力与逻辑推理能力。

波利比奥斯认为，古代那些世袭制下的君主可能会恃权而骄，沉湎于奢侈、荣耀，甚至是不法的情爱。这一系列恶习会引发人们的仇恨，也会引发君主的愤怒，导致独裁统治。各种密谋相继出现，以推翻独裁者和贵族制。可是那些承袭父辈权力的贵族既没有亲身体验过灾难与不幸，又没有经历过公民平等或言论自由的传统，因此会变得十分贪婪，行事无法无天，将贵族政体变为寡头政治。寡头政治中充满了仇恨与愤怒，作为一种反抗形式，这时候出现了民主政体。然而好景不长，这一崭新体制还是日渐退化，变得越来越野蛮残暴，最终演变为专制统治。"以上便是政治变革的循环演进方式。体制根据自然法则而变，最终又回到了它们的原始形式。"

马基雅维利将这段不具任何宗教性的叙述进行了两种修改，分别收录于《论李维》的第一章与第二章中。他在第一章解释了城邦的起源，在第二章解释了政府的循环演变。与波利比奥斯相比，马基雅维利的反应更加迅速，却不那么全面。他在第一章中分别对雅典与威尼斯、亚历山大港与佛罗伦萨进行对比。在第二章中将斯巴达与佛罗伦萨进行对比，认为两座城市从一开始就通过自己的判断与决策进行治理，无论共和体制，还是亲王统治。[37] 马基雅维利还追溯了从波利比奥斯到柏拉图的政治理念，列举了六种政体的循环过程，意在谴责它们"十分邪恶，因为三种好政体维持时间短暂，另外三种政体作恶不断"。他推崇吕库古（Lycurgus）和梭伦（Solon）这样的立法者，因为二人思维足够缜密，得以建立一种混合的政治体制，也就是在同一城邦内将亲王统治、贵族统治与平民统治相结合，从而使国家更稳定。马基雅维利说，在罗马由于没有这样的立法者，而且平民与元老院之间不和，因此发生了太多出人意料的事，让统治者只好将一切交由命运决定。[38]

## 命运女神（Fortuna）与脾气（Umori）

同波利比奥斯类似，马基雅维利对一个已成雏形的循环理论进行了改编，这在《佛罗伦萨史》(*The History of Florence*)一书的相关段落中尤为明显。他写道：

> （它们在）到达极尽完美的境况时，很快就会衰落；同样，它们在已变得混乱不堪，陷入极度沮丧之中，不可能再往下降时，就必然开始回归。就是这样，由好逐渐变坏，然后又由坏变好。究其原因，不外乎英勇的行为创造和平，和平使人得到安宁，安宁又产生混乱，混乱导致覆亡；所以，乱必生治，治则生德，有德则有荣誉和幸运。[39]

105

这段话提出了一个问题：为何那些迅速崛起的国家定会走下坡路，或者为何那些境况糟糕到极点的国家一定会崛起？在这样的跌宕起伏中，是否有某股力量——马基雅维利将之归为命运——在起作用？同样的问题也涉及柏拉图与波利比奥斯。后者表现得比较理性，很明显是在解决以上问题，但我们不得不说，处理得不是很成功。他的《历史》(*Histories*)一书的主题为罗马帝国征服了世界(他认知范围内的领土)。在他看来，只有借助普遍的历史，以一种单一的提纲挈领式观念展现出在命运女神作用下形成的一系列集合点，才能对这一主题进行全面而丰富的呈现。他还补充说：

> 尽管命运女神变化多端，总会制造出新东西，为人类生活增添戏剧性内容，但到目前为止，她还没有制造过一次，或者上演过一出戏，来展现我们今天所看到的时代景象。[40]

这段文字告诉我们，波利比奥斯力图将他笔下的普遍历史，与他选择记述的独一无二的伟大战役相联系。然而他在提及命运女神上演一出戏时，想要告诉我们什么？译者在这段话的注释中说："波利比奥斯所指的'命运女神'，是宇宙中的一股力量，它从变换中寻求乐趣，并扮演充满戏剧性的制作人形象，精心设计着人类的命运。"但命运女神能自由地玩弄命运，是否因为她不受任何束缚，可以随心所欲地行事——如同印度教的奎师那（Krishna）、湿婆（Shiva）或库萨的尼古拉（Nicholas of Cusa）的神一样无所不能，可以展现出完满的自由与个人意志？[41]

接下来，波利比奥斯在《历史》中讲述了一个不寻常的现象，以至于"让普通人难以理解"。"将其视作神的意志或命运的作用而回避这一困境"，或许是较为合理的处理方式。那个时候，接受和听取民众的观点是自然而然的事，就如同试图以祈祷、献祭或询问神灵"我们该说些什么、做些什么，才能让情况变得好起来呢？"等方式来安抚神的力量。[42]然而，波利比奥斯却极力反对将那些明明可以探查出原因的事件归为神的意志。他以当时希腊儿童数量锐减这一事例进行说明。儿童数量减少导致人口总数下降，一些城市被废弃，农产品数量减少。波利比奥斯认为，解决问题的关键不在于向神灵祈求帮助，而在于改变人们的观念，或者推行适当的法律法规。只有遇到罗马打败马其顿，或马其顿部队如愤怒狂人一般奋勇征战取得胜利这一类很多地方让人百思不得其解的事件，我们才会倾向于认为这些结果是上天的旨意，或是来自神祇的愤怒。[43]

波利比奥斯将命运女神堤喀（Tyche）、神（god）和诸神（gods）三者混用，并将它们的影响尽可能理性地限定在一定范围内。他有时候提到我们所说的机遇（chance）；有时候说到上帝的行为，但又没有任何宗教上的含义；有时候他既相信（诸）神，也相信命运女神，还相信它们对人类的惩罚。[44]总之，这一切有点近似于那些内心不安的神学家和哲学家力图解决却又没有完全成功的混乱情况。

同样，马基雅维利也将我们置于类似的困境之中。他通过一些在文艺复兴时期广泛使用的较为发达的占星术用语，来构筑这样的困境。[45]在《君主论》一书中，命运女神与上帝之间的关系从神学上讲并没有得到解决，这一问题在他所处的时期十分具有代表性。他说他很清楚有多少人已经相信，并依然坚信人类生活受到命运女神和上帝的掌控，即便是再谨慎精明的人也难以把握——除此之外，人无法借助外力来扭转外在世界的变化。[46]

马基雅维利还补充说，他有时候也倾向于相信这些观点，但为了不完全打消人们的自由意志，他认为命运仍然给我们留下了一半行动的余地，由我们所掌控。[47]虽然命运女神可以像一股愤怒的、波涛汹涌的激流，但是风平浪静时，人们可以未雨绸缪，采取防护措施，建筑河坝，开挖沟渠。马基雅维利得出结论说，只有人们与命运之神和平共处，才能取得成功；他还通过一种性暴力的隐喻来进行补充说明——要想驾驭身为女人的命运之神，就必须给她戴上手铐、狠狠地打。与其在她面前小心翼翼，不如采取鲁莽粗暴的办法来对付她。[48]

马基雅维利还有所暗示，这些暗示因为是神学上的，所以比前面所说的将命运女神与上帝相联系更加令人困惑。这些暗示受到占星术的影响，不仅涉及个体事件或命运，还与从顶峰衰落、从最低点上升相关联。[49]在《论机运》（*Tercets on Fortune*）一文中，马基雅维利进一步发挥了他的修辞学能力（谁又能对此进行准确的判断），来描述命运女神突然倒转车轮驶向你受到限制的边缘，或"由于受到一股神秘力量的阻挠"而无法调转车轮。[50] 在其韵文作品《金驴记》(*The Golden Ass*)中，马基雅维利则更加直言不讳，听起来也更富有占星术的色彩。他说，行星徘徊，永无止息，世间无恒久不变之物。

> 由此诞生了战争与和平；人与人之间的仇恨、一堵墙与一条壕沟的封锁，都取决于此；你们的痛苦由此产生……你发现那些具有敌意、包藏祸心的人尚未被清除；可有朝一日他们的根源枯竭，上天就会显露自己的仁慈，于是从未有过的幸福时光将会重现。[51]

这段文字中，马基雅维利通过"气质体液说"来论述他的占星学词汇。"气质体液说"在当时十分流行，马基雅维利借此来解释个体、社会群体，甚至国家之间的不同。根据这个理论，一个人的个性由他身上主导的体液所决定——多血质的人欢快活泼，黏液质的人行动缓慢而沉着，胆汁质的人急躁鲁莽，抑郁质的人多愁善感。文学作品和生活中的人物往往被解释成某种单一特质的代表。倘若体液出现严重不平衡，个体就会处于病态。对于马基雅维利和其他持有这种观点的人而言，这种不平衡还可用来解释一个群体、城邦或国家的病态。为了让统治奏效，统治者必须迎合属下的性情气质，或是某一特定城邦或国家在气质方面的组织结构。不过马基雅维利还认为，政治上的成功当然不只要理解这些气质，还要采取既符合统治者本人又符合其他人气质的举措，同时也要顺应命运女神的意愿。正因为体液气质决定了所有人的欲望，政治的目的应当是满足人的欲望。

在《君主论》中，马基雅维利在意图解释城市人口的基本划分时，提到每一座城市都能找出两种截然不同的气质。第一种是平民阶层拒绝贵族阶层的压迫而导致的结果，第二种是贵族阶层控制与镇压平民阶层的欲望。《论李维》和《佛罗伦萨史》两本书中都有相关段落对此进行说明。[52] 马基雅维利甚至还打算谈谈作为一个国家体液气质的社会群体之间，或者国与国之间的冲突与不同体液气质间的对立关系。政治科学因而变成了一门研究体液气质的形而上学和心理学，一个城市或国家要想取得统一，就好比要拥有一个健康的体魄，其中各类体液兼有，并达到平衡状态。[53]

让我们回到马基雅维利所说的"命运女神"或"命运"这个概念，可以得出以下两个结论。第一个结论是，马基雅维利对历史和政治学的态度是世俗化的，而非宗教化的。这从他最典型的逻辑推理模式便可以看出，但这也给我们带来困难，因为马基雅维利本人很明显信仰宗教。他相信上帝，并认为上帝是造物主和一切事物的评判者。他后来的演说《劝忏悔》(*Exhortation to Penitence*) 便对上帝奉上了真挚动人的赞美之词。他在论文中习惯性地提及上帝，在书信中习惯性地提到上帝。他相信宗教让军队训练有素——他在文章中发问，一个人每天面对数不清的危险情况，无比需要上帝的帮助，他难道不应当更加畏惧上帝吗？[54]

第二个结论是，马基雅维利的世俗主义深深地与古希腊和古罗马异教徒的态度相连，包括占星术、体液气质的概念，以及（作为非基督徒的）命运女神的作用。我之所以在这里特意使用"态度"一词，是因为马基雅维利很享受嘲弄由占星家带来的恐惧，其程度堪比他

108

很享受嘲弄神鬼和其他迷信活动。然而，与波利比奥斯和充满怀疑的康德一样，马基雅维利仍然对此怀有兴趣，且或多或少地相信它。以下说法正体现了他这一点。他提到，一个城市或地区如果事先没有任何神谕，或天启，或天才，或其他天象的暗示的话，那么什么重大的事都不大可能发生。[55] 他不明白这一切如何发生，但倾向于认为这一切出于神对人的同情，以及人类遇见神灵的能力（智慧充盈了人们上方的空气），这些神灵通过以上符号向人们发出警告，从而让他们未雨绸缪。

马基雅维利的怀疑与信任，这两者之间的界限往往不那么明确。他的异教徒观点、他的占星术，以及体液气质的概念很显然对他有一些影响，虽然它们并非决定性因素。这一切让他与当代社会科学家有所疏离；与其说这些内容削弱了他的机敏，或者减弱了他对构想完备、目标明确的活动的执念，不如说它们为马基雅维利提供了一个平台来表达以下观点：政治科学涉及很多因素，以至于每个人都很难全面理解，或者长期将它们掌握，除非他受到了幸运之神的眷顾。这是每一位当代社会科学家和政客都应当重新学习的部分。

## 马基雅维利和他的两部伟大著作

1492 年，佛罗伦萨美第奇家族的统治者"伟大的洛伦佐"去世，这一年马基雅维利 23 岁。确切地说，从 1498 年 6 月 19 日到 1512 年 11 月 7 日，马基雅维利在佛罗伦萨共和国的第二国务厅供职，也就是负责管理政府内务和外交事务。作为一名管理者，他负责准备投票名单和公民职位的提名名单、为审议大会做记录等。作为对外联络员，他与外国人、本国人、外交官以及驻外本国人保持联络，还与从属地区的官员及市民建立联系。此外，他经常被外派到法国和德国。1507 年他成为民兵组织的总管。[56]

由此可见，马基雅维利的政治经历十分丰富。对一个对民众极富好奇心的人而言，这样的经历的确很吸引人，但对一个极力希望对外界有所改变的人而言，则令人异常沮丧。他不断认识到佛罗伦萨以及身为外交官的自己的无能为力：那些与佛罗伦萨同样弱小的国家，在政治上付出的努力往往是徒劳的；外交场上那些不痛不痒的辞令往往带有欺骗性，而政治承诺极有可能是不算数的；此外，佛罗伦萨的雇佣兵很不可靠——在比萨他们如同一盘散沙，各自为营。马基雅维利最终明白，为了生存，一个国家必须强大起来，必须依靠自己的士兵，而不是像佛罗伦萨那样在和平时期克扣士兵的薪俸，到了紧急情况只能依赖雇佣军。[57]

从 1500 年起，马基雅维利开始出使法国宫廷。这段经历令他对法国人十分反感。他写道，与其说法国人浴血奋战，不如说他们只管收钱。"身处逆境时他们厚颜无耻，飞黄腾达时他们张狂无礼。他们多变而轻浮，唯一的信仰就是成功。"[58] 回到佛罗伦萨后他以同样的态度报告政府，说法国人为了眼前的好处，被权力迷惑了双眼，"他们只考虑那些要么军力完备，要么做好准备付款的国家"，而佛罗伦萨既没准备好付款又缺乏军队，对他们而言就什么都不是，只是一位"空空阁下"（意大利文为"Ser Nihilo"，英文为"Signore Nothing"）。[59] 不过马基雅维利又说，尽管法国国王十分平庸，也会犯些错误，但法国的宪法的确非常完备，由于国家统一、权力较为集中，法国的实力也确实很强。法国议会负责调解民众与贵族（grandi）间的冲突，国王因而不受任何党派的牵制。可是步兵除了加斯科涅人（Gascons）以外都很软弱，而事实上加斯科涅人有那么几年"与其说是当兵，不如说是成功的窃贼"[60]。

不过，马基雅维利的确发现了值得赞扬的外国人，也就是德国几个独立城邦以及瑞士一些社团里的居民。他们无拘无束、勇敢无畏。他们自由的前提是公民平等，他们之所以无所畏惧，是因为具备各种防御工事和强大军力。马基雅维利认为，诚然德国并不统一，德国皇帝在政治上的判断力很弱，但那些自由城邦里的居民只想要他们绝对需要的东西。正如他在后来的著述中写道，他们勇敢、谦逊、虔诚、老实，因为（不像在强国中艰难求生的腐败的意大利共和国）德国人秉持古老的公民美德。[61]

从佛罗伦萨人的弱点、法国人的两面派和德国人的公民美德中，马基雅维利逐渐学会了不择手段。他建议领主分给恺撒·博尔吉亚想要数额的兵力，但向后者公开宣称的数目要比实际多两倍。欺骗博尔吉亚并不难，因为他无法事先得知兵力的具体数目。马基雅维利的其他行为有，他向领主寄去信函，由博尔吉亚的私人信使递送，其中部分段落带有密码，意在让领主忽略博尔吉亚的要求；无论贝鲁加独裁者乔万帕贡拉·巴格里奥尼（Giovampagola Baglioni）的支持者，还是他的反对者，马基雅维利都说他们做得对。[62]如果这些伎俩成功，则会胜过一些外交保密手段的小小失误，比如情报在信使的靴子里藏得太久，到了领主手里字迹已经模糊，难以辨认。[63]

作为外访的一项任务，马基雅维利向佛罗伦萨发回急件，通篇都是对局势的分析，除此之外有一些很可能多余的建议，并为自己的直言坦白向领主致歉。他有一次说，之所以提供这些建议，并如此坦诚，是因为担心如果什么都不说，则会对佛罗伦萨有害，而假使他犯了错，只会伤及自己一个人。[64]他同僚的信件虽然对马基雅维利的行为充满褒奖，但有时候也抱怨他不定期或并未及时汇报新闻，再或者就是并非所有人都认同他对恺撒·博尔吉亚的看法。[65]同僚还提醒他，不要经常对自己的上级大加抱怨。一次马基雅维利在维罗纳等候朝廷百官，他向一位朋友写道自己十分孤立无援，因为那里的人孤陋寡闻，"为了感受到自己还活着，我幻想着给上帝写一篇言辞激烈的演说"[66]。这段文字表明他为了寻找存在感，不得不参与外交活动并做出分析。身为分析师，马基雅维利尤爱找碴（即使不公开发言，也能感受到他对领导的不满）。一位对他有所偏爱的史学家说，虽然马基雅维利在心里谴责他的同盟，却不想与后者断绝关系。[67]为了做好本职工作，马基雅维利过于不耐烦、爱挑剔、独断独行。他对共和国的态度可以简单概括为在同一时间既奉献又拒绝。[68]

　　马基雅维利在余下的生命里依然持这一态度，并在他最后一部重要作品《佛罗伦萨史》中进行具体的描述和强化。《佛罗伦萨史》以1492年"伟大的洛伦佐"去世为结束。马基雅维利在前言中写道，为了愉悦与教化读者，历史必须对细节予以全面呈现。接下来他说：

111

　　如果说一个共和国所经历的沉浮荣辱打动人心，那么身为城邦的一员，他读到这些记述时会更加感同身受，也对他更有价值；如果说一个共和国的内部纷争值得记录，那么佛罗伦萨的这些记录则尤为宝贵。[69]

　　马基雅维利继续说，不同于罗马和雅典，佛罗伦萨有许多琐碎的纷争。首先是贵族之间的内讧,其次是贵族与中产阶级的斗争,再次是中产阶级与广大平民的纠纷,最后获胜的一方还会继续内讧。在《佛罗伦萨史》中他还强调了"平民与贵族之间产生的敌意,既严重又天然存在。这是贵族想获得统治权、平民阶层对此并不满意的结果"。以上矛盾让罗马四分五裂,如做适当变动,这一情况也能适用于佛罗伦萨。但与佛罗伦萨人不同的是,罗马人愿意与贵族共享权力。罗马的纷争最后通过法律得到解决:

> 佛罗伦萨的纷争,以诸多市民被判流放和死刑告终;罗马结束纷争后,军事实力总会有所提高,而佛罗伦萨则几乎毁于一旦;纷争以前,罗马市民人人平等,纷争结束后,不平等情况加剧。佛罗伦萨的情况则恰恰相反。[70]

马基雅维利说,罗马市民的优点和美德,最后逐渐转变为骄傲自大,以至于"少了君主的领导,她(罗马)就无法勇往直前"。而在佛罗伦萨,贵族的军事实力和魄力被摧毁,他们并未在普通民众中唤起类似的能力和魄力作为补偿。结果是"佛罗伦萨变得弱小而卑劣",以至于一位有智慧的立法者很容易"认定她属于任何一种政府形式"。[71]

到目前为止,我们既考察了马基雅维利对佛罗伦萨共和制的奉献与投入,又考察了他对该制度的拒绝。后来共和制被推翻,美第奇家族恢复统治。1512 年,共和国行政长官皮耶罗·索代里尼(Piero de Soderini)被驱逐。虽然国务厅的大部分其他官员依然驻守在各自的岗位上,马基雅维利一向为政府而非为某个派系或个人服务,但是大约九周后,他还是被免职。即便如此,他还是受到了行政长官索代里尼的信任，当然毫无疑问，他也树了不少敌。他十分痛恨那些毁坏共和政府的贵族。

112

马基雅维利从佛罗伦萨被驱逐后，需缴纳一千弗罗林的保证金，以留在佛罗伦萨领地。不过在 1513 年，他的名字出现在反对美第奇统治的两个可疑阴谋集团的名单里，于是他进一步受到羞辱，遭逮捕和审问，并被处以吊刑——他的双臂被高高吊在身后，手腕由绳子捆绑，由行刑者猛拉到一定高度再使其下落。马基雅维利所受的刑罚并不很严酷，由于没有什么要坦白，不久后他便恢复自由，长期隐居在佛罗伦萨近郊的庄园里。他在信件中说自己十分渴望重回政治生活，于是选择写作，撰写有关政治的著述。

有关马基雅维利的重要思想以及他对人类的悲观态度，我们将在后面描述。马基雅维利给人留下一个较为温暖的印象，他很享受对严苛的马基雅维利主义式行径进行想象，却并未完全将它们付诸实践（除非我们将不忠的婚姻算在内）。他最为人所知的马基雅维利式行为是撰写《君主论》。这本著作（看上去似乎）驳斥了他长期以来推崇共和制而非元首制的观点。他同时撰写拥护共和制的《论李维》与拥护“独裁”统治的《君主论》，虽然引起了后世的争论，不过倒很有可能是真的。这发生在 1513 年初，也就是在他入狱和遭受严刑拷打之后。在内心一片孤愤之时，他以书为伴，写出了《论李维罗马史》（*The Discourses on the First Decade of Titus Livius*）的大部分内容。他在文中对自己偏爱共和制，尤其是他理想中的古罗马共和制的原因进行了论述。1513 年 7 月至 1514 年初，《君主论》的大部分内容已完成。与前一部著作不疾不徐、循序渐进的论述方式有所不同，马基雅维利在撰写这部作品时加快速度，即兴构思，描述了那个时代完美君主的形象。这位君主被劝谏使用一切手段——显然得到了上帝和教会的支持，照天意由一个美第奇家族的人领导，凭借意大利人的英勇和全新的军事策略——将意大利从野蛮的独裁政权中挽救回来，恢复统一。这就如同摩西解放希伯来奴隶；居鲁士领导波斯人攻克米堤亚王国，建立波斯帝国；忒修斯将阿提卡各个分散地区统一为雅典王国。[72]

在《君主论》中，马基雅维利提出了明显自私自利的观点：君主（尤其是刚上任的君主）会发现，那些自己一开始惧怕会妨害统治的民众，相较于自己一开始便信任的民众，更忠诚、对国家更有益。[73] 从《论李维》及其彰显的共和主义思想，到《君主论》宣扬的专制思想，这一转变背后的原因十分明显。马基雅维利之所以将《君主论》献给美第奇家族"伟大的洛伦佐"，是因为他要"赢得君主的支持"，以献礼的形式表达忠心。这一礼物也是马基雅维利本人最为珍视的，它"是我（马基雅维利）漫长经历的集结，既汇集了近年发生的事件，又记录了我持续阅读典籍的所思所想，据此形成我对伟人行为的理解"。马基雅维利接着说，倘若君主能将目光投向那些贫穷低贱的地方，他将看到马基雅维利是如何被迫承受"命运带给他的巨大而持久的灾祸"[74]。马基雅维利此处的用意很明显，不过没有资料显示君主是否阅读了这部作品；倘若真的读过，他好像也没有找到什么理由让作者的希望得到满足。[75]

《论李维》很可能写于 1513—1517 年。这本书献给扎诺比·布昂德尔蒙蒂（Zanobi Buondelmonti）与科西莫·卢彻莱（Cosimo Rucellai）。前者为马基雅维利的朋友，曾参加卢彻莱花园举办的讨论；后者则多次主持讨论。马基雅维利称自己将此书作为厚礼献给卢彻莱，这份礼物有他知道的所有内容，涵盖了自己从"漫长的人生经历和对世事的冷静观察"中学到的知识。马基雅维利说,自己打算避开传统方式,也就是那些被名利与贪婪蒙蔽双眼的人所采用的方式,将此书献给君主,并在书中大拍马屁,而非予以苛责。他选择描述的对象并非某些特定的君主,而是那些拥有无数良好特质,足以配得上"君主"这一称号的人。在全书开头部分,马基雅维利首先为自己有限的禀赋、关于时事微不足道的经验,以及对历史的浅薄认识表示歉意,紧接着他骄傲地宣称,由于生性乐于助人,他对自身可能面临的问题不加考虑,而是毫不犹豫地走了"一条未有人选择的路"。[76]

《君主论》与《论李维》两本书都认同一个理念:除非动用武力,否则没有一个政府可以有效行政。对君主而言,马基雅维利建议发动战争、整饬纪律,而对于诚实、仁慈等个人特质不加推崇。他只提倡那些可以确保行政有效进行的特质。虽然《君主论》强调国家需要一名统治者,不过《论李维》的前提是共和制政府具备天然的优越性(当然并非指所有情况)。

由于推崇共和主义,马基雅维利在《论李维》中说,造就一个伟大城邦——比如从庇西特拉图(Pisistratus)的僭主政治中解放的雅典,以及最重要的,从国王手中解放出来的罗马——关键在于为民众谋取共同利益,这一点只有在共和制中才被视为头等大事。对君主有利的事物对城邦则有损,反之亦然。因此,如果独裁政体从自由社会中建立起来,就会日渐衰微。如果一个果敢有为的独裁君主脱颖而出,除非他采取威慑的手段,否则无法让最优等的市民心服口服。因此,从独裁者的征服中获益的不是他统治的城邦,而是他自己。这足以解释为何古时候的人们奋起反抗、竭力推翻独裁者,并拥护自由的民主政体。自由国家繁荣昌盛、人口众多,这是因为婚姻在这里更为自由,

114

对男性也更有吸引力。他们相信只要自己有足够的能力，就会取得卓越成绩。他们也十分乐意养育子女，因为他们深知，不会有人从他们手中夺去遗产。自由国家里的富人成倍增长，男人坚信有权利充分享受自己的劳动成果，因而很乐意努力劳动，以增加收入。

《论李维》中最关键的一个论题在于，爆发冲突对共和政体是有益的。马基雅维利说，罗马共和国三百年来贵族与平民阶层发生的纷争，并不总以驱逐出境或流血收场。这些纷争教会了市民要正当行事，让法制更加健全，从而对完善公共自由有所帮助。尽管人们愚昧无知，但正如西塞罗所言，他们能够掌握真理，当可信之人向他们传授真理时，他们也会有所收获。的确，罗马共和国的民众与元老院之间的敌对状态最终导致了自由政府的灭亡，但这些矛盾是"成就罗马之伟大的必由之路"。如果党派之间的仇恨能够以法律方式得到化解，那么一个共和政体的根基就会坚实稳固。[77]

正如《佛罗伦萨史》所言，马基雅维利认为佛罗伦萨的党派纠纷具有很强的破坏性，但他仍然坚信这一纷争能够为生命的繁荣（与最终的死亡）创造可能性。[78] 至少马基雅维利在写罗马共和国历史时是一心一意捍卫民众的，正如他反驳李维的观点，后者认为人民不是卑躬屈膝地为上层服务，就是盛气凌人地作威作福。马基雅维利认为，一个更为恰当的比较应当建立在不守法的君主与民众之间，或者守法的君主与民众之间。罗马共和国还未走向腐败时，民众既不卑躬屈膝，又不盛气凌人，而是"光荣而得体地处在自己的位置上"。受到良好管理的民众应当更为沉稳谨慎，他们甚至比一位有智慧的君主还有感恩之心；而目无法纪的君主恰恰相反，他善变而不知感恩，甚至不如全城的民众沉稳。总之，决定性因素在于遵守法律。想想君主与民众的区别：君主可能更擅于制定法律、建立社群，民众则更善于对已确立的制度加以保持。不受控制的民众很容易得到矫正，可是恶劣的君主只有通过钢刀利剑才能进行补救；不受约束的民众会行事愚蠢，独裁者会从中诞生，可是恶劣的君主本身就是暴君。在《论李维》的结尾部分，马基雅维利提醒读者，为了实现自由，一个共和政体每天都需要采取具有远见卓识的新行动，都需要一名有智慧的内科医生，在面临无法预料的紧急状况时，清楚地知道应该如何应对。

同《君主论》相比，《论李维》的行文构思更加缜密，也更为忠实地体现了马基雅维利的意图。对大部分读者而言，比起《君主论》中对君主与独裁政体的偏袒，或者如康德所言，马基雅维利眼中的市民永远处于孩童状态，《论李维》一书所体现的偏见更加吸引人。[79]然而《君主论》的影响力更为深远，也就是说，这本书取得了更大成功。而"成功"恰恰有可能是马基雅维利主义为自己提出的衡量标准，也是它所代言的政府所提出的标准。

## 人性本恶

马基雅维利确信人性本恶。因此，他有时候会采纳奥古斯丁式阴暗的世俗化观点，即亚当的罪腐蚀了他的后代，并将罪过传递，导致：

> 重重忧虑与不安、悲伤、恐惧、狂乱的喜悦、各种争吵、诉讼、叛国、愤懑、仇恨、欺瞒、私通、诈骗、偷盗、抢劫、背信弃义、骄矜、野心勃勃、嫉妒、谋杀、杀害家人、残暴、恶毒、奢靡、傲慢、粗鲁放肆、厚颜无耻、通奸、乱伦，以

115

> 及无数肮脏、变态的行为，男女皆有。以上所列举之行为，
> 可谓寡廉鲜耻。[80]

　　马基雅维利的言辞慷慨激昂，这一点堪比奥古斯丁，虽然前者列
出的"罪恶清单"更具歧视性，既包括传统意义上的罪，也几乎囊括
了一个人一生中所有的罪过。马基雅维利特别强调人性恶，这似乎与
他生活中给人留下的温暖形象（如果要抱怨的话）大相径庭。他早期
的作品《论野心》通篇弥漫着奥古斯丁式的阴暗。马基雅维利说，人
类无论贫富，从一开始赤身裸体、一无所有的时候就有罪。他们的野
心和嫉妒让世界产生了第一个死亡——亚伯之死。马基雅维利用雄辩
的、尖酸刻薄的语言控诉人性"贪得无厌、骄傲自大、阴险狡诈、变
化多端，尤其是心怀恶意、邪恶不公、野蛮暴虐"。人生阅历与不断学
习让他明白，"每个人为了爬上高位都想把身边的人一一挤掉，而不是
通过自己的智慧与善行达到目的"。如果没有法律与武力的制裁，我们
都会嫉妒他人的成功，本能地想伤害他们。谈到战争时，他说"不论
你将视线放在哪里，都会看到人间各处被血与泪倾洒，空气中充满尖叫、
啜泣与叹息"[81]。

　　最后这几句话不仅仅是一种修辞手法，这一点在马基雅维利
于 1509 年 11 月 26 日从维罗纳寄出的信中可以看出。说到起兵打仗，
他说自己亲眼见过、亲耳听闻的事情，比他之前所知晓的事要更恐怖。
[82] 这些经历对他影响很大。后来他遭受牢狱之灾、刑讯的折磨，让
他对人性的残忍更加坚信。这些经历反映在他的两首十四行诗中，虽
然它们也许并未寄到朱利亚诺·美第奇（马基雅维利打算将《君主论》
一书献给他）的手中。朱利亚诺当时被怀疑是一名刺客，与马基雅维

利关在同一监狱里。十四行诗描述了他的脚铐、肩上的吊绳和爬虱子的监狱墙壁，还有最令他不安的——为两名嫌犯唱诵的祈祷词。马基雅维利很担心自己最终会像他们一样，无法躲过斩首的厄运。十四行诗字里行间所体现出的反讽，或许会与以上历史细节保持一定距离，但不能抹去其中隐含的恐惧心理。[83]

《君主论》再次对人性阴暗面进行了描述，这些阴暗面包括"不知感恩、多变、跟风模仿、伪善、临阵脱逃、欲壑难填"[84]。鉴于此，《论李维》开始对立法有所强调：

> 国家的缔造者和立法者都需要明白人性本恶，一旦给了人们自由的空间，他们就会顺应自己卑劣的本性，为所欲为……[85]

马基雅维利最后得出了与商鞅、韩非和考底利耶类似的结论：引人向善最为可靠的方法，是通过制定法律将善行强加给他们，也就是让他们除了好事以外，其他事情都很难做成。"所以我们可以这么说，正如饥饿与贫困使人发奋努力，法度让人向善。"[86]

## 武力与骗术，狮子与狐狸

马基雅维利提倡聪明地运用武力与骗术，这一点相当明显。提倡类似观点的典籍中，马基雅维利当然熟知柏拉图、修昔底德与西塞罗的思想。柏拉图在《理想国》中对这一主题的论述可谓老生常谈，因此我在这里不做复述。但需要记住的是，作为柏拉图代言人的苏格拉底十分推崇"合乎情理的谎言"或"高尚的谎言",并以此教育理想共和国的统治者。苏格拉底还提到,"为了民众的利益",共和政体的统治者很可能"需要运用大量谎言与骗术"。有趣的是,尽管他提倡"为了国家的利益"而撒谎,但他严格禁止除君主以外的任何人触及与"罪"相关的谎言。[87]

修昔底德在叙事与文字中都论述了以国家利益为由的"非道德性"(或马基雅维利式的"道德性")。与司马迁相似,他借助所记录的人物之口传达以上观点。在米洛斯岛居民与雅典信使的一段著名对话中,雅典信使建议米洛斯人加入他们的同盟,并声称"这样的事倘若由讲求实际的人一起商量,正义的标准将取决于哪一方拥有的权力大"。在后面的对话中,雅典人说:

> 我们对神祇的看法以及我们对人的认识,让我们得出这样的结论:只要我们力所能及,不论统治哪里都可以,此乃天经地义……我们仅仅是在遵循这一原则行事,我们很清楚,不论你们还是其他人,倘若持有这样的权力,也定会以同样方式行事。[88]

故事的结局是,勇于挑衅的米洛斯岛人内部出现叛乱,军事实力大大削弱,最终向雅典无条件投降。能当兵的男性被杀,妇女和儿童被卖作奴隶。

修昔底德将零星的历史评论重新组织起来叙述这段历史,他本人的立场则更为复杂。尽管他对雅典的实力备感骄傲,却希望他们审慎用权。由于修昔底德对每种情况的不同特征都十分警觉,他对某些城市表现出的适度大加赞赏，对另一些城市在其他情况下表现出的勇猛和魄力给予高度评价。米洛斯人的对话体现的不是修昔底德对雅典人的谴责，而是他对人性的悲观态度。他似乎认为，雅典人也同样参与了一种自然过程，在这个过程中，受领土扩张的驱使，他们捷报频传，最终取得重大胜利。倘若雅典依旧保持伯里克利的公正、灵活变通以及从容不迫的统治方式，雅典可能不致陷入危机的泥潭。可是受成功与贪婪激发的野心，不论是公众的还是个人的，都导致雅典人好长时间都忘了自己终有一天会一败涂地，等他们反应过来却为时已晚。修昔底德说，个体可以通过努力习得智慧，可是由某一群体展现出的"人之本性"，无法让他们理性行事。显而易见，无论修昔底德自身的叙述，还是他未做完整叙述却自始至终从未改变的现世态度，都让马基雅维利受益匪浅。[89]

西塞罗对马基雅维利同样十分有用。与马基雅维利类似的是，西塞罗十分推崇罗马共和国，也偏爱混合政体。这种政体旨在赢得广大民众的支持。他也意识到一个国家需要壮大军事实力进行自我防卫，也提倡宗教服务于国家利益。此外，西塞罗同马基雅维利一样，强调国家凝聚力、稳定与求生存的基本意愿十分重要，相信文明由崛起到兴盛，再到腐败，最后衰落的循环过程。我们还要加上马基雅维利式的决定性特征——他们二人都认识到，国家必须通过权宜之计或者不道德的方式实现自我防护。[90]

针对那些更加马基雅维利式的问题，西塞罗在《论义务》一书中有所论述。他提到的教义中有三点与马基雅维利的十分相像，并给予了特别强调。第一，遵守信义的限度；第二，领导者应如何避免被民

118

众憎恶与唾弃；第三，让民众对君主产生畏惧而非爱的重要性。比马基雅维利更为谨慎的是，西塞罗在每一部分的讨论后面都强调了打破寻常伦理规则的重要性，并提醒读者，所有自由都建立在绝对需要的基础之上。与此同时，他还强调信任与荣誉。西塞罗通过类比来阐释他的观点，这一观点后来在马基雅维利的版本中也有所体现，并广为人知。西塞罗说："不公正往往通过两种方式表现出来：一种是武力，另一种是欺骗。欺骗近似于狐狸，武力近似于狮子。两者看上去似乎都与人保持了一定距离；欺骗会引起人们更大的憎恶。"（《论义务》1.41）

　　相比于同意使用明显不光彩的权宜之计，西塞罗更倾向于对具体情况进行仔细考量，看看这一行为能否被定义为"光彩的"。他说在通常情况下，杀人是不光彩的，可是杀掉作为好友的暴君（他指的是恺撒大帝）这一行为不是好处大于荣誉，而是好处可以产生光荣的结果。如果要精确地翻译，西塞罗的原话有些含糊不清：荣耀"伴随着获益物产生"（3.19）。他之后列举了生活中的一些光荣行为，比如信守承诺、按合约行事、退还保证金。然而遇到某些情况时，这些行为会失去它们原本光荣的特质。比如所信守的承诺是做坏事，或者达成的合约是将剑还给当时正疯癫的人，再或者退还保证金的对象日后成了一国之敌（3.96）。不过西塞罗依旧承认，为了某个极为重要的目的而轻微违反了公平原则，的确会引发道德上的问题（3.81）。

　　西塞罗斩钉截铁地说，虽然赏金丰厚，但"凡会带来利益的事或者权宜之计，都免不了违背公正之理"（3.76、79）。在这一点上他似乎站稳了立场。同样决绝果断的是，他对一个有智慧或体面的人应当准备做的事情也做出了限定。"为国家利益考虑"不是绝对理由，因为"有些事情不是卑劣无耻，就是令人无法容忍，以至于一个智者不会为了保卫国家去做这等龌龊之事"（1.159）；与此同时，"报仇与惩罚也是有限度的"（1.33）。在很多时候（并不是所有时候），向敌方做出的承诺即使在战争时期也必须兑现，因为打仗也有一套自己的规则（3.107）。

　　然而西塞罗对于有关权宜之计的论点依旧十分开明。这种开明的态度侵蚀了他力图划清的界限。他说，如果对诺言制定一方没有优势，或者诺言本身就是欺骗的结果，再或者当"诺言带来的伤害比得到的实惠更大"的时候，这样的诺言就不应该信守。之后西塞罗如律师一般对这一问题进行了总结。他写道，在一些引人质疑的情况下，只有做看上去可以获利的事才是光荣的（甚至如果不去做，反倒是不光彩的）；另有一些情况在获益与荣耀面前很显然无法兼容，要寻找仲裁者做出判断（3.56）。

　　至于暴君用畏惧战胜仁爱，西塞罗回顾了（虽然没有点明）恺撒遇刺这一事件。他认为此事充分说明：面对众人的愤怒，拥有再大的影响力也无济于事。几乎不可能有独裁者能够从这些人手里侥幸逃生。在自由城邦内，民众会通过默默地判断或者秘密选举来壮大队伍，这一时刻总会来临；当自由女神被晾在一旁，她会凶猛地反咬一口。"不论时间长短，畏惧都不会是一名忠于职守的卫兵；可是亲善与友好能把忠诚的卫兵一直留在身边。"（2.23）无论私事还是公事，我们都应做出选择，最大化地维护安全、影响力和权力。"于是畏惧就会消除，仁爱便能永存。"（2.24）

　　以上是西塞罗的立场。对此，我认为马基雅维利是个天生的造反者，却多半同意西塞罗的主张，原因在于西塞罗考虑的是二人都十分珍视的罗马共和国，而不是文艺复兴时期的意大利。所以即使马基雅维利坚持认为，他所处时代的经历显示，往往对诺言并不是很看重、运用狡猾计谋的君主战胜了那些坚持诚实与正直的君主，这样的宣称与前文观点并不矛盾。同样并非不可逾越的矛盾是，马基雅维利颠倒了西塞罗的判断，说倘若必须做出选择，那么"让人们对君主有所畏惧，比爱戴君主更加可靠安全"，因为不知感激、变化无常、自私自利乃是人的本性。即便如此，马基雅维利还是同意西塞罗的观点——为了安全起见，君主必须对自己有所限制，至少要避免被人憎恨。

马基雅维利对战事规则深表怀疑，他坚称人类世界的征战如果按规则进行，对君主来说远远不够。君主就像群狼中的雄狮，必须采取动物世界的法则。他说人性本恶，既然对方不守诺言，也就没有必要信守对他们的承诺。因此君主必须扮演狐狸的角色，他需要做好伪装，欺骗那些让自己受骗的人。[91] 倘若以这种方式行事，他就不需要用西塞罗的问题来问自己："某个人将自己变成野兽，与保留着人形却有一颗野兽般凶猛残忍的心有什么区别？"他也不需要用西塞罗的第二个问题来问自己："无论担忧、焦虑、从早到晚的恐惧，还是险象环生、充满背叛的生活，会让每个人都从中获益吗？"（《论义务》3.82，83）

如果我们将马基雅维利言论中颇具代表性的狐狸换成豺狼或乌鸦，他的雄狮与狐狸是《五卷书》中的统治者，豺狼或乌鸦则是政事顾问。不过，虽然《五卷书》仅仅举出了寓言般绝妙的例子，马基雅维利却宣称自己在实际生活中见到了真正兼具雄狮与狐狸两种个性的人，他就是恺撒·博尔吉亚。马基雅维利说，博尔吉亚凭借举世闻名的残忍暴虐，成功统一了罗马涅地区，并将那里治理得和平安定，让民众忠心耿耿。他在《君主论》篇幅最长的第七章中将一大部分篇幅献给博尔吉亚，从描述他的政治生涯开始，到其战败结束，说自己不但无法谴责博尔吉亚，还将他推为君主的典范，让所有统治者效仿。这是因为博尔吉亚勇敢有魄力、目标宏大、博闻强识——比如通过骗术或武力进行征服；既受到人们爱戴，又让人们对他心怀畏惧；让将士跟随他南征北战，赢得尊敬；将危险势力一举歼灭；以新代旧。通过以上叙述可以看出，博尔吉亚可谓一名十全十美的君主，除了犯下一个不幸却致命的错误——让他的宿敌当选教皇。此时博尔吉亚病情不断恶化，让情势雪上加霜。自那以后，他的命运急转直下，最终在一次可疑的战斗中被长矛穿胸而死。

马基雅维利将恺撒·博尔吉亚选为自己心目中的英雄，这一点为后世读者设下了困局。作为佛罗伦萨的使节团成员，马基雅维利待在博尔吉亚的宫中。那时正值谈判期间，且局势对恺撒一方相当严峻。马基雅维利在报告中写道，恺撒不仅太过于相信命运，而且在做决定时优柔寡断，这一特质与《君主论》中那个行事果断、被视为英雄的恺撒大相径庭。两者之间的显著区别为他的读者留下了两种可能。也许它们都有一定的真实性。一个是马基雅维利根据他偶然得知的一名足智多谋、勇猛残暴、阴险狡猾却又容易犯错的冒险家故意创造出的近乎完美的英雄形象；另一个则是因为他需要一个当代政治家典范（尤其是一个学会了依靠自己兵力的君主形象）。马基雅维利凭记忆创造出的君主形象，与他在恺撒身边感受到的实际情况相比，前者更具英雄气概。[92] 他所刻画的恺撒形象，是通过重写历史进行的推断与演绎。

121

马基雅维利为自己所处的时代选出这样一位英雄，并对人性之恶表示认同。最终他得出结论：一位有智慧的君主不会因被冠以"残忍"二字而受到困扰。恰恰是通过残忍，"他才能让属下团结一心，对他忠心耿耿"，这种"残忍"反倒成了一种真正的仁爱。只须借助个别残暴的例子，君主"就能证明自己比那些滥用仁慈而让邪恶继续横行的人更加仁慈"。仁慈会产生严重而致命的混乱，从而伤及公众。而有智慧的君主对犯人依法处决，伤害的仅是少数人。有智慧的君主能够通过谨慎行事与仁慈，去调节、平衡他的鲁莽与多疑，否则将导致不加限制的残暴行为。[93]

塞巴斯蒂安·德·葛拉奇亚（De Grazia）宣称，马基雅维利的独一无二在于把人类刻画成拥有理性的禽兽，或是这样一群生灵：他们的理性并不意味着天生具有乐善好施的冲动。[94] 事实上，马基雅维利所谓"冲动"绝非如此简单。倘若我们接受以上描述，那么马基雅维利的问题就在于如何说服、胁迫或是向这些残暴的"禽兽"施以骗术，让他们建立近乎友爱与团结的关系——尽管他们总是对此极尽破坏之事，但这些特质毕竟为人类所需。无论过去还是现在的例子，马基雅维利都加以充分利用，力图为治国之道、历史与人类本性之间的关系提供大量颇具价值的意见，从而更加接近他的目标。他青睐吵闹热烈的共和政体，在这一体制中领导者与民众相互制约，并且双方都展现出公民团结和荣耀所需的谨慎、勇气与奋发进取。马基雅维利相信，在这样一个共和政体中，为自身利益奋斗的人也定会为公众利益奋斗。他认为自己肩负着责任，去召唤罗马时期所行使的公正之举，因为他希望一个受到上天垂青并且比自己更合适的人能够让这些光荣行为重现。[95] 古代罗马人的例子说明，假定在任何情况下人性本恶、存心不良，这样的说法未免有所夸大。即便这样的让步折射出马基雅维利心存希望，他也无法摆脱与他的英雄博尔吉亚类似的命运：他鼓励领导者为实现权宜之计去牺牲真理与正义，因而成了恶人的典型。

## 马基雅维利的马基雅维利式朋友

马基雅维利和圭恰迪尼彼此相识。可以肯定的是，两人在共和国时期互不信任。那时圭恰迪尼站在贵族一边，反对共和国领导派索代里尼的统治。[96]不过，他们的敌对关系随着美第奇家族接下来统治佛罗伦萨而有所改善。[97]圭恰迪尼发迹的那一年，马基雅维利承蒙美第奇家族厚爱，成功复职——教皇利奥十世（Leo X）于 1520 年委托他撰写《佛罗伦萨史》。圭恰迪尼同样受到利奥十世的青睐，受命管理摩德纳（Modena）和勒佐（Reggio）两个教皇管辖区。这两座城市经济衰颓，政治动乱频发，还受到持有武器的帮派的侵扰。事实证明，圭恰迪尼如同一位理想中的法家统治者，既冷酷无情又公正严明，他沉重打击了帮派，赢得守法者的尊敬。1523 年，拉斐尔和米开朗琪罗的保护人——美第奇家族的克雷芒七世（Clement VII）被选为新一代教皇，圭恰迪尼受其委派主管罗马涅。该地区位于亚平宁山脉以北，属教皇管辖区。照意大利人看来，圭恰迪尼这时候已经成为举足轻重的领导者。他给教皇写信，报告了自己在罗马涅地区取得的成果：

> 刚来到这一省份时，我被各种纷争与冲突所困扰，于是下定决心对这里进行重新管理。从一开始我就做了不小的改变。我力图减少冲突，增强民众对政府的畏惧之心，让他们言听计从，这样的情景史无前例……我还力图将严明的纪律与宽容怜悯运用得恰到好处，再也不让混乱滋生。[98]

后来，圭恰迪尼遭遇了人生的重大危机。他发表与自己有关的两则演说，第一则涉及控诉，第二则涉及辩护。在第二则演说中，他说

122

自己处事不偏不倚、公正严明，并确保执法安全，还说需要华贵的房屋、侍从与德国雇佣兵守卫，为自己的统治营造一种权威的气氛。作为统治者，他命中注定要努力工作，为公众事务操劳忧虑。[99]

这一时期的问题在于法国国王弗朗索瓦一世（Francois I）与神圣罗马帝国皇帝，同时也是西班牙国王的查理五世（Charles V）之间的敌对关系。查理五世在意大利的战争中取得胜利，让新上任的教皇警醒。于是他采纳了圭恰迪尼的建议，与法国、威尼斯、米兰和佛罗伦萨建立同盟，可依旧被查理五世的军队打败。1527 年，同盟军队指挥官被杀，发不出雇佣兵的薪俸，查理的军队洗劫了罗马城，在此烧杀抢夺，无恶不作。[100]教皇克雷芒七世撤退至圣天使城堡（Castel Sant'Angelo），实际上他被囚禁于此。许多人将这些事件的演变过程看作上帝对教会腐败的惩罚。

教皇势力衰微带来的一个结果是，美第奇家族的独裁统治被推翻，由佛罗伦萨共和国取而代之。这一共和国同时拥有尊崇宗教与反对寡头政治的热情，以萨伏那洛拉为代表。很显然，圭恰迪尼的政治生涯被毁灭。作为一名秘密公民，他回到佛罗伦萨，并同其他美第奇家族的支持者一样，需要缴纳额外的税款。圭恰迪尼受到侵吞城市给同盟军的钱的指控，在官方审讯中他为自己澄清罪名。这一时期他专注于政治思考，开始动笔书写佛罗伦萨的历史，并对马基雅维利式的见闻进行笔录和重写，以《格言集》（Ricordi）为题成书，意在教育家族后代。

正在这时，圭恰迪尼的政治运势又发生了转变。查理五世与克雷芒七世最终签订条约，规定查理五世恢复美第奇家族在佛罗伦萨的统治。由于担心共和国人的反应，圭恰迪尼选择了离开。当帝国的军队包围佛罗伦萨时，当地市民负隅顽抗，斗争持续了近一年。考虑到如此无谓的抵抗会导致城市倾覆，圭恰迪尼劝说克雷芒七世向佛罗伦萨人提出优厚的投降条件。然而，佛罗伦萨政府不但严词拒绝，还指控圭恰迪尼谋反叛变。后者因此遭官方放逐，家产全部充公。

1530 年 9 月，佛罗伦萨投降，教皇克雷芒七世命令圭恰迪尼惩罚市内领导者，并重新安顿国内事务，让佛罗伦萨恢复秩序。城外几千米内的房屋被毁灭殆尽，寻常百姓纷纷逃离，圭恰迪尼自己的财产也遭到毁坏——连他最贵重的椅子都被变卖。怀着一腔怒火，他使出浑身解数，毫不留情地惩罚佛罗伦萨的领导者。原先政府的一些成员不是受到严刑拷打，就是被斩首；还有的不是被流放，就是受到严惩。有一次，一名教会将军的死刑被减为终身监禁，圭恰迪尼对此大加抱怨。[101]

圭恰迪尼一定感觉到自己的残忍。借着为民谋利的名头痛快地泄了私愤，两者的巧妙结合令他十分满意。担任了几年博洛尼亚治安长官后，他成为风流放荡的亚历山大·德·美第奇的顾问。亚历山大被亲人谋杀后，科西莫·德·美第奇继位，后者罢免了圭恰迪尼的职务。圭恰迪尼由此退出政治生活，撰写了不朽的巨作《意大利史》。这部作品完整记录了圭恰迪尼所属时代发生的事情。虽然从个人经历出发，但他的叙述仍然保持冷静和公平。[102]一名细心的读者形容这部史书有着"古典墓志铭的高尚与哀伤"。而一名不太认同这部作品的读者形容圭恰迪尼"对表述清晰追求得有些过分"，并且过度关注了统治者的感情生活。[103]

《意大利史》一书对领导者并无赞美之词。圭恰迪尼认为，他所处时代的大多数军事领导者表现平平。他们不是对军事科学不加重视，

124

就是在困难面前表现懦弱，再或者就是傲慢自大，过分追求名声。他对政治领导者基本持正面评价，但保持了一定的批判性：洛多维科·莫罗妄自尊大，有着不切实际的雄心壮志，最终不仅毁了自己，还毁了整个意大利；索代里尼因过度自信而一落千丈，最终痛苦不堪；教皇利奥十世的私生活淫乱无度，他不务正业、诡计多端；克雷芒七世的优柔寡断成了他的致命弱点；法国国王弗朗索瓦一世不仅对步入权力的陷阱浑然不知，反而大为惊喜；查理五世反过来沦为身边政治顾问的无用工具。与马基雅维利类似，圭恰迪尼在需要考察完美的人格时，将目光对准了罗马人。他说，罗马人练就完美的人格会容易一些，因为他们生活在历史的开端，在那之后才出现了腐化堕落。[104]他有时候将意大利的艰难坎坷解释成上帝对腐败的惩罚，有时候归因于统治者野心太大、残忍暴虐，有时候他对冲动行事予以责备。可即便是善良仁慈、小心谨慎的人也会陷入灾难之中，因为命运女神让一切人间事务变幻无常。若不是为了谋求较为长久的个人利益，命运会令事件发生变化，从而改变人的个性。事件与动机相互影响，这是因为一件事的发生会带来新的人为的意图，导致一个全新的行为出现。如果少了事件，那么这一新的行为就不会在人们先前的考虑范围内。[105]

历经了人生的变化起伏（我并未对其政治生涯的所有起伏进行重述），圭恰迪尼从自身经历中学到了"孩童与目不识丁的人都懂的道理：没有永久的繁荣；命运变幻无常"。他写道，人生经历教会他，几乎每一个对自由大加宣扬的人，都从自身利益出发考虑问题。如果自由派的强硬支持者认为，在一个集权政府中才会拥有更美好的前景，那么他会立马进行拥护。[106]同时他保持足够乐观的态度，希望新发现的美洲大陆会是一个不被贪婪与欲望所折磨的世界。[107]

圭恰迪尼认为自己比马基雅维利更现实。在他未完成的《马基雅维利〈论李维〉之评论》(Considerations on the "Discourses" of Machiavelli)中，他虽然认为由人民自治的政府让独裁统治陷入困境，但怀疑和轻视民众做出重大决策的能力。在他看来，民众不仅愚昧无知，而且极不安分，很容易被野心家和叛徒误导。更为糟糕的是，"他们乐于控告那些品行端正的市民，因为他们喜欢新鲜的事物，期盼发生骚乱"。鉴于此，必须确保由民众决定的、保障他们自由的事件，比如地方官选举、制定法律等，都事先经过正确的引导，并经过治安官与元老院的同意。当然，为了保证公平，这些权威机构与人员所做的决定，也必须经过民众同意。[108]

马基雅维利认为，与君主相比，人民更加有智慧，更加有始有终。圭恰迪尼对此表示怀疑。他说人民就像是海浪，随风而行。他们一会儿向这里走，一会儿向那里走，所以纯粹由人民统治的政府永远会是一片混乱，很快就会被推翻。最后它不是全盘瓦解，就是以集权统治收场。[109]

如同一个真正的马基雅维利主义者，圭恰迪尼倾向于对一个政府的实际工作效果进行评估，而非这个政府是否遵循一些抽象的法则。换言之，就是要去评估一个政府内部盛行的秩序、安全与公正。[110]他主张佛罗伦萨实行共和政体，前提是让那些学过政治科学的贵族来统治。仅有智慧而没有实际经验也是远远不够的。[111]经验十分重要，因为书本上的知识无法涵盖规则以外的各种情况。"每种情况都独一无二，这是因为情况会有所变化，无法用同一个标准来衡量。"[112]圭恰迪尼认为，马基雅维利的错误在于处理问题"过于绝对"，对每一种情

125

况都引用罗马人的例子作为唯一标准。[113]*

　　或许圭恰迪尼的批评有些过于严厉，因为他忘记了马基雅维利使用一种修辞手法来解决某一个或另一个政治问题的核心（医治本土问题的本土良药），可是这种修辞手法不能从字面上或整体上去理解。马基雅维利著作中每一句格言式的话语，都有其存在的戏剧化原因。[114]然而他永远不会像圭恰迪尼走得那么远，因为后者（展现出他独具特色的、掷地有声的格言警句）坚持认为我们只能从历史的沉浮中学到唯一一课：不要指望善行能得到回报，或者期待运用智慧取得成功。由于对历史无法估量，人们能做的最好的事就是保持自己的尊严。同司马迁不无相似，圭恰迪尼坚信通过历史记录与分析，人类尊严便能永存。[115]

　　圭恰迪尼思想中的马基雅维利主义，在他对欺骗、凶残与人性的论述中体现得最为清楚。有关欺骗，他的建议如下：

> 对你不希望被他人知道的事，永远予以否认；对你希望被他人相信的事，要予以明确承认。因为即便有很多证据，甚至在相反的一面确定无疑，一句大胆的陈述或否认，总是能打消听者的疑虑。[116]

---

*　马基雅维利因偏爱历史（尤其是罗马史）而犯下的一个明显错误在于拒绝承认火器的重要性。火器的使用从根本上改变了当时的作战方式。马基雅维利的《用兵之道》于1521年出版，这本书认为新式枪械、火绳枪在战争中很少使用，除非用来恐吓农民放弃守卫通道。可是1515年和1522年，令人生畏的瑞士步兵部队两次被枪炮突围。参见盖特的《军事思想起源》(*The Origins of Military Thought*)，第4—7页。

　　圭恰迪尼还建议，在得体且可能的情况下，一个人应当隐藏自己对他人的不快，因为日后这些人可能对自己有用。倘若让人知晓了自己对他们的不满，就很难获取帮助。[117] 圭恰迪尼在心理上比韩非更加平衡，他深谙心理学法则——向别人吐露秘密是一件互惠互利的事。诚然，"即使是朋友之间也不能诉说太多"本该保密的事，但还是有人愿意向你袒露秘密，这是因为他们相信自己也会分享到你的秘密。如果你什么都不说，就会失去向他人学习的可能性。因此你永远要分清楚人、情况和时机。[118]

　　至于残忍暴虐，圭恰迪尼对亚历山大大帝、恺撒等人做出评论。这些君主都从以下角度理解政治生活："千万不要对敌人施以怜悯，因为他们心里很清楚，怜悯会让胜利的果实付之东流；怜悯本身就是疯狂。"只有在默许天下和平安全的情况下，他们才会施以怜悯，从而让民众更爱戴他们。[119] 在其他情况下，君主解释说作为一名管理者，应竭力避免残暴或过度惩罚，"因为以儆效尤让民众有所畏惧，除此之外只要能做到对所有案件予以惩罚，无一例外，实行轻一点的刑罚便已足够"。[120]

　　我将圭恰迪尼有关人性的论述留到最后才说。他的观点令我十分惊讶，因为这几乎与荀子或韩非不谋而合。圭恰迪尼说，在条件均等的前提下，人更倾向于行善而不是作恶。

　　　　然而人性是那样脆弱，促使人作恶的情形太多，以至于人们很轻易地允许自己偏离善道。鉴于此，立法者发明了赏罚两种方式，目的仅在于通过希望与畏惧两种方式，让人们的本能倾向更加坚定。[121]

## 马基雅维利思想在文学与哲学上的体现

欧洲的马基雅维利主义并非由马基雅维利本人开创，但他很快就引起了正统道德家的注意，成为他们的一根肉中刺。不久之后，他的名字就成为潜藏邪恶的代名词。[122] 16 世纪末，"马基雅维利主义者"（Machiavellist）与"权谋之士"（Machiavellian）开始作为极富贬义的词使用。对于剧作家而言，马基雅维利主义式的背叛与当时流行的罪犯式主人公十分相称。当马基雅维利的意大利文手稿和著作在伊丽莎白与詹姆士一世时期的英格兰出现译本时，政府禁止印刷《君主论》和《论李维》的原文和英译本。[123]

作为背叛者的马基雅维利出现在马洛（Marlowe）的剧作《马耳他岛的犹太人》（The Jew of Malta）的序言部分。该剧于 1590 年投入创作，马基雅维利因而被搬上戏剧舞台。以下台词体现出他的人生准则："可先立王，像德拉科（Draco，雅典城内严苛的立法者）那样以血书法，方能使之确凿无疑。"在《亨利六世》（Henry VI）《理查三世》（Richard III）与《奥赛罗》（Othello）中，莎士比亚将邪恶的男主人公刻画得能言善辩、凶猛残暴且内心复杂，以至于历史上的马基雅维利黯然失色。在《亨利六世》（第三部分）中，变态的格洛斯特公爵、未来的理查三世扬言要让世界变成万劫不复的地狱，直到自己戴上英格兰王冠、享有帝王荣光的那一天。他吹嘘自己只消微微一笑就可将人置于死地；他能用虚假的眼泪润湿整个脸颊；他能扮演卓越的演说家，使出欺诈手段，大肆扩张领土，他身上的颜色比变色龙还要多，比希腊海神波塞冬还要善变，他甚至要"让血腥暴虐的马基雅维利重回学堂"。在《理查三世》中，自认为远远超过马基雅维利的男主人公，展现出他宏大、邪恶愿望的强势与弱点。理查三世的形象是多面的。他机智狡黠、聪明绝顶、活跃善变、充满魅力，然而内心包藏邪恶，正如他在剧中自称"反基督徒"。受权力欲望驱使，他登上王位，随即走上一条自我毁灭之路。这一过程让情节发生逆转，变成了一部非马基雅维利主义的道德教化剧。像恺撒·博尔吉亚一样，他最后也失去了控制。[124]

如果说理查三世代表了政治舞台上行使的邪恶，那么《奥赛罗》中的伊阿古代表了为自己庆幸的邪恶。这种邪恶总是深藏不露，它依赖别人的信任，通过潜在而持续的欺骗发生作用。他说他已经不是原来的那个自己了。"伊阿古想通过行动证明，在一个讲求正义的环境中，你做了什么，别人就会相信什么"、怀疑什么。每个人都有可能成为畜生或伪君子。[125]

起初，政论作家更倾向于攻击马基雅维利，而不是为他进行辩护。不论攻击还是辩护，都带有鲜明的宗教色彩。在早期的一次攻击（于 1539 年起草，但过了很久才出版）中，雷吉纳尔德·波尔（Reginald Pole）将《君主论》的作者视为"撒旦"（也就是克伦威尔）的秘密政治顾问之一，克伦威尔老谋深算、心存邪恶，继承了马基雅维利的相关思想。波尔说，马基雅维利思想在英国的影响，标志着接下来反基督徒的出现，从那以后，世界历史翻开了崭新的一页。[126]

至于为马基雅维利做出的辩护，阿尔贝里科斯·真提利斯（Albericao Gentili）在 1585 年出版的《外交官论》（De Legationisbus）中认为，《君主论》是对集权统治的警告。1640 年初，在红衣主教黎塞留（Cardinal Richelieu）的提议下（并未获得出版许可），路易·马雄

（Louis Machon）写出了鸿篇巨制《为马基雅维利辩护》（*Apology for Machiavelli*），作品通篇具有很强的宗教意味。根据马雄的描述，马基雅维利是一位名副其实的基督教道德家，他的大部分论述援引自《圣经》。[127] 马雄还一一列举了《论李维》中的十三处和《君主论》中的十处具有争议性的片段，与《圣经》和其他希腊、罗马及早期基督教作家作品中的相关段落进行印证。我们在此以其中一例来说明，即马雄对为国家利益而采取凶残手段所进行的辩护。在马基雅维利看来，罗慕路斯（Romulus）谋杀雷穆斯（Remus）属正当行为，原因在于一国之君必须保证绝对权威，这一点在摩西的例子中也有体现。马雄在这里以摩西杀死埃及监工为例进行说明。[128] 在这一情况下，辩护不是出于政治需要，而是上帝将罪犯从道德准则中释放出来。一般说来，人世间任何伟大壮举都有可能得到了上帝的允许，即使这一行为在其他情况下被严令禁止。这是因为人类世界的公正无法与上帝相比——人无法"做出没有一丁点瑕疵、不受一丁点批评的事，尤其当他们去尝试一些看上去超出自己的能力与权力范围的事"。除此之外，君主身居高位，牺牲无辜生灵的献祭活动固然悲惨，却可以受到允许。对人类而言，这一过程既神圣又神秘，原因在于"人们不会知晓上帝向君主暗示的秘密动机"[129]。

首先对马基雅维利展开大规模攻击的人是根提里特（Innocent Gentillet）。他于 1576 年匿名出版了一本名为《论治国之道，以及和平时期管理王国或公国之方略……对佛罗伦萨人尼古拉斯·马基雅维利的反驳》（*Discourse on the Means of Governing Well and Maintaining a Kingdom or Other Principality in a Reliable Peace...Against Nicholas Machiavelli, Florentine*）的书，意在反对美第奇的凯瑟琳政府。凯瑟琳

统治法国，据说她的侍臣经常参看马基雅维利的著作，正如一名乡村神父每日查阅祈祷书一样。根提里特认为政治事件取决于诸多因素，假设它严格遵循由因到果的逻辑关系，是具有误导作用的。不过可以确定的是，一个国家政事腐败只会导致解体或面临被推翻的命运。[130]

根提里特很有可能在书中引述了蒙田在《论自命不凡》（*On Presumption*）中的评论：

> 马基雅维利的论述……就主题而言立论稳固，却会让对方很轻易地进行反驳。那些反驳的人同样会轻易地再被对方驳斥。对这样的话题，永远会出现反对论调、再反驳、第三次反驳、第四次反驳，让辩论无休止地进行下去。我们会没完没了地使出花招，以致最后不得不诉诸法律。[131]

在同一篇文章中，蒙田再次提到马基雅维利，他说"如今的作者每每写到君主的职责，只考虑怎么做才能对国家事务有好处，将国家置于君主本人的忠诚与良心之前"。他继续评论说，人们好像总会从背弃誓约中获取点儿什么，从其他恶行中也不外如此。可是，"这第一次获利将导致一系列无穷尽的损失，那位君主第一次不守信用，后面就再也不能参与任何谈判，再也不能缔结任何形式的合约"[132]。尽管热爱真理，蒙田却对政治不抱任何幻想，也对普通人的本性没有多大兴趣。比如他曾说过："我们的礼节已经败坏到极点，令人惊讶的是它还会继续走下坡路；我们法国的许多风俗、习惯与法律，既野蛮又粗俗。"他接着说，我们想改邪归正，或是停止堕落，都是极为困难的。我们自身缺乏稳定性，而法律也如同时尚一样起伏不定。让人

129

们对传统习俗表示鄙夷不是件难事，而且总能成功；可是一些人力图用好习惯去替代被他们毁坏的条件和状况，往往以失败告终。[133] 蒙田愿意承认以下观点，却并不同意：人类境况的可悲之处在于"我们总要通过邪恶的手段来达到一个好的目的"，正如吕库古作为品行最高尚、最完美的立法者，通过强迫奴隶喝醉并在酒坛中打滚，来培养斯巴达人节制的美德一样。[134]

蒙田的想象力与从政经历，让他对君主面临的困境深表同情。君主为保证国家利益不受影响，不得已违背自己的庄严承诺或者自己已经承担的责任。蒙田说统治者此时应该需要"上帝的一记鞭打"。他继续说，这并非什么恶习，"因为他放弃了自己的正当理由，选择了更为强有力、更加普遍的理由；不过，这的的确确是场灾难。所以当有人问我'能有什么办法吗？'我的回答是：'一点儿办法也没有。'"[135]

然而蒙田似乎对君主更加同情，因为君主的良知不允许他找出一点儿理由来为自己开脱，哪怕这理由很充分。"倘若他用一大堆借口来装点自己，这比认输更丢脸。毕竟人无完人，我们也并非全能。"如果他的信仰和荣誉要求他采取"比他自己所拥有的东西——也就是他的子民所拥有的一切——更加珍贵的行为"，除此之外他能做什么？毫无疑问，统治者在这种情况下理应且可能希望得到上帝的眷顾。[136]

针对蒙田对这些困惑做出的回应，我个人认为在我们考察的所有思想家中，他对人类状况的同情最无资质，却最为微妙，这其中包括他对极具良知的统治者产生的同情。马基雅维利也会产生同情，但蒙田时常流露出来，而且流露得更加细腻、深沉。他们二人虽然在这一问题上各持己见，却无法掩盖蒙田在某些方面认同马基雅维利的观点的事实。[137] 从一个大方面来说，蒙田只爱真理，他不仅在言论中表达这一观点，而且身体力行。但他同时表示，自己与别人一样将真理掩盖起来，而且这种掩盖往往小心谨慎，甚至是极为必要的——如果没有这种掩盖，那么政治就无法进行下去。蒙田说自己的记忆力太差，无法应对公共生活。很难将这句话中的幽默、反讽与真理进行拆解，因为他即便撒谎都不能做到前后一致、富有说服力。他坚持认为撒谎是一种"应受诅咒的恶习"，因为"我们仅仅通过言辞联系在一起，并让我们成为人"。尽管他举例说明一些不成功的谎言或一些背叛行为让当事人最终后悔莫及，他仍然做出些许让步——"要想彻底消灭奸诈狡猾……就意味着误解整个世界"。他还倾向于采用普通的思考模式来区分什么有用、什么事做起来得体。[138]尽管他对不会撒谎的君主表示同情，但是他在其他地方说，那些道德显然比同代人更加高尚的人，"不是扭曲和削弱自己的原则"，就是"与我们没有任何关系"。每当想表达什么，蒙田会清楚地表露他的观点——他并不相信那些理应获得上帝眷顾的君主最终会如愿以偿。[139]以下是其他与马基雅维利相像的地方：有些人认为人们的道德水平可以达到很高境界，在这一假设的前提下对理想国家有所憧憬，蒙田对此也持讽刺态度；他也偏爱"混合制"政府形式，该形式将各种美德包含在内，并减少民主和寡头政府形式的弱点。[140]

虽然蒙田的思想不成体系，但他对政治哲学有着相当多的洞见。作为一名马基雅维利主义者（虽然他属于较为温和的一类），他也认为人生变幻无常，前后没有持续性，且充满矛盾。这一点经常被思想抽象的哲学家忽略。

弗兰西斯·培根（1561—1626）一生中曾身居高位，也蒙受过政治上的羞辱。他宣称马基雅维利让他受用终生，因为后者是少数"公开且毫不掩饰地宣扬或描述了一个人做了什么，而不是他应该做什么"的人。[141] 在培根看来，政府的运行规则与自然法则极为相像。同圭恰迪尼（培根也对他的思想有所了解）不一致的是，培根认为马基雅维利的写作方式恰恰是他的优点。正因如此，他的写作才有可能从具体事件中展开，并受到它们的控制，而不是受制于一些固有的抽象概念。这种写作方式比较适合"谈判或某些场合中多变的论述"。它从具体事例出发，并且知道回归原地的最佳路径。

> 当具体事例成为基础被放在一个大范围的历史中时，具体事例会与所有情况放在一起，这些情况会控制后面的叙述，并且有时候会作为行动的唯一模式支持后面的叙述。而服务于叙述的事例被引用得很简短，且没有具体细节支撑，完全屈从于整体叙述。作者引用它们，仅仅是为叙述增光添彩。[142]

培根经常写一些有关马基雅维利主义的文章。他在《随笔》的开篇《论真理》（*On Truth*）中用格言警句的语体赞扬了真理。文章体现的雄辩术让人禁不住以为作者是一位勤奋的调查者。他说"为知真理，即得之于心；为信真理，即用之为乐"，"真理为人性之至善"。但他也说"言中有伪，常能更增其趣"，若无谎言，"则仅余一萎缩之囊，囊中尽装怨声呻吟之类，本人见之亦不乐矣"。[143] 在《论作伪与掩饰》（*Of Simulation and Dissimulation*）中，培根分别列举了作伪与掩饰的优缺点，并下结论说最理想的结合是"既保持开诚布公的好口碑，又养成言行隐秘的好习惯。在适当的时候善于伪装与掩饰，如果确实没有更好的办法，那么要具备佯装的能力"。同马基雅维利类似，培根极为尊崇立法者，因为他们有能力"为后人播撒伟大与崇高的种子"。同所有马基雅维利主义者一样，他认为"不干脆尚武的国家是不必希望会突然变得强大的"。作为两代君主身边的亲密顾问，培根和韩非、考底利耶一样，注意到君主必须步步小心、时时在意，因为他身边危机四伏，时刻面临来自近邻、妻子、子女、教会、贵族、商人、下院议员以及战时敌方的威胁。[144]

同马基雅维利处于相近历史时期的伟大哲学家中，在政治思想上与其最相像的当属霍布斯，虽然后者对此从未提及。另一位是斯宾诺莎，他承认了与马基雅维利的相似之处。黑格尔同样也有所承认。尽管康德在世时极力反对马基雅维利的思想，但我还是将他列入这类哲学家中，因为他对道德的论述所基于的人性评价，与马基雅维利主义者十分相似。康德认为属下应当无条件地服从领导者，这也与他们不谋而合。

132

很明显，我选择这些哲学家进行论述，仅仅是因为他们的思想中有马基雅维利主义的成分。托马斯·霍布斯（1588—1679）体现出的马基雅维利主义格外引人注目。他在论述人性时所包含的情绪，被他清晰的叙述节奏悬崖勒马。他通过举例，说明人的价值仅仅在于为了动用权力而须付出的代价。人性就是受野心驱使"杀害、攻克、排挤、击退他人"。对整个人类而言，霍布斯认为：

> 人类对一个又一个权力的欲求，恒久且躁动不安。除了死亡，这一过程永无止息……君主拥有至高无上的权力，他们致力于完善法律来巩固政权，对外通过征战来扩大权力；当这一切完成的时候，会产生新的欲求；对有些君主而言，是从

新的胜利中获取名声；对另一些君主而言，是纵情享受声色；
还有一些君主则是受到羡慕，听属下奉承自己在某些策略上
有神机妙算的本领，或者是在思想上聪明绝顶。[145]

霍布斯对人类本性的描述，与中国、印度和意大利的马基雅维利
主义者十分相似。他说，国家还没有形成的时候，人类生活在残忍无
情的敌对状态中，彼此没有安全感。霍布斯将此定义为战争状态。"如
果没有一个共同的'权力'对所有人起威慑作用，他们就会陷入战争
的状态；这样的战争既是为了每一个人，也是与每一个人对抗。"用霍
布斯那句著名的话来说，那时人类的生存状态为"独居、贫穷、肮脏、
残暴、短命"。他还说，人与人之间的战争，或是对战争的渴望，都是
极具灾难性的。于是产生了"契约"一说，在这一规定下，每个人都
要屈从于一个集体的统治，服从于"某种权力产生的威慑力"，对人类
的天然情感有所节制。与统治者的契约条款没有例外。统治者的所有
属下即便有所伪装，也无法摆脱对他的归顺。[146]

在《伦理学》中，斯宾诺莎（1632—1677）将"美德"与"权力"
置于平等地位，并断言"努力保持自我是美德的首要且唯一的基础"。
这意味着"每个人都可按照先天赋予的最高权利，理所当然地做自己
做出判断的事，这将会增添他的优势"[147]。然而，毫不妥协地坚持这
种"先天赋予个体的权利"是具有欺骗性的，因为每个人的"终极优势"
并非目光短浅者认为的那样，而是一种"对上帝的热爱"。斯宾诺莎将
这种爱视为罕见且难以达到的成就，这其中既有赤裸裸的、彻头彻尾
的利己主义，也有对他人寄予的善意期许和拯救。

有关人性的看法，斯宾诺莎致力于对现实中的人类行为进行冷静

客观的研究：

> 如同进行数学调查一样，为了对这部分知识所包括的问
> 题以同样客观的态度进行考察，我格外注意对人类行为进行
> 理解，而不是加以嘲弄、哀叹或谴责。因此，我不认为爱、恨、
> 愤怒、嫉妒、骄傲、怜悯，以及其他困扰我们心智的情感是
> 人性中的缺陷。相反，它们分别作为自身的一部分存在，正
> 如热、冷、暴风雨、闪电等，都是作为自然环境中的一部分
> 存在一样。[148]

斯宾诺莎认为，马基雅维利聪明过人，他在逻辑推理之前已经设
定好了一个道德的最高标准。

> 如果他的目标十分崇高（如同我们想象中的一位智者），
> 那么他很有可能是想说明，力图推翻一个独裁者——如同诸
> 多人所为——是多么愚蠢的行为，尤其当一个君主变成独裁
> 者的原因无法消除，变得越来越根深蒂固的时候。原因在于
> 人们为君主附加了更多的理由，让他令人生畏。[149]

或许是因为马基雅维利的影响与斯宾诺莎的个人经历恰好吻合，
我们才会听到斯宾诺莎宣称，人类比其他物种更令人畏惧，原因在于
他们更为强大和狡猾，更易屈从于包括仇恨在内的情感，因为人与人
之间"天生就是敌人"[150]。另一种说法不太富有同情心，却对马基雅
维利和斯宾诺莎而言很常见。这一说法认为，被征服的城市，如果既
不把它作为同盟善意对待，又不将其中的人口迁出，就必须全部毁

灭。[151]与马基雅维利类似的是,斯宾诺莎认为,只有做出承诺的人自己不对它进行改变,承诺才会生效。"因为有权违背誓约的人,并不意味着他真正放弃了权力,他只是口头上表态而已。"因此一个人若背弃誓约,是"自然而然的",因为他有这个权力。[152]斯宾诺莎的另一个马基雅维利式的观点为,并非人性恶导致叛乱、战争和对法律的蔑视,而是"政治团体的腐败状况"让法律不具效力,从而让人们生活在接近自然的状态,也就是互相产生天然的恐惧与敌意。[153]这些相似之处更能说明马基雅维利对斯宾诺莎的影响,以及两者的政治态度之间的密切联系。

黑格尔(1770—1831)十分崇拜马基雅维利,并对他的建议十分重视,因为黑格尔认为,这些建议对他所在的德国与对马基雅维利所在的意大利同样有用。在这两个国家,现代国家的建立都受到宗教与政治势力的阻挠。在黑格尔看来,马基雅维利感兴趣的不仅仅在于为一名独裁者或一个野心勃勃的高压统治者提供建议,还在于竭力挽回无可救药的政治局势。黑格尔说,意大利需要进行大规模的诊治。

> (你)无法用薰衣草水来医治坏疽的肢体……在对马基雅维利之前几个世纪的历史,以及他所处时期的历史有了一番印象之后,你必须立刻去读《君主论》。紧接着你会发现,这本书的观点不光合理,而且是伟大而真实的洞见,由一个真正具有政治头脑,具有最高级、最高尚智慧的人创造。[154]

据黑格尔推断,社会群体要树立这样一种道德理念:人类的集体性就是单一的意志。只有承认这一点,才会诞生一个国家和民族,否则社会就变成一大群彼此孤立、失去人性的个体。一旦承认这一点，"我们就能认识到，在建立一个政治共同体时，专断的权威的作用不可或缺。如果没有大批民众的支持，就不可能诞生独裁者"。

（大批民众的支持往往）是一种对直接感受到的权威的有意识的认同，它凌驾于个体有意识的意志与偏好之上……这种纯粹精神上的权威是马基雅维利在《君主论》中所做出的理解与分析。"君主"必须通过一切暴力手段巩固自己的权力。这些手段照普通人的说法为犯罪，但将暴君推上独裁之位的，是暴君对民族（Volk）主权与独立的看法。除非大部分地方权威机构得以保留，否则"民族"就无法存在……独裁者完成任务后，便自动以暴君的身份出现。在这之后，弑独裁者的人为英雄。[155]

黑格尔确信，"国家权力必须永远包含独裁的成分，行使权力的人必须清楚什么时候要无所畏惧地运用集权权力"。与此相对应，属下必须学会服从，将君主的意志以法律的力量体现出来，一旦"树立了从法律角度进行思考的习惯，独裁者的个人意志就变得多余了"。当这种意志变得没有必要时，"独裁者就会被推翻，除非他已经成为立宪制的君主"[156]。

康德（1724—1804）的基本思想为马基雅维利的反面。他提倡不加限制的真实，将人性看作其本身的落脚点。他还提倡一种至善的意志，它不依赖任何奖赏与惩罚。但是，康德对人类社会的看法出人意料地带有马基雅维利主义的色彩。他说，人天生具有社会性，但也会不合群，

135

因为人希望一切事物顺应自己的心意。人对自己有着清醒的认识，于是期待一种对抗的局面。

> （正是这种对抗）唤醒了他所有的能力，让他克服惰性。受虚荣心驱使，加上对权力的渴慕与贪婪，他从人群中脱颖而出，取得高位。他不能容忍周围的人群，却又无法脱离他们而存在。[157]

康德继续说，如果人要与他的同类生活在一起，就必须有一位主人。我猜想他在说这句话时正努力克制自己的笑容："要是与其他星球上的人住在一起会怎样呢？他们的习性与特点，我们一无所知啊。"然而根据地球人的本性，除非有一位主人领导，否则人们无法控制自身蕴含的动物性带来的冲动。这位主人将迫使人们服从一种放之四海而皆准的意志，单凭这种意志就能让每个人获得自由。

> 最高主人首先是人，他必须对自己公正。他的任务是最艰难的；的确，获得完整的解决办法是不可能的，因为人本身就像是弯曲的木头，无法建造绝对笔直的楼房。[158]

在这里我要提醒读者，"弯曲的木头"这一类比，在荀子与康德的著作中俯拾皆是。尽管人无完人，康德仍然相信道德的绝对准则，并肯定上帝的权威地位（即荀子所说的"天"）。因此他倾向于相信一个秘密计划：自然法则利用每个人的本能反应去创造一个终极完美的国家，在这一国家，人的能力会得到充分的发挥。遗憾的是，老年康德似乎褪去了青年康德身上更为亲和的特质。他甚至断言："人与人之间几近相互憎恨……人类（homo homini）已经不具有神性（deus），成了鬼（diabolus）。"[159] 虽然人类对道德法律仍有意识，但他们的本性与之背离，其结果为"恶之倾向……深深根植于人的本性中"[160]。因此"人性本恶"指的是"从'人'这一物种身上可以预测到邪恶"。我们并非通过"人"这一物种的属性，而是通过经历知道这一道理。这些经历教会我们"预先假定'恶'对每个人主观上都不可或缺，即使最优等的人也不例外"。人类的道德倾向与癖性如此不堪，以致必须将道德性的法律强加到他们身上。然而，人类非但没有无条件地服从这些法律，反而让它屈居自恋或自恋倾向之下。这种将道德的重要性与自恋倒置的做法的确很邪恶。"这种邪恶是彻底的，因为它瓦解了一切普遍真理的基础；作为一种与生俱来的倾向，人力无法将其根除和消灭。"[161]

136

　　为了顺应这一人性观，康德认为惩罚措施必须十分严厉，并与罪行本身相称。叛乱行为不论出于何种原因，永远罪大恶极。康德年轻时认为议会和最高法院可以对君主的行为设定法律限度。他还认为，如果一名君主下达了强制性的宗教命令，或者犯下了非同寻常的罪行（比如暗杀），可以通过正当权力对他进行管制。但如果他变得严苛起来，以上对主权权威的破坏，对君主而言就等同于毁坏了国家的执政根基。[162] 一个民族的责任在于不去计较一个"对至高权力滥用得令人无法忍受的政权"，因为对一切合法性的来源的攻击，都是自相矛盾的。[163]

　　尽管康德以极富原则、毫不妥协的怨恨和顺应现实的态度做出了如上论断，但在所有西方古典哲学家中，他对马基雅维利思想的反驳是最有说服力的。当我们尝试从马基雅维利式的迷宫中找出一条哲学出路时，康德比其他任何哲学家更能为我们所用。

# 第五章

# 马基雅维利主义无处不在？

## 马基雅维利式的关系可能普遍存在

　　如果说马基雅维利主义对古代美索布达米亚、埃及、以色列、希腊诸邦、罗马帝国以及其他国家和地区无关紧要，那么未免太不可思议了。[1] 这些地区的政治当然与权术密不可分，但本书的目的不在于勾勒出整个世界与马基雅维利主义的关系，而在于拓展我们的视野，将两大文明传统都包括进去。我们必须尽最大可能，向以往的政治思想家学习（虽然这些智慧并非与他们原本打算教给我们的内容完全一致）。不过，尽管我不求进行完整论述，我还是想超越古代中国、印度和欧洲，来对其他社会世界进行一番考察。这些地区虽然不大，甚至可以说非常非常小，却可以帮助我们更加灵活、全面地了解政治生活的本质。

　　首先，我想对一系列"社会世界"或"社群"进行考察。人们以前认为这些社群很"原始"，现在（尽管这是误导的说法）仍旧有人称它们为"部落的"，或用"尚未使用文字的"形容它们。总之，没有一个概括性的词能令人满意。"原始的"含有贬义，况且这种简单化的概括也毫无根据。"部落的"一词过于模糊，不光忽略了史实（在很长一段时间内，大多数非洲人居于王国内），也没有考虑到一些城市国家以及印加王朝、玛雅王朝和阿兹特克王朝，甚至还有一种为（在非洲的）殖民地管理者和传教士语言学家涂脂抹粉的倾向。[2]"尚未使用文字的"这一表述对非洲穆斯林地区而言并不准确，它不但没有考虑到已被破解的玛雅文字，还忽略了一些长时间内未出现文字但仍能发展的情况（印度就是最好的佐证），以及有文字但用记忆来记载一切神圣事物的情况（印度再次成为极佳的佐证，但它不是唯一的例子）。

138

　　不论我们用哪种术语来概括这些非中国、非印度、非欧洲的社群，我们进行考察时面临的最大困难在于手头证据不足。一方面，这些社群数量庞大，具有丰富多样的形态；另一方面，与之相关的文字记录十分缺乏，较为细致的观察近几年才刚刚展开。我们的研究常要依赖独立的观察家，而他们的成果很可能并不深入。其中最难寻找的，是人类学家对大部分社群在历史上的缺席所做出的反应。曾有这样一种假设：一名人类学家所重建的"旧日"，代表了一种近乎一成不变的传统生活方式。这种假设往往是为了方便省事，而非真实可信。我们甚至可以说它歪曲了史实，因为受过训练的人类学家与社群进行的沟通和交流，是在该地区受西方文明影响很久之后才陆续展开的。而这些影响可以让一个地区或社群改头换面，甚至具有破坏性。此外，相比较而言，对部落内部生活做一番详尽了解，亦不如外在的观察更易展开。因此，本章所讨论的马基雅维利主义将更侧重于外在现象（比如公众敌意和战争），而非个人特质。和前面几个章节同样明显的是，我在本章对马基雅维利式和反马基雅维利式特点的强调，并不意味着它们在任一社群中都呈现出均衡的面貌。[3]

以上观点并不是要贬低人类学这门学科的整体价值。我只不过是指出当代人类学家在过往研究中的一种重要趋势。我们跟随他们研究的脚步前行，才更加能够意识到他们的前辈（以及我们）易于出错的地方。人类学研究的确为人类的多种可能性提供了广阔的空间。因此我认为，对人类学研究取得的证据不加以有效的利用（就像是因为历史证据难以捉摸和饱受争议而将它们一并丢弃），是不明智的，可能会造成另一种知识偏差和遗憾。我承认，以上我所提到的这些困难，确实不易克服，我也不能假装用精确的普遍性规则来对相关的人类学研究进行总结。我所能做且应该做的，只是搜寻出令人信服的例证（信服永远意味着舍弃另一些证据）来考察马基雅维利主义是否在我已经讨论的几大文明之外同样盛行。另外，我想讨论是否存在真正非马基雅维利主义式的社群——在这个社群中，人们公认"正当"的骗术和武力行为最少。

为完成这项对马基雅维利主义程度的检验，我接受人类学家对社会的如下划分（虽说粗略，但还是颇有帮助）：王国、酋邦（chiefdoms）以及无国家社会。我首先从王国展开论述。王国有时候是名副其实的帝国，因为它们与我前面讨论的国家最为相似。在这些王国中，我选择那些现有文献强调最多的国家进行论述，它们是古代南美洲和中美洲（最引人注目的代表是阿兹特克王朝），以及非洲国家（最引人注目的代表是祖鲁王国）。

首先我要论述的是印加王国。有关这个王国的资料，我参考了17世纪一位耶稣会会士兼历史学家的综合概要。* 在 15 世纪，两个伟大的印加人（"印加"为盖丘亚语，意思是"统治者"）缔造了王朝，其地理范围由今天的厄瓜多尔中部一直延伸到智利中部。由印加人组成的精英团体统治了 1 000 多万人。[4] 为使统治合法化，印加人利用神话传说，让民众相信所有其他民族都起源于印加民族，因而侍奉他们就成了天经地义的事。另一个让统治合法化的传说为，作为祖先的太阳神将印加人送往世界，并教会人们如何侍奉神、尊崇神及其在世间的代理人，即印加人在库斯科（Cuzco）拥有最神圣的统治地位。而库斯科则是整个宇宙最神圣的中心。

为了将人民的反抗和暴乱降至最低程度，印加人将其他被征服地的几千户迁移并重新安置，同时在迁出地代之以来自地理上相近的、更远地区的同等数量的家庭。前者被安置在隶属地的首府，与亲人断了联系。这些迁入的家庭可以建立警卫部队，一旦发生叛变，将由当地土著进行镇压。为了尽可能地统一被征服地的民众，印加人让他们学习印加语言、法律法规和仪式；为了及时监督王朝内发生的一举一动，印加人绘制了地形地貌图，将每个百姓的年龄、社会地位、婚姻状况和纳税情况一一记录在案。人口分布较多的地区被划分成两部分，

---

\* 　这位耶稣会会士和历史学家为博纳布·科波（Bernabé Cobo, 1580—1657），著有《新世界史》（*Historia del Nuevo Mundo*）。尽管他通过当地人提供的信息和直接观察来获得资料，这本书的大部分内容却是对 16 世纪一些描绘的转述，其中多数内容仅限于手稿。他对印加制度和习俗的描述，大体上源于基本可信的报告（虽然绝大部分已经丢失）。科波虽然对传教怀有热情，却是一位严肃的历史学家，并尽可能诚恳地揭露历史的真相。实现这一目标困难重重——早期的描述往往前后矛盾，有关印加历史和风俗的证据很可能被人们理想化，这既有可能是因为他们妄自尊大，也有可能是因为他们希望在征服者眼里展现出积极的形象。参见 Father Bernabé Cobo, *History of the Inca Empire*, pp. ix-xix, 以及 *Inca Religion and Customs*, pp. xi-xx。

其中优等居民在任何地方都享有庆典仪式的优先权。划分人口的目的在于激发民众在仪式、节日庆典以及日常工作方面的竞争。人们分帮结派，派系斗争将减少大规模暴动的可能性。[5]

印加人的领土征服、他们强加的规章秩序，以及首府和宫室的华美，让王国治下的民众把他们当神一样尊崇。与此同时，印加人也感到有必要对民众强制实施严酷的惩罚手段。任何人如有两种以上行为触犯了地方官员的命令，将被石头击打，倘若再次违抗，将处以死刑；任何人如果随意更换表明其所在省份的衣服或徽章，将会受到严惩；任何人如果在所属区域外被逮捕，将会受到折磨，如果再次被逮捕，格杀勿论；任何人如果对印加人和君主缺乏应有的尊重，将会受到长期监禁。[6]

在印加人的统治下，任何印第安人如果未经特别许可，不可私藏金银、珍贵布料或者多于十头的家畜。十岁以上的女儿将任由印加人处置。（据耶稣会会士兼历史学家记载）印加人"为了让自己的臣属对他们越来越恭敬、一天比一天卑躬屈膝"，几乎称得上不择手段。他们让臣民耕种属于神祇和君主的土地，结绳织布，建设堡垒，修筑道路、灌溉系统和梯田。印加人声称与太阳神有着密切的关系，要求臣属心怀崇敬，可是消耗了他们大部分的财产，并任意处置他们的子女——倘若一名孩童被选中用来献祭，人们不得表现出任何悲伤的迹象。[7]

叛乱时有发生，但很快被无情镇压。在一次叛乱中，印加人杀了5 000人，死者的心脏被挖出，并沿堡垒围成一个圈摆放。他们还镇压了某山谷里的一次叛乱，杀害所有男性，甚至还将孕妇的肚子剖开，看看里面是否有男婴，方才罢休。[8]耶稣会会士兼历史学家相信，印加臣属追求自由的正当需求，最终因他们惯于服从与畏惧惩罚而被抑

制了下去。所以他说:

> 我可以这么总结,仅仅通过严刑峻法和残忍暴虐的统治,
> 印加人割断了臣属的精神信仰和灵魂,让他们严格服从统治。
> 在这一主仆关系中,印加人对臣属完全占有,并建立从属和
> 归顺的制度,让他们完全臣服,让印加人饱受尊敬。虽然我
> 们已经浏览了有史以来所有形式的人类政府,但是这种奴役
> 形式之严酷,让我们无法想象有什么方式会比它更加残忍。[9]

下面来说说玛雅文明。它在公元 8 世纪衰亡。玛雅人生活在城邦中,城邦之间战争频繁,这一情形与战国时期的中国和文艺复兴时期的意大利不无相似。虽然玛雅人并没有独立的军队或警卫,历史学家却读出了"一种微妙且具有背叛意味的外交图景"。在破解玛雅文字时,他们还读出了在变幻莫测的命运面前,"战争的作用乃是一种权术"。[10]然而,尽管有文献能够佐证这"具有背叛意味的外交",我还是打算将论述转移到阿兹特克人,因为后者在细节上更令我们感到熟悉。[11]

阿兹特克其名,源于他们在阿兹特兰建立的神秘家园;他们称自己是墨西加人(the Mexicas)。我们首次见到他们活动的身影,是在公元 13 世纪中叶。1319 年,邻近的城市国家结成同盟,将他们赶下了山。在山上的时候,他们自给自足,除了贫瘠的土地、多岩石地带和蛇类出没的地方之外,他们四处安居。墨西加人自己耕种,用岩石盖房,以蛇为食,还充当地方首领的雇佣兵。为结束这场漫长的征途,他们遵循神的旨意,在多沼泽的岛屿上定居下来。这片岛屿后来发展

成一座运河交错的大型城市，他们根据统治者特诺奇（Tenoch）的名字,将其命名为特诺奇提特兰（Tenochtitlan）。传统上认为（或许有误），这一年是 1325 年。

墨西哥山谷中，占统治地位的城邦是特帕尼克斯（Tepanecs）。在长达五十年的统治里，伟大的领导者特佐佐莫克（Tezozomoc）建立了帝国。有关它的一部分历史，我们是从配有绘画的手抄本、口头叙述以及本土不同帝国的后裔口中无法避免的断片化叙述中得知的。我们可以看到，特佐佐莫克的实践方式是（同考底利耶的建议如出一辙），与邻近的城市国家联合起来,攻打它们共同的敌人，之后再与同盟合力，直捣黄龙。为进一步实现领土扩张，他"有效利用了献媚奉承、行贿受贿、行刺暗杀和背叛变节等方式——他绝对是一个名副其实的马基雅维利主义者。在这里，不亚于文艺复兴时期的意大利，实际政治目的绝不会同理想主义混为一谈，也极少与道德性发生关系"。[12]

特帕尼克斯人在进行领土扩张期间，我们刚才所说的墨西加人（阿兹特克人），都是他们的臣属。特佐佐莫克去世后，紧接着出现的是一系列阴谋诡计和政治斗争，最终三个城市国家脱颖而出，它们结成联盟（其中包括墨西哥），打败了特帕尼克斯人。凯旋的将士们全副武装，举行盛大的仪式。在仪式上，被俘的特帕尼克斯首领、特佐佐莫克之子马斯特拉（Maxtla）的胸膛被剖开，三个城市国家的首领之一撕裂了他的心脏。后来，三国继续组成联盟，约有 1428 名将士在第四代首领伊特斯科亚特尔（Izcoatl，别名"黑曜石蛇"）的领导下终获自由。墨西加的首领们认为，过去那些配有绘画的手抄本所记载的历史已经不合时宜，应当被焚毁，用新的绘画取代。于是新版本的历史将墨西加人描绘成受太阳神之命，来取代托尔特克人（Toltecs）的统治。与

中国类似，由统治者主导来书写历史似乎至关重要（虽然中国后来的
王朝正史往往由后继王朝进行编纂整理）。墨西加首领如是说：

142

> 让所有人都明白这些绘画的意思，并不合适。臣属（民众）
> 会走向腐化堕落，国家会因此偏离正道，因为绘画中保留了
> 很多谎言，绘画中许多人物被欢呼的人群奉为神灵。[13]

从特帕尼克斯的建立到衰落，权力越发集中，诉诸战争也变得越
发重要。阿兹特克帝国的权力主要在特斯科科（Tetzcoco）和特诺奇提
特兰两大城市中得到巩固，其手段正如法家思想家所提倡——建立严
厉、公正的立法系统。换言之，以往对言行举止较为宽松的态度有了
重大改变，取而代之的是一套对责任与惩罚有着明确规定和统一执行
方案的法规，并且在大多数情况下，执行方式无一例外。当时的一幅
绘画就反映了犯错误的法官被绞死的场面。[14]

三个城市国家赢得独立后，共同统治阿兹特克帝国。其中墨西加
最为好战，在其中扮演了主导角色。[15]由于阿兹特克人（从这里开始，
我将以这个名字称呼他们）实现了独立，建立了以复仇的威胁所维系
的帝国，他们渐渐学会了全身心地投入战斗。[16]从他们的角度来看，
战争是一种不断重复、永无止境的状态。如果没有战争，生活就会失
去趣味和热忱；与此同时，因战争造成的人员牺牲，也日益成了维护
团结与力量的重要工具。我们只有理解了阿兹特克人极度需要数不清
的牺牲献祭者，才能体会他们对战争全情投入的程度。据说，在1487年
的一次长时间仪式中，有两万名献祭者（他们均为奴隶、战时的俘虏
和作为贡品的人）的心脏被撕裂（道德上的憎恶与历史上的二手资料

混淆在一起，让这一数据难以令人接受）。[17]

为何需要如此多的献祭者？阿兹特克人坚信，必须由鲜血来哺育太阳和大地的力量。这在我们看来十分奇怪。根据阿兹特克人的传说，神灵创造太阳时，除非提供人血和心脏作为太阳的食物，否则整个创造过程会失去效用。因此神灵在创造太阳时，也创造了战争来为它提供生存养料，不让它消亡。围绕在太阳身边的其他神祇，如掌管生产与繁殖之神，也需要人们供奉牺牲来维持生命。[18]

阿兹特克人将城市之间的战斗称为"花之战"（flower wars）。这些战事发生在收获与播种的节日之间，这段时间内，男人不用下田耕作。战争的目的主要是擒来俘虏，向诸神献祭。当再次感到腹饿口渴时，神祇从不会忘记通知祭司。神灵一传递消息，首领便会召集志愿人士，后者往往是些急于证明英勇气概的将士。他们像打比赛一样，在指定的时间和场地，与邻国部队展开殊死搏斗。在一场典型的"花之战"中，帝国部队俘获 300 名拘留犯，失去 400 名人马。[19]其他需要献祭者的场合包括新首领继位仪式，以及新寺庙落成典礼。献祭牺牲者有可能是阿兹特克人在战争中俘获的外国人，也有可能是臣属上交的贡品。处理献祭者的方式往往软硬兼施，既残暴又不失礼数。献祭者往往经过一番折磨后，才被作为祭品牺牲。[20]

这些战争应当被视为马基雅维利式的吗？为了尽可能从一个阿兹特克人的角度看待世界，我们或许可以认为，"花之战"是一种宗教现象，其背后的逻辑在于，神灵维持着大自然的馈赠，如果不提供献祭牺牲作为补给，他们就会死去。我们或许还可以认为，阿兹特克人通过从自己和俘虏的身体内提取牺牲献祭的血液，来证明信仰的真实。倘若他们没有献祭相对少的自己人，没有通过侵略其他部落来获取更多俘虏,没有在中立国甚至是臣属国(他们经常进犯这些国家)毁镇烧田、掠夺男性、谋杀妇女,这一观点也许会令人敬畏。[21]有人揣度:

> (这些人)很显然与墨西加人所占的支配地位,以及守护者的神圣性有关:公开进行以震慑一个国家权力舞台上的看客(不论是否为墨西加人)。在这一权力舞台上,其他地区或较小城市的领导者,无论盟友还是敌人,都有规律地出席。[22]

一位深思熟虑的历史学家尽其所能,将阿兹特克帝国主义理解为一系列因素:对权力的欲望;对财富的渴求——渴求精英的土地、他人的贡品(这些贡品为手工业者提供了很多便利)以及军事领袖的附加荣耀;深感自己命中注定为统治阶层;鼓励一种对嗜血好杀抱有狂热心态的宇宙观,并支持一种强迫性权力意志的宗教观。[23]

144

阿兹特克人不仅通过绘制地图、准备军火和委任将军来筹备战事,还通过外派假扮商人的间谍来协助作战。以上行为皆算得上是马基雅维利式的。这些假扮商人的人相传为蒙特祖马(Moctezuma)派出的间谍,"他们像当地人一样穿行在敌国领土上,收集情报",有时甚至需要为此付出生命。[24]《佛罗伦萨手抄本》(Florentine Codex)从阿兹特克贵族那里搜集了不少证据,该书对间谍做出如下描绘:

> 为了掩盖自己的真实身份,他们打扮成当地人的模样。由于西那坎探(Tzinacantlan)、西马特兰(Cimatlan)、欧托密(Otomi)和琼塔尔(Chontal)地区的人以剪发为习俗,

这些间谍也纷纷效仿。与此同时，他们还学习当地人的口音，以假乱真。[25]

同样与马基雅维利式态度相一致的是，阿兹特克人认为，发动战争乃是通向荣耀之路，胆小怯懦不但会让自己沦为众人的笑柄，还会招致蛮横粗暴的公共袭击，头皮发绺会被烧毁，更有甚者会被驱逐出族群。[26] 除非领导者在战争中表现出英勇气概，赢回俘虏和战利品，借此证明能力，否则他无法树立威信。阿兹特克人认为，太阳神在土地上唤醒了战争：

> 因此那些武士、勇者和拥有强大力量的好战人士，只要看见战场上血流成河、尸横遍野，地表上到处是从头上抓下、逐渐腐烂的发丝，就会获得很大的满足感。[27]

这一耸人听闻的理想目标，在诸多阿兹特克人及其对手的诗篇中有着栩栩如生的描绘。有一首诗向那些不乐于寻求辉煌战果的人发出警告，劝他们改变主意，尽早加入君主的队伍。君主则"以松花项链为装饰"，他们的血汗劳苦在战争之美的映衬下更显荣耀。另一首诗发问，为了变得崇高与有声望，谁会成为孤儿？谁会参与战争？还有一首诗断言，战死沙场盖世无双，因为这是所谓"花之死"。为国捐躯者会受到神灵的祝福，这也是诗人内心向往的境界。总而言之，这些诗篇都告诉我们，战争使人欣喜若狂，将血液变成芳香四溢的红酒，让想象中的松花和美之赞歌飘荡在战场上。人们希望进入"成为蜂鸟"的纯净世界，于是这些诗篇就成为他们无畏和英勇的见证。不过诗人心里很清楚，战争也像死亡一样令人悲伤。一方面他对战争的荣耀无比兴奋，另一方面他也对死去的朋友进行追忆和悼念。[28]

非洲国家的马基雅维利主义也展露无遗。[29]我们可以对几个在15世纪和16世纪占支配地位的东非国家进行考察。19世纪中叶以前，许多小国家已被并不算稳定的大国吞并，其中有四国人口都接近百万。统治者通常由选举产生，这一过程有时候和平进行，有时候则会在皇家成员之间引起几场斗争。

> 除了要打败敌手，似乎有一种观念，要让新立国王在民众面前展现出军事实力，从而证明自己是命中注定的领导者。通常情况下，与此对照的权力确认方式为，新立国王需要杀掉一头狮子或一头豹子。*经由这样的开始，卫护非洲国王的神圣性方才诞生。非洲人在皇室礼仪上格外讲究——特制的礼服、特定的问候方式、特殊的场所、特制的食物与火、特别的人工制品种类丰富，并且它们都有特别的名字……见到皇室成员时，人们转移目光，双肩或一肩裸露，俯卧在地，将尘土撒到头上。国王掌握生死大权，并且应当以特殊的礼仪方式进行呈现。[30]

---

\* 对统治者权力的一种不寻常的表述，由一尊雕像体现出来。这尊雕像很可能建于19世纪早期，它用来纪念一位喀麦隆国王（或首领）的胜利："（王）坐于动物之上，这动物很可能是一头豹，它的头部已经丢失，国王右手执一战剑，左手托敌人首级，向诸人展示战果。与首级面部的冷峻形成强烈反差，王的脸上流露出欣喜与充满威胁的神情。"（Pierre Harter, in S. Vogel, ed., *For Spirits and Kings*, p. 192）经过多角度展示，该雕像确如这名学者所言，王的脸上展现出既欣喜又充满威胁的神情。

早前的叙述已经十分明了，非洲国王可自由惩罚属下，可以对他们进行身体上的伤害，处决忤逆犯上者，或没收他的财产。为了对赋予统治者的权力进行解释，一位人类学家举出东非部落干达族（Ganda）的例子说，他们的国王代表了干达族"作为一个国家的权力，凌驾于那些没能尊重他且不服从他意志的民众之上。这些民众之所以如此大胆，是因为他们本身并非受害者。如果说他们对国王很满意，再正常不过"[31]。但是这种满意不大可能让所有人都认同，叛乱仍会发生。但倘若一个非洲王国失去国王，居民就会对无政府状态感到恐慌。

如同在古代中国和印度，农事和战事对于大一些的非洲国家而言至关重要。位于加纳南部的阿散蒂王国（Ashante）就是一例。经过武力征服，该国于17世纪在叛乱中建立，其首都约有75万居民，由250多个行政长官统治。阿散蒂人把奴隶作为贡品，通过贩卖他们来换取熔炼铁、铜和枪支。不过据史书记载，他们发动战争的主要目的是获得政治霸权。与此类似的是，约鲁巴（Yoruba）王国（或曰帝国）下的奥约帝国（Oyo，即今天的尼日利亚）利用其军队，尤其是骑兵部队来扩张领土，获取俘虏，将其中一部分用来出口，另一部分作为半奴隶，重新安置在都城附近。这些半奴隶负责侍奉国王、充当正规军、清扫土地，并在矿下工作。[32]

非洲的君主统治也有着玄妙的解释：君主自身有神秘的权力，以维持人类生活必须拥有的秩序；君主之位体现了他足以让自然和社会保持平衡。[33] 约鲁巴人认为，君主之所以神秘，是因为世界上第一个人诞生于他们的村镇伊费（Ife）。传说这世界一开始只有天，上面居住着各类神祇。天的下面是原初的海洋。神祇中有两名兄弟，他们找出了一种复杂的方法创造了土地，并在上面定居，可后来他们发生激烈的争吵，其余诸神都加入了战斗。这时，天神奥罗伦（Olorun）听到了两边的纷争，将其中一位神立为国王，统治伊费这片土地；让另一位神负责创造人类，成为造人之神。约鲁巴王国最初的 16 名缔造者，就是大地之王的 16 个儿子。这样的血统传承，让约鲁巴国王显得十分神圣。正因如此，他曾一个人居住在宫殿内，每年仅在祭祀铁神奥贡（Ogun）时出现。他隐匿了身形，人们只能看见他的王冠和白鹭羽毛。在另一节日中，他三次拜谒神庙，其间城市居民必须留守家中，窗户紧闭。[34]

　　为了让我的论述更加切题，有关非洲统治者身上体现的马基雅维利主义，最有启发性的例子是夏卡（Shaka 或 Chaka，约 1787—1828 年），他通过武力征服了今天的纳塔尔（Natal）地区，缔造了祖鲁帝国。对祖鲁人而言，他是最伟大的英雄：

> 祖鲁议会常常说到他的名字，人们援引他的事例，作为至高无上的权力的象征。对夏卡的任何批评，都会在祖鲁长者和政治家中引起强烈的谴责。他是赞美诗篇歌颂的对象，是不只一部非洲小说中的主人公。为了纪念他，祖鲁人在他统治的栅栏村庄（Dukuzi Kraal）旧址上树立了纪念碑。[35]

147

　　我在这里给出的大部分叙述，源自两位商人纳撒尼尔·艾萨克斯（Nathaniel Isaacs）和亨利·弗林（Henry Fynn）所做的不可或缺但并不完整的论证。之所以说这些论证不完整，是因为艾萨克斯在其中竭力突出个人形象；弗林的叙述虽然冷静清醒，可原始注解被他掩埋于其兄弟的墓地之下，因此他不得不依赖对一系列事件的遥远记忆。[36]

不过，尽管他们的叙述有些减损，夏卡在诉诸武力缔造国家这一方面，的确给后人上了代表性的一课。

"祖鲁"这个名字来源于一个只有几千名成员的家族。大约19世纪初，地方人口增长，土地面积相对减少，一位名叫丁吉斯瓦约（Dingiswayo，意为"让他四处徘徊"）的酋长成功地征服了周围一大片酋邦领地。他的理由是这些酋邦之间征战不断，他说，这样的战争不符合神灵的意志，倘若有一位伟大的君主能把他们统一起来，情势将会有所好转。敌军将丁吉斯瓦约抓获并杀害后，夏卡继承其位，后者成为小国祖鲁王朝的首领。[37]

夏卡的童年生活十分艰苦。他母亲性格暴躁，年幼的夏卡一起被赶出了宫廷。夏卡的成长过程中不仅没有父亲，还因相貌丑陋，备受人们的嘲讽和攻击（据说他的耳朵起皱，生殖器官短粗）。然而，年轻的夏卡在战争中证明了自己是一位英雄，还发明了一种新的作战方式。为了取胜，他组建正规军，将所有四十岁以下的男性招募入伍。作为军中的士兵，每一个人必须严格禁欲（敌方领地上的除外）。夏卡用短戳矛取代长掷矛，使近距离攻打敌军更加精准。他在编队作战中对士兵进行训练，并实施策略，包围和打败大量敌军。结果在长达六年（1818—1824年）的作战中，他攻下了一个又一个部落，在一大片区域内巩固了自己的统治。在王国周围，他制造了一片荒原，无法种植任何粮食，让逃兵和侵略军无法得逞。据（不可靠）估计，在他领导的战役中，有100多万人死亡。[38]

长期以来，祖鲁人对社会的控制，建立在对首领的尊崇与敬畏之上。不过也有传统的中间权威（比如长者、刽子手和其他首领），由于夏卡将传统的尊崇与敬畏集中在他这位至高无上的首领一个人身上，这些人的自主权因而丧失。为了在他的英国访问者面前展现自己的能力与辉煌，他组织了大型舞蹈与歌唱表演，还有牵着牛举行的大规模游行。据说，他言谈中的大部分内容都与牛、战争相关。

为了对祖鲁人的传统做一番总结，一位历史学家对夏卡做如下描述：

> 他对那些有幸博得他好感的人慷慨大方，向他们赠送礼物，凭借这一点声名远扬；与此同时，他对大多数人的态度却是，以观看他们被杀或置于危险境地没有一丝逃脱的希望为乐趣。[39]

据弗林描述，在他参观的第一天就见到不下十人被杀——夏卡伸出长长的手指，意为"恐怖地点下头"，这足以给他们定罪。弗林说："还有一次，我亲眼看见夏卡用早膳之前，60名不足十二岁的男童被迅速处决。"受害者往往顺从地接受自己的命运，有时甚至还向夏卡谢恩，或者为他唱赞美诗。[40]

夏卡运用权力向民众施压，以达到震慑的目的。他假装能够读出他们的意图，但从不向任何人透露真正的战略计划，除非是指定领导某一军事行动的将军。[41]虽然他故作神秘，但他"定会设立密探系统，知晓身旁每一部落的一举一动和实力。这些部落有的独立，有的为附庸国"[42]。

夏卡经常将被征服部落的统治精英格杀勿论。有时候他认为应当杀掉被征服部落的首领，将牛和女人作为战利品掠夺过来；有时候他又发布指令将被征服地的所有成员赶尽杀绝。有一次他解释说，倘若不这么做，被征服地的子嗣长大后会成为他的敌人。[43]弗林还说，夏卡也会将自己士兵中的懦夫一并处决。[44]

夏卡的母亲去世后，按惯例进行的葬礼十分狂乱，以致演变成一场相互残杀，死者逾千时杀戮方才停止。不过夏卡一声令下，接连几天杀戮又继续下去。他还命令，葬礼过后一年内禁止种植作物，（与首领去世的惯例一样）已婚人士不得发生性行为——女人怀孕一经发现，将连同丈夫一并处决。在这之后，夏卡向南方邻国进犯，照他所说，这些人为母亲去世流下的眼泪，应当与他们让他损失牛的总数相当。[45]

有时，夏卡会将任何人视作潜在的竞争对手。祖鲁人有"军医"，他们用法术对付外敌，辨识内敌，并进行占卜活动。为削减他们的权力，夏卡玩弄诡计，揭穿他们占卜不准，甚至宣称"自己是国内唯一的预言者，因为假使他允许对手存在，他的生命安全将受到威胁"[46]。由于害怕对手置自己于死地，他拒绝生子；一旦姬妾怀上他的孩子，将一律格杀，这是因为人们会宣称母亲和她年幼的儿子属于他。[47]夏卡继位的头几年，任何引起他不满的亲戚，他都予以处死；任何引起他怀疑的要人，他都格杀勿论。由于老年男性可能成为权威，夏卡逼他们穿上女装，看上去与年迈的妇女无异，遭到众人耻笑。在这之后，很多老年男性被杀，其他人因此惶恐不安，再也不敢向君主施加影响力了。[48]夏卡身边的人，必须以隆重、盛大的礼节护送和陪同君主，有时君主甚至会因为自己的过失责怪手下侍奉不周。[49]为了避免三军持有过多影响力，每个军队都有独立的军事委员会。

一次，夏卡在他最为宠爱的姬妾面前，郑重其事地解释了自己的残暴行为（这一对话有可能是想象出来的）。他说，恐惧是祖鲁人唯一能理解的事，因为只有杀戮才能统治他们。他问："祖鲁人是谁？"并做出如下回答：

他们是两百多个未经管教的宗族，我必须要将他们打乱重组，只有对死亡的畏惧，才能把他们统一成一个国家，这一天终将来临，我的大名定会令他们望而生畏，与此同时，这些宗族也将仅以他们的姓氏被后人铭记。[50]

夏卡持有的这一立场，可从他对弗林的批评中窥见一二。弗林与夏卡进行了许多次友好的谈话：

假如让你站在我的立场来统治一个月，祖鲁之国将四分五裂；因为照你们这些愚蠢白人的逻辑推理，连一点点微小的冒犯你们都会宽容……不要试图教我如何管理祖鲁人；你们对那些臣属的想法，愚蠢得就像是逆风撒尿一样。[51]

150

夏卡最终被暗杀，这一点连马基雅利主义的拥护者都会预料到。两名兄弟用长矛刺杀他时，夏卡转向他们，问道（这是其中一个版本，不知是否为传说）："我父亲的孩子们——有什么问题吗？"另一版本说，夏卡预言了白人将占领祖鲁王朝领土，不久之后便被杀害。[52]艾萨克斯的版本则没那么英勇崇高：夏卡先遭到兄弟刺杀，逃走后又遭仆人追杀，这名仆人乃是阴谋集团的成员。夏卡最终倒在阴谋家的脚下：

他低三下四地恳求他们放自己一条生路，可以为他们做牛做马。然而他的恳求无人倾听，这些人很快将其刺死，然后将尸体抛在一旁，并以同样的方式处决他身边的其他首领。[53]

弑夏卡的两名兄弟向居住在皇家茅屋（Royal Kraal）里的人解释

说，他们之所以这么做，是因为夏卡在母亲的葬礼上表现得十分残暴。
他们挺身而出，是为了维系祖鲁民族的和平（这里暗指男性将不再需
要服全职兵役）。其中一名兄弟丁冈（Dingane）后又将另一名兄长杀
害，夺取夏卡之位称王。他承诺再也不会重演夏卡的残暴，并倡导建
立较为温和的政权。[54] 军队败北而归，害怕受到惩处，丁冈这时作为
一名解放者，无疑让将士们大松一口气。与此同时，他受到传统主义
者的拥护，这些人胆小如鼠，不敢在公开场合发表言论。可是，丁冈
并不像夏卡那样赢得人们的尊重和爱戴。艾萨克斯说，夏卡的热情和
欲望在于参战和管辖领土，而丁冈沉湎于女色和奢靡安逸的生活。[55]
在先前几个领土广阔的独立酋邦中，有一个酋邦发生了叛乱。丁冈要
求对方臣服，叛乱仍旧蔓延，于是他不得不采取暴力手段重获威慑力。
政敌一个接一个被处决，夏卡生前器重的一位首领受到蛊惑，表现出
对丁冈的不满，后来因此被杀。而夏卡生前的大部分得意重臣，也都
由效忠丁冈的首领替代。这一时期，人们对各种处决习以为常。吃饭
时咳嗽一声、觐见君王时勃起，或是对丁冈未守承诺表现出不满等，
都会惹来杀身之祸。丁冈像夏卡一样随意杀人，但往往会"以更为奸诈、
狡猾的方式"[56]。

　　尽管丁冈身边有不少阿谀奉承之辈，领土内的任何地方都能听见
人们歌唱赞美他的诗篇，但是丁冈的独裁统治并非永无止境。在他欺
骗和杀戮了一群布尔人之后，布尔人以眼还眼，以牙还牙，对丁冈予
以沉重的打击。紧接着，他的兄弟起兵造反，将国家一分为二。1840 年，
丁冈被杀。[57] 不过，就算是比他温和很多的兄弟，也看出来"祖鲁人
只有通过杀戮才能加以管理"——也许这是一种夸大的说法，但它绝
非无稽之谈。[58]

## 具有攻击性和反对攻击性的酋邦

　　根据定义，一个酋邦居于一个王国中间，它的组织十分严密，是一个不属于任何国家的社会，有着最小的组织结构形式。虽然这一术语模糊不清，但我们还是很难将它摈弃，因为临时借它来讨论马基雅维利主义，有可能为我们提供帮助。从抽象概念上看，"酋邦"与"王国"类似，它的建立与持续存在，似乎依赖战争。一名人类学家如果拥护这一结论，他会将美洲与大洋洲各酋邦之间的战争进行对比，来做进一步支持。他会特别选取西哥伦比亚的考卡峡谷（Cauca Valley）和斐济群岛作为例证。[59]两地由争夺土地引发的战争频仍，毁灭性较大。斐济的领土上有许多独裁者，这里时常发生无序而残酷的战争。

　　在北美各酋邦之间，战争通常以小规模的突袭方式展开，似乎与部落文化密不可分。欧洲人的介入激化了矛盾，导致部落之间发生战争。骑兵导致交战地点不定；双方均使用火器，让战事格外惨烈。[60]在许多印第安部落之间，个体通过打斗赢得声望。"一个男性只有挥刀消灭了一个敌人，并割下头皮带回来作证，方可考虑成家，或被接纳为成年公民。"[61]这种通过攻击与挑衅树立起来的民族自豪感，甚至在易洛魁人（Iroquois）的五族联邦（Five Nations，后来变成六族）中也颇为典型。这一联邦的建立，目的在于结束联邦部落之间的战争状态。这些部落往往在保持内部稳定和谐，以及维护平等权利方面做得颇为成功。虽然各部落之间在开战前需要达成共识，但在战场上它们竞相厮杀，表现得一点儿也不含蓄。一方面它们坚决主张个体自由，另一方面交战各派纪律严明，士兵必须严格服从长官命令。[62]

在东南部,不相关集团之间发生战争,往往是为了报复和恐吓敌军,并为年轻战士提供建功立业的机会。此类战争会导致长期的敌对关系,突袭事件频繁,正如切罗基人(Cherokees)与易洛魁人之间的关系一样。大部分战争往往是出于对某次杀戮的报复,如此一来,一方的男性亲戚不是亲手解决了另一方的杀手,就是让他的一名男性亲戚命丧黄泉。报仇让不同世系之间的伤亡记录最终趋于平衡,当矛盾激化到无法调和时,可以做出清晰裁决的办法只有诉诸战争。[63]一旦宣布双方开战,老兵会发表振奋人心的演说,女人会为自发参战的将士们歌唱,鼓舞士气。由于突袭的目的在于趁人不备时杀敌,将士们必须将聪明才智发挥到极致。他们相互踩踏对方的踪迹,以至于留下的脚印看上去如同一个人踩过一样。在与敌军接近时,他们要通过模仿动物的叫声,来彼此取得联系。一旦行踪暴露,主战派系可能会打道回府;但是反对派系之间的相互凌辱与炫耀,则有可能引发打斗、割头皮,甚至是将敌军斩首。将士们完成了报复任务,在庆典上高声叫喊。女人们唱着欢乐的歌,人们将敌军的头皮固定于翠色的松枝,放在冬日的屋顶上,告慰死者在天之灵。一些俘虏被人收养,以血亲关系对待。另一些俘虏则被奴役,听从主人吩咐做些卑贱的活,主人有权将他们送人,作为物品交换,或者将他们处死。其他俘虏被系于木桩上折磨死。严刑拷打期间,俘虏高唱战歌,宣扬战绩,以证明自己矢志不渝,意志坚不可摧。这种折磨人的方法(将囚犯吊于木桩,放在烈火上灼烧)有可能源自欧洲人对印第安人的虐待。[64]

在太平洋岛屿中,欧洲人首次到访时所发现的"国王"和"首领",往往权力有限。只有具有非凡的影响力,他们才能大权在握。[65]那些动用武力的敌对冲突,往往是出于报复——通过身体攻击或巫术来报复肉体伤害，或者对劫持、引诱女性的行为进行报复，或者对某一社群首领的辱骂予以还击。除此之外，有的为争夺领土、荣耀或影响力而战。有时候（比如在雅浦岛），一个等级较低的村庄怀着雄心，力图在政治上实现崛起，就会借助友邻的力量去攻打一个等级较高的部落，将其中的居民一扫而空。近似于随意的杀戮，这种行为有可能是为了证明自己能够杀死"敌对"社群中的一些成员，甚至仅是一名孩童或年老的妇女。备受美拉尼西亚人欢迎的一项消遣活动，是在战场上用计杀害敌方的一名士兵，以此证明自己的男子气概。在新几内亚南部一个相对平等的社群阿斯马特族（Asmat）中，形容一个人"时常杀戮"或"手头上握有一大捆骷髅"，就是对他的极大褒奖。倘若一个坚定不移的杀人者让人们产生敬畏，那么他最有可能走上领导之路（资料上说这是唯一的途径）。在新几内亚东部的巴如亚族中（Baruya），一名"伟大将士"（他被称作 aoulata）所得到的奖赏，是听到人们背诵诗篇，歌咏他的光辉战绩。有时候，"伟大将士"要求获得与独裁者同样多的贡品，甚至会这样做：

153

> 宰杀邻居的猪，强迫他人的妻子与自己发生性行为，如果她们不同意，就当着丈夫的面殴打她们。总体上说，对这种人无须制裁和惩戒。独裁者最后以死告终，就算是上苍对他暴虐专政的一种惩罚。[66]

有时候，突袭部队会走出去（比如在马克萨斯群岛）"寻捕"受害人，将后者用作牺牲品献祭，或者出于宗教目的供人食用。[67]战争与占卜、巫术紧密相连。具有特殊效用的战争巫师也起到至关重要的作用。

他们在战场上种下有毒的灌木，藏身隐秘之处吹口哨诱敌深入，以削弱敌方部队的战斗力。除此之外，"大人物"之间的竞争也会引发怨恨与敌意，并需要巫师相助。巫师是咒语和毒药的行家，据说，他们可以像现代社会里的雇佣杀手一样，为主人效力。[68]

突袭的争夺对象可以是奴隶、女人、猪或者贝类钱币。敌对冲突的方式多种多样。新几内亚的达尼部落（Dani）将敌对冲突划分为五种具体模式：暴力冲突（在社群内部进行）、世仇（在联邦国之间进行，并通过赔偿解决）、突袭（在小团体内部秘密进行）、不同联盟之间为期一天的战斗（以正式宣战为开端，还包括更加出人意料的致命突袭），以及非仪式性（nonritual）的歼灭战。有些社群倾向于采取常见的埋伏战略，有些社群肆意破坏财产或绑架居民，还有一些社群倾向于转移阵地，或者将敌军全部歼灭。突袭十分普遍，它们往往秘密进行，并具有背叛的性质，进行内部策反。那些仪式性的、像做运动一样的战争也不外如此，会轻而易举地变成一场灭绝战。[69]

同大多数酋邦社群形成鲜明对比的是，居住在巴西中部的欣古印第安人（Xinguanos）则是异乎寻常地和平。过去一百年中（这段时期有历史记载），在他们的地理范围内，社群之间从未发生过战争。这很可能是因为他们刚刚从富有侵略性的部落中逃离，来到欣古这条孤立的河床安家落户，所以对和平极为渴望和珍惜。欣古印第安人社群由十座小村庄组成，共有四个不同的语言集团，每座村庄都有操持另一种语言的成员，因而形成了引人注目的异质文化。

对欣古印第安人而言，每一个人和社群都由同样的标准来衡量——"和平还是残暴？"。在他们看来，"和平"等同于一件他们所谓制作精良、保持良好平衡的物件（ketepepi）。他们认为"和平者也会受到他人的友好对待"，"人死之后，只有和平者才会进入苍穹（天堂）之村"。与其说和平是一种抽象说法，不如说它是一系列具体的方法，让其自身特质得以彰显并付诸实践。[70] 由于欣古印第安人的社会等级并不是很分明，首领好比是一名父亲，照顾他的"儿女"，供养他们的生活。这位父亲不仅工作努力，理想中的他还"从不面露愠色，也不参与议论流言蜚语。不论挑衅多么严重，他从不发出巫术的诅咒，也不参与任何巫术杀人之法"[71]。可是，这名大家共同的父亲备受困扰：他担心来自其他部落成员和巫师的嫉妒心，这有可能对他产生致命打击。

对许多欣古印第安人而言，愤怒不仅令人畏惧，还代表着一种无法控制的力量，就像是一团火焰或一场暴风雨，抑或那种辣到令人受不了的胡椒，谁吃了都会倒在地上无助地打滚。欣古印第安人禁止自己食用大部分野生动物，因为"这些鲜血充沛的动物"会弄脏神祇。出血严重的人也被惯常认为是不洁之人；杀戮之所以不正确，不单单是因为其本身有错，还因为它会制造流血。非欣古地区的印第安人则是"野蛮"和暴力的，换句话说，他们不是人类，因为他们割下头颅、绑架孩童、烧毁村庄，发动战争就好像庆祝节日一样；他们长相丑陋，浑身散发着恶臭，像动物一样睡在地上，在水中排便，也像动物一样不经挑衅就攻击他人（因为他们的确攻打了欣古印第安人）。约三十年前，有外族部落向欣古印第安人进犯，并有可能进一步发起进攻。一部分欣古印第安人成功歼灭了敌军。不过他们并未受到任何特别的嘉奖，而是受命服用净化血液的药物，并被认为是参与了一场道德上有所例外（尽管仍合理公正）的行动，去对抗道德缺失的印第安人。这些野蛮的印第安人"与理想中的和平行为形成了戏剧化的道德对比",原因在于欣古印第安人之间尽管相隔甚远,但是他们自始至终牢牢记得,要警告小孩子,行为举止永远不能像一个野蛮的印第安人那样。[72]

有些村民被指"缺乏对他人的同理心",还有传言说他们使用巫术。村庄里的流言蜚语中,许多都与巫术有关。因为害怕有可能冒犯巫师,村庄内部礼仪谦恭之风大盛。一旦有人去世,人们会为找寻巫师者提供丰厚的报酬,企盼魔法咒语带来一方平安。但如果年轻男性遇害,他的亲戚可能坚称"巫师"要对死者负责,将其残忍处决。这种行为破坏了占据主导地位的和平,它完全有可能发生,原因在于行刑者的勇气被魔法咒语和物件唤起,所以十分确信自己的行为是正当的。对暴力行为的恐惧盛行,这似乎仅仅掩饰了社会对巫师的广泛怀疑。在某些时候,任何人都会引人怀疑。假如有村民意识到这一点,就会生活在恐惧中;所以欣古印第安人的和平来之不易,自始至终都受到威胁。但是他们很清楚,对巫师进行报复,违背了自己的核心价值。他们当中有的人就说,杀巫师这一行为不但丑陋,而且在大部分情况下,它所基于的证据并不充分。

有时候,种族中心主义、对失去自我控制的恐慌、对冒犯他人(尤其是潜在巫师)的畏惧、对血的想象,以及对野蛮印第安人固化形象的认知,如此种种因素交织在一起,让欣古印第安人的和平一方面真实,另一方面隐藏了显著的不安。但是他们能够对新人进行同化,让后者融入自己和平的生活方式。有迹象表明,他们对自己地区之外的印第安人进行妖魔化,这一点可以得到改变。

## 暴力的无国家社群

　　暴力行为与和平行为之间最具戏剧性的对比，往往通过"无国家社群"得以彰显。[73] 在无国家社群中，有人谋杀犯案，有人报仇雪耻，还有人世代结仇，并不存在正式的权力机构或政府组织架构。不过，以上侵犯形式可能仅限于个体或者有亲缘的团体之间，并不包括有组织的侵犯，比如一个社群同另一个社群进行的战争。[74] 这种对真正战争的禁绝，有人曾把它归功于（举例来说）澳大利亚土著人和爱斯基摩人［或因纽特人（Inuit），很多人现在倾向于这个叫法］。当然，与往常一样，我们必须认识到这是一种两极化的夸大说法。同"澳大利亚人不懂真正的战争"这一说法形成鲜明对比的是，部落或世系之间（时有发生、早有准备）的争斗，似乎在早期澳大利亚甚为普遍。然而，更常见的情况是，由于同部落成员被杀，或者一场"错误的"婚姻，再或者妻子和情人逃跑，远征军可能会通过巫术来实施报复。在西澳大利亚沙漠地区，这种远征军会偷偷进入受害者的帐篷，趁其不备将他包围，一边大声唱出复仇的全过程，唱到最后一个字时，用矛将他杀害。[75]

　　对因纽特人而言类似，想要做出简单的判断几乎不大可能。考古学家发掘了他们的盔甲和武器，并据此推断，或许一千年前因纽特士兵就已经备受人们崇拜，并在12—15世纪之间与楚科奇人（Chukchi，在基因上可以识别这一族群）发生武装冲突。欧洲人到来以前，因纽特人还曾与阿留申人（Aleuts）结下世仇，后者同太平洋地区的因纽特人联合组成战争派，将因犯掠去做人质和奴隶。因此，"因纽特人从未掌握战争的本质"这一说法具有误导性。不过对于他们而言，即便是世代纷争也要有个限度。阅读以下段落，我们可以得知这些限制的本质，以及它们的不完整性：

> 家族之间的世仇，让双方没有任何形式的互助。他们之间不会分享食物，也不会共事。这阻隔了正常的人际交往。手无寸铁的个体也许会站在敌人面前说："杀了我吧！"如果他们真的这样做了，那么世仇通常会延续；如果情况相反，这件事会到此结束。或者至少可以说，如果世仇只涉及单个群体，这件事会告一段落。可是它还会再次爆发，因为其他社群的亲属成员也会卷入其中……有人说世仇会无止境地传递下去，过了几代依然记得清清楚楚。还有人说，一位父亲或母亲会把对敌对社群的仇恨和不满灌输给自己的孩子。[76]

关于暴力的无国家社群，有两则记述最为人们所知。一是居住在苏丹的努埃尔人（Nuer），二是居住在巴西和委内瑞拉边境的雅诺马马人（Yąnomamö）。* 据描述，努埃尔人在物质上十分贫穷，自小接受了艰难困苦的训练，因而十分果敢独立。他们既好斗，又对外来攻击异常敏感。[77]他们没有合法的统治机构，也没有发展出完善的领导层，生活在"有秩序的无政府社会"中。

> 努埃尔人艰难成长，自小受平等主义观念影响。他们有

---

\* 我在字母"ą"下面做变音区分，是因为人类学家沙尼翁（也是我对雅诺马马人研究的主要资料来源）坚持认为整个名字应该发成鼻音。

着根深蒂固的民主思想，会被轻易导向暴力行为；他们还有
着狂躁的精神特质，对任何束缚与限制都感到恼怒，人与人
之间没有高低贵贱的差别，财富平等分配……性别平等，男
女不区别对待。[78]

　　努埃尔人的另一特点就是通过打斗来捍卫自尊。一名成年男性若
被他人冒犯，会通过决斗来进行挑战。对方定要予以接受，不仅仅是
因为这种接受与挑战一样，意味着捍卫自尊，还因为在这个无国家的
社群中，并没有建立一个诉诸公正的权力机构。换句话说，努埃尔人
的法律基本上是直接运用武力进行对抗。只有亲属或因年长而居高位
者，才有权决定他们是否进行打斗。男孩们使用有铁尖的手镯打斗，
同村的成年人仅以棍棒（否则有可能因为死亡结下仇怨，将村庄分裂）
为武器，非同村的成年人则使用矛，轻而易举就能让人丧命。

　　正如人们所预料的那样，即便是在努埃尔人当中，也有办法平息
敌对冲突。同村或邻近村庄里的人被杀害，这类事件处理起来相对容
易，因为邻居之间有亲缘，倘若因为结下世仇而冲突频发，将会严重
扰乱日常生活。正因如此，以牛犊作为赔偿被广为接受。不论何种情况，
主要调解人是"豹皮首领"。他可能发表劝诫性演说，或者提出威胁手
段，让死者亲属既有所妥协，又不失颜面。但是他的权威地位则依赖
双方都愿意调解纷争。[79]

　　如果说雅诺马马人有什么不同的话，他们比努埃尔人富有侵略性，
并且更为好斗激进。[80]"凶残"（waiteri）这一品质是他们所推崇的，
这可以从雅诺马马人内部的纷争和村庄之间连年的征战中有所了解。
人们鼓励男孩们参战，让他们重新回到先前逃避的打斗中。看见孩子

157

们在泥土中打滚,一边相互厮杀,一边发出尖叫,大人们就会在一旁呐喊助威。年轻人则通过以下方式展现出自己的竞争性:他们大发脾气,殴打妻子,一方面勾引别人的妻子,另一方面对他人引诱自己的妻子大为恼火。由于害怕受伤,他们的所作所为可能与自身的名誉很不相称。年轻男性会练习与身体不同部位箭伤相对应的痛苦呻吟,以避免在战争中遭受致命损伤,尽管此刻他们还可能对自己先前所说的大胆、挑衅的话记得一清二楚。[81] 雅诺马马人频繁诉诸致命武力,据估计,约有百分之四十的成年男性曾参与杀人,其中有的将士甚至参与杀害了近 16 人。[82]

许多暴力行为以计分比赛的形式进行,这些比赛从相对不会引起伤害的击胸决斗开始,在这一过程中,参赛者使出浑身解数,攥紧拳头(有时候里面藏有石块)相互击打。这过程的前奏曲与其他比赛一样,往往是较为严重的损伤,或是持续良久的夸赞声和虚张声势,直到参赛个体或团体必须采取行动,证明自己的勇猛。不论出于何种原因,一旦发生打斗,参赛者有可能死亡。倘若一场击胸决斗作为一场盛宴事先就已安排好,那么它有可能以歌唱颂歌、相互拥抱、缔结友谊誓言为终。

俱乐部打斗往往以恼怒的丈夫向诱妻者提出挑战展开。他们会以八步或十步长的棍棒为武器,同击胸决斗一样,双方展开击打。有流血发生时,观者进入打斗区域,用力拍打自己青睐的一方,以表支持。此类打斗中如果有人被村里的邻居杀害,杀人者将逃往其他村庄;如果伤亡引起不同村庄的人斗殴,那么很快会爆发战争。

使用矛的打斗虽然颇为少见,却更为严重。此类打斗往往事先安排好,发生在不同村庄之间,还不至于到动用弓箭杀人的程度。一个村庄对另一个村庄的突袭则更加紧张。突袭者希望在受袭村庄外寻找目标，进行杀戮，只要他们成功杀害了任何一个人，或被人侦察到踪迹，他们就会撤退，让替补人选留下，为自己打掩护。倘若抓获一名女人，除非她与俘获者有所关联，否则她会被众人强暴，之后移交俘获者做妻室。[83]

雅诺马马人的暴力行径中，最具马基雅维利主义形式的要数"懦夫骗局"（nomohori）。例如，突袭方假装教村民如何向神灵祈祷，给他们送来大砍刀和烹饪壶罐。当村民跪地祈祷时，突袭者将他们中的男人全部杀害，俘获女人之后逃跑。在另一骗局中，某一村庄里的人受邀参加另一个貌似友善的村庄组织的宴会，殊不知后者已与敌对村庄结为同盟。结果宴会邀请方背信弃义，将宾客全部杀害，妇女遭劫持，被送给密谋者同盟，潜逃者则被埋伏的队伍射杀。[84]

人类学家拿破仑·沙尼翁（Napoleon Chagnon）因对雅诺马马人做出以上描述而闻名于世（有人会说他臭名昭著）。他最后得出结论说，人与人之间就像其他动物一样，必须通过生物学上的竞争在繁殖后代方面取得成功。"在人类世界中，"他说，"威望导致权力，权力似乎导致高级别的成功繁衍。"他声称这种联系作为"独裁"社会的典型，是雅诺马马人持有的一种模式。在一个威望与权力占支配地位、情势十分复杂的等级社会中，雅诺马马人永远相互恐吓和威胁，挑战彼此的地位。他还说，在雅诺马马人中，最受人尊敬的是首领或村长，相比之下，他们拥有（或已经拥有）更多妻子和后代。他补充说：

近年来，针对有杀人历史的雅诺马马人（unokais），有学者对他们的婚姻与繁衍情况的相关性进行分析，指出这部分人相较于同龄的、没有杀过人的雅诺马马人而言，妻子的数量是后者的两倍，子女数量是后者的三倍。[85]

沙尼翁的观点受到挑战，甚至引起一些学者的激烈论争。一种观
点认为，虽然沙尼翁在论述雅诺马马人方面可能正确，但是人类社会
通过进化衍生出许多其他成功标准，而雅诺马马人的这种非同寻常的
模式，定是在异常艰苦的情况下产生的。还有一些人类学家对雅诺马
马人在其他方面展开田野调查，他们发现雅诺马马人并不是那么具有
攻击性。沙尼翁仅在后期才对高地雅诺马马人进行考察，他也发现这
些人比低地雅诺马马人要平和得多。后者的形象正如我前文所述。[86]

## 反对暴力的无国家社群

相较于那些非常有侵略性的无国家社群，爱好和平的无国家社群
并不那么知名，（对我们当中的非尼采主义者而言）远比前者让人充满
希望。[87]只有少数无国家社群符合这一类型，它们不但传授和平的价
值，而且对内、对外都毫无差别地加以履行。这种少见的和平状态（与
努埃尔人和雅诺马马人形成鲜明对比）在菲律宾民都洛（Mindoro）岛
上的高地社群布伊德（Buid），以及生活在马来半岛中部陡峭河谷的塞
迈（Semai）族群中体现得颇为明显。

与努埃尔人类似，布伊德人崇尚个体的独立性，无论孩童还是成
年人。但这并不等同于个人主义，也就是有足够勇气为个人荣誉而战。
相反，他们认为对危险的惧怕相当合理，而一个富有侵犯性的人在精
神上十分脆弱，以至于不能控制自己的情感，或者受到某一幽灵鬼怪
的困扰，激发了他们的挑衅心理。相较于通过时刻准备进行打斗来证

明自己刚强有力的男子，年轻的布伊德人通过背诵自己喜爱的诗篇来赢得声望和青睐。

为了保持个体自由，布伊德人将自己对某些特定的人和群体的依赖降至最低，因此他们可以无拘无束地在社群之间游移。在描述布伊德人时，人类学家托马斯·吉布森（Thomas Gibson）解释说，他们共有的责任感极为强烈，所针对的是作为整体的社群，而不是某些个体。他还说，对布伊德人的对话、田间作业甚至简单的婚姻和离异的最佳描述是，"对言语、劳动和性交的共享"。这是因为布伊德人崇尚独立与平等，竭力避免个体之间过于亲密，否则不是导致竞争、支配性统治，就是让人负债。一旦他们发生争吵，或者变得暴力，就会沦为猎物，让恶魔饱餐一顿，就像猪让布伊德人饱腹一样。[88]对他们而言，暴力在任何情况下都是邪恶的。

塞迈人同样对暴力充满厌恶。相较于其他小型社会，尽管他们没少遭遇嫉妒、流言、偷窃、财产纠纷以及婚姻上的不忠，但他们之间的纷争从未导致暴力行为。面对困难局面，他们坚决主张谈判，将问题放在台面上说清楚，避免日后产生困扰。对冒犯者他们可以产生"怜悯"之心，因害怕他失去劳动成果而原谅其过失。最典型的情况是，塞迈人对他们在土地与树木上的纠纷的回应如下："这些吵吵闹闹不会对我们有什么影响，毕竟我们很快就要面临死亡；但是，之所以说这些事情很重要，是因为它们会引发子孙后代的不合与纷争。"[89]

这样一种办法在塞迈人之间十分有效，因为他们与布伊德人一样，要求社群内所有人互相帮助。正如他们所见，社群的目标在于供养每一名成员，他们的生存本身让社群得以存在和维持。当有人感到沮丧时，拥有100多人的社群会通过缓解沮丧的心绪来保护整个社群。每

160

当正式会议开始和结束时，都会有强调相互依赖的宣言，比如"我们在此亲如兄弟姐妹，互相照顾，互相关心。我不能狩猎时，你照顾我；你生了病，我来为你供食"[90]。

这种相互帮助在危机四伏的森林之外更显重要，要通过每日活动（园艺、狩猎、饮食、孩童的游戏）中的社群规则和仪式，来抵御外来的侵袭。塞迈人教授梦之歌，在梦境中召唤精灵，它们提出与族群内的人结为近亲，帮助他们战胜疾病，不受妖魔鬼怪的进犯。

我们可以看出，与在消耗个体掌握的资源中倒退相反，塞迈人更强调相互联系，依靠社群的力量。对于他们而言，"好"意味着帮助他人，"坏"意味着打斗、生气和吵架。他们基于这种好与坏的标准来进行评判，并教育下一代，暴力既不能解决纷争，也无法解决任何问题。[91]

从对小型和平社群如欣古印第安人、布伊德人以及塞迈人的描述中，我们起码可以得出一条关键结论，它取决于证明（我还没有给出）所有异常和平的社群的邻居（它们的生活条件至少较为相似），在个人和社会生活方式上可以与之迥然不同，并且更为暴力。这看上去似乎要支配一个纯粹环境的，换言之，社会发展的地理学理论。每一个社会都组成一个独立的世界，它是暴力的还是和平的，大体上取决于由它自身观念演化出的社群气质与风貌。

## 其他部落的马基雅维利主义

人类不同社群内部的可置换性，引发出一个较为常见但是不应忽视的观测：无论设立何种规定，个体都会用尽一切手段，想方设法予以躲避。一名法律人类学学者说："制定规则、社会和象征秩序，是人类永远进行的工作，与之相对应的是操纵、规避和撤销法则和象征符号。"[92]

有关撤销法则和象征符号，一个最直接的例子是坦桑尼亚北部的阿鲁沙（Arusha，一个无国家的农业社会）。这一族群的人在参与调解一场纠纷时承认：

> （可能需要）以他人并不苟同的方式行动，也就是采取不道德的手段。作为一种有意识的责任，人们有可能给出错误的证据，或压制相互关联却具有破坏性的证据。人们不仅有义务表明谬误的观点，或展现出其他论辩者的错误证据，而且应当通过打断别人说话、反诘、扭转和歪曲对方观点、举出错误的案例，或展现出毫不相关的情绪、占据优先权，或将重心转移到其他要考虑的事，故意打击对方的积极性，迷惑对方和他的支持者。[93]

另一种形式则通过德兰士瓦（Transvaal）的洛维杜人（Lovedu）体现出来。对于他们而言，圆滑的社会关系比绝对的正直与真实更重要。他们认为，一位亲戚有求于自己时，不应予以拒绝；可以一口答应对方，他要多少头山羊，就承诺给他多少头，可实际上一直找不到山羊，因而无法兑现承诺。洛维杜人认为后一种做法没有什么不妥。这种是非对错的衡量方式，反映出他们的信仰：

> 真相本身并非永远是好的，谎言也并非永远是恶的。谎言本身在社会上没有得到正当承认，才会被称为谎言。但是说谎的情形有很多种。一个人会为了摆脱困境而说谎，在其

他情况中，说谎也有可能是一种命令，正如人们教育孩子，一旦陌生人问起村里的秘密，一定不能说真话。保守部落内部的秘密和发起门派的秘密，比说出真相重要得多。[94]

出于同样原因，扎伊尔（Zaire）的木布提矮人（Mbuti pygmies）发现，圆滑的社会关系对合作狩猎至关重要。他们解决争端，不仅是为了首要的、抽象意义上的"公正"，还是为了和平相处。这似乎足以解释为何他们的明文规定和惩罚措施相对较少。在大多数情况下，他们想方设法不去考虑违规，将注意力从纠纷产生的实际原因中转移开来，通过援引其他事件来大面积传播责备之语，并声称之前的一切都属"偶发事件"。违规行为如乱伦，因其过于严重而不能忽视，这一事件会伴随着流泪和威胁，当事人会得到惩罚。比如在一次有记载的事件中，当事人被判流放。嘲弄是另一种形式的社会管制，流放可能会强加于当事人，比如猎人在狩猎过程中过于耀武扬威。

如果问到他们为何没有首领、立法者或委员会，木布提人会回答他们是森林中的族群。对他们而言，森林就是做出评判的标准，是"首领、立法者、领导者和最终的裁决人"[95]。尽管森林为他们提供了良好的庇护，木布提人也有可能受到它的惩罚：

突降暴风雨，导致森林的树木倒塌；恶劣的环境让族人体弱多病，有时打猎也会一无所获。森林中最令人不快的是各种"声音"，它是困扰、纷争、不和，以及懒惰、侵略性和好辩好争带来的后果……对木布提人而言，在生活中维护和谐是最重要的，其次才是个体相互责备。后者往往会产生相反效果，把人们的注意力从重要任务中引开，阻碍了人们与森林和谐共生。[96]

　　服从所谓"情形适应"的相关规则，是木布提人的生存策略。一些社群［比如主张人人平等的夏延族印第安人（Cheyenne Indians）］的生存策略依赖分门别类的规则和严苛的惩罚，当然也有一些特例，让规则不至于太具破坏性。一方面需要开诚布公，另一方面对补充说明提出了要求：尽管一切规定都有例外，并且常常不被人们遵守，但似乎极少有社群制定了分类明确、严格苛刻、没有一丁点让步余地的明文规定，并且在重大而神圣的场合中，不允许以任何偶发事件为借口。我在此以澳大利亚的瓦尔比利人（Walbiri 或 Walpiri）为例。这一族群中，没有组织或个人拥有明确的长期司法功能，尽管他们有可能成为仪式的领导者。可是瓦尔比利人有明确的法律观念，并建立了一套标准［在"梦之时间"（Dreamtime）中设立］，明确规定了执法者的职责，以及对疏忽懈怠行为的惩罚，最严重的情况可判死刑。当然，以上没有一条能阻拦瓦尔比利人继续争吵、相互控诉和打架。瓦尔比利人的规则严苛，他们的公开报告中称没有任何例外。加上文化差异，我们更难知晓他们如何在生活中保持愉悦。[97]

## "骗子"及其他部落中的马基雅维利主义者

　　我们与"部落"社群相隔甚远，以至于无法清楚理解他们对"真理/真实"的态度（不过换句话说，我们对自己就了解得很清楚吗？），以及在什么情况下，他们怎样去违背道德准则（作为人类，他们定会违背并重新制定道德准则）。但我们可以通过关注他们在娱乐消遣和道德教化时重复了一遍又一遍的故事，来洞悉他们的思想状况。在马基雅维利主义方面，口述文学中最为常见且饶有风趣的角色，是人们所说的"骗子"。骗子具有神秘感，他身上体现了马基雅维利主义的一切特征，自始至终一点儿也不老实，只有极少数女性除外。他自私、贪婪、残忍，违背体面的规定和所有宗教禁忌，将乐趣建立在伤害他人之上。好色淫荡是他的本性，这远比马基雅维利在《曼陀罗》（ Mandragola ）中完全人性化的角色来得更加肆无忌惮、不择手段。他还能够施展魔术、千变万化、八面玲珑，不是为了利己，就是为了逃避别人对他的正当惩罚。同其他马基雅维利主义者相似，他也可能愚蠢到跳入自己为他人设置的陷阱。因此他的例子告诉人们，在任何时间和地点，都会有善于利用他人的马基雅维利主义者，他的计划时而得逞，时而败露。如果进一步观察，即可发现"骗子"在大多数情况下会表现出一副神圣的样子，或者看似令人敬畏，但实际上暗含了一种观念，即欺骗和残忍与事物的本质不可分割。换言之，自然本身就具有强烈的、被称作马基雅维利式的特质，这是一种非道德性，如果少了它，人类的自发冲动就无法保留至今，人类社会也将无法创立。[98]

　　我应当通过几个骗子的事例或相关故事，来证明以上概括性的论述。在北美土著居民中，最广为人知的骗子是"丛林狼"（ Coyote ）。他聪明伶俐、残忍野蛮、贪得无厌，常与人乱伦，是个卑劣无比的家伙。但是欲望得到满足后，他就变得非常乐于助人。从一组有关"丛林狼"的故事中可以得知，神在创造人类的同时，也教会他们如何永葆青春。但是，"丛林狼"使出卑劣的手段，阻止人类获得永生。具有讽刺意味的是，"丛林狼"无法挽救自己的儿子，眼睁睁地看着他到达生命的终点。在温内贝戈人的一个故事里，"丛林狼"将一些半人半浣熊的母亲送走，去寻找不存在的李属植物，承诺在这期间由他负责照看她们的孩子。这些母亲刚一走出他的视线，他就把孩子们杀死，煮熟了吃掉。母亲们回来，发现自己的孩子都死了，"丛林狼"就用魔法变换容貌，假装寻找杀人犯，还声称自己已将他杀死在洞穴中。母亲真的跑去洞里寻找杀手的尸体，"丛林狼"再用干草将洞口堵住，用火点燃干草。他最后拖出烤熟的浣熊，说："是时候吃点儿有油水的东西啦。"[99]

我打算讲述的最后一个有关骗子的故事，与波利尼西亚的毛伊（Maui）有关。根据马尼希基环礁（Manihiki）的传说，有一次毛伊到他的祖先火神坦加罗亚（Tangaroa）那里去，坦加罗亚向他演示了如何用两根棍棒摩擦生火。出于嫉妒，毛伊要手段让坦加罗亚丧命，后为逃避父母责罚，又将他复活。可是坦加罗亚这时候变得十分胆小害怕，他的自傲、美丽和魔法丧失殆尽。此后毛伊拥有了生火的技能，并掌管人类世界的烹饪。[100]

正如我在前文中所暗示的那样，骗子常会被当作文化英雄，这一事实意义重大。它意味着从根本上改变事件的能力（比如创立人类世界的文化），与自发的、出于利己目的挑战规则和惯常行为的能力同等重要。尽管这里所描述的文化仍然是积极的，却隐含着道家的思想。这一思想与马基雅维利式的主题形成对照，即为了完成政治上具有重大历史意义的建树（比如伟大的中华帝国或祖鲁王朝），领导者必须做到英勇果敢，无所顾忌地自私利己、不择手段，以实现某个伟大的社会目标。换言之，强烈的利己主义（正如人的本性所召唤的那样）一方面具有可怕的毁灭性力量，另一方面能创造非凡的奇迹。

在非洲，可以找到许多有关骗子蜘蛛安纳西（Anansi）的故事。

他不只欺骗和愚弄了所有人，而且胆子大到去偷换太阳。但由于这则故事寓意太过于明显，我宁愿选择刚果人有关人与类人猿之间区别的起源故事。这则故事上溯至类人猿与人两者完全等同的原始时期，个别裸露身体的人受到嘲笑，退至森林，成为黑猩猩。故事中，有个人在森林中迷了路。他受到豹子的惊吓，躲到树上不敢下来。饥肠辘辘之时，一只黑猩猩出于怜悯为他指了去往村庄的路，这个人因此得救。他表现出充满感激的样子，邀请黑猩猩去他的住所探访。黑猩猩答应了，可是到了这个人的家，这个人丝毫没有让黑猩猩分享火上煨炖的肉的意思，而是递给它一个空篮子让它出去打水。黑猩猩打了很多次水，打了又漏，漏了又打。它最后回到这个人的家，肉早就被吃光了。这则故事的寓意在于"千万不要指望他人的感恩之心，他们比黑猩猩还要贪婪"[101]。

## 一则有关不知感恩的故事与一则有关野心膨胀的故事

接下来这则故事的主题是不知感恩，它的内容有些令人不可思议。之所以这么说，是因为它所提出的道德困境让非洲人口耳相传。[102]这则故事的重要性不在于它解决了什么问题（这本该可以争论），而在于它所引发的积极讨论，也就是基于传统的共识进行的讨论。换言之，这则故事借用戏剧性的手法，让我们寻找传统的道德内涵。这则故事叫《蛇、农夫与苍鹭》，它令非洲人不寒而栗，提醒他们以此观照自身的行为（与马基雅维利主义如出一辙）。

在故事的开始，一条蛇受到一群人的追杀，它恳求农夫救命。农夫为了让它不被抓住，弯下腰让蛇钻进自己的肚子。事后他让蛇出来，蛇拒绝了，因为它找到了一个更合适的地方。农夫要回家，蛇还是居于腹中，这时他看见一头苍鹭。农夫低声告诉苍鹭事件的经过，苍鹭建议他盘腿而坐，绷紧全身。蛇刚一伸出头部，苍鹭立刻将它抓住，把它拖出并杀掉。可是农夫依然感到不安，他担心蛇在他体内留下余毒。苍鹭这时候建议他，把六只白鸟煮熟了吃下去，即可解毒。农夫听了后说："你不就是只白鸟吗？那我就先吃了你。"他捉住苍鹭，把它捆起来挂到自己的屋舍中，并告诉妻子所发生的一切。"我为你感到惊讶，"妻子说，"这只鸟救了你，让你摆脱腹中的邪物，它可是救了你的命啊！你却把它捉住，还说要杀了它。"于是她放了苍鹭，让它飞走。可就在苍鹭飞出屋舍前，它挖出了妻子的一颗眼珠。"这就是全部"，这是该故事的结束语，寓意深远。非洲人听了这故事后，定会进行富有哲理的思考，值得我们进一步讨论："水往高处流就意味着有人会对你的善举予以回报和感恩。"[103]

这则故事令人难以忘怀，或许我应当再附上一则同样来自非洲的故事，才不失公允。它令人印象深刻恰恰出于截然相反的原因——它包含了反马基雅维利主义式的寓意。乞丐镇的国王去世，其背后支持者拥立埃耶耶米（Aiyeyemi）为王，因为他具备了未来国王的一切标准——家财万贯、巧舌如簧、魄力十足。然而埃耶耶米并不满意拥有全世界的前景，他还想主宰上天。结局如何呢？神圣的奥罗（Oro）即将出席即位典礼，明令禁止所有女性参加。可是埃耶耶米年长的夫人执意要求弄清楚其中的原因，埃耶耶米便私自将她藏于篮子内，典礼过程中将脚翘在篮子上充当掩护。典礼开始后，可乐果（kola nut）拒绝回答祭司的预言。祭司只好求助掌管预言的神，后者当场揭穿埃耶耶米违背天命。愤怒的奥罗发出雷鸣般的声音，将其妻子像一把叉子一样掰成两半。各祭司于是将埃耶耶米驱逐，另选他人为王。这则故事说明，要珍惜所拥有的美好生活，不可忤逆上苍，恣意妄为。故事以一首歌曲结束，寓意质朴：让我们"平静地享受世界"，因为"天下大乱，覆水难收"。[104]

## 行为学上的马基雅维利主义与灵长目动物

综上所述，诸多观点揭示了同一种可能性。很清楚的是，在几个伟大文明中，我们所认识的政治生活中的马基雅维利主义，在许多"部落"文明中也能找到，甚至在我们描述为"无国家"的社群中同样存在。因此我们有足够理由继续下去，将马基雅维利主义这一概念从人类拓展到其他灵长目动物（尽管并非所有灵长目动物都适用）。我们可以对这一话题进行深入探讨，并与"挣扎求生"相联系。可是这种"挣扎"（这名字太像人类世界了）乃基于遗传，它的情况要复杂得多，这里不再赘述。因此，我首先要对基本背景做一番简要概括，以提示读者，再介绍两个行为学上的类比（它们十分引人关注，以至无法省略），然后对灵长目动物进行讨论，主要对象是黑猩猩。

倘若从基因的层面观察，我们似乎既能找到互利共生的关系，又能发现竞争关系。大多数基因经过协同作用来繁衍生物，这些生物的发展受到基因编码的统领。从这一角度来说，基因之间具有共生关系。然而那些所谓自私的基因，则通过牺牲其他基因甚至整个生物体来增加自己的机会——更为极端的情况是，它们会导致个体死亡，不让其进一步传播。[105]在生物学的所有领域中，我们都能找到这种合作关系（以共生的形式实现互利，即"利他主义"，以及宿主生物与寄生生物之间的相互依存）与竞争关系。[106] 社会性昆虫如蜜蜂、白蚁和蚂蚁（以及裸鼹鼠）之间的互助达到了很高水平，以至于昆虫个体（或鼹鼠）被视为超个体（即整个社群或集群）的一部分。[107]

　　动物仿拟的不同种形式，与人类的欺骗方式形成特别有趣的对照。这里或许没有必要强调"对照"一词，除非有些人认为，将人类特质与动物特质进行比较是一种贬损。他们也许不会反对将人类的残忍称为"兽性的"，尽管从这层意义上说，人类比野兽更为残忍。可是对他们而言，欺骗可能需要聪明才智和自我意识，他们认为这两种特质仅为人类所有。不过我在这里所说的"对照"，仅仅是作为一种回应，一个生物体在所属环境下，只要它足够聪明且具有自我意识，而不仅仅按照本能和直觉行动，就有可能产生与人类世界相似的情况。

　　"本能"是一个较为全面的说法，这个词之所以很难让人受到启发，是因为这一观念认为它所代表的行为完全是无意识的、不假思索的。然而说到总体上的生物学，人类的欺骗与动物的仿拟，其关系如同有意识的觉悟与动物的本能。倘若我们考虑一些常被引用的例子，就能发现这一点十分清晰。一只雌鸟"欺骗"捕猎者，让猎手远离尚未发现的鸟巢。这只鸟装出一副无助的样子，挑逗地以"之"字形步伐行走，或者振翅落地，过度伸展出看似受了伤的翅膀，猎手被眼前的景象吸引，从而转移了注意力。布谷鸟的例子则表明，其仿拟和寄生也在不断发生改变，以适应作为其受害者的鸟类日益增强的防御手段。当一种鸟试图"欺骗"或辨识出另一只鸟的"欺骗手段"时，两只鸟之间的关系便等同于嫌犯与侦探，或者是两个潜在的敌对国家，它们之间的攻击与防御方式共同演进。

　　让我们再花些时间考察一下英国的研究，即布谷鸟和其受害者芦苇莺之间的关系。雌布谷鸟在一旁观察芦苇莺如何筑巢，几天后到了芦苇莺的孵化期，雌布谷鸟在一旁静静等待，趁两只家长芦苇莺离巢，偷偷滑进巢中，在十秒钟之内偷梁换柱，留下自己的蛋，并叼走一颗芦苇莺蛋。布谷鸟将时间计算得十分精准，实验显示，芦苇莺在开始孵蛋前，会对放入自己巢内的蛋表现出拒绝；布谷鸟只偷取一颗蛋，这也做得很精明，因为如果它偷取更多，芦苇莺可能会丢弃整个巢。尽管布谷鸟比一般的芦苇莺要大得多，它的蛋却仅比普通的芦苇莺的蛋稍大一些，形状上几乎一模一样，颜色也是相似的浅绿色，在大多数情况下足以骗得过芦苇莺。有时候，两只布谷鸟会在同一巢穴中孵蛋，其中一只鸟会趁机衔一颗蛋飞走——通常这颗蛋并非它自己的蛋，有可能是第一只布谷鸟留下来的。布谷鸟的蛋比芦苇莺的蛋孵得更快，布谷鸟的小雏用后背掂量一下每一颗芦苇莺蛋，最后将它推出巢外。现在单是在巢内，布谷鸟的小雏比芦苇莺的小雏看上去要大得多，可是被芦苇莺接受和抚养。[108] 尽管布谷鸟的策略出于本能，可它们与李古潦（Ligurio）一样狡猾，以达到自己的目的。在马基雅维利所著的喜剧《曼陀罗》中，李古潦的骗术最终让卡利马科（Callimaco）俘获了卢克蕾佳（Lucretia）。

布谷鸟的"马基雅维利主义"，并不能同人类有意识的多变相提并论。人类的多变几乎与灵长目动物一样娴熟。[109] 在有关灵长目动物的研究中，拟人论是最大的诱惑。研究者力图抵制这一观点，可随着他们的经验日益丰富，难度似乎在不断增加。灵长目动物是否具有自我意识，是否能够进行谋划、施以骗术，对于这一问题，研究者现在给出的答案是符合学术标准的（有时甚至是相当符合标准的）肯定态度，并如实说出还需研究多少内容。因此，尽管有人承认猴子可以预测彼此的行为，以及它们之间产生的影响，研究者表示，"每当猴子评价其他个体将在下一步做什么的时候"，似乎不大可能"对彼此的思想、行为动机或看法予以考虑"。然而，黑猩猩似乎更能"认识到思想是行为的动因，它们的许多行为似乎经预先设计，去改变或控制其他个体的思想状况"[110]。

对黑猩猩的这种认识，举例来说，一只黑猩猩知道食物藏在哪里，可能会让同类尽可能远离此地，等它们都走远的时候，自己才回来进食。另一个例子是，一只黑猩猩可能向它的对手打手势，表达调解安抚之意。它的对手一来到武器可以触及的地方，这只黑猩猩立马转变态度，变得极富攻击性。还有一个是狒狒的例子：一只雌狒狒向一只雄狒狒靠近，并对它予以照料，因为雄狒狒抓住了一只羚羊，却不愿与同类分食。正当它尽情享受雌狒狒的照料时，后者一把夺走羚羊骨架，随后逃之夭夭。[111]

田野调查十分清楚地表明，在何种程度上黑猩猩与人类极为相似。在近期一份对自身经历做出的摘要中，学者珍·古道尔（Jane Goodall）写道：

> （黑猩猩）作为一个物种、一个生命体，在智力上老谋深算，比十年前估计的高得多。这种生命体的情感状况与我们人类相当接近，它能够感受到痛苦、沮丧和欢乐，它值得信赖，但这种信赖也很容易受到背叛。[112]

然而，这些近似于人类的特质，又与不那么富有同情心的另一些人类特质相吻合，比如欺骗、攻击、竞争甚至战争（这里的战争指的是部落突袭的意义层面。在这些突袭中，敌对团体中被孤立的个体成员受到攻击，甚至有可能被杀）。[113]一些学者通过长时间的细心观察得出结论，黑猩猩结交朋友与树立仇敌也是变数不断的，它们甚至还会变换盟友。它们对友谊和仇恨的基本原则是"互相回报""以眼还眼，以牙还牙"，但是建立友谊与产生仇怨的原因，与它们自身一样难以捉摸。[114]*

不论我们怎么称呼，为了谨慎起见，我在此加上引号：黑猩猩具有的"政治性的""马基雅维利式"本性，在雄性动物近乎普遍的欲望中体现得最为明显。这种欲望就是统领等级秩序。与努埃尔人和雅诺马马人类似，黑猩猩在生命开始时会经过一系列竞赛（不排斥盟友的帮助）。在这一过程中，谁活得最久，谁就是赢家。正如我们可以将努埃尔人和雅诺马马人的侵略性归结为一种新的、病理学上的对压力的反应，我们也可以将黑猩猩为了取得支配地位而奋勇拼搏的活力归结为一种新的、对他们而言非正常的压力。其中一种压力有可能是给它们喂送食物的研究者，另一种压力则来源于黑猩猩自己，它们的生存领地被人类占据，因而无法分组生活、彼此井水不犯河水。[115]

对争夺支配地位产生的怀疑，在我看来相关论据并不具有最终的

---

* 定会有一种规则说明，之前那些看似有理的概括性论述十分具有误导性。尽管人们总是假定黑猩猩同其他灵长目动物相比，与人类更有亲缘，尤其在这样一种至关重要的"利他"特质中，比如分享食物。新大陆的猴子（比如狨和小绢猴）比黑猩猩更接近人。与黑猩猩不同的是，这些猴子似乎是为延续生命、与子孙共享责任而繁衍后代。"倘若没有受到激励，类人猿很少会给出食物；它们的乞求也分好几种方式，其中有些能够持续较长时间。"可是猴子"自发地贡献出食物，并伴随一种特殊的富有邀请性的呼唤。持有食物的猴子于是很快地将它们拿出来，很少甚至没有什么抵抗和不情愿。"它们"分享食物的过程源自一种丰富的、协同的家庭生活"。见 McGrew and Feistner, "Two Nonhuman Primate Models for the Evolution of Human Food Sharing"（引自第 239 页）。

决断力。黑猩猩组成的不同群体，在发展方式上的确存在差异，它们的社会生活，以及侵略性的程度也会随着时间、地点和周围环境而有所改变。然而现有证据表明，黑猩猩社群的组织方式，大体上通过争夺统治权来进行。在这种争夺过程中，拥有较高地位的雄猩猩会赢得尊敬，它也必须坚决维护这种德高望重的地位，不可放松警惕。如果能独占一只母猩猩，它就会更加彰显自己的能力，也就是防止其他雄猩猩与之交配。然而，交配双方的等级与成功的关系，至今还没能得到证明。母猩猩做出的选择，其理由往往神秘莫测，让作为观察者的人类迷惑不解。[116]

对统治地位的追求，会导致蓄意使用聪明的伎俩，而不是凭借实力。古道尔讲述了两只雄猩猩迈克和费根（Figan）的故事，可以说它们代表了巧用计谋成功爬上等级体系中最高位的个体。迈克动用一切人工制品——比如椅子、盒子、三角用具增强自己因炫耀而构成的威胁，它还将盛着煤油的罐子滚来滚去，有时将两个罐子放在一起碰撞，制造出可怕的声响。[117]

黑猩猩之间为获取统治权而展开争夺战。为了举出事例，我在这里对古道尔的论述进行总结。她的研究告诉我们，占据统治地位的费根和年轻一点的高布林（Goblin）先缔结同盟，然后展开竞争。[118]高布林刚从母亲的照料下独立，费根就要对它展开攻击。可是高布林尾随着它，观察它的一举一动，还经常照顾它。

后来，费根渐渐容忍了高布林的存在。高布林向成年的母猩猩进行攻击时，费根不管不顾；可是它向成年的公猩猩挑战时，费根会出手相助，直到有一天，单是费根的出现，似乎不用动手就能阻止其他公猩猩入侵，因此它给高布林带来了好处。借助费根的力量，高布林在所有公猩猩群体中获得了统治地位，只有费根例外。然而从这时候起，高布林不再急切地向费根打招呼了，而是开始无视它；费根因手指上有伤而变成残废，它每每经过高布林，后者就对它进行威胁和击打。费根此时越来越依赖其他同盟，可是当高布林将它赶上树，再把它踢下去的时候，高布林实际上已经掌控了局面。双方展开了剧烈的争斗，费根带着自己的三个同盟向高布林发起进攻，使它身受重伤，只得逃跑。费根于是重获统治权，但是影响力远不能同以往相比。后来事态又发生变化：高布林渐渐重拾信心，趁费根不在，对同类进行恐吓。之前那场大仗结束后第十个月，高布林再次向费根发起挑战。此时费根最好的朋友却不见踪影，虽然它与另两名盟友在一起很长时间，却并不相信最后是否能获取它们的支持。于是费根变得越来越担惊受怕，最后它消失了，不知是患病而死，还是受到邻近敌对团体的攻击。高布林为进一步追求统治地位，使出了越发残忍的手段。它侵扰年长雄猩猩的照料期，攻击看护者，甚至对无辜的旁观者也发起进攻，猛烈袭击观察的研究人员。高布林的暴虐行为，让那些最德高望重的雄猩猩一个个屈辱地听命于它。在这个时候，高布林开始照料雄猩猩，同它们分享食物，给予它们安慰，直到成为朋友。最终——这则故事的时间跨度为1976年至1984年——其他雄猩猩一一放弃，高布林成了毫无疑问的雄猩猩领导者。这一群体对等级地位的争夺，终于在一段时间内得以平息，其他的雄猩猩也都变得更加温和。

在讲述这则故事时，我并没有解释仔细观察了费根一举一动的高布林，是如何学会使用具有威胁性的聪明手段的。很显然，高布林之所以能成为最后的赢家，是因为它具备勇猛与智慧，还有最重要的，是它对统治地位有着超乎寻常的渴望与执着。一如既往，更多的威胁在攻击中产生，当统治与服从的关系变得清晰，个体都能在群体中清晰地找到自己的位置时，该群体总体上的侵略性和攻击性会降低，整个社群自身也会相对和平。可是，统治地位永远会受到挑战，年轻一辈总会想篡位，意志的竞争还会继续，并在关键时候突然闪现出火光。在这种情况下，群体作为一个整体，内部会再次出现紧张局势。[119]

我所描述的伎俩，仅在一个群体内部使用，那就是贡比（Gombe）的黑猩猩。它们的行为，在某些方面与同样被研究的象牙海岸塔伊（Tai）森林中的黑猩猩有很大不同。我在前面说过，没有一个黑猩猩社群与另一个黑猩猩社群在行为方式上完全一致。[120]

我们已经通过商鞅、韩非、李斯、考底利耶、马基雅维利、圭恰迪尼，以及有名和无名的专制人物和骗子等，走到了这个节点上。倘若这些权谋之士还活在构想的地狱中，他们的幽灵是否会认出自己在非人类世界中的同类——像费根与高布林那样？幸运的是，我们可以不用等到答案出来，就能继续探讨问题了。

# 第二部分

## 探讨马基雅维利主义

第六章

# 道德的抽象观念与人类现实

从现在起，我将进行讨论与评价。正如我所主张的，对马基雅维
利主义的讨论，并非要将其限定于哲学上的抽象概念。从长远角度看，
我们既不能将最基本的问题（也就是政治与道德之间的关系）同整个
道德分开，也不能把它与整体社会生活隔断，否则既不现实，也不能
取得丰硕的研究成果。为了尽最大可能去理解两者的关系，我们要把
抽象的哲学观念阐明，并将其与经验性强的社会科学放在一起来讨论。
理论上说，任何思想理念，如果不能被限定在所属学科范围内，就会
失去它自身的特性。但是这种停留在自身学科框架内的需要，又提出
了跨越学科的需要。这些思想十分理论化，所指代的对象在经验世界
中绝非一成不变，这一经验世界则是它们非理论化的对象。在这方面，
医药学就是很典型的例子。它解释了已清楚界定的学科（医学）与不
加区分的病患（医药为他们服务）之间的关系。虽然医药学依赖诸多
科学，但它很难属于其中任何一门，原因在于它必须在非科学层面与
其他科学达成统一，从而帮助医生在了解情况之后，进行主观评判。
同医药学类似，对政治学中的道德进行研究，也可以通过跨学科来实现，
这些学科界限与各种不加区分的人（也是我们在书本之外遇见的唯一
人群）的观点和行为并不发生联系。

我的意思是，对我所阐述的内容进行一番考量颇有必要，但并非以论文或调查报告的形式写出来。针对那些卓越的哲学家与社会科学家的评论，我不打算逐个进行总结，或做出批判性的回应。我在文本中没有提到以赛亚·柏林、哈耶克、哈贝马斯或福柯（虽为其中最年长者，头脑却更加清醒）的思想，既非对他们不屑一顾，也非无视他们的学术成果。之所以列举出这些名字，是因为我脑海里首先想到的就是他们，但是我就此打住，不再添加其他哲学家、法哲学家、人类学家、社会学家或心理学家，这是因为我所做出的任何简略的选择，都会是不公正的。[1]同任何一个真正的书虫一样，我所深入钻研的远远不止这么几本书。然而在这个时候我认为，一个颇具前景的方法，是让思想自由地跟随它自己时常能进行联想的路径，而不是像履行义务一样，对其他一切内容都有所涉及，反而恰恰没能涵盖最关键、让论述最有说服力的例子，以及那些凭借经验和观察得出的证据。

接下来两章的内容，我将按以下几个问题的先后顺序展开。在我描述不同社群（包括一种类人猿社群）的马基雅维利主义时，这些问题在我的脑海中涌现。它们虽然直截了当、言简意赅，却并不容易回答。我给出的回答绝不仅仅是一种随意的概述，我更在乎的是文字背后的精神内涵。这些问题如下：

1. 为何马基雅维利主义的问题很难得到解决？

2. 为何人们总是做好准备接受马基雅维利式的、对基本美德原则（比如诚实与公平）的违背？

3. 尽管与自身利益相悖，为何一些权谋之士仍然愿意公开主张政治诈骗？

4. 为何人们明知一些政治措施是非道德的，但仍旧做好准备采取或宽容这些行为？

5. 领导者不论是否为马基雅维利主义者，是否应当如民众所期待的那样，为了大众福利而牺牲个人利益？

6. 我们如何理解马基雅维利式的政治家不计后果的厚颜无耻？

7. 一个更加健全的道德体系，是否会让一名权谋之士更难成功？

8. 历史有没有教过我们，马基雅维利主义是成功还是失败？

9. 对政治生活的马基雅维利式描述，究竟有多充分？

10. 哲学家们有没有提出过任何决定性论述，以反驳马基雅维利主义？

在对这些棘手的问题做出回答之后，我将对最后一个，也是不大容易进行回答的问题进行考察：

177

11. 马基雅维利主义规则的盛行，是否让建立一个更加光明的政治未来的可能性化为泡影？

我们下面将从第一个问题开始讨论。

为何马基雅维利主义的问题很难得到解决？

我的回答是，这个问题本身有误：马基雅维利式的行为并不是人类的一个问题，而是人类的一种特征。政治（或其他方面的）诈骗并不是一个可以先在理论上揭示，然后解决，最后通过立法或教育使之绝迹的问题。如果将马基雅维利主义作为一种问题来看待，就好比在问"如果人们受到焦虑的折磨，为什么不学会如何摆脱焦虑？"。有关众生受到的折磨，同样的问题佛陀也问了很多次，并且给出了解决办法。但是一个人往往要经过很长一段时间，才能够取得圆满的效果。如果我们把佛教放在一边，作为人类的我们，假如从不感到焦虑或恐惧，那么应当如何对"好"与"坏"进行评价与界定？当过度焦虑时，我们可以期望有所缓解。尽管心理学家正准备回答何种程度的焦虑为"过度"，但他所观察到的情况是，对于一个（正处于焦虑的）人所取得的成绩而言，焦虑可能必不可少。我觉得心理学家和精神病学家都会认为，彻底摆脱焦虑这一尝试注定会失败，即使情况并非如此，它对于已经摆脱焦虑的人而言，亦是一种命定的结局。因此，倘若认为马基雅维利主义作为一种特有的问题，可以通过特有的方法来解决，这就好比试图对一个相当基本的人类特质进行分析，让我们得以摆脱它；这就好比说"成为人"这一状态是一种医学上的症状，用一剂药就可以得到医治；或者说它是一个谜题，只要我们足够幸运和聪明，就有可能发现其中的规则，找出解决方案。这样一种规则可以用在哪里？科幻小说、精神外科学或基因置换，将那些旧有的、我们的组织结构所运行的生物学"规则指示"摒除？再或者，这种规则能否印刻于新生儿体内，他们长大后虽然是人形，却可以像天使（当然是不具反叛性的那种）一样行动？

马基雅维利主义既不是一种疾病或者基因变异，也不是一种违背"天使行为"幻想的表演。马基雅维利主义的策略，无可避免地伴随每一个真实存在或者可能存在的社会系统产生（不管这一社会系统具有何种意识形态上的借口）。马基雅维利主义者说，"在爱情和战争中，一切都是公平的"。在他们看来，胆小鬼或严格遵循道德准则的人，会看到爱情世界里的规则；慷慨的胜利者或吓怕了的输家，可能会尊崇战争的规则。这句话看上去没有问题。然而实际上，马基雅维利式的策略并不局限于字面意义上的爱情和战争。爱情和纷争，一旦需要付出颇具野心的努力，就会召唤同一个平等原则——野心的力量。它可以通过在以下两方面是否做好准备来进行衡量：要么（对那些更加顽固不化、恪守道德原则的人而言）受到引诱，摒弃这些原则；要么准备好摒弃各种良心上的不安。良心往往令恐惧感加强。所以莎士比亚刻画的理查三世，在承认"良心仅仅是懦夫才会用的一个词"时，并不全错。[2]

　　不论我们身上有多少"权谋之士"的特质，我们都是他的亲戚。我们受到马基雅维利式不择手段的折磨，这一观点是别人强加给我们的。这些人与我们本没什么不同，甚至比我们想象中的更加平凡普通，仅仅因为他们受到父母的庇荫，或者成长环境优越。我们知道，父母与环境的影响，会从根本上改变一些事情，但也不至于让我们无法想象自己同马基雅维利主义者的亲密关系，抑或对他们持有的权力饱含妒忌或受到吸引，原因在于，这些人与富有创意的艺术家类似，可以打消我们心中的恐惧，让我们的幻想、成就和想象力得到充分释放。

　　认为人们只要更认真地听从这样或那样的说教，就会表现得趋于理想化，这种想法是没有用处的。在这里我们必须注意的是，人们（而非天使）如何采取行动，以及为何、在什么时候坦白，或者趋向于将他们在伦理上有待商榷的行为视作理所当然和必需。当他们的罪过似乎可以逃避外在审判者的监督时，他们内心的审判者会对大部分逾越规则的情况睁一只眼闭一只眼。所以，如果我们力图将生活的社会层面理解为我们置身其中，那么我们所面对的就不是一个（在知识上具有前后一致性的）谜团，而是一种经验性的状况，它对我们的一切人际关系都将产生影响。

　　这一回答简明扼要，而本章余下的内容都将对此做进一步阐释。

　　为何人们总是做好准备接受马基雅维利式的、对基本美德原则（比如诚实与公平）的违背？

178

　　我的回答是，人们总是偏爱撒谎或撒一半的谎，以致公平本身变得含糊不清，良知变得具有选择性，至于那些显而易见的高尚品行，一旦被认为在社会上造成混乱，那些彰显美德的人就会受到孤立。

　　原因在于，尽管诚实、公平等美德是最基本的原则，如果少了它们，人类生活将无法继续，可是人们还是允许，甚至宁愿自己的领导者采用马基雅维利式的策略，因为人们觉得这些策略在某些情况下不可或缺（虽然只是在日常生活所允许的很小范围内）。正因如此（其他原因会在下文中继续讨论），人们认为这种策略在政治上同样不可或缺。

　　我想首先讨论"说真话"的美德以及对它的违背——"撒谎"。从理论上讲，马基雅维利主义对真理的态度与对待武力的态度一样，都保持中立。换言之，对权谋之士而言，真理本身并无价值，但是与虚妄一样，它可以作为一种手段在政治或其他方面取得成功。为了理解这种态度如何与大多数人（并非专指马基雅维利主义者）相符，我们首先应当问问自己，为何我们会说真话，为何我们与之背离，为何一种对"说真话"和"撒谎"的功利主义观念，比传统意义上的赞扬和责备，更加发人深省。

　　为解决这些问题，我们有必要对真理的两个方面或用途进行清晰（虽然过于简单化）的区分。我称第一个方面为"发现与沟通"，第二个方面为"社会注意力与互惠互换"。在我看来，第一个方面是对真理的发现，其背后有许多原因。一个原因从实际层面出发，直截了当：一个人试图发现某一材料是否与附加在它上面的重量相称，或者把情况稍微变更一下——购买某样东西是否真的物有所值。另一个与发现真理有关联的原因是，某种强烈的社会化的好奇心，驱使一名学者或科学家做出尽可能深入和细致的理解。

　　不论是哪一方面的真理，一旦被发现，往往会通过交流与其他人分享。我们沟通、交流真理的最基本的原因在于，通过分享自己的经历与他人建立联系，通过我们所知道的、感受到的或拥有的东西，让他们产生兴趣。作为具有社会性的人，我们还会拥有分享经历的欲望。不论距离远近，我们会竭力帮助那些寻求理解的人；再或者就是大家共同参与发现真理（这一点在学者和科学家中颇为典型）。

　　很明显，力图发现和交流真理，从任何意义上讲一旦有人撒了谎，这一过程就不可能实现；一旦有人产生怀疑，这一过程就会模棱两可；一旦有人夸大事实或隐瞒部分信息，这一过程就变得令人费解茫然。任何被提供错误信息的人、被引向错误的字面义或比喻义的人，当然会为一切努力付之东流而恼火，若是他们再发现提供错误信息的人蓄意为之（也就是对他们撒了谎），他们就会更加愤慨。这就是为什么扯谎的学者或科学家（不论是为了获取名声、进行报复、为了得到物质上的奖励），如果仍然受到业界同行的嘉奖，就尤其应当受到谴责。之所以这么说，并不是因为这种撒谎是错误的，而是因为他们以一种（对科学或学术团体而言）蓄意的、有害于公众利益的方式撒谎。科学家与学者除了要面对自身知识上的困难，还要面临重重阻碍。欺骗同行这一行为困扰他们的，不仅仅是默认了撒谎可以在职业生涯中获得报酬，而且质疑了他们所做的一切学术工作的可靠性。科学家撒谎，背叛了人类个体，而他的科学实验恰恰是为了这些人类个体展开的；更可怕的是，他还背叛了人类揭示真理来代替旧有结论，以推动科学发展这一共同努力的目标。学术界的确存在一条不成文的规定，所有研究同一领域的专家学者都认同这条规定，即在科研中要对同一个逐渐发展的目标给予明确的关心。我个人感觉，甚至会存在一个潜在的期待：

180

所有学者和科学家的工作，最终都会在某个乌托邦式的、经过检验的知识结构中有交集。

还有一个原因可以解释，为何我们对这种"科研骗子"嗤之以鼻。同其他任何野心勃勃的人一样，科学家或学者也会抱有成功的幻想，并受其驱动。但是不论谁是天生的科学家或学者，都会受制于一种非比寻常、极度强烈的需要，去平息自己的好奇心，一段时间过后又把它重新燃起：他为一种情绪而活，这种情绪让研究者的生活独具特色，令他猛然间灵光闪现。这一时刻一旦来临，就会有第二次、第三次，并且不断重复；每次重复都会为研究者带来希望，以求自己能更快融入珍视这一洞见的集体，并提升自信心，赢得公众的尊敬。如果没有最基本的好奇心与求知欲，就不会产生这种情绪，也就不会诞生学者或科学家。尽管一些骗子学者或科学家会对整体情绪构成威胁，但这种威胁是无济于事的，不会产生实质影响。

就我刚才描述的，发现真理并将它如实传达，从而让人们知道应该选择哪条路，或者如何继续他们的研究。这一点与日常谈话中特有的社会关注力和互惠性并不相同。我所指的这种关注力和互惠性的作用在于，为人们提供所需的个人信息，从而与他人共同生活。人们觉得自己有必要知道其他人在说什么、做什么，他们对事件本身如何反应，他们之间如何互相做出反应，以及他们之间的关系如何不断变化。如实说出个人的真实情况是莫大的社会美德，因为它保证了我们每一天、每一时刻都很可靠，进而保证了我们因熟悉这部分信息而成为消息来源，对他人颇具用途。"说出真相"这一灌输给我们的美德，便或多或少成为良知的一部分。

就在这种灌输过程中，所有人都会面临一种困难，无一例外。这是因为社会真实往往与夸大和隐瞒真实，以及公然撒谎相冲突。隐瞒真实和公然撒谎这两种情况，在社会生活中往往经常被需要。不仅仅是阿鲁沙人、洛维杜人和木布提矮人会为了获得更加平坦、通畅的社会关系而牺牲真理。一旦有人打破社会规则，当事人多半会对自己的越界行为矢口否认，力求逃避审查或惩戒。即便不具说服力，否认往往还是比真相更容易让人接受。真相一旦得到承认，就会制造更多冲突，以至于让整个集体都无法承担。集体不仅建立在规则下，也在对越界行为的相互容忍中得以维持。不论是谁坚持说出赤裸裸的真相（无论这是他所知所想，还是在某一时刻的感觉），它可能具有强大的力量，也可能令他人惊恐不安。不论出现哪种情形，都会对长期以来本就脆弱的和平构成干扰。

181

　　还必须加以考虑的是，"互相尊重"这一庞大的网络，乃是由各种微笑和小谎言编织起来的，它们表达了一个人的伪兴趣，伪自尊，假模假式的爱，假装出来的服从、奉献与全情投入，故意做出来的崇拜、倾慕与虔诚。由于人的可塑性很强，人的感觉也会发生变化，我们很有可能自己都不甚明了什么样的主观或客观的真实，强化了一些误导人的表达方式，帮助我们统一在一个相互关心的集体中。有关社会性伪装和掩饰中产生的"团结之网"，我应当补充阐释一下共同利益，即避开远距离权威机构制定的法律的共同利益。这一利益可以将一种非法行为或宗教上的罪过，转变成地方性的美德。这种美德可以将越界者统一起来，共同抵抗和挑战权威。对这种关系的全面研究，毫无疑问可以划归到一种"交往伪装理论"（对哈贝马斯所提出的"交往行动理论"是一种颇具讽刺性的补充）中去。

　　虽然很容易感知，但是说出真相与避免说出真相之间的冲突，往往往表现得很含蓄。与此类似，撒谎的需要（我在这里还涵盖了夸大和隐瞒事实）也往往通过行动而非言语表现出来。那些传授和强加"说真话"这一美德的人——父母、老师、官员、警察、法官、统治者，还有可能是神祇——自己却采取了欺骗手段。他们有时候为的是社会和公众利益，有时候为的是一己私利。一个人发现了以上情况（这过程往往循序渐进，并且伴随着痛苦）后，会在行动上表现得颇为明显。因此我们可以通过各种例子，有意识或无意识地学会如何说真话，如何在可以接受的范围内撒谎。在日常生活中，说真话、隐瞒真相、夸大事实和撒谎，都是互相牵制、互相规范的活动，构成了一个人微妙而统一的语言习惯。这些习惯回避了对自身进行简单的道德勾勒；为了让事情变得复杂，它们可能与一个人的行为方式有着并不显著的关系。这就是为什么官方的道德，也就是基督教的"教义问答"和简单化的哲学所鼓吹的那一套，尽管对于树立公众标准不可或缺，却是描绘人类特质极为原始的手段。道德现实及其教义问答式丈量方式之间的区别，好比一张绝对个人化的面孔与用卡钳测出的各个部分之间距离一样的面孔之间的区别。当然，非道德的意图可能会变得既与现实相隔甚远，又同道德保持一定距离。换言之，一名马基雅维利式统治者的借口，与他统治下实际发生的情况之间也有着类似的距离。他所统治的民众知道如何阻挠、规避，将他设置的种种规则转变为自身优势：马基雅维利式的"教义问答"同其他内容相比，并不见得绝对可靠。[3]

　　总结一下，那些在大多数情况下说真话的人与经常撒谎的人之间的社会关系，有可能是这样一种方式：除非认定其他人都在说真话，否则我们作为个体或集体的行动力，会变得麻痹和瘫痪。骗子扯谎是否奏效，当然也得看其他人在多大程度上相信他们。可是大多数人都认识到，在任何情况下吐露真言不光不可能实现，而且还具有破坏性。有的人为了自身利益常常撒谎，在一些极端情况下，他们会想方设法脱身。因此说真话与撒谎必须要达到切实可行的平衡状态（尽管这一状态必定会发生变化）。为了集体的生存，毫无疑问它需要包罗一切人才，既要有才华出众的说真话者，也要有才华出众的说谎者，还要有才华出众的幻想家——这些人想象力极为丰富，以至于让人无法区分真假虚实。我认为最具社交能力的人，是那种尽善尽美的人，他们可以见机行事，根据每一种特定的情形来判断自己究竟应该坦诚、说谎还是幻想。

由于真理的界限往往模糊不清，社会压力又十分复杂，良知也分不同种类，它们的严肃程度也不尽相同，因此说真话的欲望与在社交中保持舒适的需要，以多变、无常的方式发生冲撞。怀有高度良知的人，通常不会轻易妥协。也许他们的所作所为在表面上看来与社会期待颇为一致，他们的内心却隐藏着一种特有的不安。在进行自我欺骗时，人们往往会运用机智聪敏的策略，因而这一问题变得更加复杂；采用真心实意的骗术会让一切变得更具说服力。[4]

真理与谎言的冲突往往一而再，再而三地出现，并且到目前为止，无论在知识上还是在情感上，都尚未出现清晰可行的解决办法。然而，在发现、交流真理的欲望（了解和分享一个人的知识），同忘却、夸大、撒谎的欲望之间，还存在更有意思的冲突，从而将对可信度的一个得体的衡量与足够应付社交场合的友善态度相结合。伴随后者的，还有可以为他人接受的对自身利益的维护。这种冲突体现在我们分析马基雅维利式人类行为这一过程中产生的复杂体会。这些分析都是建立在初次印象的基础上，其实质在于发现、交流人类有关行为的真理，并由此体现出正当性。但与此同时，它们给社交活动带来了巨大压力，因为在这样的分析面前，大部分人类行为被放置在一种不是无法起作用、不可信任、自私自利，就是引人怀疑的局面。与此同时，它们还将是否准备好行使奸诈、残忍的手段，作为衡量成功与否的标准，这也与传统伦理道德观相悖。

现在我们来讨论"公平"的美德。尽管哲学家更多思考的是他们希望我们"成为什么样的人"，而不是"我们是谁"，但是他们用抽象名词来进行概括，这一方法的确可以让问题变得简单、清晰，因此我提倡在一段时间内遵循这条路径，来看一看如果我们从简单的抽象概念出发，会出现什么样的情况，但是与此同时，我们始终留意马基雅维利式的可能性。[5]假定我们尝试用一些我认为听上去最具说服力的抽象概念，基于这些概念的可以是一种伦理学理论，即人们想得到他们认为公平的对待方式。[6]*在这一假设之下，首要问题是如何计算公

---

* 这是约翰·罗尔斯（John Rawls）在他举世闻名的著作《正义论》（*A Theory of Justice*）中阐述的思想基础。该书将正义等同于公平，从而抬高了社会契约这一思想的抽象程度。在《政治自由主义》（*Political Liberalism*）一书中，罗尔斯承认在自己的前一本书里，对现代民主社会所需的观念多样性关注甚少。由此他提出如下问题："如果有可能长期存在一种稳定而公平的社会，其中自由、平等的公民可以严格地被那些在宗教、哲学和伦理上互不兼容，但是理由颇为充分的标准进行划分，这一点要如何成为现实？"同康德类似，罗尔斯从抽象概念出发，假设在某些情况下"一个秩序井然的民主社会"应运而生。尽管罗尔斯的想法严肃、深刻并且颇为人性化，但我更愿意从实际情况出发，从中套取真相——究竟发生了什么？为什么人们实际上的行为，会与他们想要的或者声称自己想要的东西一致？思想如何为马基雅维利式活动提供乌托邦式避难所，或者对它进行煽动？究竟是什么阻碍了任何一种理想社会的出现——为什么要将这个问题搁置一边，好像不值得我们对它进行严肃思考呢？难道是因为这问题太明显或太困难，再或者（对那些在现实中受到折磨，而不是获利的人而言）太过令人沮丧？在我看来，并非由于缺少合适的抽象概念，无法产生"一个秩序井然的民主社会"。

平。实际生活中，只有在一些简单的事情里，公平才能用代数上的等式来衡量：面对同样的工作和同一水准的专业技能程度，支付相同的报酬是公平的。大体上说，每一个独立的人理应获得等量的公平，无论以盎司、磅，还是以其他计量单位为标准。亚里士多德喜欢以这种方式思考问题，并将这一观念传给了欧洲和穆斯林哲学家。他将"公正"与"合法"、"平等"与"公平"等同起来，将"不公正"与"不合法"、"不平等"与"不公平"等同起来，之后他说：

> 现在看来，不公正的人既不公平，也不平等。正因如此，很清楚的是，存在一种手段和方法与不平等相对应，也就是平等；因为每一个行动或多或少承认了它是否平等。如果说不公正就是不平等，公正就是平等——这一观念以一概全，并且未经证明；由于平等本身是一种手段或方法，公正也不例外。[7]

我们试着用代数方法对"公平"进行衡量，到后来发现，这么做不是过于武断，就是无法再进行计算：我们要拿什么数来做乘除法，或者设定比例？如果孩子的一切与成人用的是同一标准，这怎么也说不通。"公平"还要取决于何时、何地、何人。后者具有诸多变数，如一个孩子会变成一个合法的或是具有道德观念的成年人。同样，为了公平起见，还应针对身体虚弱者、老年人、女性（只因为她们生孩子）、无法生育的男性，对富人、穷人、高原居民、中部地区居民、低地居民、外国人，以及许多其他类型和需要给予特别关照的群体设立不同的规定。这一过程十分复杂，不可能一下子处理完，也不可能完全依赖立法者颁布的各项法令。至于其他裁决机构和传统规范，则有时间和临时裁决者来对一个又一个细节进行甄别，以决定互惠互利的原则，并逐渐与各种人群所持有的观念达成一致。每一种传统观念，都会承认公平内部存在许许多多细微的差别，并在可行范围内将它们付诸实践。

当然，占据统治地位的规则传统，可以通过多种方式进行解读，而且这些规则也并非所有人都能接受。总有人会抱怨，它们与另一个更接近真理的公平观念不能协调。这种公平观念本身可以囊括在某一套次传统 (subtradition) 之下。种姓制度下的印度教徒，同他们的对头——平民主义或神秘派组织——一直发生尖锐的冲突；在中国，儒家学者推崇的等级观念下的互惠性，同样与坚信众生平等的佛教徒存在教义上的冲突；在欧洲，不同社会观念与等级之间也会一而再，再而三地发生冲突，比如有人倡导奴隶制，有人对此表示谴责（无论公然占有奴隶，还是债务奴隶制或雇佣奴隶制）。正是由于不同利益方对"公平"这一概念持有不同看法而发生冲突，中世纪市镇政府才提出要求，各自实行独立管理，从而对"君权神授"这一观念构成挑战。至于规则传统之间的其他冲突，最初体现的是民众的诉求，后来导致中世纪后世界爆发的一系列革命——英格兰的光荣革命、法国大革命、美国革命，以及中国的反封建专制与马克思主义革命运动和俄国革命。

这里的关键之处在于，一旦人们开始质疑大范围的社会事件，规则传统自身就会变得含糊不清、模棱两可，社会秩序发生混乱就难以避免。这时候规则传统就要对反抗者进行压制，人们需要找到交战双方都能接受的公平标准来对传统重新阐释，或者要找到一种标准，以取代旧有的规则——正如吠陀的规则传统后来被大多数人用佛教传统或耆那教传统来代替一样。抽象意义上的公平，一旦被放在具体情况

185

下进行评估，往往就会陷入困境。公平原则无法自始至终通过任何自发的、不言自明的知识程序建立起来。

最简单且不受文化语境约束的公平原则，永远是一些"黄金法则"：我同意得到这样的待遇，前提是其他人也得到同样的待遇，因此别人以什么样的方式对待我，我就怎么对待他们。而《圣经》、儒家和佛家思想尽管有着鲜明的反差，但是它们共同倡导的"像爱自己一样爱他人"这一观念，在"黄金法则"面前显然是一种非常勉强的比喻。"黄金法则"的思想，包括自然法则、预定程序以及在法律面前受到平等保护，它们必定有许多种版本。其中之一是儒家思想，另一个是《塔木德经》。一次，孔子的弟子子贡问："有一言而可以终身行之者乎？"孔子回答："其恕乎！己所不欲，勿施于人。"[8] 一位犹太教的皈依者问塔木德圣贤希勒尔，怎样将整个犹太教的律法书进行概括，希勒尔回答："你所痛恨的，不要向你的同伴施加……而其他条例，都是注解性质。"希勒尔还说过类似的话："当你还没有站在他的立场上考虑问题时，不要……对你的同伴做出评判。"[9] 大概在同一时间，耶稣也说过："不论你希望别人为你做什么，先以同样方式对待他，此乃法则和预言。"[10]

但是人们空谈公平原则是一回事，将它在实践中运用是另一回事。人们在什么时候认为自己真正受到了公平对待？从一方面来说，他们的观念和看法，不仅取决于对每个人都关心的互惠性予以含蓄的接受，还取决于他们对那些看上去会接受的人的信赖。尽管他们天生或经过后天经验习得，已经准备好将自己的信任交付，但这种信任不会延伸至所有人，而且肯定不会是人人平等的。因此，给予他人信任，永远会涉及一个问题：谁值得信任？在何种程度上他值得信任？换言之，就我个人而言，为了公平起见，只有我能信得过的人才会对我公平。很可能我已对这个人像对自己一样十分了解，在信任他的过程中，我感到自在和舒坦（或者不自在）。同这个人相处时，至少在我信任这个人的时候，我可以在他身上找到自我，或者能够自信地做出判断。

186　　让我首先提出一个（仍旧抽象的）有关公平的问题，因为它作用于个体身上。我首先强调"个体"，是因为（作为基本的马基雅维利式概念）下属与领导的关系。对下属而言，上级并不仅仅是一个领导，也是可以辨识的个体；一名领导与其他多名领导之间的关系，也是一名个体与多名个体之间的关系。如果进一步将个体与集体等同起来，我们信任或不信任一个集体的存在，比如一个国家或一种规则传统，就好像将它们看作一个人、一个独立的个体，并在他们身上倾注情感。这是因为对国家和其他大型的、名字不带感情色彩的组织，我们的情感依赖程度和初步印象主要来源于对其中某个人的情感依赖，并且将他们对一些人、国家和组织机构的情感，同化为我们自己的感知。

　　至于信任，它有笼统的一面，心理学家称之为"基本的信任"。这建立于个体的感受之上（这种感受绝大部分来自原始的人际关系），即他人的态度应当友好，而残忍、撒谎、剥削与利用他人，都不是待人之道。由于原始的人类关系多种多样，个体之间在信任他人的意愿甚至能力方面有着很大差异。从人的本性或个体经验和阅历出发，有的人值得信任，有的人居心叵测。不论如何，他们的共同之处在于认同"公平"这一抽象原则，只不过有些人会发现只有少部分人值得信任，而其他人认为根本没有人值得付出。的确有人说："如果真有人值得信任，我们会信任他；然而实际上一个人也没有。"

　　那些对他人信任感较低的人，有可能会变得非道德——由于很少相信别人，或者料到自己可能会受到欺骗或剥削，他们很容易变得不太友善，并且会为自己欺骗或利用他人寻找正当的借口："我这么做是得体的，为什么要让每个人都从我这里得到好处，我却不为自己辩护？"信任他人的人，会对不信任产生恐惧；他们会怀疑别人将不信任投射到他们自己身上。与此同时，信任他人的人会发现，不信任他们的人夺走了自己在人际关系中的天然乐趣。在马基雅维利主义者中，那些在私生活中有正常良知的人也会认为，那些与生俱来信任他人、充满善意的人过于单纯天真。在他们看来，除非这些人努力改变自己，否则无法胜任重要的公职。马基雅维利主义者认为那些非马基雅维利主义者对现实世界不太适应，而反马基雅维利主义者——也就是认为人与人之间的情感联系至关重要的一类人——认为马基雅维利主义者不只欠缺道德，还缺失信仰和同情心。倘若我们考虑以上两种极端情况，会发现每种人对另一种人的看法都不无道理。[11]

　　我们可以通过考察罪犯的态度，来对以上评价做一番简要的测试。如人们所知，罪犯的良知感比较微弱，或者说具有非同寻常的选择性。他们的信任感也较低。比如一名罪犯如果得知自己被定性为"精神变态者"（具有"反社会人格障碍"），那么他会同意定义上说的，他不会感到罪恶，或者需要效忠某个人或集体。这名罪犯说：

　　　　到我死的那一天，我都要做我自己；你们只是不能容忍我而已。我说的"你们"指的是整个社会，不仅仅是你这名法官，或是你这个人……我对别人缺乏同情心，就像独臂的人缺了胳膊一样。[12]

187

即便有很强的良知感（这种良知具有选择性），罪犯也很有可能（如许多改革者一样）认为，社会十分腐败，有钱人对社会没有用处，反而剥削和利用他人；当权者只为自己。因此罪犯的行为更像是非罪犯所为，只不过他们的坦诚在道德上更胜一筹。一名机敏的罪犯在谈到他所熟悉的监狱看守时说：

> 我从没在任何地方、任何时间见过这样的人，他不是明显为自己效力的（往往迟早可以发现这一点）……他希望在生命中能有那么一次，让罪犯走上正途。[13]

这名特殊的罪犯找到了一两名诚实可信的人让他佩服；但我不清楚的是，像他这么聪明的人，如何能够被一种抽象的观念说服，而这一观念对他所熟悉的人群，或者对他所生活的世界并不适用。我同样不清楚的是，如何通过某种言语程序，让犯罪学家或哲学家来"证明"他有可能是错的。没有人可以让他完全信任，甚至连他自己也不例外。他的例子提出以下问题："谁会像我这样信任别人"这一问题的孪生兄弟，是否为"谁会像我这样怀疑别人"？这两个问题都要求我们对"相似"或"认同"具有同样的感受力。

建立信任的第一个障碍是"不熟悉"。一个陌生人在获取信任之前，首先会受到怀疑；怀疑总排在信任之前，这不仅在面对陌生人时如此，面对任何不熟悉的事物，包括心理上的不熟悉，外貌、职业、语言或宗教上的不熟悉，都会如此。与之相对的是，一个陌生人也会认为其他人不信任或不理解他——一是没有对他产生同理心，二是没有掌握和熟悉他看待事物的角度。因此对一名罪犯而言，他有足够理由说明，一个坦诚的人几乎会自然而然地认为，他这名罪犯也想进入同样坦诚而公正的社会中。但是这个坦诚的人错了，因为罪犯并不想改变自己本来的面貌。[14]一名罪犯有可能仅仅因为在一份稳定的工作中成为行尸走肉，在传统的人群中生活，所以感到无聊。

对于一个经验丰富的罪犯而言，蹲监狱仅仅是一项他必须承担的职业风险。一名颇具代表性的罪犯说，他愿意将人生的三分之一赌输在牢狱之灾上，而在余下三分之二的人生中为所欲为。[15]犯罪成了他的习惯、行为倾向和偏好，一旦成功就会令他备感骄傲。他对道德圣人的态度与盗跖不无相似。盗跖批判孔子"矫言伪行，以迷惑天下之主，而欲求富贵焉"。如同那些不那么形象化的罪犯一样，盗跖认为大多数所谓好人以及所有的政客不过是些骗子，社会的官僚机制由他们掌控和利用。相比之下，狄德罗的抗议较为温和，但是言辞仍旧激烈。他让笔下性格奔放的非道德人物拉摩道出美德的冷酷无情与残忍：

188

> 人们歌颂德行，但憎恨它、躲避它；它是冷冰冰的，而在这世界上人们必须使自己安乐舒适。这样就必然使我的脾气变坏；你晓得为什么我们常常看见虔诚的人这样冷酷、可厌和难以亲近吗？因为他们勉强要做一件违反天性的事。他们受苦，而当你受苦的时候，你令他人也不开心。*

倘若蒙田也抱着幸灾乐祸的心情来听拉摩这番话，我想他应该不

---

\*　引自[法]狄德罗著，江天骥译，陈修斋校《拉摩的侄儿》，第31页，商务印书馆1981年版。——译者注

会提出什么异议。他有可能会像盗跖一样,从心理学和社会学的角度做出回应:

> 我们人类有根深蒂固的病态品性,诸如野心、嫉妒、羡慕、报复、迷信、绝望,它们寓于我们体内,并极其自然地控制着我们,以致牲畜身上也能看到它们的影子;是的,还有残忍,这种极其违背自然的恶行;是的,我们在同情别人的时候,看到别人受苦,内心会感到一点难以言表的幸灾乐祸的复杂滋味……倘若谁消除人类身上这些病态品格的种子,他就破坏了人类生存的根本条件。同样,任何政府都有一些必要的机构,这些机构不仅卑鄙,而且腐败;恶行在那里得其所哉,并被用以维持这个社会,犹如毒药被用来维护我们的健康。[*]

尽管与自身利益相悖,但为何一些权谋之士仍然愿意公开主张政治诈骗?

如果将这一问题的动词时态由现在时改为过去时,我的答案是,有些权谋之士并没有意识到自己的理论会在日后出版。可是还有一种答案:他们建立自己理论的过程可以反映出,他们发现与交流真理时自相矛盾的欲望究竟是什么。权谋之士竭力向人们展示,一而再,再而三地说真话就像普通的善举,会大大减损自己在政治上取得的成功。

189

---

[*] 引自[法]蒙田著,潘丽珍等译《蒙田随笔全集》第三卷,第2页,译林出版社1996年版。——译者注

如果一名领导者坚守"说真话"这一原则，他的目的会受到阻挠，并有可能在社会上引起严重后果。试想一下，人们可能会问，如果一名领导不加任何掩饰或夸大，将他所知道的事实赤裸裸地和盘托出，将会引起什么样的混乱。权谋之士所形成的一套理论一旦公之于众，会让我们感到很不舒服。然而在社会分析学家看来，尽管在现实生活中并不需要演戏，但那些权谋之士事实上是反马基雅维利主义者，因为他们在披露不讨喜的社会现实时，过于无所顾忌。权谋之士认为，这些现实往往掩盖于公众目光之下。可是他们一旦将自己对世界的真实看法与谋略公之于世，我们又怎能期待他们一直是有效的权谋之士呢？

　　为了让以上观点更加清晰，让我重新回到前面的理论家。商鞅既是一名理论者，也是一名实干家。他为何把自己的思想记录下来，有关这一点尚没有明确的信息可供考证。但是在司马迁笔下，商鞅认同以下说法："语有之矣，貌言华也，至言实也，苦言药也，甘言疾也。"[16]动听的话好比美丽的花朵，真实至诚的话如同果实，苦口相劝、听来逆耳的话是治病的良药，献媚奉承的话是疾病。对韩非而言，据说韩王没能采纳他的意见，反倒任用其他唯利是图的庸臣，这令他既沮丧又恼怒。由于韩非的建议涉及建立一个强有力的政府，将他的观点公之于众是理所当然的；可是他在为秦国国君提供的建议和多篇文章中，充分展现了自己马基雅维利式的一面后，又披露，作为一名潜在的实干家，若能隐藏好自己的观点，就更加明智了，并凭借这一智慧在仕途上更上一层楼。与此同时，他在建议领导者实行骗术时，不禁对自己的动机产生怀疑——倘若一个人能轻易教别人撒谎行骗，这个人自己就很容易撒谎。对考底利耶而言，如果他事先有打算，在一个法制健全的等级体系中建立自己的一套治国方针，或者如果他对法度原则，比对一系列排列密集的事件结果更感兴趣，那么他有可能成为一名社会学家。他的著作给人的感觉是，他着力展现自己的敏锐，对一些颇具价值的细节有着充分的关注，而并非他的残忍无情。如果说韩非可能梦想成为一名不择手段的统治者，自己居于权力网的中心位置，对这网上任何一缕丝线的震颤都十分敏感，并能够在这里不费吹灰之力统领一切，那么考底利耶更像一名对各种细节进行设计和分类的专家。至于马基雅维利，他一方面发现了现实社会中让人不讨喜的真理，另一方面对意大利的原则与信仰怀着满腔热情。他有可能愿意以马基雅维利式的原则为君主治国出谋划策，这名君主时而聪明伶俐，时而冷酷残忍，时而仁慈友善。可是，马基雅维利又是一个内心过于火热的人，以至于他无法与一名彻头彻尾的马基雅维利式君主达成想象中的认同。圭恰迪尼则截然相反。他在实践中展现出了自己凶狠残忍的马基雅维利式的一面，但他同样认为，自己作为发现者有必要将这些内容（尽管其中的一些思考存在局限性）与家人交流、分享。

在这些权谋之士中，没有一个人会为自己的直言不讳感到反常，抑或声称自己对所服务的统治者十分忠诚，会引起所有人（包括与他形影不离的统治者）的怀疑。商鞅将这些残酷的法则传授给统治者，并以身作则，不过这些内容在他看来都是客观的真理。韩非上书进谏时，也无须担心自己正向君主的敌人通报他们没有意识到的任何消息——一旦中计，危及的是君主，而不是密谋者。尽管韩非后来受李斯和秦王的怀疑，但我们仍有理由做出推测：韩非和李斯都没有想到自己会以马基雅维利主义者的形象载入史册，会在宫廷外面为人知晓。司马迁在《史记》中搜集的内容，是较后一段时间的事，而韩非、李斯二人之所以声名狼藉，主要是因为被他们的儒家敌人在著述中抹黑。

190

考底利耶仅仅是将自己条理明晰、切实可行的思想方法付诸实践而已。尽管马基雅维利为自己的《君主论》颇感自豪，可他本人并未将该书交付出版。

我觉得（但我并不肯定），所有这些权谋之士生前都希望自己的著作得以出版，尽管他们考虑过自己服务的对象是潜在的敌人；或者说他们至少希望当自己不再是政坛上的演员或顾问时，能够将自己的著作公之于世。我之所以这么说，是因为他们每个人都对自己在政治程序中觉察到的真理深感自豪，希望这种自豪感通过得到广大读者的认同（作者想象他们会产生共鸣）获得承认。马基雅维利式的理论家因而陷入了存在主义的困境：他希望人们赞扬他揭穿了真相，问题在于这一真相本该隐藏起来，除非他想受到责难。

尽管我罗列了这么多复杂的情况，但马基雅维利主义者交流政治真相的利益在于，正如一种理论的名字所昭示的那样，"马基雅维利式"这个词应当代表一种追求真理而非谬误的努力。很明显，这个词暗指在政治上要实行骗术，因为它过于真实，很不讨喜，也因为它描述和推崇背信弃义，让理智清醒的人嗤之以鼻。结果，"马基雅维利式"与"反马基雅维利式"这样的词被局限于定义本身，让其含义过于绝对化、简单化。正如没有什么能阻止一个人施行骗术，也没有什么能阻止任何人在同一时间内既使用马基雅维利式手段，又做出反马基雅维利式行径。在古代中国如此，现在的情况也不外如是。

191

为何人们明知一些政治措施是非道德的，但仍旧做好准备采取或宽容这些行为？

我的答案是，无论跟随一名领导者的冲动，还是加入某一集体的需要，都会令我们对道德本身的感受，也就是良知所允许我们做的事，发生改变，甚至将后者完全抵消。为了解释这一点，我回到人类与信任的联系。这次我将通过个体之间的信任，以及个体对所属团体、国家或领导者的信任这两者的类比，来进行说明。团体或领导者如何赢取个体的信任？从长远看，不是通过抽象的概念、理论、宣言或者诸如此类的言行。恰恰相反，信任是一种心理社会的感知方式，它的确切品质只能通过把历史、经济学、社会学，以及个体和社会心理学的内容结合起来加以形容。从实践角度来讲，由于这种信任会在极短的时间内收到反应，并且分析起来十分复杂，因此它只能是一个社群的成果，而非其中任何一名个体的反应。

可能性有很多种：集体或国家有可能会，也有可能不会信任其领导者；有可能会，也有可能不会认为应以常规方式看待既定的法规和惯例。如果一个集体信任其领导者，这种信任意味着领导者必须要对其他团体采取马基雅维利式的态度。换言之，集体内部的成员会想当然地认为，自己面临攻击时会受到保护，这种保护会以牺牲其他团体的利益为代价。效忠集体就意味着以集体利益为先，这多半是因为其中的成员执意要求这么做。一名父亲之所以拥有父亲的地位，是因为他只会保护自己的孩子，别人的孩子他不管。一名领导尽管没有什么雄心壮志，或者没有做好准备采取残忍或欺诈的手段，但是他心里清楚，自己最好对其他团体采取马基雅维利式的手段，因为自己团体的成员期待他这么做——就算他不是什么好人，也好歹是个尽责的领导。他必须采取这样一种方式，这种方式对一名个体而言或许是不合乎道德标准的；但是（正如我所说），由于个体合乎道德标准的生活似乎应取决于团体是否稳定，领导者的行为从个人角度来讲或许并不道德，却在更高的层面上取得了"合乎道德标准"这一地位，并在这一行为之下让其他一切道德准则有可能实现。[17]

我们来考虑一下：一个人的道德感或良知决定了一个人如何，以及在何种程度上对自己表示认同；一个人的良知和自我认同乃是由一个人早期的人际关系，以及同这个人联系最为深刻的集体塑造的。因此一个人对另一个人的道德评判，一定还取决于影响这一道德评判的集体看待一切事物的方式。我们还有理由做出进一步分析：对于那些高度依赖他人正面评价的大多数人而言，良知对一种行为做出的评价，取决于由谁提倡或者由谁实施这一行为。因此良知往往与社会顺从等同起来，换言之，就是顺从我们身边最近、最重要的集体（不论是什么集体）当中多数人的观点和行为。即使在某些极端情况下，比如违背常规的道德原则，这一"顺从"的趋势所要付出的代价，有可能是对个体的、对内的一种折磨，而不是激发实际的抗命。在大多数情况下我们会顺从，如果对此并不认同，我们多半会跟随那些特有的、不按常理出牌的人。倘若他们拒绝，我们仍会趋于随大溜。[18]

让我用两个经过调研的例子来阐述。这两个例子取自纳粹德国的历史，它们将良知与顺从相结合，很有说服力。第一个例子是利夫顿所著《纳粹医生：医学屠杀与种族灭绝心理学》，第二个例子是布朗宁所著《普通人：后备警察 101 营和在波兰的最终解决方案》。利夫顿挣扎于医生从治愈者到杀手这一转变过程的自相矛盾之处，并指出他所研究的德国精神病学家往往都是国家的公职人员，这与他们所认同的自我形象颇为一致，也使得他们很难考虑违抗国家的命令。[19] 但是这些人同样受到"科学的"种族主义这一理想目标的影响，并且自始至终对集体意志保持忠诚，也认为自己的行为正体现出这一点。结果是，照利夫顿的话来讲，这些人私底下的良知被一个具有适应性的公共良知"折叠"了起来：

> 折叠让纳粹医生逃避罪过，这种方式并非通过消灭良知，而是通过可以称为"良知转移"的方式来进行。良知所需要的条件被转移为奥斯维辛集中营的自我，也就是把自我放进自己认为"好"的标准里去（比如责任、对团体的忠诚、"改善"奥斯维辛集中营的条件等），因此原始自我就无须承担自己的（屠杀）行为带来的任何责任……纳粹医生知道他们有所筛选，但不会将其解释为谋杀。一种层面上的否认是，奥斯维辛集中营的自我将"谋杀"的含义窜改；另一种层面上的否认是，原始自我对奥斯维辛集中营的自我做出的一切行为都予以否认。[20]

布朗宁提供的证据来自某营招募的大多数新兵，以及已成家的中年男性（包括码头工人、卡车司机、仓库和建筑工人、白领工人）、没有作战经验的男性和心中尚未埋下仇恨种子（比如战友被敌军杀害）的士兵。[21]他们抵达波兰三周后，军营里像父亲一样的指挥官威廉·特拉普（Wilhelm Trapp）少校将士兵集中起来，用几乎发狂一般的哭腔说，他们接下来将面临一项极为恐怖、令人十分不快的任务。他声称自己一点儿也不喜欢这项任务，接下任务让他后悔万分，"可命令是由最高领导层下达的。如果想让任务简单一些，男人们就该记住，在德国，炸弹正落在女人与孩子身上"。

军队的这项任务是将附近村庄的犹太人集中起来，挑选出其中符合工作年龄的男性运送至劳动营，其余人一律枪杀。特拉普说，由于这项任务十分艰巨，军队中的年长成员如若感到不能承受，可拒绝。[22]
于是五百人中有十来个立即走出队列，表示自己不能胜任。这是一项
很严肃的决定，因为它"意味着要远离自己的同伴，并且承认自己'太
弱小'或'太怯懦'"[23]。真正的枪击开始时，还有一部分人退出了任务。
余下80%的人参与枪杀，不过他们可以按照自己的意愿，利用之前命
令中模棱两可的地方，避免杀掉一些人。[24]比如有人选择不杀孩子；
一名士兵只枪杀那些母亲已被邻近的人杀害的孩子，"让这些失去了母
亲就无法生存的孩子们得到解脱"[25]。

这些士兵回到营房时，他们：

> 十分沮丧、生气、愤愤不平，身体激烈地发抖。他们吃
> 得很少，但喝得很凶。特拉普少校来回巡视，力图安慰他们，
> 并再次将责任归于高层领导。可无论酒还是少校的安慰，都
> 无法洗刷弥漫在军营内的耻辱感和恐惧感。[26]

士兵们在沉默中达成共识，再不去谈论屠杀；可是其中有些人夜
里开始做噩梦。从那以后，军营里的士兵似乎很反常地摆脱了那次枪
杀的阴影；只要被迫执行杀人任务，他们居然就"变得越来越高效，
成为麻木不仁的杀戮者"[27]。

由于军营里的士兵无法避免杀人，对这一行为做出的解释是，他
们发现自己几乎无法违背上级的命令，逃脱责任。可是他们中的许多人，
强调的并非对领导和权威的服从，而是难以蒙受耻辱。"同伴会怎么看
自己？"他们扪心自问。当监管并非很严格时，许多人没有服从命令。
作为心智成熟的男性，他们已然接受了纳粹的教条理论。尽管这个集

体被深深地灌输了纳粹的思想，可究竟这思想对他们产生了何种影响，并不清晰。在对所有因素进行考虑之后，一个最有可能的、较为笼统的解释为，士兵拒绝枪杀犹太人，等于拒绝分担一项十分艰难的集体责任，并冒着在集体中被孤立和排斥的风险。没有参与枪杀的士兵，并非以道德，而是以脆弱为借口，间接助长了其他士兵的强大与优越感。结论是：

194

> 在差不多每一个社会集体中，集体给其成员在行为上施加了巨大压力，并设立道德准则。如果 101 警察军营后备队的士兵在这种情况下都成了杀人狂，还有什么集体不会？[28]

我从集体向其成员施加的压力，讲到集体对根据某一等级制度进行统治的反应。这种等级制度作为规则，让每名个体对他的上级趋于服从。[29]不论集体的成员与领导者关系如何，集体内部的生活让人们既有可能产生恐惧，也有可能激发热情，二者的影响随着它们在成员内部接受度的提高而有所增加。如果一个小领导（拥有的权力很小）晋升为大领导、大领导晋升为更大的领导，那么越来越有可能出现以下局面：领导者与被领导者都在参演一出戏，这场戏里有相互歌颂和情绪高涨的个人崇拜，使他们的侵略战争更加合理合法。倘若敌国竭尽全力防御，或者胜券在握，我方的反应是道德上的愤慨。紧接着，祖国的实际边界成为一个道德性的问题，让每个人都感到有责任和义务去守卫它，正如欣古印第安人有责任保卫自己的领土不受野蛮人的侵扰，使其不对他们颇有道德操守的生活方式构成威胁一样。在这种情况下，父母一样的领导者或家园的敌人（无论真实存在还是想象中的敌人），成为每一个忠诚孩子的敌人。真实存在或想象中的敌人永远在他们身旁，他们可以感受得到，有些人生来无动于衷，或没有猜疑心，正因为他们的盲目，挑起了间谍、叛徒之辈，从而构成威胁。既然如此，除了在尚未搞清楚状况的局外人面前展现出奸诈与凶狠之外，一个人应当如何防卫自己？[30]

领导者不论是否为马基雅维利主义者，是否应当如民众所期待的那样，为了大众福利而牺牲个人利益？

答案是领导者对外宣称，或者往往认为牺牲了自己的利益，但将"满足自我欲求"与"为他人谋福利"两者进行区分，往往十分困难，以至于利己主义同利他主义之间的界限并不那么明晰，甚至两者都会不复存在。这对那些以放肆妄为和狡诈伎俩为傲的领导者尤其如此。在他们看来，自己的目的一旦实现，给所有被统治者带来的福利将会超过道德本身的影响力。

这种"大于个体的整体"的关系使得一项行为的动机与大部分人无关。如果一名艺术家、科学家或政治家的行为虽然利己，但他们创造出的价值受到认可，那么利己的行为对整个社会而言是一种福利。我们接受一种"以国家利益为重的理由"，使得原本不道德的行为受到获利群体的赞扬。国家（无论秦帝国、汉帝国、难陀王朝或孔雀王朝，还是斯巴达或雅典，比萨或佛罗伦萨）根据自身价值，会赋予一切维持其生存的行为神圣崇高的价值。

我之所以说这些艺术家、科学家或政治家的行为"自私自利"，是因为在我看来，这些行为实践者不太会感受到或考虑到自己能给整个团体带来什么；他们考虑的更多的是团体能为他们做些什么，让自己的目标得以实现。尽管这个人（正如我刚才假定的那样）毫无疑问

195

从自身利益出发，可是有一点并不清楚：在实际情况下，一个人如何将为他人谋福利的欲望与赢得他人认可的欲望区分开来——一旦得到认可，这个人就可以获得名位、金钱、权力，并满足自己的虚荣心。做了一件颇为有用的自私的事的人，很有可能发现，对以上两者进行区分不仅十分困难，而且有可能同问题本身并不相关。

我们可以听听拉罗什富科（La Rochefoucauld）这位对"利己""自爱"有着真知灼见的思想家，是如何看待对这种区分做出的带有最起码偏袒性的启迪思想的。前三条格言选自他的《箴言集》（*Reflections*），对我前面所说的区别进行了点评。在拉罗什富科看来，这些格言很少涉及公正无私的善行往往出于以下几个原因：

1. 人们所谓德行，常常只是某些行为和各种利益的结合，由天赐的运气或自身的精明巧妙造成。男人并不总是凭借勇敢成为勇士，女人亦不总是凭借贞洁成为贞女。

2. 自爱是最大的奉承者。

3. 我们在对自爱的探索中只是获得这样一个发现：自爱对我们依然是一个未知的世界。*

连这名勇敢无畏的格言家都用"往往""通常"一类词来形容。他的第一条格言已经对此做出解释，并且与一些经验十分贴合，以至于我们需要进行严肃的考虑。第二条格言也是如此。第三条格言似乎点明了探索者的好奇心，并暗指未来还需更多发现。拉罗什富科称"自爱"这一特质有待人们进一步探索，他自己在文字中对它形容得并不十分

---

* 引自［法］拉罗什福科著，何怀宏译《道德箴言录》，第 1 页，生活·读书·新知三联书店 1987 年版。——译者注

清晰。不过,我在这里提议对他的愤世嫉俗稍加修改,也就是不从"自爱"本身、不局限于"自爱"来理解这一特质。我的意思是,必须超越自爱者,找到那些与这一特质相关的目标物、行为或人,从而让它得以自我彰显。当自爱具有创造性时,产生自爱心理的这一方,通过与那些爱戴和原谅自爱者的人建立联系来证明存在。自爱本身的自我彰显特质,使它往往既是一种情感维系和协助模式,又是一种利用与剥削。正因如此,对"利他"和"利己"两者进行区分,或者赞扬以牺牲名利为代价的朴实和谦虚,往往十分困难,或者说没有太大意义。

如果我们试图将一名统治者施加权力时产生的满足感,同他实际上对被统治者施以帮助而获得的成就感进行区分,以上所述的"困难"就会与马基雅维利主义十分相关。我们不应期望统治者自身(或政府本身)花很多精力来分析"权力施加本身"与"帮助权力的被施加者"之间的区别。相较于一般意义下希望受到较好的统治与管理,有些民众更希望由一位强有力的领导者(不论是否为权谋之士)来统治;还有一些民众对统治者尊崇备至,仅仅因为他处于领导者的地位——对以上两种人而言,前述区别也并不十分相关。不论出于什么理由敬重统治者,即便仅仅是对他心存畏惧,在国家和广大民众利益这一层面上(正如我前面所说),他们也很容易把领导者使用的骗术和武力视为道德。对这一点很难接受和认同的人,不外乎以下几种:(1)自己本身为受害者;(2)某些时候强迫自己变得善良或正直的人,很难区分个体和公众道德这两种角色;(3)不论出于什么原因,在想象中认同那些受害者或受害国的人;(4)对自己国家的认同感较弱,或者因为认同一些更加普世性的人类特质(可能是总体的人性)而无法认同领导者的人。

196

没有任何良知可以称得上完满，但是有些良知具有普遍性且不能妥协，以至于它们无法被分割。正如蒙田所见，无法对良知予以妥协的人，会发现从政的难度非比寻常，因为后者不是要求摒弃良知，就是会让政治折损。在心理上较容易摆脱这一两难局面的办法，是认同盗跖或圣奥古斯丁的思想。我已在前文中引述他们各自的观点，不过我要在此添加圣奥古斯丁（从西塞罗那里）引述的有关一名海盗船首领与亚历山大大帝的故事。当亚历山大大帝指责这名海盗船首领进行恐怖活动时，海盗船首领回答："我被称作恐怖分子，因为我用这艘小小的船侵扰了这片海；可你用整个舰队占领整个海域,被称作大帝。"[31]

佛教徒只是部分认同盗跖与圣奥古斯丁，因为在佛教徒看来，任何政治野心都无法与完满的道德或内心的平静相调和。这就是佛教徒在《本生故事》（*Birth Story*）中的负担。在这则故事中，一个不幸的人（后来成为佛陀的追随者阿难）受贤明君主优陀耶王（King Udaya）的赏识，与他共同治国。在故事的开始，优陀耶王正在睡觉，头枕在他所信任的半钱王（future-Ananda）的膝上。半钱王无法控制自己的想象力，脑海里只浮现出一个念头：砍下国王的头，取而代之成为王国唯一的君主。半钱王深知这么想是忘恩负义、罪孽深重的，于是想方设法打消这一念头，可就是无法阻止它反复出现。他叫醒国王，坦白了自己的邪念。这位君主该怎么做呢？为了解除半钱王挥之不去的诱惑，国王立马提出将整个王国都赠予他。但这并不是佛教徒解决问题的办法。半钱王刹那间领悟了政治野心的本质，于是他说：

> 予之所愿，非为王土，何以故？予起恶念，将堕恶处。
> 王土为王所有,惟请王取之,予愿出家,予已善见爱欲之根本。

何以故？彼对欲望之人增长故。予自今后，不再兴此欲望。[32]

这种道德节制并不意味着一种结束，而是强化了佛教圣人与其他佛教徒之间的认同，并且从广义上说，强化了他们与一切生灵的认同。这种认同是否仅为幻想？的确，考虑到与非人类的生灵以及与所有人的关系，我们禁不住会抱有这样的疑问。但如果我们将佛教徒的伦理道德观搁置一旁，一个人与作为整体的人类达成认同，是否可行？作为整体的人类，与个体的家庭难道不是有一定的距离吗？对那些与这名个体操同一语言的人而言，这不是难以理解吗？不去食用属于他自己的、天然种类的食物，不是远离了文明世界吗？不去按照与自己相同或相近的文化方式生活，不是显得很反常吗？与全人类达成认同，是否意味着同身边人保持距离，树立和抬高了一个并不算不合情理的形象——一个憎恶自己家庭，却对全人类充满关爱的人？

我知道这个问题没有令人满意的答案，但我看不出有何种理由非得把问题推向这么极端。我们的想象可以进一步延伸：既同情身边的人，又与广义上遥远而抽象的目标（比如全人类）达成认同。这种对广义上的全人类的忠诚，暂且不说是否为一种心理缺陷，我们至少有可能面临的情况是，它的出现意味着狭义上的、更加直接而贴近的忠诚会被无视。尽管我们对广义上的人类会感到不那么亲近，但是经验表明，把我们的政治理想延伸到家园之外，须要格外谨慎。对于柏拉图和亚里士多德而言，理想国只有可能是小的，甚至比雅典城邦还要小（雅典作为养育苏格拉底的城邦，苏格拉底宁可为之付出生命）。有关宏大的理想，具有很强的说服力的具体例子很少——如果这些理想要求过高，或许一个例证也没有。小一点的理想倒是有许多相关例证，

198

比如新英格兰政府通过市镇会议参政议政，早期佛教寺院统治通过讨论决定各项事务，还有无首领的非洲部落、因纽特村庄以及印度村庄里极富协同作用的种姓系统。[33]

至于我先前描述的一些和平的部落，对它们进行一番概括并不是件容易的事。它们中的每一个部落都以自己特有的方式发展。（我敢说）它们的历史有很多偶然和曲折，并被一些无法预见、和平且务实的领导者改变。这些领导者所具备的影响力，足够创造一种热爱和平的社会风气，从而将利己与侵略性降至最低。这其中每一个和平的部落民族，都对自身的和平有很强的意识，并且很清楚为了维护和平的局面，须长期不懈地努力。只有大多数个体自始至终以和平方式进行决策和实践，这一状态才能持久。

我观察到的另一个现象也与此相关：在任何情况下，实现这种和平都需要付出相当大的代价，包括压制愤怒和其他消极情绪。之所以会有这些压制，是因为人们惧怕权力和巫术用意恶毒，担心出现社群内部的"好"相对于社群外部的混乱和"邪恶"这一两极化的局面。还有可能付出的代价是，在布伊德人甚至是塞迈人中，对社群的忠诚与另一反向因素——对特定领导者的忠诚——相挂钩。

我们刚才所提出的至关重要的话题是，和平与暴力同社会的简单性或复杂性的关系。我们有理由进行推测，社会越小，就越要保持良好的人际关系，维持人人平等也越容易——武断的谴责和严厉的、不偏不倚的惩罚，对于在一个小型社会中必然存在的亲密的人际关系而言，具有严重的破坏性。为了揭示出这种亲密关系带来的影响，一名人类学家发问："我如何与杀害我兄弟的人和解呢？"[34]化解这种敌意的最好办法是将它看成一场家庭纠纷，找寻借口重新界定罪责，将剩余部分交给舆论，任由公众评说。

没有人会完全主导一个小型社会，这一社会展现出的或压制的暴力行径（无论对内还是对外）的程度会因时而变。如果要对其他群体发起攻击，那么我方应具有侵略性和极强的领导力，从而导致联盟和征服，产生更大规模的社会单元，也会让追随者与领导者之间的差别更加明显。反过来，这些社会单元和等级差别会发展成更加清晰、复杂的等级制度，刺激更高程度的专业化，尤其是发动战争所需的技术。专业化区别（尤其是在宗教、政治和军事领域具有的重大区别）程度越高，从普通人、次一级的军官、高级官员到领导之间的差异就会越大，每一个体接收的信息差异也会越大。将以上这一切进行综合考虑，不同个体获得的利益与权力差别也会越大。

正如我们所见，小型社会的确会体现出更高程度的马基雅维利式特征。然而社会规模越大，其中的组织就越复杂，就越有可能产生出依赖这种复杂性的工业、科技、艺术和科学形式。与此同时，也会产生出更大规模的官僚体系和军队，以支撑大型的政治架构——大的王国或帝国、有意识的具有多元主义特征的大型民主政体，以及大规模的专制政党——伴随它们的还有那些只有大国才能胜任的大规模战争。[35]国家越大、越复杂，马基雅维利式策略就会在更大规模内展开。尽管个体的推动力依然保持原样，但可以通过极为强有力的新方式加以展现和放大。

一个国家的复杂性，同它所需要且能够使用的武力和欺骗手段之间存在上述关系。即便事实上如此，这一真理也很容易发生变化。我们前面描述的一些和平社会以及其他形式的社会，都体现出人类社会

199

究竟有多么容易发生改变。人类学者托马斯·吉布森将布伊德人与可以进行比照的、更加暴力的社群放在一起描述，并得出结论：暴力并不是社会生活中必不可少的一部分。他认为，有一些社群彻底贬低暴力的作用，还有一些社群及其内部的统治阶层认为暴力本身并没有错，如果将暴力运用在正确的敌人身上，就是绝对正确的行为。[36]

以上这些都至关重要，原因在于一个人的道德不论是否为马基雅维利式，都取决于这个人在想象中认同的那个人或物。在一种极端情况下，自恋者除了自己之外，无法同任何人达成想象中的认同，他只能认同自己所拥有的、想要的和珍惜的一切——他所效忠和热爱的唯一对象是自己。在其他情况下（至少是一些教义学说的极端情况），佛教徒认同所有生灵，希望它们一切都好；宋明理学认同整个宇宙。在这两种极端之间，个人化或非个人化的认同对象，可以是一个家庭、宗族、社会等级、政党、国家、方言、语言、艺术、社会公共机构、职业、某一派别或宗教等等。

一个人的认同，或者说他的一系列认同对象，等于他所效忠的范围大小，并决定了他所支持的人或物。这种支持总是以潜在牺牲其他人或物为代价。对一个小型团体（如一个家庭或宗族）的认同感会非常强大，这是因为我们对家庭或宗族内部成员有着最深切的生理联系，在情感上也较为亲密。由于一个人是从他人身上汲取忠诚感，因此家族成员或亲密朋友的认同，会导致这个人汲取或承袭他们的认同物。还有一种情况为认同感的颠倒：通过一些身份的联盟和叛逆，一个人对某个人或物产生亲近感，而后者对父母价值观的背叛，会让这个人的价值观发生倒置。不论一个人建立何种认同，它都决定了这个人会对谁，或者对什么表示忠诚或表示反对。或许一个人的认同范围越是狭窄，他就越是对周围接触到的事物抱有敌意。那么反过来，一个人的认同范围越是宽广，他就会更趋向于将各种冲突内化，并尝试以寻求自我生存的态度解决这些冲突。

一个人的认同范围是窄还是宽，同样具有选择性。这种选择性会以一种特别的方式体现出来。我前面已经说过，与他人隔离的自恋者或利己主义者，同那些自大的利己主义领导者确实可以等同起来。这些人都借口自己的利己行为是以"需求"为推动力，而这背后的真正意思是他们对各自的福利"有需求"。从这一点上说，他们两者的利己主义，在心理角度上是相同的。很难想象，一名利己主义者或一名利己主义领导者（比如拿破仑）会为了其他人而牺牲自己，虽然对于那些心理脆弱的个体而言，对其他人的意见置若罔闻，在公众面前丢失颜面会令他难以忍受。同这些独善其身的利己主义者和利己主义领导者有所区别的是，许多个体或小型团体都愿意为了更大范围的集体利益牺牲个体利益，比如为了国家利益，或者为了他们所认同的某一事业或理想。但很难想象一个国家为任何人或物牺牲了自己的利益。其中一个原因可能是，一个小团体可以把少数个体统一起来，这些个体的在场和颇为戏剧化的决议，让人在心理上很难抵触和无视。这里需要再次说明的是，对于一个有着众多成员的团体而言，问题的关键在于"其他人会怎么想"甚至是"那些不在场的大多数人会怎么想"。

一个国家并非以直接方式统一；它包括利己主义者、持不同政见人士和各种小团体。它们都是为了让明哲保身的人发出各种观点和意见。但我认为一些大型集体的成员（某国国民、操同一语言的人、拥有同一种宗教信仰的人）通过想象和良知联系在一起，并由此组成了"有机共同体"（这是最简单的说法）。我在这里的意思并不是说，每一

个成员处在集体中时，都会感到自己最圆满、最能体现出自身的价值，
201 而是说一旦这个集体面临威胁，其中的成员会感同身受。这种需求以
及对大型集体的忠诚，似乎是成年人再现了孩童在家中受到大人包围
的情况：最天然的牺牲就是为了某个十分亲近的、具有很深联系的人
做出牺牲。值得注意的是，以自我牺牲为例，国家这种非实体的抽象
概念却等同于父母。这种等同说明了情感认同的强大力量，以及想象
力所具有的延伸度，让这种强大的认同感得以实现。

一些人对人或事物的忠诚到达了极点，甚至为此不惜付出生命，
这一点对我们讨论的基本话题具有重大意义，因为在大规模的统一集
体中，福利往往成为衡量所有人的价值标准。对依赖福利的人而言，
需要为马基雅维利式的行为寻找借口。这些借口取得合理性，同所在
集体的大小不无关联（或者说，与这个集体的大小成比例）。于是这些
人代表着集体的意志，以及集体中认同马基雅维利主义行为的成员比
重，做出马基雅维利式的事情。这种借口与集体大小和程度的关系，
可以体现出人们为政治中的非道德行为找的借口，取决于人们的想象
力以何种方式来运行。


一般情况下，政治中的马基雅维利主义要求，一个人的首要认同
对象既不能比一个国家小，也不能比一个国家大。在多数情况下，"所
有人的福利取决于领导者"这一马基雅维利式的主张未免有些夸大；
它服务于一个不言自明的目的——保护当权者不受异议，以防被他人
取代。正如马基雅维利常常为共和体制说好话一样，积极地提出质疑
不仅具有建设性作用，还可以激发人们的干劲。哲学、手工艺学、学
术研究及科学，都为我们提供例子，说明不好战的、颇具建设性的论

争有积极意义。特别是在印度教和佛教文学中，有不少故事都讲到一些包藏祸心和强烈嫉妒心的哲学家，以及哲学或宗教论争中的赢家如何想方设法改变输家及其追随者的信仰，更有甚者将他们谋杀或驱逐出境。但是哲学上的论战引发的命案，毕竟只是极少数的情况，因为论战双方对哲学最基本的忠诚，要大过对武力上获胜的追求。同哲学家类似，一名颇具进取心的艺术家与他的同行自然存在竞争，他们会形成一个个互不买账的团体，各个团体所认同的技法、对艺术作品价值的评判，以及想象力的形式都不尽相同；尽管团体之间相互贬损是常有的事，但是暴力行为（甚至是谋杀，艺术史上也不乏相关例子）毕竟还是少数，因为艺术家都对艺术和艺术的非军事手段有着最基本的尊重或认同。

当代学者尤其是科学家比其他任何人更能体会到，将自己的忠诚限定于某个政治实体甚至文化系统，会相当困难。这并不是因为他们不大愿意为某一偏狭的地域，或是为自身目的服务，抑或向所属国家的强权低头；而是出于他们职业的特性，学者和科学家往往忠于分析和实证的规则，以及与所有同行展开合作的实践行为。在他们的学术事业范围内，学者和科学家实际上认同的是"学术人道主义"或"科学人道主义"。他们与那些违背这一价值观的学者、科学家或观点进行的斗争，永远会在理论中得到认可，而且会经常成为主体，让他们无处不在的同行进行判断（这往往要经过很长一段时间才会有所体现）。尽管地方性的证据可能会得出相反的结果（学术研究和科学的内在趋势是既民主又具普遍性的），但应当由谁来说，一个"内在的"趋势是怎么与生俱来的？与此同时，虽然它的与生俱来已受到公认，但在难以预测的历史长河中，它将如何显现出来？

202

我们如何理解马基雅维利式的政治家不计后果的厚颜无耻？

我的答案是，这些人是冒险家，他们最大的满足就是克服重重困难，实现大规模的领土扩张，并通过武力征服所有的人和物。让我来一步步解释这个答案。我们通过父母之爱、男女性爱，以及友谊、同理心、同情、求助的需要、对无聊与孤独的恐惧等，同他人互相联系。然而，这些联系并不能阻止我们（像其他理解力不如我们的灵长目动物那样）互相阻挠、拆台、利用、结仇、伤害甚至残杀。我们身上既有马基雅维利主义的一面，也有反马基雅维利主义的一面，有的时候两面都没有，有的时候两面都具备。因此，即便在最好的情况下，我们在道德上的这种矛盾性仍旧无法避免，并且还会为我们的人际关系设立无比复杂的网络。我们很快就意识到，爱身边的人，就意味着要贬损甚至憎恶那些看上去对他们造成威胁的人，也许后者只不过是在一些敏感的方面与我们的朋友有所不同而已。在这样一种错综复杂的矛盾中，它们太过寻常，以至于我们无法清晰地对每一个细节做出分析。那些认为"人之初，性本善"或"性本恶"的思想者，往往阐明的是自己的本性，而不是他们假定描述的全人类的本性。但阐述这些极端观点，也许是为了提供一些可行的实践方法，而不是立下论调，说这些观点在字面上是正确的。[37]

不论人性的原始状态是善还是恶，抑或两者都不是，实际情况是，它要求每个人既要学会发号施令，又要学会服从命令，既要学会统领他人，又要学会服从他人的管理。在两个人的关系中，其中一个人可能会在言辞或行为上居于主导地位，或者在与某个话题、某种语言或行为的关系上占据主导地位。从这个角度来说，一切人类生活都存在等级差别，它最初的、最基本的体现是在核心家庭，接着是延伸家庭，在有些文化里，这是生活中最主要的部分。在一段时间内，一个家庭由父母主导，父亲在一些方面做主，母亲在另一些方面管事，年长的孩子管理年少的孩子。但也会出现结盟，比如一些孩子联合起来反对另一些孩子，或者孩子反对父母双方或其中一方。于是父母双方或其中一方会在总体上，或者在某些方面偏袒某一个或某几个孩子。孩子需要受到保护，同样他们也需要独立。他们除了服从父母的命令，还会以愤怒的方式做出反应，更有甚者加以隐瞒或进行公然反叛——一个人对家长制隐藏的不满与一个人把家长制强加给下一代之后所体会到的不满，是相同的。

因此我们有理由认为，服从与领导的欲望和能力，首先在核心家庭内部产生和发展，之后可以将其他情形与家庭关系建立类比——这正是儒家学说所基于的类比关系。典型的情况是，领导者自认为，并且他的属下也认为他是一个父亲的形象。不管怎么说，人们似乎不是想获得管理权（至少在小范围内），就是希望被管理；在多数情况下，他们两者都想要。周围环境、个人欲望的力量以及所使用的计策，都会决定最终的结果，也就是一个人一生中在领导与服从之间达到的平衡。

在所用的诸多计策中，有一些的确是无意识的。一个人的受训程度、外貌、谈吐、学问、自信以及其他很多方面，都扮演着各自的角色。同样，一个人取得和维持同盟的能力、做出吸引人的承诺的能力、贡献情感上或物质上的奖赏的能力，都会在计策中扮演各自的角色。因此从核心家庭开始，所有我们认定为马基雅维利式的计策都会得到施展。不过家庭成员互相再熟悉不过，有些计策如撒谎或炫耀，可能不会奏效。

尽管不同社群千差万别，小到无首领的部落，大到一个帝国，一旦等级关系定义明确，整个社会就能平稳运行。如果到达了这一层面，

社会状况就会令人满意。由谁来发号施令、某一权威发布的命令应不
应当服从，倘若这些都没有明确的定义，那么局势将变化无常，社会
摩擦不断，努力徒劳无果，民众普遍产生不满（据我们所知，黑猩猩
的社会就是如此）。进一步的混乱可能由潜在的领导者自己制造，他们
感觉到在一种不确定的情况下成功的可能性，并怀有这种希望。这样
的领导者希望社会等级足够混乱，这样他们可以利用非常规手段上位。
这种混乱局面还会受到两种人的欢迎：一种是幸灾乐祸的人，一种则
是希望从混乱中捞取好处的人。

　　基于以上原因，领导者与被领导者之间的关系（它甚至是人与人
之间的首要关系）既是主要的，也是普遍存在的。但这又如何与马基
雅维利式的骗术和残忍联系起来呢？答案是通过野心。一个领导者按
良心办事并不奇怪，但如果野心到了极端的程度，特别是政治上的野心，
那么它就不大可能与毫无任何顾忌的光明正大相兼容，也无法避免不
动用任何非法渠道。伟大的政治野心取得成功，本身不需要残忍的杀
戮和谎言，而需要对残忍、善良、谎言和真实等采取一种弹性或选择
性的态度。当野心勃勃的人说服自己真理有两种结论时，这种弹性来
得最为容易。第一种结论为，因为所要实现的目标十分重大，所以残
忍或撒谎根本算不上什么道德上的错误。这就好比一名医生做的手术
很残忍，或当他说出自己和病患寄予的希望时撒了谎。马克斯·韦伯
在他著名的文章《政治作为一种志业》（Politics as a Vocation）中，对
这一结论给出如下评述：

　　　　至于在什么情况下，什么程度上，在道德角度言之为善
　　的目的，能够"圣洁化"（heiligen）在道德上说来堪虑的手

段及副作用，就不是世界上任何伦理所能断定的了。任何
人⋯⋯想要从事一般政治工作，特别是想将政治作为一种志
业，都必须先意识到⋯⋯自己内在可能发生的改变，是要由
自己负责任的。让我们再重复一次：在武力之中，盘踞着魔
鬼的力量，从事政治的人，因此是在撩拨魔鬼的力量。[38]

　　第二条结论对那些野心勃勃的领导者颇为有用，从而让真理与
善的可变性得以公正化、合理化。这条结论为，领导者本身对这一
事业的成功至关重要，以至于任何能够确保领导者安全的行为，都
能够因这项事业的重要性而被合理化。还有一条附加的、令人信服
的说法为，任何人只要处在领导者的位置，除了做出相同的决定之外
别无选择。

　　到目前为止，我还没有提到一些人颇具野心，但他们的良知不是
在一开始就十分微弱，就是当他们发现许多人并未给予自己（指这些
野心家）想象中的尊重时，这种良知随着经验的积累而日渐消退。但
是把野心与摒弃良知或愤世嫉俗相结合，对于取得成功而言还远远不
够。在政治生活中，大的成功往往需要将野心与一种理念（领导者公
共良知的主题）相结合，从而点燃领导者以及同他类似的追随者的热情。
不难想象，一名领导者可能会把对这样一种理念的坚持，同一种愤世
嫉俗的理解（它用来进一步巩固领导者自身的权力）和假装将个人利
益置之度外、仅仅从民众利益角度考虑这两者相结合。

　　马基雅维利式的领导者有一项非常关键的特质需要在此提及：怀
疑。一定程度的怀疑，仅仅是对一个人的经历做出的一种回应；一个
人逐渐意识到，其他的人或事并不总是与它们的外在呈现相一致。正

205

如我前面所提及，有些人很难相信他人。他们的怀疑可能是因为不信赖父母，或是因为他们在具有敌意的人际环境中生活，抑或他们把自己的不可信赖感投射到了他人身上。而那些不具怀疑性的人所产生的怀疑，是由他们积极追逐某个宏图伟愿，或手中持有某项被竞争者围拢的大权唤起的。一次失败所付出的代价，同它所挫败的宏伟目标的力量成正比，人们自然而然地会将失败的原因归结到他人邪恶的意志上去，而不会归结为运气不好或者自身的缺陷。在这一想法的驱使下，怀有宏图伟愿的人往往会选择采用不光明正大的手段来对付竞争者；他们越是认为自己的对手使用的是同一种手段，就越是准备好在日后诉诸同样的手段。

雄心勃勃的领导者害怕自己的对手（谁又不是呢？），这对于所有处于领导者地位的人而言都是一样的。正如李斯或考底利耶，这些领导者的想象力会异常丰富，以至于他们变本加厉地运用计谋和权术，让含糊不清但极度有力的恐惧感在人们的脑海中长久不散。紧接着，疑心颇重的领导者会建立一支擅长打探情报和对人们进行监视的密探部队，以抵挡敌对力量；尽管这些人在欺骗他人与查出他人骗术方面十分娴熟，却免不了成为别人怀疑的对象。为了防止这些人进行监视，领导者所采用的典型方法是让他们互相监视。于是整个集体内的监视程度会提高，人们相互监视，尤其对那些致力于监视他人的专家提高了防范程度，最后引起领导者自己的疑心，以致到了妄想症这种极端程度。卡尔维诺（Calvino）在描述一名疑虑重重的国王处于自身所在的宫廷时，对这一极端情况做出了如下刻画：

这里隔墙有耳。间谍隐藏在每一条帷幔、窗帘和每一幅

挂毯后面。你的间谍——也就是你秘密服务的代理人——的
任务是呈上官殿密谋情况的详细报告。立法院里充斥着敌人，
以致你越来越难分清敌友。几乎可以肯定的是，你的部长和
官员正在密谋如何夺取你的王位。每一个部门都有你的间谍，
却也渗透了敌方安插的人。也许这些花你钱的人已经被阴谋
家们收买，或者他们本身就是阴谋家。因此，你必须继续收
买他们，让他们尽可能长时间地保持沉默。[39]

当然，即使是具有妄想症的怀疑，也能够与密谋、反密谋和普遍
性的怀疑等背景条件相贴合。在这样的气氛里，忠诚变为一种既不可
靠又弥足珍贵的美德，也就不足为奇了。

宏大的、肆无忌惮的野心具有毁灭性，但它同时具有很强的建设
性力量。也许我们可以通过如下例子对这一点假想进行阐明：骗子可
以被当作一种文化英雄，这是因为他们自发的利己主义行为创造了人
类文化。用于道德性本身的道德语言至少和用于物质文化的道德语言
一样多。需要重申的是，首先危及或者破坏的是美德；人们认为先逾
越规矩，后心生悔恨，要比自始至终品德高尚更胜一筹。正如伟大的
圣人般的行为往往产生于犯下过失之后，也许对于圣人自己而言，在
这之前参与的重大政治行为有可能是马基雅维利式、没有丝毫畏惧之
心的利己行为。我们可以通过李斯和秦始皇缔造中国第一个帝国、旃
陀罗笈多和后来的阿育王建立印度王朝（阿育王怀着争夺领土的野心，
在这之后才弃恶向善）、夏卡建立祖鲁王朝等例子看出这一点。欧洲人
则首先会想到亚历山大大帝和拿破仑。罗伯斯庇尔也属于这一类。那

些伟大的探险家也不外如此：哥伦布机缘巧合，再加上自己技能过硬，怀着一颗坚定不移、不顾道德准则的野心发现了新大陆；科尔特斯（Cortés）毁灭了阿兹特克文明，带来了西班牙文明，后世历史学家称，他是让任何一名马基雅维利主义者都称赞的权谋之士：

> 形容科尔特斯最恰当的词语应当是"无畏"。这个词暗示了一种想象和一种莽撞，它是一种出奇制胜的能力，使它与简单的"英勇"区分开来。除此之外，科尔特斯坚定果断、灵活多变，很少有顾虑和良心上的不安……我们并非一定要相信任何一种特别的理论，比如伟人主导了历史进程，以至于立马就能看出，科尔特斯的智慧、深谋远虑、勇敢和独创的能力，对1519年至1521年在墨西哥发生的一系列非同寻常的事件起了决定性作用。[40]

这又引发我们讨论有关良知，以及那些缺乏良知的所谓"精神变态者"或"反社会者"（从现存的职业术语来看，此类人受"反社会人格障碍"影响）这样的问题。经验表明，他们因为不受内心的道德束缚，拥有自由，这是多么令人眼红。一旦取得成功，他们身边就会簇拥着一大群仰慕者，也许还会拥有一些朋友——虽然必须承认的是，这些人错过了许多普通人能够获得的满足感；真正的友谊、信任和与他人的亲密关系是解救恐惧和孤独的最好的药。这些满足感也有可能被怀揣着宏大野心的任何一类人身上残留的马基雅维利主义削弱。有关这一险境的颇具讽刺性的例子，是一些公众圣徒如托尔斯泰（从他的小说来看，他可谓同理心大师）和甘地（能够对敌人保持同情）。同圣人的举动相对立的是，甘地以身作则，对至亲麻木不仁、冷酷残忍，以至于亲人们对他充满仇恨（甘地的儿子步入歧途，比甘地的任何一个敌人还要对他恨之入骨）。

然而，由于这些人率性而为，我们无法指望那些马基雅维利主义的实践者和鼓吹者会有所改变，或者说有意愿改变自己（一些特殊情况除外）。马克斯·韦伯说，他所指的"有个人魅力"的领袖在任何地方、任何时代都会出现。这些人"一方面兼有魔术师和预言家两种形象，另一方面既是人们选出的战争指挥家，又是帮派大头目和雇佣军首领"[41]。这类人早年可能在相对孤立的环境中成长，正因如此，成功的梦想和真实感成了他们最想要的东西。让我们以一个最简单的例子来说明：有这样一个反社会的马基雅维利式帮派头目，如此有能耐的人，为何要选择这条危险的道路呢？有人曾经问一名意大利黑手党的头目（后来出于个人私利，此人成了告密者），做一名犯罪集团的匪徒究竟有什么好处，这个人回答：

> 这是一个人所能体会到的最棒的事。感觉太好了。处在那样一个高度，一切都唾手可得。你打喷嚏，底下人会自动送上十五条手帕。我的意思是，你去任何一个地方，人们都觉得为你服务得不够周到……这真是难以置信。在（犯罪）集团内部，你会结交到朋友；你属于一个部队，你拥有无比大的权力。你与最出类拔萃的人共事。你的一句话就是律令，你就像是法官和陪审团。你所说的一切都是最终决定。

有人问，除了被逮捕和时刻需要进行伪装之外，加入黑社会还有什么坏处，这名匪徒的回答与我们的期待不谋而合：

> 杀戮以及背叛。所有人都对"这件事"中的某些东西怀有
> 强烈的嫉妒心。没有安全保障；你永远不会安全。你要学会如
> 何读出眼色。你必须成为一名良好的操纵者，而不是受制于人。
> 你要同一些人见面；你甚至不晓得自己能不能回得来。[42]

对于战争指挥家而言，他也许除了欲望之外什么也不需要，但他
有可能成为《战争论》（*On War*）的作者卡尔·冯·克劳塞维茨（Carl
von Clausewitz，1780—1831）所形容的一种人——在今天（指他所处
的时代）只有战争才能让一个民族对英勇无畏的精神有所领悟。

> 除此之外，没有任何方法可以抵抗软弱和人们贪图安逸
> 的欲望，这些东西会在一个民族蓬勃发展、贸易活动不断增
> 长之时拉低它的身份。一个民族或国家，只能依靠它的国民
> 特质以及对战争的熟悉程度，两者之间的互动持续不断，它
> 们相互补充、相互促进，只有在这一条件下，该民族才可能
> 处于强势地位。[43]

这一说法听上去像是商鞅和其他马基雅维利主义者提供的建议。
弗里德里希·尼采在军队的职业生涯绝对算不上成功，可他对军事成
就，以及实际战争的必要性和英雄主义抱有幻想。在一篇文章中，他
在提到"每一场伟大的战争"时热情洋溢，极尽雄辩之能事地描述：

> 我们暂且还不知道有别的办法，可以像每一场伟大的战

争所做的那样，把那种野营中的生龙活虎、那种非个人的深
仇大恨、那种杀人者毫无愧疚之心的冷酷无情、那种消灭敌
人时的共同的井然有序的狂热、那种对巨大的损失以及对自
己和亲朋好友的生存采取的高傲漠然态度、那种深沉的地震
般的心灵震颤……文化不能完全没有激情、恶习和狠毒。*

在同一篇文章中尼采假设，那种为战争寻找代理人的尝试，或许
反映了欧洲的人道主义已变得如此微弱，以至于它只能通过“规模最大、
最恐怖的战争”来重新焕发生机。在另一篇时间较后的文章中，尼采
做着战争的梦，提到了有朝一日“一个民族可以通过打仗和取胜来得
以辨认”，并且最高形式的军纪和军事思想，会根据其自由意志来“消
灭整个军事机器”。伴随这一梦幻般理念的是，每一个独立的国家都必
须接受这样一句话作为它的至高准则——“宁被毁灭，也不要仇恨与
恐惧”[44]。

209

无论战争还是和平，尼采所强调的都是极端化和无畏的冒险。近
年来的一名哲学家格林·格雷（J. Glen Gray），在第二次世界大战期间
在美国军队服役四年，担任了各种职务，他论证了许多人对战斗抱着
既仇恨又热爱的情绪，甚至还有“一种毁灭的快感”[45]。一名当代军
事专家说，令我们大多数人颇为沮丧的是，战争对持有权力的感觉做
出了回应和彰显。这种感觉来自应对和处理未知的人或物。他说，战
争比其他任何活动都更能创造意义。

---

\*　引自［德］弗里德里希·尼采著，杨恒达译《人性的，太人性的》，第257页，中国人民大学
出版社2005年版。——译者注

前提是人们体验了战争作为一种目的，而不是一种手段。不论这一事实多么不讨喜，我们的世界之所以存在战争，是因为男人喜欢争斗，女人则喜欢看到这些男人做好准备，为她们而战。[46]

这些话也许过于简单和绝对，但是回顾历史，我们会发现它们其实没错。它符合一种富有战斗性的英雄主义情怀，这种情怀驱使更加无所顾忌的马基雅维利主义者（在他们看来，人生就是一场伟大的冒险）勇往直前。尽管我们讨论的所有权谋之士都建议，应当以智慧的谨慎来克制自己的过度鲁莽，可他们心目中的英雄并不见得谨慎到哪里去。此外，他们所建议的"谨慎"并不能理解成一种对危险目标的畏惧，而是登山者在选择最适合攀登的岩石面，将钢锥插进他在上方能找到的最坚固的岩石里时所采取的一种谨慎态度。或者让我们用罪犯来进行类比（因为权谋之士肆无忌惮的野心，往往与他对良知的缄默不相上下），刚才所说的"谨慎"就好比罪犯在回答罪行的严重性，或他所谋划的案件的复杂性时说，要小心谨慎地进行谋划，并时刻记住这一计划很可能会随着案发地点的改变而有所修正。

因此，直接向一名胆大包天的马基雅维利主义者指出，他的铤而走险很可能会导致失败，并不能引起他的兴趣，也许能激发起他想象力的最大赌局，甚至比输赢本身重要。尽管他的确希望成为赢家，但即使是失败也有其本身的吸引力：那些将众人引向宏大壮观的灾难结局之人，也会载入史册。在宁静安详的字里行间，在后人激昂的想象图景中，这些悲剧英雄终于收获了自己的仰慕者和效仿者。正是这种对危险局面的召唤，以及顺利脱险所需的策略，诱惑着具有英雄气概的马基雅维利。即使他信仰宗教，普通宗教的道德约束也不会对他构成什么深远影响；一般形式的说教令他咬牙切齿；他对那些所谓"重大恶行，危险重重"的警告嗤之以鼻。我想象在实际操作中，计谋高超的马基雅维利主义者会将一种宿命论（某种无法避免的结果，他也不知道究竟是什么会令他受挫，或是对他造成致命打击）、他自身的信念，以及他不受拘束地做出自己命中注定的决策的能力结合起来。他的绝大部分成败一定取决于机会，一部分取决于他对人类的洞察力，即如何利用这些人来达到自己的目的，还有一部分取决于他是否能够明智地对欲望加以节制。

210

　　我现在开始摒弃这些概括性阐述，转而通过 20 世纪的例子来说明。对马基雅维利主义进行的任何探讨，下述例子都必不可少。它说明了一个权术家如何成为整个国家的向导，让公共生活的运行紧随他的指挥棒。如果一名权谋之士的能力在于默默地平衡不同的人与行为，那么他还算不上伟大。可如果他的胆子再大一点，他的行为就会彰显出超凡的天赋，雄辩之辞使他如虎添翼，他所倡导的理念也能成为充满诱惑力的主题。夏卡的祖鲁国倡导的就是这样一种理念——他在部族之间制造恐怖，以此为代价取得部落内部的和平。至少对在此之后的祖鲁社群成员而言，这似乎是一场公平的交换。希特勒将他找到的半成熟理念进行运用。正是得益于这些理念，他成为全能之父。不过随着他的离世，恐惧烟消云散。[47]

　　希特勒的理念是在德国复兴纳粹。由于某些人坚持进行种族大清洗，希特勒经人劝说，决定确保德国血液的"纯正"，"以上帝之名"

屠杀犹太人。希特勒坚信，犹太人利用马克思主义信条来打败所有德国人，甚至是整个人类。[48]为实践这一理念，他要亲自证明"民族共同体"（Volksgemeinschaft）比马克思主义更优越，并唤醒德国人发动战争的意志，为德国人在东欧夺取"生存空间"*。

希特勒渴望通过战争来达到巩固政权的目的。他使用残忍的武力手段，雇佣内部间谍，让市民互相检举揭发，符合法家和考底利耶式统治者以及马基雅维利式的君主形象。同他们相像的是，希特勒认为意志的力量在政治上具有决定性作用。他曾计算过自己决策的公众影响力，与后者的意愿十分合拍。他戏剧化地展现自己，并在公众范围内实现了绝佳的效果；他大胆制造惊奇，使出各种花招。虽然他私底下的性格有些神经质，可实际上是个极度冷酷无情的人。他的自我戏剧化呈现，并没有阻止他采取马基雅维利式的途径，对秘密守口如瓶。他坦言："我有一项老规矩，对方如果必须知道一件事，我只在他必须知道这件事的时候，把必须说出的部分告诉他。"正如所有马基雅维利主义者所建议的那样，他打倒了一个又一个对手。他的策略将"放肆大胆、恐吓与重振信心"融合到了一起。[49]

同法家恰恰相反，希特勒不按法规行事，尽管法规并不会剥夺他通过任何普世性法律的权力（这一权力似乎是他的必需）。希特勒早期的妄想型焦虑，主要针对的是一些匿名的敌人，例如犹太人和马克思主义者，但是德军在苏联的惨败，使他的妄想症转移到军官和周

---

* 德语为 Lebensraum，德国法西斯侵略扩张理论中的术语。该理论认为国家是一种有生命的机体，要有能满足它生长和发展的"生存空间"，即拥有不断扩大的领土和殖民地。希特勒就是以争取"生存空间"为借口，发动了第二次世界大战。——译者注

围亲近的人身上。[50]他对敌人密切关注，屡次试图将他们一网打尽，这符合韩非与考底利耶所提倡的"保持怀疑"。然而，他要担负责任的种族大屠杀，给人们留下的印象是，这是有妄想症的偏执狂才做得出来的事。

"意志"在实践中指"个人意志"，这一点在希特勒的思想中占有至高无上的地位。他在自传《我的奋斗》(Mein Kampf)中说："在千百万个人中间，必须有一个人站出来，凭他无可置疑的力量，在摇摆不定的广大群众的思想世界中，形成花岗石般的原则。"[51]一旦这个人的意志成为集体意志，德意志共同体将会"由神圣的誓言紧紧联系在一起，准备做好每一个决定，坚决不予投降和屈服"，并且"能够战胜一切苦难"。[52]正如马丁·海德格尔于1933年在就任弗莱堡大学校长的演说中宣告："元首本人，而且只有元首本人，是今天以及未来德国的现实和法则。"根据1939年的基本法，"国家的一切公共权力都集中于元首"，元首本人被认为是"所有人意志的执行者"。[53]

历史学家指出，纳粹德国的内部远非大一统的格局；新建立的机构相互竞争，并与旧有的机构发生冲突。但是德国由希特勒的种族和军事理念统治。根据现有材料的说法，希特勒成功阻止了一切法律或官僚程序来限制他本人对权力的使用。[54]作为马基雅维利主义的信徒，他所行使的权术符合黑格尔很早以前的论断，即"世界历史所占据的地位，要高于道德正当占据的地位"，这是因为：

　　各种不相干的道德的要求，断然不可以提出来同世界历史事业和这些事业的完成颉颃、抵触。断然不可以提出各种私德——礼貌、谦让、慈善和节制等等——来反对这些事业。[*]

当希特勒的生命快要走到尽头时，政治局势每况愈下。除了言及自己饱受巨大的精神折磨之外，他还说："自始至终，我对命运深怀感激，让我活到现在，因为我相信……"这一说法多半是肺腑之言，尽管希特勒会有意识地进行戏剧化的夸张。一位历史学家不无谨慎地说，希特勒正因为"政治理想过分宏大、野蛮，个性上道德缺失"而孤立无援。这位历史学家还对他非凡的政治和表演才能做出了如下总结：

> 作为一名政治动物，在希特勒生活的时期，无人能和他并驾齐驱。他身上有一种永不服输的意志和非比寻常的自信。他的时间观念极强，很清楚什么时候等待、什么时候行动。他生来就能感受到大众的焦虑与愤慨，并将这种感受诉诸言语，在一种愤愤不平的状态下，把在场的每一个人都变为挣扎着解救国民灵魂的英雄。他熟谙思想宣传之道，很会利用敌人和对手的弱点。他可以做到心无旁骛，坚决而彻底地执行既定方案，至于忠诚或道德与否，他没有顾忌，也决不会因此拖延一分钟。[55]

---

[*] 引自[德]黑格尔著，王造时译《历史哲学》，第108页，上海书店出版社1999年版。——译者注

第七章

# 非乌托邦式的观察

非乌托邦式的脾性，介于乐观主义与悲观主义之间，它将继续统
领接下来的问题和答案。

一个更加健全的道德体系，是否会让一名权谋之士更难成功？

这个问题的答案通常是肯定的，因为每一种传统的演进方式，
都是为了维护社会和道德的平衡。然而在其演进过程中，它又发展
出一些让骗术和武力的使用得以正当化的途径，即便它们与旧有的、
字面意义上的理想发生冲突。最显著的原因是，某一种传统的领导
者发现，一名权谋之士竭力维护他们所鼓吹的"遵循传统"（即使这
种维护具有侵略性），并借此对传统强力推行，既方便又十分必要。
因此，这位权谋之士可以在某一传统框架之内，利用其中的机构和
制度行事。

让我来把上述内容解释清楚。每种社会都会创造一定的手段，让
自己免受社会混乱的侵扰，并限制那些胆大妄为的马基雅维利主义机
会分子。西方国家试图通过坚守（这种坚守也处于不断变化之中）言
论自由、信息自由、选择自由、公民权的司法保护、机构制衡以及选
举领导者有限任期等方式，来维护其社会特征。但是政治上的欺骗与
暴力，不仅在民主国家，在传统的非民主社会团体中同样要得到约束

与抑制。后者指在理论上接受了某一特定传统的价值观，将领导者视为其执行者的社会团体。[1] 由于旧制度不可能完全得以维护和继承，并且人们在学习的过程中，往往对它报以一种理想化的眼光，传统的鼓吹者实际上有可能成为改革者，这些人借着过去的名义（这种过去从未出现），敦促人们尽快结束模糊的社会状态，让那些在他们看来正是由此生发出的罪恶行径得到抑制。然而，这里对原则的效忠和恪守，也很难与借助它们来为个人利益服务区分开来。

同其他社会态度的倡导者类似，保守的传统主义者会提供各种理由，做出各种承诺，甚至会用威胁来证明自己的观点。这些理由往往来自过往经验、神学和哲学知识。承诺和威胁往往同一个人当下生活的福利相关，不过为了让计划尽量可靠，也会同一个人的未来生活有所关联。在西方，这种额外的保证往往以升入天堂、洗涤罪行和下地狱等方式体现出来。在东方则是以上天、入地府以及因果报应，或者（作为最高奖赏）进入涅槃，再或者转变为一个真正的、难以言说的精神存在而有所体现。在中国，由于儒家传统能够引起天生的共鸣，未来生活仅仅取决于一个人所拥有的后代和名声。

不论传统教导人们拥有何种信仰，它总是将一切客体化，也就是声称它所传授的一切都是事物最基础的本质。因此传统思想也是宇宙论的：只有人的行为顺应宇宙的运行规律，才会收获它的回馈。在所有特定的传统中，这种观念被视为理所当然。紧随其后的宗教或哲学思想，主要负责将具体细节规划出来。在这一背景下，公然利己的马基雅维利主义（既不考虑凭直觉获知，也不考虑那些形式化的体面规则的行为）是完全不合法的。之所以说它不合法，是因为对于一名最彻底的马基雅维利主义者而言，没有任何东西是神圣的。过往经历和历史，只有教会人们使用权宜之计，才是有用的。

　　有关这一论断，我们需要对它的两项先决条件进行说明。第一，每一种传统都有一些规定，为了保存更加重要的部分，牺牲相对不重要的部分。因此，通过把人类的一些天然目的转变为手段，每一种传统都会达到一种标准，一种欲望或规则将据此做出牺牲去支持其他。在印度教中，社会生活甚至家庭生活最终都可以被牺牲，以满足一个人更高级别的自我（不过对印度大多数人而言，"最终"这一先决条件足够调和实际的要求与理想生活）；在佛教中，一切事物最终都是为了逃避折磨（但最终还需要给出足够的时间和空间，去追求一种普通的社会生活）而做出牺牲；在拉比犹太教中，个体的生活都是一个世界，都有自己类似绝对的价值观，生活需要做出牺牲，以防止人们否定一个真正的神（但是这种需求实际上很少见）；在儒家学说中，社会等级较低的人在必要的时候，应当为了上层的人有所牺牲——在家庭中，孩子应当为父母、妻子应当为丈夫而牺牲自己等等。印度教也不外如此（但是在实际生活中，家庭关系更加复杂，甚至会有所倒转）。同样，在儒家的生活中，自我牺牲的官员，其中包括史学家，在一种特有的儒家学说的意义上，都体现出将真理置于生活本身之上的做法（但是这种牺牲是罕见的英雄行为）。换句话说，每种传统都存在一种职位和价值观的等级制度，它决定了牺牲的等级制度。从这个意义上讲，每一种传统都有一种马基雅维利式、以国家利益为重的理由的等价物（但正如谨慎的马基雅维利主义，它也会对这类牺牲有所妥协，去调和一些惯常的习俗）。

　　第二，反马基雅维利式传统脾性的先决条件较为明显：马基雅维利式的计策，让传统得以维护，并且为个体或整个群体提供优势。一旦

219

这种优势得到正式认可，传统就为诡辩提供了逻辑依据。以上这些，都是佛教徒和耆那教徒为传统上认可的杀戮或战争提供的正当理由，都是为了让恶人不要给未来生活积累太多的报应和折磨。

如果我力图用很大篇幅将它应用于不止一个宗教，那么我可能会把论述铺展得太远。不管怎么说，对这样一个话题我更倾向于选择一种同西方读者距离较远的宗教，因此我将以佛教为例来进行论述。我之所以选择佛教，并不仅仅因为它的时间距离，还因为它的道德准则：在世界宗教中，佛教的道德准则是最为持续、最为普遍的一种。佛教之所以是一个好选择，是因为它在理论上取决于经验和理智，而不是那些对人类而言往往十分神圣又费解的指示。

佛家的道德观可以总结为"三归五戒十善义"。"三归"为一皈依佛、二皈依法、三皈依僧；"五戒"为不杀生、不偷盗、不邪淫、不妄语、不饮酒；"十善义"我不一一列举，主要包括尊重他人、为他人的优点和功劳感到由衷的高兴。这些道德上的劝诫记录在佛经里，并得到进一步阐发。举例来说，《经集》（*Sutta Nipata*）中那些古老而具有说服力的诗篇，希望一切生灵——不论强弱、大小、远近、出生还是未出生——都要幸福、安全，并收获内心深处的愉悦。这些诗篇还宣扬说，如同母亲对待唯一的儿子那样，一个人的智识和心胸也应当包容整个世界。[2]《法句经》（*Dhammapada*，或 *Verses on Doctrine*）这本书在小乘佛教国家的佛教徒中备受欢迎。它教育佛门子弟，仇恨无法化解仇恨，只能通过爱来平息；胜利会种下仇恨的种子，这是因为被打败的一方会活在痛苦中，因此真正爱好和平的人会摒弃输赢；人应当用爱战胜愤怒，用善取代恶，用慷慨对待吝啬之人，用坦诚相告对待说谎者。

佛教道德并不仅仅停留在人道主义这一层面上。大乘佛教传统更为广阔和全面，它着眼于"觉悟的有情众生"或菩萨，后者有着至高的同情与怜悯。在公元7世纪一则值得纪念的描述中，一名菩萨下定决心，不被蓄意伤害、罪孽、异端邪说、焦虑、腐败或人与人之间的纷争影响，而是反过来拯救他们；由于一种生活经由灵魂转世会变为另一种生活，菩萨决意拯救一切生灵，因此他背负了人间的一切苦痛和恶报。他说，自己已经下定决心：

> 我今尽未来际，不可计劫，为是罪苦六道众生，广设方便，
> 尽令解脱，而我自身方成佛道。……如是等辈众生，各各差别，
> 分身度脱。[3]

对佛教徒而言，佛陀本人就是一名伟大的导师和一切美德的典范。早期佛教文献对一名佛门弟子进行了如下刻画：他至少有一点神力，得以通晓事理，并能鼓舞人心。虽然他常以谦卑的普通人面貌出现，但在这一层面上，他的确胜人一筹。[4]同其他宗教和学派的创始人有所区别的是，佛陀在智识上对人们并不强求。"想想我所说的，"他重复道，"不要完全相信它，你若有任何问题，尽可询问。记住，答案并不与人生的苦难和治愈这些大问题相关。我是一名可靠的治疗专家，这符合我对自己的期望；但我绝非一名具有超能力的理论家。"*

---

\* 佛教徒往往会认为佛祖知晓那些形而上问题的答案。佛祖之所以对它们予以摒弃，是因为他明白这些问题对听众没有用处。哲学意义上的佛教更有可能认为，这些问题和任何备选答案都是无意义的，因为语言始终是空洞的，换言之，它根本不会有任何终极意义。

无论真实的，还是神话故事中的佛陀，似乎都对真理十分敬仰。为了将这一理念引入本国，其中一则佛本生故事（有关佛祖的前生事迹）说，在某些情况下，一名菩萨可能会为了一个足够善意的目的，使用偷窃、通奸或谋杀等手段。在外人看来，这些行为固然触犯了法律，但是菩萨不会说谎，因为这会违背"事物的真实"。[5]佛本生故事还说，邪恶的提婆达多（Devadatta）在无数次生命轮回中都是佛陀的死敌，人类的第一个谎言便是由他说出的。那个时候，人们对谎言还没有任何概念，听完了之后只能问：究竟什么样的事情才是谎言？它是蓝色的、黄色的，还是其他颜色的呢？[6]

我们当然可以继续讲述佛陀对人们的教义，但我的重点并不是说佛教主张许多颇具人性的美德，而是在于社会现实能够给佛教（人性行为在宗教上的典范）带来马基雅维利式的面孔。我之所以这么说，并非要批评佛教，也不是要间接影射任何其他宗教，而仅仅因为人类的社会生活就是如此，以至于任何机构和组织，甚至像佛教这样的宗教，都会具备马基雅维利式的特征。对佛教徒而言，这并不是什么大惊小怪的事。如我所指，他们将这一面视为宇宙循环的惯例。经他们估算，宇宙循环会进入一段巨大的衰退期。

我们刚才已经提到了反面人物提婆达多的名字，他是佛陀的堂兄弟，也是最早分裂僧团的人。[7]这些记述告诉我们，佛陀年老时，经常委派他最得意的门徒去他的处所讲道。这一行为点燃了提婆达多的希望。一次佛陀正当着众人的面（连国王也在场）布道，提婆达多突然大声说，如今佛陀年事已高，应当由他提婆达多来统领僧团。佛陀拒绝，提婆达多就一而再，再而三提出这一要求。佛陀很生气，说他甚至不愿意将僧团交给自己最得意的门徒，更不要说把它交给行事卑鄙的提婆达多了。佛陀于是正式宣布，将提婆达多逐出僧团。

根据正统的佛本生故事，提婆教唆阿阇世弑父，也就是拥戴佛陀的频婆娑罗王。[8] 这一阴谋虽然败露，频婆娑罗王最终还是原谅了儿子，并主动让出王位。阿阇世刚一即位，就将父亲幽禁起来，并断绝一切食物让他饿死。提婆亦欲迫害佛陀，让阿阇世派遣士兵杀害佛陀。第一个士兵见到佛陀后恐惧不安，阴谋（其马基雅维利式的细节我在此省略）未能得逞。接下来又策划了两次谋害：佛陀在树荫下踱步时，于耆阇崛山顶投下大石；在佛陀入王舍城时，放狂象进行加害，没想到象遇佛陀，当即归服，阴谋再次没有得逞。

提婆达多于是向佛陀提出，有五条戒律要制定得更加严格，并强制僧侣遵从。佛陀拒绝，这正如狡猾多端的提婆所料，于是缺乏信仰的人以为：提婆有良知，而佛陀变得热衷于奢侈的生活。作为提婆的支持者，国王此时也出资为他和他的门徒建造了一座寺院。

我们可以看出，根据传统，提婆达多既使用了武力，也采用了欺诈的手段。如果从他的视角来叙述整个故事，当然会有很大的不同；但在这里具有重大意义的是，佛陀似乎展现了他非佛教的愤怒，做出了非佛教的辱骂，甚至以惩罚为威胁。任何读过佛教杂集论的人都知道，凡涉及佛陀的确恼怒或者对他人有所辱骂的内容，都被予以否认。这些杂集论迫使人们认为，佛陀所说的一切都不是为了缓解自己的感受，而是为了让犯下过失的人有所改进。这也是《无畏王子经》所传达的信息。该文提到佛陀有一次被问起他那些明显非佛教的话语。佛陀的一番话惹怒了提婆达多，大意为提婆死后注定会悔恨悲伤，提婆注定要下地狱，提婆无可救药。提婆于是发问："为什么会这样？"[9] 当他真的靠近佛陀，询问他向别人说出任何令人不快的话是否正当时，

222

佛陀解释说，如果所言为实，切合伟大的目标，并在适当的时间说出，那么这样的话并没有什么不当，正如从一个婴孩的喉咙里拔出棍棒或石块，会弄疼孩子一样：

> 然如来知其语为实、真谛、具利益者，其因他人所不爱、所不好者，对此如来记说其语是知时者也。……如来于诸有情、有怜愍心也。[10]

如果这并非全知全能的佛祖所言，人们可能怀疑他在对某项行为自圆其说。那些目光并不那么敏锐的人不能允许这一行为。同样，当提婆第三次要求佛陀让出领导权时，佛陀对提婆说，这样卑鄙的人，应当像唾沫一样喷出去。[11]

以这等方式体现出的同情，其结论让佛教似乎有些自相矛盾。《大史》（Mahavamsa）这部早期僧伽罗（即斯里兰卡）的编年史，以饱含赞许的口吻讲述了英勇的图盖穆鲁国王（King Dutugamunu）在得知屠杀非佛教徒并非真正的杀戮后，如何向泰米尔人（the Tamils）发动战争，以表达对佛教的支持。[12]不过后来国王回忆自己的胜利时，却并没有满怀欣喜，因为它以牺牲了几百万人的性命为代价。这时有一帮阿罗汉（arahats，即"有价值的人"，他们具有深入透彻的洞见）在远方读出了他的心思，于是派八名代表向国王说，他只杀了一个半，其余的都是些"无信仰者和恶人"，这些人就像一群野兽，不值得尊重。根据后来的一份编年史材料，这群人告诉国王，他所杀害的泰米尔人是一帮野蛮人和异教徒，这些人的死，同牲口、狗和老鼠的死没什么两样。[13]

　　我在此使用的记述，来自那些关注心理的人类学家，他们认为尽管国王违背了佛教作为非暴力宗教的真理，国王的罪过（同其他佛教君主一样）仍具有美德，驱使他支持宗教，为人民的幸福安康献出一己之力。因此，"如果僧侣让一切暴力行径都正当化，比如弑君、大规模杀戮、国王的性侵犯等等——弑亲除外"（其中有些因为是象征性行为而予以免责），则不应当感到惊讶。[14]

　　为了让这种明令禁止的行为合理合法，大乘佛教立下了熟练的手段、足智多谋或利己之计等教义，好比"upaya"一词会译成不同的名称。佛陀根据这些教义，用最合适的手段进行传授或采取行动，让他那些富有洞察力和同情心的目标，赶在还未对非主要的存在予以禁绝之前，抢先占据优先地位。菩萨（到达了"虚空、无声、无为、无我"的境界）不会落入"存在的痛苦层面"，尽管他会沉溺于寻常人所谓"罪孽的欲望和渴求"之中。

　　为了进一步阐明这一点，佛陀告诉人们，他在前世如何出于纯净和同情心而非欲念，同一个女人结婚、性交。因为爱恋佛陀，这个女人甚至想要自杀，佛陀于是将她解救。佛陀还告诉人们为了感化他人，让他们不要犯下罪过，他如何假装因罪受惩（实际上他没有一点罪过）。佛陀还告诉人们他如何出于同情，将一个想要行窃和杀害500名商贩的恶人用长矛刺死。佛陀的手段十分娴熟，因为通过这一行为，他不仅挽回了500条人命（实际上他们是菩萨），还把他们从记恨和杀害这名未来罪犯的罪过中拯救出来（前提是如果违背了佛陀的意志，他们的生命将受到威胁）。佛陀最后将此人杀掉，但还是怀有慈悲之心，允许他在净土获得新生，否则他将下地狱。[15]

　　有关以上故事以及衍生出的教义，我还应当增加有关佛教与政治的内容。由于篇幅限制，我将局限在中国和日本来论述。关于中国，我打算简要回顾一下武则天的政治生涯，并借此引出论点。武则天转向佛教，是因为儒家学说很难承认一名女性统治者的合理地位。公元680年末，她召集并命令十名佛教僧侣查阅佛经，经书中的一位女性神祇以及与她相适应的神谕，能够认可女皇为弥勒佛转世并受上天所托。这份文稿的发现意义重大。作为回报，女皇十分青睐佛教僧侣，并资助他们翻译佛教经典。她还支持了两个新的佛教学派——反哲学的禅宗和高度哲学化的华严宗（"华严"的梵语意思是"花环"）。这一命名很明显暗示了女皇与普世佛教君主的相似之处。[16]

有关技巧娴熟的教义，在《妙法莲华经》里格外突出，成为日本佛教僧侣日莲（Nichiren，公元1222年—1282年）的主要灵感来源。不知出于何种原因，日莲相信这部经书中的真理和力量全都集中在书名里，因此歌唱《南无妙法莲华经》将会得到拯救。他还自认为是预言家，是菩萨的转世化身，受命保护日本，在一个多灾多难的世界里实现经文中描绘的理想。日莲罗列出的灾祸有发生于1257年史无前例的大地震、1258年的飓风、1259年的大饥荒，以及一场从1259年开始，一直延续至1260年的疫病。这场疫病十分猖獗，以致夺去了日本一半以上普通民众的性命。统治阶层十分担忧，他们日夜祷告，却仍然无济于事。对日莲而言，这一切都说明佛法在那个时代已经不起作用，神祇失去威力，世界由魔鬼主宰。据日莲推算，1264年7月5日整个日本会见到彗星之光，"如此凶兆史无前例"[17]。日莲写道，一系列灾祸，加上这一邪兆，都是因为佛教的错误形式大行其道；政府必须予以镇压。

为了支持他所理解的佛教，日莲对那些不重点传授《妙法莲华经》

的佛教宗派通通予以尖锐的攻击。在他看来，所有人都必须承认《妙法莲华经》的地位，从而将日本从困境中解救出来。日莲提倡的伦理道德观，是现世、平民以及正当的暴力行为。通过不断发问，他承认自己为五座寺庙命名，却又希望它们被烧毁；他为两位高僧命名，却又希望他们被砍头。由于日莲对禅宗的攻击也暗含了对执权本身的攻击，政府对此十分困扰。1271年，日莲因叛国罪被捕，官方对外宣称为流放，实际上被判死刑。如他所言，被逮捕时他紧紧抓住《妙法莲华经》的卷轴，其他卷轴摊开，受到踩踏，散落在地。日莲大声叫道："你们这些人，摧毁的可是日本的精神支柱啊！"

行刑前，日莲仍然没有停止抨击时事。（据他自己说）一个明亮如月的宝球奇迹般地在天空中划过，由东南滑向西北。刽子手被它的强光刺瞎，两旁的士兵也感到浑身剧痛。就在同一天晚上，当权者发布缓刑令，日莲得救。据他描述，尽管后来又出现各种戏剧化的征兆，他被判处流放（这是他的第二次流放），三年后恢复自由。正如他所料，此时蒙古人入侵日本。作为当时其他僧侣的死对头，日莲认为日本之所以在战争中两次遭到挫败，是因为和尚们的祷告没有起到好作用。[18]

日莲对其他佛教宗派的谴责，体现了他思想偏狭的一面。他一而再，再而三地表示，《妙法莲华经》里预测，在邪恶的年代僧侣不走正道，阿谀奉承、奸诈刁滑、喜爱自夸；与此类似，那些居于林中的僧侣虽然身穿由带补丁的破布制成的衣服，却贪图权力和名利，对外传播佛教的谎言谬论，这些人才是彻头彻尾的旁门左道。[19]

为了证明自己抨击这些冒牌僧侣的正当性，日莲指出，《大涅槃经》中引用佛陀的话，大意为虔诚的信徒、真法的维护者，无须阅读五字真言，或践行适当、得体行为的准则；相反，他们应当随身携带匕首、

226

刺刀、弓箭、耙子和长矛。[20]日莲继续陈述，《大涅槃经》教导人们，可以施舍一个普通的罪人，却永远不能为诋毁法律的人提供方便。无论是谁，哪怕只捏死了一只蚂蚁，都要为此付出代价，但是那些帮忙铲除诋毁法律者，将荣登政府的高位，国家也不会发生倒退。[21]

在日莲看来，《妙法莲华经》既可以通过温和的说理来传授，也可以通过严格的（严厉苛刻的）驳斥来传达。日莲说，日本需要的是后者，因为它的罪过并非人为疏忽导致，而是人们蓄意违抗和蔑视引起的。歪门邪道宗派的领导者，传授的是扭曲的观念和个人的观点。他们担当统治者和军事领导者，传播那类观念，为的就是破坏佛门戒律和整个日本的法规。[22]禅宗尤其如此，它所传授的义理是错误的。它之所以能感化那些弃儿，是因为这些孩子不孝顺父母；之所以能吸引被驱逐的仆从跟班，是因为他们干了无耻的勾当；之所以会受到一些僧侣甚至妓女的欢迎，是因为他们放纵无度、不爱学习。

> 尽管追随者都拥护它所倡导的教义，但这些人都是社会里成群的蝗虫，把人们吃得精光。这就是为什么"天"怒目俯视着我们，大地上的神祇也都在震动。[23]

日莲批评真言宗愉悦感官，它的仪式神秘费解。他说，尽管真言宗广受尊崇，受到政府的大力资助，但是它具有欺骗性，令人心生妄想。事实证明，它的祷告和诅咒并不能帮助日本对抗蒙古军。如果幕府将军和他的助手让僧侣进行祷告，举行祭神等仪式——"这些僧侣无视《妙法莲华经》的作用，因而招致严重的灾祸"——"国家实际上面临着一定程度的破坏"。[24]

日莲怀着满腔热情，立下伟大的誓言：

> 尽管有人告诉我，如果不诵念佛经（Nembutsu），父母亲可能会面临砍头的威胁——不论遇到什么艰难险阻，只要智者能够证明我的传道不是错误的，我就永不屈服！其他一切困难，对我而言就如同风中之尘。

> 我会成为日本的精神支柱、眼和伟大战舰。此乃我的誓言，我将永不背弃！[25]

227

日莲的真诚无须怀疑。从这一层面上说，他的马基雅维利主义特征，仅仅体现在他要证明使用武力达到自己目的的正当性。但是与日本其他佛门宗派相似，日莲宗也经历了一个门派的发展与产生分支的过程。这一过程必然要实施马基雅维利式的策略。组织者在宗派内部展开权力斗争，他们想方设法成为寺院的住持，与日莲本人建立密切联系。[26]"普通信徒对寺院的管理插不上什么话……拥有较大权力的支持者，也开始将自己的家庭成员安插到显要职位上，比如宗教的领导者和寺院的组织者。"[27]日莲宗的主要支持者大部分为武士阶层，在行动中，他的绝大部分资金似乎来源于地方军阀。后者建立了实质上的宗族寺庙，住持也往往由资助人的儿子担任。

日莲的门徒分属不同派别，在大多数情况下，他们都遵循他的教义，却很少有他的精神力度。[28]有一些日莲宗派倾向于同其他佛门宗派保持和平的关系，避免为传播信仰（让妻子、雇员或家仆皈依）而发生直接冲突。[29]16世纪以前，京都共有21个日莲宗派，其中许多寺院都设置了要塞，由携带武器的常备军驻守。每当发生教义争辩时，这些常备军可以要求强行解决冲突。不论出于什么缘由，总之在1536年爆发了日莲宗与净土宗和尚的战争，后者领导的军队攻打了日莲在京都的寺庙，并烧毁其中21座，杀害了成千上万的日莲宗僧侣。但是这场战争对日莲宗的影响只是暂时的。[30]

　　禅宗的历史一方面具有启迪教化的作用，另一方面无教育意义。规模较大的禅宗寺庙里有上千名和尚，他们的冥想方式和艺术兴趣比较复杂。这些寺庙会同战士精英和皇室宫廷结成同盟，由于十分渴望拥有土地和捐赠，它们往往是甄选高级官员的场所——谁出的钱多，谁就可以购买这些官职。有时候寺庙还是不同和尚团体进行武力争斗的场所。通常由农民和地方战士组成僧侣的宗派是曹洞宗（Soto Zen），这些僧侣努力耕种，修桥凿井，为地方百姓服务，主要关心俗人的利益。[31]由于日莲的攻击并不是非常有规律，往往会引发人们猜想。对禅宗的批评有很多，对内、对外都有；它的内部宗派纷争也并不少见。此外，还有许多丑化禅宗僧侣的故事。[32]

　　毫无疑问，正因为禅宗的资助人和践行者中有不少战士，佛教禅宗与军事技能（尤其是剑术和射箭术）之间的关系在抽象层面上显得有些奇怪。这种关系永远十分松散，儒家与禅宗之间也是如此。禅宗对战士特别管用，因为它教会战士利用好每一次机会奋勇杀敌。在这过程中，战士丧失了一切自我意识，甚至没有了对死亡的恐惧。剑客泽庵宗彭（Takuan Soho, 1573—1645）认为，剑客并非为输赢而战，也并非为杀死他的对手而战。为了斗争而斗争，反而让成功愈加遥远，而且会挫败一个人在精神上的胜利。正因如此，他提出了禅宗"住"与"不住"的矛盾性，以及"本心"的矛盾性。所谓"本心"，指的是将意识融化消解，让它像水一样流遍身体的每一个部位。[33]

　　我已经对复杂的史实做出总结，虽然它们并不完整，却可以为我对暴力和欺骗在宗教上的用途的概括性描述，提供足够多的细节。在我看来，将论点阐述完毕，就没有必要去回顾小乘佛教国家的历史，因此我打算重新回到概括性论述本身。[34]毫无疑问，连佛教这样强调人道主义的宗教，它的戒律也会为人类社会带来马基雅维利主义的特色，这是无法避免的。在与佛陀有关的传统故事（它有可能是从真正的佛陀开始）中，这种马基雅维利主义初现端倪，而在接下来的佛教徒对手和教派分裂中，以技巧娴熟的手段为行事原则也开始日益彰显。有人认为，如要保护受害者的利益，这一原则至关重要，但与此同时它也假定，此时出现了（我所称之为）马基雅维式的、以国家利益为重的理由。

　　日莲为后人上的这堂历史课，具有深刻的意义。他更像是一名理想主义者，而非有意识的权谋之士。日莲认为，在这个堕落的时代除了自己的教派之外，其他一切佛教宗派都应该被武力镇压。在不信奉日莲宗的外人看来，这一观念确实体现了他为了求得生存，与各佛门宗派的领导者展开了艰苦的斗争，并且这种斗争在他的继承人之间，以一种公然的马基雅维利式倾向来维持。佛教本来发端于不加限制的怜悯，可它自身转变为一种政治工具。在这过程中，它逐渐成为由僧侣组成的战斗集团的官方宗教，还作为一种心理前奏，让剑术和射箭术的训练得以有效进行。

　　由于宗教是一切通人性事物的历史混合体，我们无法以纯粹道德的、理性的、教条的或象征的形式来对它们进行总结。所有宗教的布道、

229

推理、教条、仪式以及人道主义理想，无法阻止它所宣扬的理念受到改造，变成某些人的野心。对他们而言，不论何种社会意义上的获胜，都需要马基雅维利式的策略。在最后的分析中，马基雅维利主义虽然无法与宗教调和，却对宗教必不可少。最简单但足以解释的原因在于，世界上没有任何一种宗教可以脱离人类。只要有足够时间，那些与宗教分不开的人就会探索各种变动（他们的生活都可以承担得起），并学会借助幻想（包括武力、破坏和再创造）来恢复他们对自身的认识。只要有足够时间，佛教这门通情达理、饱含怜悯的宗教，就能通过密宗理论转变为其自相矛盾的变体。这些密宗理论所传授的，是对杀戮、撒谎、偷窃、通奸等行为做出的晦暗不明的、具有象征意义的字面上的实践（局限于一些优秀的沉思者）。不过以上每一种行为在官方的典籍中都禁止出现，但它们都能与密宗教徒所具备的包容、爱护其对立面的身份保持兼容，都能与他的野心——梦想成为彻底的、全知全能的、真正的（因为存在于幻想中）"存在"保持一致。[35]

历史有没有教过我们，马基雅维利主义是成功的还是失败的？

答案是历史并没有为我们上这一课，也没有对确切的得失做过任何预言。历史所教授内容的不确定性，就是它的最大价值，因为它让我们对无法预料中的寻常，以及寻常中的无法预料变得更加敏感。它所教授内容的不明确性，正符合了它千变万化的特质，以及各种无以名状的精深微妙。我们对这样的历史如饥似渴，往往是为了让思想变得更加自由，不受某一具体时刻的限制。尽管历史中最为有用的课程都是那些晦暗不明的部分，历史学家却可以超越那些描述，根据过去的碎片做出貌似有理的分析。有关"马基雅维利主义是成功的还是失败的"这一问题，我相信我在接下来的分析中可以说明，大部分马基雅维利式的策略能够在相对长一段时间内取得相对的成功。

　　为了让这一判断显得不那么武断，我必须通过细节来进行解释。首先，如果我在前文中对佛教的说法较为准确，那么可以说，它传授给我们一种至关重要的（尽管是笼统的）历史的可能性。圭恰迪尼一度宣称，我们从历史中什么也学不到。他会否认我们从佛教这样的宗教中学到的总体的一课吗？我认为他不会。但不管他的答案是什么，宣称历史什么也没教给我们，这一点他倒是正确的（如果他指的是历史没有教给我们可以明确应用于现实的东西的话）。我们在任何给定时间段所面对的历史状况，同之前任何一个时间段都不相同，我们绞尽脑汁做出的预测，恐怕很难说比"猜想"来得更准确。历史背景不断变动更迭，起落变化难以预测。历史的洪流让我们与一些事件隔离开来，人们往往敏感地认为，这些事件不是由几个原因，而是由一大群彼此不同的因素造成的。只有在这些事件发生以后，我们才有些许机会（如果有的话）进行研究和反思，哪些至关重要的原因能够让这些结局变得公正，又是什么因素发生了变化，它们在哪里产生，等等。这些结局有可能导致战争失败，也有可能让战争获胜，再或者它们会导致一种文明的崛起或衰落（当然这不太好计算）。

　　尽管我在这里不应追问历史背后的原因，但是对这些原因的深浅、种类以及相互依存性给予一定的关注，则很有必要。即使大多数原因在历史文献（这里年鉴学派除外）中有所体现，但指涉也十分零散，除非它们以最直接、最极端的方式涉及政治。修昔底德（也仅有他）的一大功劳在于，提醒了古希腊史学家关注雅典城爆发的大瘟疫。这场瘟疫具有极大的破坏性，一度让雅典人不知所措。伯利克里亦于此时病倒，当人们再次推选他重归政坛时，他已染上瘟疫死去；而记

230

述秘鲁打胜仗的史学家，忽视了天花肆虐这一史实。天花首先由西班牙入侵者传入，后来印加国王怀纳·卡帕克（Huayna Capac）、他的继承人以及统治阶层的许多精英都染病死亡。这场天花还引发一场革命，最终让皮萨罗（Francisco Pizzaro）灭亡印加帝国的计划大获成功。* 研究阿兹特克帝国衰亡的历史学家也不应忘记，科尔特斯对墨西哥的征服，与西班牙人对天花几近免疫是分不开的，可是阿兹特克人因此受到重创。一些国别史学家还记得那些重要的暴风雨，是它们改写了相关国家的历史。比如日本史学家十分珍视对一场"神风"的记忆，它在1274年和1281年让日本免受蒙古人入侵。同样，英国史学家也十分珍视一场有关暴风雨的记忆，它于1588年帮助英国顺利打败西班牙无敌舰队。

但是以上这些疾病、暴风雨等都是作为孤立事件，侵入了最具历史性书写的平稳政治进程。尽管欧洲史学家必定会将黑死病对14世纪欧洲的影响考虑在内，但是将黑死病追溯至蒙古大军（这一疾病首先由他们传播）并没有引起他们太多的兴趣。这些历史学家也不会从这支军队再追溯到它可能的发源地——元朝统治时期的中国。在大多数情况下，史学家一直是按年代顺序，将各种行为、公告以及政府的困境进行罗列和编排。他们对一切保留在档案资料内的内容深感兴趣，

---

\* 在皮萨罗入侵之前，疾病已经在印加地区蔓延，并对原住民造成了沉重打击。当皮萨罗1531年率领180名士兵在南美洲的太平洋沿岸登陆时，印加帝国的居民对此毫无抵抗力，国王怀纳·卡帕克也先死于疫病。此句中的"革命"指的应当是卡帕克死后，两个儿子瓦斯卡尔（Waskar）和阿塔瓦尔帕（Atahuallpa）为争夺皇位挑起内战（史称"印加内战"）。后来阿塔瓦尔帕获胜，但不久被西班牙人设计处决。1534年皮萨罗入侵库斯科，并开始训练当地人作为军队，拓展殖民地，逐步消灭印加帝国的残存势力。1535年又将利马（Lima）作为新卡斯蒂利亚的首府。盛极一时的印加帝国就此灭亡。——译者注

这些资料可以让史学家援引并追溯其具体年代，还可以嵌合到成为历史组成部分的一个相当有限的概念中去，并很容易成为一种叙事形式。但是除了我刚才回顾的这些零散例子之外，对政治叙述的这种回顾，忽略了一个重要影响（它让史学家难以测算），这一影响远比孤立地看待政治层面要深远得多。马基雅维利主义者毫无畏惧地坚信偶然事件（或者"命"）十分重要，因此他们强调，人们必须在短时间内对这些事件做出高效的反应。由于人们对自然的力量十分依赖，不难理解人们为何相信，中国最早的、仅存于神话中的统治者想方设法掌控和利用自然，并教会人们如何同宇宙和谐共生；一切宗教都试图缓和自然中易引发洪灾、饥荒和疾病的力量。正如我们所见，权谋之士利用宗教并与之展开竞争。他们认为人们应该心甘情愿地接受一个严苛的政府，原因在于它的高效运转可以保护人们免受社会混乱的侵扰，如洪灾、饥荒和大规模的疾病。

231

　　至于我想提到的更深一层的原因，经济因素是人们最不大可能忽视的。由于它产生于人际关系，往往不会有人认为它会超出人们的理解范畴。即便在今天，在这样一个统计数据远比过去精确、统计理论也远比过去发达的时代，经济学家虽然配备了各种模型、图样和电脑，但是我们并不能说，他们在预测短期或长期的经济趋势方面取得了显著成功。所谓行为金融学，即借助心理学来解释经济学，有可能会让经济学变得更加智慧，因为在智识上更加不理性，而不一定是因为让情况更易预测。

　　经济学对历史具有深刻影响，这一点毋庸置疑。正因如此，历史必须分担其自身晦涩的特质，只有当我们能发明出一个引人质疑的解释时，（这一特质）才会有所缓解。但是不论经济学的知识层面达到何种程度，它与人类生活的一切相同，都依赖其他未被完全理解的因素。在这些因素中，最为明显的是影响一国人口的食物供给和健康的因素，如洪灾、饥荒和疾病。倘若不去研究寄生虫对沿河居民的影响，那么我们对那些在大河流域（早期文明地带）劳作的农民的历史，究竟能理解到多深？倘若我们自始至终都不知道昏睡病的影响，我们又能对非洲历史有多深刻的把握？除了前面提到的天花疫病，肺结核、伤寒、梅毒、霍乱、疟疾、腹股沟淋巴结炎和肺炎，以及它们所带来的毁灭性影响，也与历史有着密切关联。*

但以上这些灾害（洪灾、饥荒和疾病），反过来只有在与其他因素发生联系时才可被理解。这些因素中当然有天气，或者更准确地说，是天气同所有与其相关的生态因素的关系。但是天气也不太好理解，或者在某一层面上来说，它并不能被轻易预测。即使是短期的天气预报，也会有本质的错误，它们经常会因为在短时间内放大了一些无法察觉的小变化，歪曲了实际情况。长期的天气预报则具有高度不确定性，因为它主要取决于太阳辐射的变化、地球倾斜角的变化、不同大气层之间的关系、海洋的热度、大陆板块的组成以及地形测量学等因素，而人们对这些因素的理解，往往并不充分。

---

\* 威廉·H. 麦克尼尔（William H. McNeill）在其著作《瘟疫与人》（*Plagues and Peoples*）中以这样一段话为结尾："假如，我们能像了解过去那样，努力地预测未来，那么，对传染病的影响就决不能置之不理。技能、知识和组织都会改变，但人类面对疫病的脆弱，是不可改变的。先于初民就业已存在的传染病，将会与人类始终同在，并一如既往，仍将是影响人类历史的基本参数和决定因素之一。"（译文引自 [美] 威廉·H. 麦克尼尔著，余新忠、毕会成译《瘟疫与人》，第 175 页，中国环境科学出版社 2010 年版。——译者注）紧接着，作者附上了中国的疫情年表（英文原著为第 259—269 页，中译本为第 176—183 页。——译者注），时间跨度由公元前 243 年一直到公元 1911 年。该表证明，中国需要对可能具有官方用途的所有信息记录在案。

仅仅知晓天气如何起作用，还远远不能让一名历史学家或其他任何一个人去理解动植物的生长以及人类身体的变化。我们还必须理解遗传现象，因为它会对有机体（无论从个体，还是从群体来考虑）、生态系统甚至整个进化过程产生影响。诚然，在遗传学的理解方面我们已经取得了非凡的进步，但是同往常一样，我们知道的越多，余下的重大缺漏就会变得越具体。结果是，我们意识到（或者说应当更清楚地认识到）历史之所以无法预测，不仅仅是因为人类行为中的相关细节令人无法预测，还因为在历史的变化点汇集的所有深入的组成因素，也令我们难以预测。因此，我们只能认为历史是短暂延续了那些依靠人力而产生的有趣变化，这些变化源于各种自然力量、非人类的生物学有机体，以及人类之间的相互作用（不论这种相互作用在整体上还是在细节上无法进行预测）。

我将很快抛开这些竭力想把一切都包括在内的历史概念，把注意力仅放在人类的目的和行为上——这些内容本身就已经够难理解的了。当人类甚至同其他历史因果关系的组成部分保持隔离，（我们预计）他们会做出何种反应呢？我尽可能选择一个较为简单的例子（以让我在知识上能够驾驭它）来进行说明。这个例子涉及两名截然相反的政治领导者。我想问的是，在一次冲突中，当一方领导者采取行动的智慧，被另一方领导者同等的智慧予以反击和抵消时，我们该如何预测结果？如果两名领导者的行动并非如我所想（在智识上不相上下，在目标上截然相反），而是无法进行比较，也就是无法以同一目标范围来衡量，那么这种预测仍旧更接近猜测。我还想问的是，一个十分聪明的行为，面对的是一个过于"不理性"的行为（距离测量智慧的给定范围太远），以致期待一个有智慧的（有智慧地为自己利益服务）回答的人都无法

233

进行预测，在这种情况下，结果又该如何？此外，如何提前知道，某一偏离正轨的行为原本期待同样偏离正轨的行为作为回应，但实际上它会得到一个并不偏离正轨的回应，或者说一个暴力行径出乎意料地得到了一个和平行为作为回应？一个患有强迫症、事先有所规划的人，同一个易受冲动驱使的、不爱事先规划的人，或者一名凶残野蛮的好斗分子，同一个温和的，或是失明、失聪的人，他们能否互相理解？当相关情况变得非常复杂或者很不固定，以至于每做出一项分析都必定会过于简单时，我们怎样才能预测到有价值的东西？

在系统化收集信息时，我们会面临以上困难；在分析这些信息时，我们会使用高级统计学的方法，并利用我们所能建立的最复杂的模型。但问题在于，这些信息往往并不精确，如果有大量内容涉及研究对象本身，甚至会产生有意的误导。至于统计数据和资料，就算它们大致精确（政治和历史这样的学科，可以更精确吗？），也无法对它们进行计算，为一些特定行为（意在处理真正复杂的问题）提供可信的建议。如果说统计资料去除了一些偏差，这些资料由各种偏差组成，其中"些许""大多数"甚至是"所有的个体事件"（取决于它们当中被认为具有关联的细节）都存在偏差；如果很小的偏差会导致相当不同的结果，那么以上论断属实。与此类似，一个形式主义、符合逻辑的程序，如博弈论，也并不能对实际生活大有可为。根据我们的发现，理论上游戏的真正对等物所包含的重要因素，在实际游戏中并没有将它们考虑在内。此外，实际生活中那些老谋深算的玩家互相厮杀（比如在股票市场上，或者在未来某天将要发生的一场战争里），他们利用了同样的理论，甚至还发明了更好的理论参与竞争。在这种情况下，预测的困难在另一层面上再度出现了。

研究者在处理人际关系时，那些已经转换为电脑程序的正式模型，可能会有很多隐藏含义，它们之所以存在可能性，仅仅是因为它们把本质上无法测量而实际上发生的复杂情况遗留了下来。假使这种电脑化的程序不含有任何严重的系统错误，我们可以认为它很准确。但它很可能依赖一个过于简单的分析，受制于一个高度简单化，或许是一个颇具误导性的、推断出来的背景，并且高度依赖所使用数据的正确性——即使是一个小小的错误，或者一个出于四舍五入需要而产生的小小误差，在做乘法时也会导致重大的错误。所有这些风险对程序开发人员不言自明，使用者未必知晓其中的原因。可是发现一个模型或程序所留下的东西的重要性，这个过程本身很有启迪意义：不仅使这些模型会得到改进，而且使用者也能够更加全面地认识到它们的特质，并提升自己的直觉力，领悟一个道理——某些缺陷如何让最好的模型变得不那么完美。[36]*

234

心理学虽然在实际应用中变得很不确定，但相比那些基于正式理论做出的分析，它有时候能提供更具回溯性的启发。让我来举一个现代的例子。有人说列宁从童年起就非常机敏。在他日后的生活中，他

---

* 哲学家罗伯特·诺齐克（Robert Nozick）强调，对理性的研究已经到达了技术层面："有关合理行为的一个圆滑讨喜又具有说服力的理论——决策理论，在 20 世纪经过数学家、经济学家、统计学家和哲学家的发展，现已广泛运用到各种理论和实践。"不幸的是，"拥有智慧、受过良好教育的严肃人，他们的共同文化却对许多话题失去了控制，而这些话题对理解和思考社会、人群乃至整个宇宙都起到了中心作用"。诺齐克预测，哲学会失去其传统作用，并被认知学专家和计算机科学家取代。后两者根据规则工作，可这些规则在表面上正确与否，目前还不清楚（Nozick, *The Nature of Rationality*, pp. xii, xvi, 76）。但是诺齐克提到的技术上的程序，必须借助普通的人为判断进行运用和解释。尽管我在上面做出猜想，博弈论可能会用于现实战争中，但我怀疑那些负责此事的人，能否将他们的人为判断让位于技术上十分巧妙但容易出错的模型。

的洞察力让别人很难背信弃义；不论是好是坏，这种洞察力往往与强烈的悲情结合起来。（据说）这种悲情在如下事件中达到了最坏情况：1917 年 7 月，布尔什维克起义在彼得格勒失败，列宁被迫藏身芬兰。这一事件削弱了他的政治影响力，直到他再度获得领导权。但是历史证明，他的悲情到后来是正当的——这种悲情让他对布列斯特－立托夫斯克（Brest-Litovsk）的德国人产生警惕，并得出结论说，俄国人无法抵挡得住他们。

列宁生性机智谨慎，不大喜欢与他人保持密切联系，而且行动灵活。这种独立的个人能力，时常在政治上帮他的忙。同列宁相反，托洛茨基更加乐观，也更容易相信别人。别人一对他做出敌对的反应，托洛茨基便会感到惊讶。他无法像列宁那样以严苛果断的方式看待世界。正是他的活力与乐观让他在组织红军方面取得了伟大的成功。可是在布列斯特－立托夫斯克，这种乐观让他偏离正道；他的犹豫不决削弱了他的积极态度，往往又使他变得脆弱。他的骄傲也是如此。[37]

有一项坚实的道德准则，在实践中难以做到，如考底利耶和马基雅维利所言，假设敌军首领可能与我方存在很大不同，基于这一点来掌握对方的性格特征，是很有启发意义的。想想我之前暗示的那种困境：一个对他人情绪非常敏感的人，在与像列宁这样一名只在乎实际目标、不会受任何人影响的领导者展开博弈的时候，对双方而言这都是进退两难的局面。猜透一个与自己的个性截然不同的对手，本身已经够困难的了；更加困难的是无法认清自己，因为这需要跳脱出来，从外部对自己进行审视。这种审视方式对领导者而言是陌生的，因为他往往太自恋了，以致无法看清自己的弱点。有多少野心勃勃的领导者能够现实地看待自己的能力？一旦他们在某一特定的时机显露出自己的局限，他们又会如何看待自己？如果他们（比如拿破仑在第一次流放后）经历过失败依然壮志满怀，又是什么会导致他们认为，经历了一次失败之后不会有第二次、第三次？或许结论应当如下：将历史学和心理学结合，可以帮助我们更好地理解两者中的任一孤立学科；可不幸的是，对历史和人物性格做出的最有力的分析，往往是回溯性的。智慧如果与过往相关，掌握它就会容易得多——正如我们已经知道拿破仑的第二次尝试以失败告终。

一个更有说服力的结论可能为，历史展现出的最为清晰的部分，一是必须夸大对（非回溯性的）政治进行理解的权利，二是没有真正意义上的政治学。历史的映像：

> 并非一座永不熄灭的灯塔，也并不会在人性这条道路上标明阶段。这条路蜿蜒曲折。真理自身不会通向某一范围。它那些难以预测的行为，也不会同某一基础结构强有力的轮廓完全贴合。这条路迂回曲折，带有随意性。在大多数时间里，旅者往往不会介意别人选择了什么。每个人都相信自己的路是正确的，他看到别人拐弯绕道，对他几乎不构成什么影响。[38]

这段文字尽管很生动，但是在我看来，该结论似乎有点沾沾自喜的味道。圭恰迪尼和我刚刚援引的这位作者保罗·韦纳（Paul Veyne），仅在狭义上是正确的。从广义上讲，他们之所以是错的，是因为我们实际上很少会进行重复思考，更多的是考虑到类比，如果一些事件需要证明的话，经验会帮助我们选择采用哪种类比。基本明确的重复，只有在需要机械的活动时，才显现出其正确性。智慧（甚至往往会被认为是动物本能）赋予我们能力，对已学内容（或在直觉上已经明显固定了的内容）进行直觉上的重估。这一能力等同于把我们先前的经历，放在与它们相关和不相关的新的组成部分中进行的一种有意识的重新分析。

圭恰迪尼和韦纳还犯了一个错，因为历史为我们提供机会把经历同化（这些经历虽然单薄，但在智慧层面仍然有所帮助）——历史上那些同我们相似的经历，在现实生活中我们永远无法体验到。通过这种方式，我们可以清楚地看到数以千计的重大年份以及无数种生活。这样做的重要性，与一而再，再而三无法从历史中学到东西，两者之间并不矛盾：无论直接的还是历史性的，没有任何一种经历能够让一个缺乏想象力和智慧的人打开眼界。不过，缺乏经验哪怕对一个想象力丰富的人而言都是致命的（同样，这些人也会看不到那些他们从未知晓的危险），并会对一个生来聪慧的人构成限制。智慧需要由经验补充，使前者更富有活力，并将它转变为一种理解。

我的意思并不是说研究历史可以保证提高我们的理解力，或者说加深我们对成功的理解。但是历史通过提供更多具有类比关系的经历，提倡对它们进行比较、分析并在想象中进行重新组合，来教会我们如何仔细地检查这些事件，如何对它们进行识别并做出反应。"具有识别力的反应"指的是通过非个人化的，也就是历史的记忆来强化个人的记忆，并且强化一个人的直觉力，从而得出判断。这些判断当中的细微之处和智慧，都基于形形色色的经历。它们暗示的不仅仅是一些寻常之事，还有在寻常之事中如何以及为何会存在变化。识别力是一种由类比产生的、颇具见识并且凭直觉获知的适应力——之所以需要直觉，是因为可能性的数目过于庞大，任何人无法对它进行有意识的计算。

让我换一种方式来说明这一观点：那些对我们而言最为生动的个人经历，随着时间的流逝，我们将它们看作历史。所有这些经历汇集在一起，定义了一个具有各种可能性的领域。这些可能性被记录在案，根据彼此之间的关联进行排列，也有可能与那些（为我们准备的）未知事件排列在一起。每种经历都有成功的光环或是对失败的潜在记录，它们积少成多，可以被直观地呈现为一个个相对密集的、散布开来的点，它们都集中于一个具有各种可能性的区域（我们或许仍然不得不对这些可能性做出回应）。一旦有什么事情发生，而它多半与这里面任何一个点没有交集，我们的思绪便会无意识地游走，游到某个之前未被占用的新地方。我们在那些可以代表其他先前经历的点之间寻找最佳位置，通过这种寻找到达那个地方；紧接着，在找到那个最佳位置之后，我们将它与众多试验性的参照点（这当中没有任何一个同我们所寻找的那个点十分相似，或者特别不同）建立一种具有微妙的适应力的类比，从而做出新的回应。

坦白说，精确的历史可以在这一层面上培养识别能力。史学家满怀一腔热忱，对历史进行了准确记录和深刻理解。这种热忱激励了司马迁和修昔底德这样的人。它是一种借助经验的叠加来进行理解的渴望。它既是一种扩大经验范围的需要，又是提升指引它在其中进行思考的技能的需要。对未来某天会研习某一史学家著述的所有人而言，这种热情作为识别能力的一种特殊形式，还是一种再活一次的渴望。

司马迁的《史记》及其后继者，对我而言似乎是辨识力课程的最佳案例。这是因为中国人记载的历史，让我们能够对历史长河中数量庞大的人物展开条理清晰而又细致入微的思考。有关（书写）历史的非中文资料，往往运用于小型地域，或者跨度较小的时间段，否则就缺乏必要的细节和可信度。比如旧时意大利一些城市的档案，为有趣的历史和社会经济分析提供了丰富的材料。然而古代中国幅员辽阔、历史悠久，其地域广度、时间跨度和复杂程度，使得它的各个组成地域日渐趋同。如果没有人为因素，也许它们仍然可以保留自身的差异。与此同时，中国历史还蕴含了丰富的时间、地点和细节，足以用来提出和检验一些笼统的假设。因此，研究西方这些独立的"城市一国家"历史的方法，对于帝国时期庞大的中国而言，恐怕不那么有用。

为说服读者，我必须解释中国历史如何形成，以及为何是这样形成的。中国历史相对的连续性，大体上是统治中国两千多年的官僚机构运作的结果。史官对一切重要事务都做了细致入微的笔录，并且对王朝的更替兴衰做了（大体上）忠于史实（尽管辞藻十分华美）的记述。[39]一位司马迁著述的译者十分博学。他在19世纪末开始翻译（那时候人们还更容易接纳历史的客观性），并在很大程度上以一种赞许的态度，将司马迁与古代希腊和罗马的史学家进行对比。他说司马迁以及那些效仿他的写作方法的史学家，为后人留下了一笔宝贵的遗产，对我们可能想要承担的历史重建工作而言，具有无法估量的价值：

> 我们可以仰慕古希腊和古罗马的史学家奇迹般的能力，但是他们没能满足我们对智慧的迫切需求；我们试图将他们利用的材料，与他们掩饰这些材料所用的那些技巧分开来。司马迁几乎完完全全让我们省去这项工作，因为他的介入丝毫没有改变原文（这是一种夸大说法）……不大可能对司马迁满怀一腔热情（这又是一种夸大，体现了法国学者对文辞

过于敏感）：司马迁作为一名颇具耐心的旧档案收集者，让我们感到惊讶的是他的博闻强识，而不是凭他的天分来诱惑我们；不过他的书写对象都是伟大的人物，这令他的作品气势恢宏。[40]

中国人很确信能从历史中学到东西，尽管他们从中学到的主要一课，往往是他们事先已经形成的观念，以至于只有它在实际运用中产生的诸多细节，才会引发人们的疑问。出于对先入为主的经验的尊重，大多数中国官方史学家放弃了独立思考的努力，仅通过筛选一些语句和篇章，来表达他们作为史学家的鉴赏力。这些语句和篇章，必须最忠实地传达出他们看来必不可少的内容。史学家认为，自己的作用是以年鉴、传记、年表和专论等形式来继承和传播，让后人评价前人。[41]正如公元 819 年，史学家李翱上书皇帝，反对修史腐败。根据他的定义：

> ……作行状者，不要虚说仁义礼智，忠肃惠和，盛德大业，正言直道，芜秽简册，不可取信，但指事说实，直载其词，则善恶功迹，皆据事足以自见矣。[42]

怀有如此远大理想的人写出的历史，如果一个人对它进行研习，他有可能成为一个贤明聪慧的马基雅维利主义者吗？回答这一问题时，我们应当注意到，对这些史学家而言，一切文明都似乎依赖中国官员，而他们自己也是其中的一分子。尽管某些任人唯亲的情况让人觉得冤屈，但许多官员之所以被选中，并不是因为他们的社会地位或倚仗的权势，而是因为他们自身的能力。测试他们能力的方式，在我们（西方人）看来有些奇怪：要精通某些传统文章的形式，通过引经据典来展现他们广博的学识，并证明他们对官方文化的吸收深度。*

那些记录在案的官员，由于他们在意识形态上的倾向一直保持透明，他们对历史的固化裁决可以做到中立。可是，有一种类型的信息，他们并不热衷于记录，这就让我们很难或者不可能对它们（至少是从官方历史中）进行恢复。官方历史经历了编辑、缩写等复杂的过程。官方叙述所代表的中国，其出发点往往不是那些身在其中的人，而是为了向官僚中心汇报。比起外围的、边缘的眼光，官僚中心眼光下的中国要统一得多。这些内容必须得从地方志中进行重新建构。官僚中心所关注的焦点，是为了统一官员的历史要付出的代价。[43]

根据中国人的史观，史学家对过去和未来的评价，与官员和统治者有着非同寻常的利害关系。一名中国官员如果认为自己为坚守理想付出了沉重的代价（比如失去官职或受到刑罚），他会通过书写自传来证明自己的信念。到了 14 世纪，事先为自己写好讣告，以取代写讣闻者的评价，在官员之中已经相当常见。举一个最著名的例子：明朝开国皇帝朱元璋在位期间（1368 年—1398 年），曾在镜中望见自己面色苍白、满头华发，这足以说明时光的残忍。于是他决定把只有自己知道的有关自己的真实情况写下来。与其等待"文官加工修饰"，他写道，不如利用机会自己讲述曾经的艰难与困苦，澄清皇家财富来源，为皇室后嗣留下见证。[44]

考虑到儒家传统施加到个体身上的道德压力，明朝时（1368 年—

---

\* 此即科举考试。——译者注

1644 年），有许多学者型官员像本杰明·富兰克林一样写日记也就不足
为奇。日记的主要内容为个人的道德品行。有些人对此表示拒绝，因
为这过于机械，还有些功利主义，或者仅仅因为记下了官员自身的过错，
或者对自己进行严厉批评，让我们时不时想起圣奥古斯丁的脾气。[45]

　　尽管这种愧疚感反映了官员们经历的一段特别困难的时期，但它
体现出一种深层次的道德传统，这种传统对个体官员的影响，应该不
会导致我们对这一群体做出整体上愤世嫉俗的判断。那些行事严肃、
恪守道德的官员，往往能够较为真诚地评价自己和所处的时代。在他
们之前，是孔子在周朝时确立的"礼"——一种理想化的、家庭的、
礼节上的、具有等级制度和责任感并且激励人心的传统。讽刺的是，
朝廷的这种儒家理想，乃是由秦朝以降的政治手段支撑的。不论这种
方式是否体现了荀子的警告，或是令人厌恶的法家学者的理想，还是
说它是出于实际需要，再或者（也是更可信的）它体现了以上所有方面，
中国政府实际上是以法家的态度和手段治国的。然而，政府不可能摒
弃儒家所宣扬的价值观——人"性本善"和"礼"。一个讲道德的，而
非仅仅讲究实用的思想观念至关重要，它可以保证"公平"的意义持
续存在。换言之，政府并不是一个目的仅在于巩固和增加精英阶层利
益的、机会至上的系统。向一名儒家官员传授价值观，可以增加他的
良知，为他的工作赋予尊严，而不是停留在简单的奖惩层面。有学者
认为，儒士在实践上的弱点并不在于他们倡导的思想，而在于他们缺
乏欲望或能力去建立自己的政权基础。[46]但是这种解释或许是在变相
说，一名真正的儒士不会是一名真正的马基雅维利主义者，或者真正
的马基雅维利主义者不会是一名真正的、讲道德的儒士。

　　正如人们所期望的那样，每一个中国官员的权力都有明确的界限。

240

在上级的盘问下，官员必须定期汇报工作情况。工作效率高，他会得到奖赏；工作有所疏漏，会处以罚金、调任、免职，甚至还有更严重的处罚方式。以上措施让中央政府得以通过官员治理国家，并建立互相监督的机制，把他们一个个分开，防止官员结党结社、僭越权力。君主、中央和地方官僚机构，以及被统治的臣民之间的关系十分复杂。每一官僚级别、官阶种类和地区，都会发展出自己的利益，各自拥有一套方法来对付中央下达的不受欢迎的指令。这种抵抗通过以下方式表现出来：官员自己解释命令，把它们互相调换，将自己得出的结果上报。换言之，让君主的权力得以有效实施的官僚机器，同时限制了自身。尽管在实践中仍有法家思想，但是政府机构的操纵者是居于中间的"类似圣人"——君主。在大多数情况下,他只起到惯例上的作用，除非他是个非常强大的人，领导着一个效率高、官僚机构不至于太过膨胀并与君主目标保持一致的朝廷。

中国的经验告诉我们，尽管君主接近神圣的地位，但他们越是有意改进社会，生活就会越加困难。理论上说，他们的地位至高无上。但是君主往往受困于繁忙的公务，这些公务包括各种典礼和仪式，以致君主无法从中找到休息时间，有时也会抱怨一二。君主竭尽所能，力图突破这些礼仪典章上的限制，并做出卓有成效的改革，不过这种可能性微乎其微。他所统治的官员消极被动、审慎精明、例行公事、有所偏袒和隐瞒，以上这些都会轻易将君主打败——这些官员可选择做出利己的，或真正具有美德的呼吁，从而与传统相吻合。[47]

正因为有许多小型的、长期顽固存在的马基雅维利主义行为，封建专制统治在中国很难不受干扰。以下这一段就把这一问题写得很尖锐：

没有人会哀悼旧中国的官僚制度。即使按当时标准，它
所造成的社会危害，也已超出了仅仅压碎几个无依无靠的游
民的踝骨的程度。但无论好事还是坏事，它的特性可以阻挡
任何一种狂热。没有这种应急的锚碇，中国就会在风暴中急
剧偏航……[48]

官方记载的史料，收集了过去两个王朝大量的典章制度，这些材
料展现出一个有繁文缛节的庞大的政府机构，可它能够高效运作。[49]
如果我们抱着批判的眼光来使用这些材料，并同其他证据进行对比，
这些记录便可以在政府的行政效率，以及维护社会稳定的成效方面，
经得起马基雅维利主义（及其他）理论的经验化考验。

有关这种考验，我特别想提到的一个例子是对明朝统治的研究。
明朝历史为地方问题和各类侵扰提供了许多信息。[50]同往常一样，根
据各种复杂的历史证据，最终得出的答案并不总是清晰明确的。但是
这些结果非常接近用以上证据和研究方法，让法家、考底利耶式观念
以及马基雅维利式观念得到证明：社会组织结构由政府来保持；这一政
府压制创造力和智慧，维持军队力量，税收制定合理，并能有效应对
和缓解饥荒。

这一结论的基础有哪些？在明清之前的中国历史中，专制统治并
不少见。但是封建专制统治在明朝初年达到了前所未有的程度。这一
体制对权力的诱惑性很清楚，因此它对"放权"相当谨慎，以防止任
何官僚机构、政府官员、将军或太监，抑或内廷其他人员积累足够的
势力，对皇帝构成威胁。这种防范举措始于1368年至1398年，也就
是明朝开国皇帝朱元璋（年号洪武）统治时期。朱元璋为自己的死亡

拟写的文字记录，我在前文已经提及。

朱元璋15岁那年，村里发生了严重的饥荒，整个家庭只有他一个人幸存下来。日后他成为皇帝，对自己的出身备感骄傲。他对普通农民充满同情，并向村里的老人保证，禁止士兵抢劫和掠夺，让那些受战争蹂躏的地区缓和灾难。不过，尽管他将自己与农民等同起来，但他很快被说服，需要文人和前朝官僚阶层的支持。他说："礼法，国之纪纲……建国之初，此为先务。"[51]

由于朱元璋痛恨前朝官员滥用权力，这位皇帝极尽凶残之能事，恐吓身边的官员遵从礼法。他要求官员坦率直言，可颇具讽刺意味的是，这些官员都遭受了残忍的刑罚——第一个重要官员被处死，第二个被罚去做苦力。廷杖用来羞辱犯下过失的官员，严苛的法规让所有官员受到监督，防止他们懒惰、人浮于事和贪污腐败。一旦发现裙带关系，官员就会被禁止任免自己的下属；未经皇帝允许，官员的亲戚也将无法入职政府机构。如果一名官员受贿高于一定数额，就会把（他的）人皮完整地剥下来，做成袋状，在里面填充稻草后悬挂示众，这一刑罚史称"剥皮揎草"。[52]同考底利耶式观念类似，朱元璋设"锦衣卫"，其中包括和尚、尼姑、朝鲜人和穆斯林，派遣他们收集所有高官的信息。

> 有组织的密探行动由一个特殊的情报机构——锦衣卫（其人数只有皇帝才清楚）负责。他们被皇帝授权调查、逮捕和审判重大腐败案件以及有组织的谋反行动，尤其是官僚机构和乱党主导的阴谋活动。1382年至1393年，锦衣卫对官僚体系展开了至少三次大规模肃清，每次都导致约一万桩

处决案。[53]

为了公平起见，我应当补充一句，我所描述的皇帝朱元璋会重复：如果他过于仁慈，百姓会说他头脑糊涂，法度废弛；如果他严厉为政，百姓会说他是一名暴君。[54]可是我们所理解的"自由"，在明朝并不能得到允许。一位批评家劝皇帝废除对犯罪活动的集体负责制，却无济于事。[55]撰写明朝法典的官员使出浑身解数，确保法度和秩序，其中规定职业必须为世袭，普通人进入或离开一个村庄，必须向官府汇报，任何人未经官方批准，不得擅自离开居住地远游。法典还对僧侣的活动进行了规定。宗派内部如有人用占卜、预言或其他方式对国家政权的合法性提出怀疑，其他僧侣有权对占卜者执行死刑，或将其逐出门派。商人只有获得政府的许可，才能从事商业贸易；旅店老板每月必须按时上报客人的情况。学校只能传授儒家学说，科举考试内容也以儒家经典为蓝本。尊崇儒学的家庭会获得奖赏，家庭成员的行为也将载入地方志。[56]

我刚才总结的研究内容，说明这种压制取得了良好的效果。换言之，它们成功地将武装叛乱的次数和危险程度降至最低，让王朝政权保持稳定。以上研究指出，由佃户或奴仆发起的武装叛乱，以及那些容易被解释为因阶级矛盾激化爆发的起义和叛乱，相对少了很多。正如一名法家的人物所预料的那样，政府在必要时给予的援助，强力有效的社会控制，外加迅速严苛的惩戒措施，让叛乱很难进行，也降低了它发生的频率。对旅行者严加控制、对异端教派的疏远，也对维护社会稳定起到了一定作用。为了让人们生活稳定，政府开始重视传播和灌输儒家的思想观念——乡村定期举办集会，为百姓举办道德讲座，宣

243

读皇家政令；提倡"君君臣臣、父父子子"之道，与邻里乡亲保持和谐；对儿子和兄弟进行教育，让他们对自己所拥有的一切感到知足，对邪恶有所控制和远离。[57] *

历史证据说明，中央集权化、管理严格、封建家长式明朝专制统治，在很长一段时间内总体上有效。不过王朝也经受了许多威胁。明朝中期，行政不如以往，传统官僚机构的恶行加倍出现：官员收受贿赂不断，有的贿赂上级以维持现有官位或求取晋升，还有的昧着良心压榨农民；私挪公款；擅自给无辜百姓定罪，将罚金占为己有。军队内部常有人擅离职守，或被指挥官私下安排任务。军队训练常常荒废，士气低落——1550 年俺答汗率领蒙古军入侵中原，包围北京，皇家护卫队尽管有着辉煌的过去，在那一时刻居然极度恐慌，以致士兵纷纷流下眼泪。各种防御工事和雇佣军的开支也变得很高。与此同时，宫廷内部开支巨大，加上腐败滋生，导致了财政危机。饥荒救助款项锐减，各种苛捐杂税不断，让百姓苦不堪言，底层民众频频造反。[58]

当然，没有任何一种思想观念或措施能够取得永远的成功。正如中国人所说，王朝"礼崩乐坏"终致国家系统的崩溃。"礼"的丧失在万历年间（1573 年—1620 年）达到了顶峰。当万历皇帝意识到他的士大夫在提倡道德上，言辞远远优于行动时，他开始变得愤世嫉俗。大

---

* 这些发现同近年来对欧洲革命的分析相当吻合。根据这一分析，当一个国家无法调动其组织最良好的公民来完成它的使命和要求，或者国家对强大的集体身份或附带在这一身份的权利构成了难以忍受的威胁，再或者统治者的能力明显不如对手的时候，革命就会爆发。毫无疑问，对军事力量的控制可谓必不可少。"在欧洲，由农民领导的起义和叛乱接连发生，但几乎无法维持下去，除非领导者同权贵、富豪或市政当局结盟——只有后者有自己的武装力量。"（见 Tilly, *European Revolutions* 1492-1992, pp. 237, 241。）

臣越是批评他，他就越是大加抵制（尽管这并不确定），最终与他们疏
远。为了同他们保持距离，万历皇帝亲自批阅奏折和公文，并以此代
替上朝议政，还让重要职位空缺；但是，尽管他不愿与官僚机构合作，
他也无法改革这一系统。他一直被人们视为道德责任的官方来源（即
便他拒绝承担这些责任）。他有太多文书无法一一参阅，对此大加抱怨。
饥荒救助仍然对外发放，起义叛乱也在不断镇压。但他每日还是对朝
政不闻不问，对上书不予回应，政府空缺的职位也不予填补——除非
是那些有利于补足皇帝资金的职务。公共服务机构迷失了方向，变得
无法管理。有的地方官僚原本刚直不阿，让百姓免受权贵剥削；现如
今他们也常常独自工作，沮丧地看着自己的大部分功劳无人赏识。皇
室管理在每一层面上都道德败坏，陷入混乱的境地。[59]

　　我刚才总结的对明朝政权的分析，必定有待日后修正。但它体现
了历史记录加上必要的逻辑推理和直觉上的调整，是如何用来理解中
国的，以及（我认为还有）其他地区政权的马基雅维利式实践。我们
从中学到的另一课（尽管不太明显）是，历史对中国想象构成的深远
影响。

　　对政治生活的马基雅维利式描述，究竟有多充分？

　　答案是，在历史的紧要关头，马基雅维利式描述往往比其他任何
一种描述更切合实际。但是这种现实主义受到两方面的制约。首先，
它无法把握人类需要多大程度的信任感和亲密感；其次，它趋向于陷
入一种具有自我挫败感的怀疑主义。这些都是在理解政治的过程中发
生的错误。因此，如果我们将马基雅维利主义视为一种以国家利益为
重的总体法则，它的问题不在于"客观"，而在于不能做到足够客观。

　　我将对这一答案做出简要解释，因为它占据了本书很大一部分篇

幅。马基雅维利主义刺穿了表象，让隐藏其后的政治浮出水面；它拒绝参与各种无益的谩骂，以及道德家在实际政治活动中面临的纷争；它强调人类事物的偶发性和不确定性。这些既是马基雅维利主义的优势，也是它的一大弱点：将一切同未受胁迫的人类相关的乐观主义，都归为一种来自远古的、当下不可能实现的过去。在某些极端情况下，马基雅维利主义以一名犯罪学家的语气发声，这名犯罪学家运营一个组织，它事先仅仅考虑到成员具有的潜在犯罪行为。

根据马基雅维利式的结论，不论是谁有效运用了骗术和武力，都会具有政治上的优势。这一点无可厚非。但是"有效"这一体现资格的词，让这结论显得不那么直截了当，因为它仅仅说了任何人只要按此方法行动，就会取得成功。之所以说这一结论是在兜圈子，是因为骗术和武力的使用，往往会由于对方具备的一些特质宣告失败。这些特质包括讲真话、忠诚、机敏善变，以及非马基雅维利式、直截了当的悟性等。因此，如果一名权谋之士声称，只有在顾虑最小的情况下，骗术和武力才会取得最佳效果，那么他往往是错误的：顾虑同样会在政治上取得成效。如果这名权谋之士还认为，名声和荣耀（在政治威慑力和领土征服方面）是唯一值得追求的政治目标，那么他只是在说一种个人偏好；同样，如果他认为只有常年征战，这个国家才能繁荣兴旺，这一论断尚未得到证实，并且会让无数人付出生命的代价。

让我用另一种方式来论述我的批评。我们已经很清楚，马基雅维利式的思想家具有的一项特征是认为人性本恶，相反，他们的对手则认为人性本善。那些对政治抱有愤世嫉俗态度的人，往往认为一切政客（或统治者、政府等）都是腐败的。以上这些论断和相反论断，都是过于简单的认知，让我们更难（而非更容易）理解事情的真实情况。

那些轻易接受这些论断的人，往往既不会考虑到提出论断的人背后隐藏的是何种意图和动机，也不会对这些论断所基于的证据进行足够透彻的检验。这些论断基于一个荒谬的假设，即我们的理解是通过明确回答一个问题得以推进的，这一问题是"人性是善还是恶？"，或者我们以简单的"是"或"否"，来对"人的本性如此，必须通过严法酷刑来加以约束，法律越是严苛，刑罚越是残忍，就越会取得好的效果"这一结论做出回答。坦白说，如果权谋之士对其中一些论断进行回避或修正，就更难对他们进行批评；但他们修正得越多，马基雅维利式的特征也就失去得越多。

　　人类或多或少有着功利主义的本能，以政治需求为托词，还会为任何以及所有的政治行为提供借口。这一点一向如此，今后也将继续。这一情况实际上已经屡见不鲜，它对道德回应尤为抵抗，让人很难进行分析，以至于我们很多时候不做出道德上的解释，而将它视为必需条件。不对它进行道德上的分析，不足为奇，简单地说，是因为马基雅维利式策略在一切人类群体的生活中都有所体现，小到一个家庭，大到非家庭的一切国家集合都存在。尽管这些策略是人类作为社会性动物的一种本能和需要，但它们仍然受许多因素的制约，比如道德传统以及正派、得体的习惯。人类是复杂的动物，朝着各种方向变化。这些方向远比权谋之士所能允许的多。如果让我们忽视他们（因为幡然醒悟而分外得意）描述的诸多政治选择，那么这一点他们并非完全正确。倘若他们的马基雅维利主义可以向外敞开，去面对它习惯性远离的那些现实但十分乐观的可能性，那么它将更具说服力。

248

　　哲学家们有没有提出过任何决定性的论述，以反驳马基雅维利主义?

答案是，哲学论断本身无法具有决定性。如果我们将这些基于教条或令人怀疑的空谈理论放在一旁，那么最具说服力、最中肯切题的是康德的古典哲学。在我看来，讨论康德自己的一些论断，而非现在那些受其影响的政治哲学家们多种多样的论断——鉴于每个人都能随心所欲地把康德的思想放在当下的环境中进行阐释——这样做最清晰和简洁。[60]

我在前面的章节中提到，康德对人性的理解有着马基雅维利式的眼光，但他同时认为，当下的邪恶状态仍有可能诞生美好的未来。他还说，如果这一天真的到来，它就是人类自私利己的结果。康德不感情用事的判断，同他对真理和正义的热情相结合，让他成为我所知的最重要的反马基雅维利式哲学家。我在这里主要以他的长篇论文《永久和平论》( *Perpetual Peace* )为蓝本进行论述，这篇文章中的所有内容，都与我们的主题直接相关。[61]

《永久和平论》提出了国与国之间的一种契约，这些国家主导了发动未来战争的因素，以及一个独立国家从另一独立国所获得的一切。激进的反马基雅维利式条文规定，在战时人们不得采取任何手段让接下来的和平时期无法建立起相互信任的机制。康德具体解释说，这些手段包括雇佣杀手或囚犯、违反协约或在敌国境内教唆叛国。他认为即便在战争时期，这些手段也应被视为不合法，因为如果战争期间对敌国的一切信任都毁灭殆尽，那么将永远无法取得和平，而战争也会变成一种灭绝式屠杀。康德认为，暗杀、下毒以及教唆叛国等手段，不仅本身是卑劣的，而且一旦在战时采取这些手段，它们的作用就再也不会局限在其本身。秘密监视这类行为利用他人的不诚实，可能会在和平时期被使用，并在实施过程中消解目的。[62]

康德说：“总之，战争只不过是自然状态下的一种可悲的、借由武力来肯定自己权利的必要手段。在自然状态下，并没有现成的法庭可以做出具有法律效力的判断。”缺少了法官，就不会有正式意义上的不公正行为，也不会有任何不公正行为引发的惩罚战争。缺少真正的判决或公正惩罚的可能性，战争就很容易变为消灭敌人的场所，除此之外它不具有任何作用。在灭绝战争中，受害者可能会成为交战双方中的任意一方。正义同样沦为受害者。这种自发的毁灭“会让永久和平只存在于人类硕大的墓地里”。因此，“这种战争以及为此运用的一切手段，必须予以禁止”[63]。

同霍布斯（康德通常反对他的观点）相一致的是，康德宣称自然状态就是战争状态，因为即使没有任何敌对状况，威胁也长期存在，让敌对事件爆发。“因此，必须正式建立和平状态，因为放弃敌对行为本身并不是和平的保证。”[64]康德确信，一个达成永久和平的有效合约，需要每一个合约参与国都是共和体制，换言之，一个国家的所有成员都要被认可为真正的人，因此他们也是自由的公民。在这样一个国家，法律人人适用；公民在法律面前一律平等。康德说，共和法律是唯一可以追溯至原始契约思想的法律。出于对权利的尊重，它是“所有民法的原始根基”[65]。

康德继续说，在共和制国家，只有得到公民的许可，才能决定发动战争。由于战争会给民众带来巨大的灾难，决策人往往会考虑再三、犹豫不决。与此相反，在非共和制的国家，国家元首同时是国家的拥有者，他发动战争是很简单的事——康德（没有给出历史证据）说，

249

最终的决定不会迫使国家元首做出丝毫牺牲。*

康德十分固执地认为，共和制国家并非民主政体。根据他的理解，民主政体在古代希腊，指的是一个国家允许其所有公民做出与个体相关的决定，而不需要经过某一个人单方面的同意。康德宣称，与权利概念保持一致的政府，必须基于代议制，这一点与那些所谓古代共和政体有所区别。为了自身安全，每一个国家必须要求其他国家接受一种可以保证所有国家权利的体制。因此需要建立一个同等国家的联盟，它与国际政治集团在本质上截然不同——在后者中，会有一个等级较高的国家（作为法律的制定者），来统治一个等级较低的国家（作为法律的遵循者）。[66]

尽管康德并没有提到马基雅维利，他却在论文中花了很大篇幅对我们在这里一直探讨的马基雅维利主义表示谴责。当然，他的谴责并未掩盖他的观点，即人性虽然并非完全堕落，却也非常堕落。他认为，这种堕落有很大一部分被统领社会的各种约束和限制隐藏起来；但是同样的堕落，在独立国家之间不受法律约束的关系中仍有体现。康德以他独有的方式解释说，每一个国家都会借助原则，表明自己至少在

---

\* 也许令人惊讶的是，康德认为一场正义的战争使人更显尊贵，长久的和平反而会降低一个国家的身份。《永久和平论》成书五年前，他写道："战争如果有条不紊地进行，并且本着对公民权利的神圣尊重，那么它本身就具有一些崇高的特质……另一方面，一场延时已久的和平让纯粹的商业精神占据主导地位，随之而来的是有损身份的利己主义、胆小怯懦以及女人般娇弱，并逐渐让一国的精神气质有所降低和退化。"（*Critique of Judgment,* trans. Meredith, pp. 112-13 [para. 28]）黑格尔反对康德的"永久和平论"。黑格尔认为，一个国家集团"必须引起矛盾对立，还要制造出一个敌人。不是只有经历过浴血奋战的人才会有更强大的力量，在国家内部，即使公民意见不合，也会因战争一致对外，从而实现内部和平"（Hegel, *Elements of the Philosophy of Right,* trans. Nisbet, p. 362 [para. 324, add. G]。见 O'Hagan, "On Hegel's Critique of Kant's Moral and Political Philosophy," pp. 155-159）。

言论上向"正义"致敬，从而为军事扩张提供正当的理由。对康德本人而言，这种致敬可作为一项证据证明人类具有（仍旧处在潜伏期的）道德能力，能够战胜和制服自身的邪恶，并希望其他人同样如此。除此之外，我们能如何解释那些表面上打着"正义"的旗号，实则有意互相发动战争的国家呢？[67]

康德对人性与政治的关系的看法同马基雅维利不无相似；除了偏爱共和制国家以外，康德同荀子不谋而合。"人性本恶"对康德而言意味着人类不仅很脆弱，还有着十分激进、无法泯灭的邪恶。对于它的根源，康德并没有假装自己很了解。但是他补充说，人类还有一种道德本能：凭借那些普遍性理由支持的原则，无论如何会战胜邪恶。而那些由正当合理的严刑峻法武装的国家，也会不偏不倚地实施这些法律。

之所以说康德的世界同荀子十分相像，是因为它包含了与荀子不偏不倚的"天道"对等的东西。换言之，康德相信，自然为人类呈现出的面貌是一个颇具智慧、位于更高层面的"因"；自然还为人们指明了通往客观目标的路径。因此，我们所谓"天道""天意"促进了经济和社会的发展，并在长远上趋于创造出永久和平。[68]与此类似，正如康德在他的文章中写道，语言和宗教差异把国家分隔开来，它们有时相互仇恨，并爆发战争，但随着文明的发展，人类会通往更深层次的相互理解与和平：

251

> 建立国家这一问题可能听起来艰难，却是连一个魔鬼的民族也能解决的（只要有此智慧）……因为这样一个任务不涉及人们道德的提升；它只意味着找到用大自然的机制反对人们敌

对态度的方法，这种反对将迫使人们服从强制性法律，从而制造和平的局面。在和平局面下，法律能被执行。[69]

在康德看来，商业精神无法与战争并存，前者迟早会驾驭人类。而国家出于非道德的理由，也不得不促进和平。当这一切发生时：

> 当世界受到战争爆发的威胁时，要通过调解来防止战争，就仿佛它们为此处于永恒的同盟之中那样……大自然便以这种方式，通过人类倾向的机制本身保证了永久和平。[70]

康德说，国家做出这样的回答绝不是确定的，却有足够的可能性使之成为人类为之努力的责任。[71]他在附录《从永久和平的观点论道德与政治之间的分歧》中对这一观点做了进一步解释。他说，经验并不能说明"诚实"是最佳政策。然而"诚实要比任何政策好"，因为诚实"是一切政策必不可少的条件"。那些老于世故的政客对这一真理疏忽大意，"反而采用卑劣的手段，因为这些人就是要剥削民众（如有可能，会是整个世界），并通过这样的方式影响当下的统治阶层，从而确保私利"。他们与一些律师十分相像，进入政坛后的思考和行为方式都与他们类似。他们宣称自己了解人类，可"他们并不了解'人'以及人的潜力，因为这需要更高层面上的人类学观点"。他们以及那些与他们相似的人，都学会从自己的利益出发，剥夺国家对其自身和邻国民众的权力。举例来说，如果他们犯了罪，导致底下的民众铤而走险、发动叛乱，那么他们不是矢口否认、推卸责任，就是对人的本性大加谴责——正是这一本性让他们预先料到，如果不先发制人、以暴制暴，自己首先就会被他人制伏。[72]

康德继续说，在主观层面上，同人类的利己倾向有关的是，道德与政治的冲突"将会并且应当保持活跃状态，因为它是美德的磨刀石"。之所以称它为"磨刀石"，是因为面对自身的邪恶、做出一切必要的牺牲去战胜它的狡猾奸诈，是我们无条件的责任。这之所以成为可能，是因为：

> 道德与政治之间不存在客观上或理论上的冲突……尽管政治本身是一项困难的技艺，不需要什么方法将它与道德性结合起来。因为一旦两者发生冲突，道德能迅速应对政治无法解开的结。[73]

康德将这一论断与另一论断相结合，根据后者，无论出于什么原因，人们造反是最高程度的错误。人们当然有权反对国家元首（康德在另外一个地方认为这一点是对的，并反驳了霍布斯的观点），但是人们无权通过诉诸武力来要求获得这些权利。[74]至于原因，我在前文中已经说过：造反的权利会打败国家存在的目的。根据道德关系的逻辑，人们不可能对权力大过自己的领导者宣告自己的正当权力，因为这些领导者拥有的更大的权力让国家得以运转。但是基于同样的逻辑，如果他们造反成功，前任国家元首现在沦为臣民，那么他将无权造反，回到先前的高位上去。[75]

在后来的《道德形而上学基础》（*Groundwork of the Metaphysics of Morals*）中，康德的强调重点有所不同："国家元首有权反对臣民，没有（他需要强制履行的）责任。"任何造反者、对国家元首本人及其生活造成攻击的人,"必须以叛国罪处以不亚于死刑的惩罚"。在此之前,对国家元首如查理一世和路易十六的处决,乃是彻头彻尾的罪恶行径,在今世和来世都无法抵偿。[76]

尽管这一论断反对人们造反,并考虑到这一行为的严重性,可是在后来出版的著作中,康德似乎对法国大革命有所偏袒,称其是一场"由天才人民领导的革命"。*他说,这场革命在观者心中引发的同情,有可能仅仅体现了"人类身上的道德倾向"[77]。尽管康德在理论上无条件地反对革命,但是他采取了绝对的原则,即"人之权利必须被赋予神圣的光芒,无论统治权力可能会为此做出多大的牺牲……因为一切政治必须在权利面前屈膝"[78]。

在这一点上,康德的思想对我们最有价值的部分在于,他坚持普遍主义的可能性,这一普遍主义借助利己自私,后者受理性引导,并受到内在良心声音(好像来自不自私的另一个世界)的启发。对他而言,人们无法逃避在善与恶、"应该"履行的事与"想做""乐意去做"的事之间展开的持续不断的挣扎,换言之,也就是在普遍原则与主观偏好之间做出选择。康德认为人无法协调好这两种极端,因此人要不断努力,让原则达到至高无上的地位,因为原则可以通过自由、客观的选择最终战胜主观偏好。人类意志的自主权既离不开这一内在冲突,又与它通过合理的希望产生的质变不可分割。康德说,我们发现的是那些并不可能但仍然合理的理想所具有的力量。因为我们发现,它所

---

* 在此之前康德准备说,法国大革命并非一场真正的革命,因为法王路易十六宣布将王权交给议会。路易十六由此回归自然状态,议会有权在最高统治者席位空缺的情况下制定和修改法律。参见 Henrich, "On the Meaning of Rational Action in the State," p. 111。

传授的普遍原因以及合乎道德的法律，要求的往往要多于可以进行实践或解释的部分——根据康德的观点（佛教徒也是如此），普通人的理性被限定在现象的世界中。

为了处理将理性限定在现象的世界这一问题，康德认为，必须有三个先决条件，不过它们当中没有任何一个得到证实。第一个条件为上帝存在，根据上帝的理念，有道德的人才能进行判断；第二个条件为灵魂不朽，它对建立一个人的行为与一个人的康乐之间貌似有理的关系必不可少；第三个条件为意志自由，这一观念指的是一种状态，我们因之做出选择，并展现我们的道德价值。以上三个假设条件也是三种模式，其中理性为自身提供补充，让自己对普遍意义上的理性怀有信仰。[79]

如果在这里进一步深入康德的推理，或者对他的观点进行严肃的回应（尤其对我这样一个几乎受到信仰与怀疑双重折磨的人而言），说我们必须信仰上帝存在、灵魂不朽以及意志自由（即便它们不能得到证实），我觉得并不合适。更令人烦恼的是，康德告诉我们必须相信自由，即便它会与解释我们思想结构的因果律发生直接的冲突。马基雅维利主义者们如何对他的政治观点做出回答，我认为到目前为止无须重复。然而，我感到有必要代他们回应康德的一个论点——即便是在战争时期，违背条约、委派间谍和刺客，都让和平无法实现，并且还会把它变成一场灭绝战。他说，这些马基雅维利式的方法将战争变成了凶残欺骗手段的竞技场，这一点是对的；与此同时，我们现在比康德拥有更多的理由，去担心我们最终继承的和平会是（以他的话来说）墓地里的和平。但是康德所述有关骗术的内容，几乎没有一条能在历史上找到依据。

康德论断中可以被视为正确的部分，体现在领导者自身的恐惧中。

254

即使是在战争时期，他们也害怕鼓励暗杀行动。相较于以一个领导换取另一个领导，他们显然偏向以眼还眼，以牙还牙的统治方式。尽管担心派遣间谍的行为会从战争时期一直持续到和平时期，康德却忽视了一个事实——和平时期的秘密监视，在他生活的时期已经相当普遍。如果他说这种秘密监视会让目的受到减损，它奖赏撒谎，教育出来的错误与真理一样多，并且产生双重间谍，那么他是正确的。但是要求领导者（尤其是在战争时期）放弃派遣间谍，就好比让他们在危险、漆黑的夜晚不用灯光照亮前面的路。同样，康德在论述违背信任原则会让和平最终无法实现时，并没有很强的说服力。除了那些发动战争的领导者之外，其余领导者之间达成协定是有可能的。不管怎么说，签订协约的人，他们的性格并不是很重要，因为保证协约遵守的条件，不是他们的可信赖度（他们可能很快被取代），而是胜利者的军事优越地位，甚至是让持有条约对输赢双方都有优势的情况。一旦情况有变，缺乏一个机构强制执行它，条约在实践中的有效性将到达终点。

有关康德的思想，我最想保留的一部分是他偏袒共和主义（也就是我们所谓民主制度），以及他强调人类在善与恶之间进行的无休止的、无法避免的斗争。这一斗争十分激烈，以至于善的潜力从未充分实现。但正如他所言，人们拥有自由选择权，是因为他们接受，或者说可以接受那些对他们自身行为加以限定的条件。从这一层面上讲，他们十分独立自主，具有内在的尊严，理应在法律面前完全平等。当说到这一点时，康德似乎是在用哲学术语来解释每个人对公平与非公平的感受。像他这样的哲学家所提出的原则，似乎是唯一在任何地方的人都有可能同意的原则。[80]

如我们所见，康德认为人类所需的自主权在一个"共和体制"的国家（也就是民主国家）能够得到最大化的实现。在这样的体制内，自由能够得到最充分的培养，让人们真正对自己负责，并能够因此互相负责。他说，这样的民主国家最好能够与其他同类国家并存。康德有可能是正确的。直到现在，一些经验性的证据可以说明，稳定的民主政体不像独裁政体，它们不愿以武力对抗对方——其他民主政体关注的地方（也就是康德式的契约）尽管并未成熟，但事实上保障了和平。[81]

　　至于善与恶的斗争，康德基本认同以下观点，即政治生活大体上按照马基雅维利主义者所描述的方式进行。受理性驱使的利己主义确立了道德规范，使之成为法律，让主观欲望越来越顺从于他所谓总体意志。总体上看，他的这一观点让人信服。我们可以从中感受到，对康德而言，道德的前提与希望之物，是通过自由（如果是自私的）选择产生的统一；而整体上缺乏统一的世界，是一切邪恶的根源。终点，或者说无限遥远的终点，毫无疑问都是好的。任何反驳和质疑自己的观念（无论深奥的理论、作为战争历史的政治，还是一种信仰通过战争去消灭其他信仰），都是一种邪恶，并且会毁灭自身。[82]

　　康德的人性观受到同时期思想家的非议，其中就有他的仰慕者席勒（Friedrich Schiller）。在《审美教育书简》（*On the Aesthetic Education of Man*）这部讨论人性冲动构成的著作中，席勒试图说服读者，美学冲动能够创造出康德所认为的人类无法企及的和谐统一。他同意康德所说，人的本性是双重的，感受和思考相互排斥；但是席勒认为，欣赏美能够达到物质（感受所揭示的内容）与形式（思考可以通过形式塑造感受所体现的内容）的短暂统一。对席勒而言，这种统一证明了人的两种天性能够相互协调，可以在有限中实现无限（这一

255

结论，康德有时候模糊地接受）。席勒认为，真实潜藏在美中，因此从一者过渡到另一者的可能性，不需要像康德那样追问。由此席勒总结道，还有可能存在更高形式的政治组织，他称之为美学，"自由"是其基本法则，整体的意志通过个体的本性得到完满的实现。席勒认为只有感知的美学模式才能塑造一个完整的人，将感官的存在与精神上的存在统一起来。[83]

我之所以援引席勒的观点，是因为我相信艺术作品展现出的想象力，对人类社会生活有着决定性影响。这不是因为每一个人都对艺术有很深的兴趣，而是因为艺术，或者更笼统地说，富有想象力的作品，可以让人们熟悉彼此的精神感知。它赋予人们能力，在一个共有的文化圈内进行交流与分享。艺术讲真话，因为它揭示出一个人对另一个人或事物的感受与幻想，并创造出同样难以捉摸的经验的焦点。艺术因此属于另一方面的社会生活，我之前将这一方面称为"社会的关注与互惠"。通过建立人与人之间的想象关系，艺术对认同过程必不可少，通过这种认同，每一个群组的成员将自己视为与他人相同或者不同的人——那些分享他们想象中的生活的人，同样分享他们的社会和政治身份。

康德的推理尽管令人满意，但我发现它仍旧很不充分——为了使之更加全面，席勒抓住了它刺痛人的地方，改变了它的性质。康德十分认同人类难以驾驭，以至于他准备不加限定地说，利己、自私、互相敌对和竞争都是人类永恒的特征，一切努力都无法根除它们。我们应当为他敢于说出上面这番话，敢于超越这一他所谓"无法根除的邪恶"来看待问题而鼓掌。但是他将人类的冲动分为善恶两极，还认为"善"

除非以一种绝对的、无法识别的，并且纯粹正式的原则表现出来，否则就拒绝称其为"善"，这些都让他的哲学与心理戏剧化的人类现实相距甚远——除非我们认为，他没有通过深奥的理论将人类意义上的"公平"所需内容公之于众。

对于康德而言，人类生活在对立的局面下：他们生来就有的纯粹的利己、欲望和感受，同他们与生俱来的、纯粹客观的理性相对立。席勒通过游戏，也就是艺术，将纯粹的利己与纯粹的理智统一起来。尽管康德有时候也受到这种统一的诱惑，但是他严格固守自己的逻辑，最终仍旧过于形式化，以至于不能允许其他可能性（除非它作为一种无法证明的希望）。如席勒所愿，人类一旦接受这种统一，就再也不会看上去无法挽救地自私（彻头彻尾地邪恶）。康德严格划分出善恶两极，摒弃了中间地带，可实际上人类正生活于此处，并在此拥有他们的存在和本质。对于康德所拥有的、他称之为一切延伸的知识，在他所生活的时代被称为人类学。他的双重性使人们栖息在颇具疗效的中间地段（如我所见）变得更加困难。尽管康德的社会向善论与他的绝对主义仍旧会发生冲突，但作为一名哲学家，他仍然令人尊敬，我是指他观察力敏锐、诚实，并且有足够的智慧，不会陷入乌托邦式空想。

马基雅维利主义的盛行，会不会将一个更加美好的政治未来的可能性排除在外？

我的回答是，并没有一种以预测为形式的答案，但正如康德所预见，人们把对灾难的恐惧传播开来，以至恐惧本身让希望更加合理。为了进行现实的思考，而不过多地让位于马基雅维利主义，我将从权谋之士对变化的敏感性开始阐述。我同意他们所说的，环境和人都是易变的，但是我要补充的是（他们可能会接受），人们的反应往往在多个能够进

257

行公式化表述但又不确定的状态（在数学的混沌层面，它们可以作为有吸引力的事物被解释）之间徘徊不定。我会强调（是与圭恰迪尼一起吗？），对于道德准则和政治上的概括，人们会投入适度的注意力；而对结合某一时期的地方状况，会做出更多反应。这一状况往往由各种细微的差别组成，以至于我们无法通过由普通的知识分析得出的、纯粹抽象的概念来把握——正如当你触碰蝶翼时，它的颜色实际上是寻常的粉末；与此类似，当你对某一地方状况下的实际情况进行分析时，所呈现出来的是平实的词语。因此，人类（包括政治家和统治者）会理解或感受到（理论家可能不会）生活中会遇到的各种偶然和未知，因此通过严苛的原则来引导一个人（即便这些原则是马基雅维利主义的），既可能有害，也可能是件好事。

原则在与环境、性格和社会压力的关系中扮演的，往往并非主导角色。一部分原因在于不同原则之间发生的冲突，往往无法通过转向另一个原则得到解决。为了行之有效，原则必须在任何情况下嵌入性格特质；并且正如我所重复的，我们无法通过赋予任何一种持久不变的天性，来深入了解某一性格的特质。

尽管马基雅维利对人性采取一种悲观态度，但他知道头脑与行动的习惯（即一个人精神特质的变化）是可变的。他发现一个一如既往得体的民族仅出现在过去。其他马基雅维利主义者对这一点表示赞同；但是，他们一方面为遥远的过去或神话中出现的景象赋予理想化的色彩（因为当下无法达到这一状态），另一方面（经常）否认当下的"人性"会变得更好。不过，"人性"永远处于变动的状态，它很大程度上取决于习惯，这些习惯有时承袭自家庭、邻里或任何相对而言具有黏合性的、稳定的群体。与其说公民责任是一系列有意识的伦理学结论，不如说它是一系列社会态度，由地方许可维持，或者被地方的不许可破坏：*

> 信任的网络使得公民共同体更容易克服经济学家所说的
> "机会主义"。机会主义使共同利益无法实现，因为每一个人
> 都采取孤立的行动，都有背叛集体行动的动机……托克维尔
> 注意到，"感情和思想得到了更新，心胸开阔起来，只有人们
> 之间互利互惠的行动，才能增进彼此的理解"。[84]

在极端层面，参与政治生活在某些区域并非由集体需要决定，而
是由个人的依赖或贪婪：

> 腐败被视为常态，政治家们自己也这样看，他们对民主
> 的原则冷嘲热讽。"妥协"是一个贬义词。（几乎每个人都认为）
> 法律是让自己去违犯，同时去吓唬别人不得违犯的东西。人
> 们要求更严厉的纪律。……几乎每个人都觉得无力、受剥削
> 和不幸福。[85]

---

\* 这些近乎老生常谈的内容，反映出居住在不同地区和国家的人们在精神气质上的变化。比如有
人告诉我，在丹麦，官员的公开腐败令人难以理解，但是自由收入几乎普遍瞒过了所得税机构。为
了对我在上文中的论述进行辩护，我在这里援引一份关于意大利在 1970 年建立的地方政府的研究。
这些与意大利历史上的地方格局大致相符的政府，将一大部分地方对城市事务的控制权归还给公民。
有些地方政府实际上远比其他政府成功。该研究声称，区别不是由明显的社会经济因素导致的，而
是由文化上承袭的公民责任感的水平。这一水平决定了人们之间相互信任，愿意为了公共利益付出
劳动。值得注意的是，那些具有更高信任度和更大公民责任的中心，是诸如佛罗伦萨、博洛尼亚、
米兰这样的城市。研究称，它们都具有古老而深厚的市民生活义务，而先前的君主制南方有着碎片
化的社会生活以及 "不信任的文化"（参见 Putnam, *Making Democracy Work*, pp. 114-115）。意大利不
同地区之间的这种显著区别，甚至在当前已经揭露出的、传播甚广的腐败现象中也反映出来。

最终，机会、社会压力和性格决定了我们每一个人在多大程度上运用马基雅维利式策略，以及非道德主义或"非道德的家庭主义"在多大程度上证明它们是生存的一项合理而正当的策略。在私人生活中，马基雅维利式策略无法避免；而在大的层面上，它遍及政治生活（无论神圣的还是世俗的政治生活）。但是总体来说（不是指具体的痛苦情况），没有任何一点会导致（相对）非马基雅维利主义者心情沮丧，或者对社会报以愤世嫉俗的态度。换言之，适度的马基雅维利主义在社交活动中仍然显得人性化，哪怕对最有野心的人而言，它都是有吸引力的；我们大多数人所具有的最低程度的马基雅维利主义（也可称为反马基雅维利主义），如它更为激烈迅猛的变化一样，也能同一个令人满意的生活相协调。

所有的可能性是开放的：权谋之士也会失败，极端者也会同适度者一样轻易败北。基本上，非马基雅维利主义者能够取得成功，权谋之士也会一直怀有不能称心如意的野心和无法平息的怀疑，因此没有足够理由对他们过于记恨。即便是那些想过上公平合理的生活的人，也有可能获得好运，或者足够有能耐，在其他人的帮助下（这些人的马基雅维利主义受到仍旧活跃的良心的约束）见证它局部的完满。那些恶人从世界这里继承的问题和困惑同我们一样多。在任何特定的方向，无论是谁，只要不尝试过分逃脱人类状况，就能充分地享受它，如果运气好的话，还会被公正地寄予希望。

这种近乎乐观主义的态度更具说服力，如果一个人竭力担心比自己更重要的事情，比如一项事业、手艺、艺术或科学，马基雅维利主义在任何强烈而前后一致的意义上，对它有可能更具破坏性，而不是有所益处。真理可以仍旧具有吸引力，并且为人们提供帮助：在发现和交流真理的层面上，它能够让人们对外撒谎的需要变得更加透明和无关紧要，并把政治上的谎言和冷酷无情不加掩饰地揭发出来，看看它们究竟是什么样的。发现真理的幻想（也就是对真正令人好奇的事物产生的幻想）可以被引导，用来对抗政治权力的幻想。

在这些期望中，宗教是否占有一席之地？宗教所宣扬的道德标准，有时候会将其引向一条超越教条主义的道路。对某些宗教而言，促进全世界大联合的激情似乎比其他来得更加自然。从抽象角度（取自历史）来看，至少有两大宗教——佛教和宋明理学——往往不用过分的教条就能更接近人道主义。某些形式的佛教与几乎所有形式的儒学，都强烈面向一种理性的道德伦理观，以至于有人质疑它们究竟算不算宗教；但是最终这种质疑是无根据的，倘若我们仔细推敲事实上的佛教徒和儒教徒的信仰和实践，它们所基于的理由就会站不住脚。

对佛教我已有所论述。宋明理学是儒学受佛教的影响而形成的派别。它利用自身的资源，在原先基础上变得更加系统化、理论化。宋明理学和佛教都可以被视为道德伦理的立场，用具有魔力的教条思想来实施。理论上我们知道，佛教要求人们对一切生灵在一切情况下信守终极的"善"；宋明理学教育我们要对人类、所有种类的生灵，以及自然界的万事万物都抱有天生的同情，我们自己也是自然界必不可少的一部分。

以上这些道德立场尽管受到马基雅维利式冲动的影响（有时候甚至由它主导），但自然而然地成为对于广义上的人性的认同的良好开端。尽管我之前又悲又喜，力图构建一切形式的佛教共有的框架，儒学同中国文化之间具有独一无二的联系，可我仍然坚信以上这一点。相信大层面上的人性，在其他宗教（要稍加修改）中仍旧是可能的。然而，

260

历史记录中那些简明扼要、鼓舞人心的片段，仅仅证明了宗教能带来的适度希望，因为它具备能力超越那些教义、防御性和利己的正当性——也许这正是它们（如同人类世界的其他机构）得以存在的条件。

超越一个人的教条和他的出生地进行观察，世界已经不再像之前那样不自然。我们再也不难理解和感受到，世界是一个相互依赖的经济单位，以及一个地理上和道德体系上的单位，同它在艺术和文学上的单位并不遥远，或者说它通过要求富人帮助其他人来实现一种道德上的，甚至是有些"自我"的统一。哲学到现在为止仅仅假装自身在普遍意义上关乎人类（如果仔细看看彼此的不同传统，就会发现它们越来越接近这种状态）。科学根据自身的独特定义，能够超越一切民族、宗教和语言的限制和束缚。

如果我们现在来回忆之前所有的论断——包括法家及其同类所提倡的观点、儒家和其他诸子百家、最引人注目的康德（他相信一种绝对的理性伦理观），以及诸多人类学家、心理学家和社会学家，他们的研究为我前面的论述提供了基础。就所有内容而言，我们是否应当得出以下结论：为了让我们身上的马基雅维利式倾向减至最少，我们需要的是一种像法家提倡的不偏不倚的道德，并如儒家所倡导的，通过理性、观念和实践来将它传授，最后如马基雅维利和康德所推崇的，从各种互相冲突的利益之间寻求妥协，从而得到发展？康德式普遍性中，富有建设性的利己主义是否应当以心理学家的方式灌输给个体？是否应当以人类学家和社会学家了如指掌的方式，注入盛行的社会精神特质？

跟随任何有意识的尝试，把以上这些都融合起来，这样的混淆令人哭笑不得。它告诉我们，人类生活如何与完整的分析或理论整合相抵抗。如果生活仅仅停留在显而易见的动物层面上，那么它是简单的。但由于我们在智识上无法模仿自身在天然反应（本能和直觉往往比单纯的智力优越）上的微妙变化，我们的教条和理论因而显得过于粗略，以致无法对所发生的事情加以描述；它们还过于迟钝和麻木，以致如果我们顺着一条路走下去（而不是另一条路），它将无法预测未来。

可以确信的是，像犯罪一样，马基雅维利主义永远不会消失，因为它出现在社会生活的复杂纠缠处——合法与非法、道德与邪恶、善与恶、真话与谎言交织的场所。尽管马基雅维利主义永远存在，但正是以往将我们引向马基雅维利主义的环境，现在又把我们推向康德所预见的普遍主义。人们还会以"需要"为由，继续为任何行为寻找托词；但是现在，相同的借口与马基雅维利主义在最坏情况下的过度运用背道而驰。当今世界相互依赖、冲突频繁，军事装备效能强大，以至于世界好像正在朝着灾难的路上行进，超越了人类自己产生的任何灾难。因此，现在比以往更有理由，把一个人对国家最深切的忠诚转化为对人性的忠诚，或者用更实际的观点来看，转变为一种对国家之间有效联盟的忠诚，或者更极端一点的，对世界政府的忠诚。

261

理智与情感都无法断定，未来对这样一个联盟或政府而言会有多大好处；一旦它得以建立，我们也无法确定它是更受人尊重和爱戴，还是更让人轻视和愤恨。我们有可能逃离一个压迫人的部落、村庄或国家，但很可能无法逃离一个普遍存在的、压迫人的政府。因此，尽管有少数忠诚之士再也无法对我们的这种理想化的"相互依赖"做出更多回答，但我们还是无法确信，更多人能够证明自己更令人满意。由于无法对未来进行貌似有理的猜测，此刻最重要的是所有人的脾性和气质，它们在理性不足的地方给出答案。无论天生的还是后天的乐观主义者，都会对成功有所想象；而那些悲观主义者因为要把握更多可见的证据，会预先认为结局注定失败。应当清晰明了的是，我自己是介乎中间的一类，既充满希望又保持怀疑。我深切相信未来的这种"需要"，但并不相信当下能为它做出的"回答"。

尽管历史并不鼓励乌托邦主义，可它并没有排除对马基雅维利式骗术和暴力行为加以限定的可能性。之所以说存在这样一种希望，是因为马基雅维利主义的确在一些社会和历史时期缄默无言。使自己同更大范围内的人类文明达成认同的能力，尽管远没有文化民族主义（cultural nationalism）来得自然，但它至少已经合理可行。人类已经十分荒诞地证明了自己的创造才能，以至于他们还想找到一些方式，为自己发明出一种颇具人情味的政治未来。

# 结 论

为了让我的结束语尽量切中要害、清晰了然，我再次重复一下主 要论点，后面跟随 11 个分论点，来总结我对一些问题的回答（这些问题基于前面两章的内容）。正如我在前面用不同的方式进行论述，本书的主要论点是，马基雅维利主义对一切文明，以及大多数小型社会的政治生活而言必不可少。任何忽视了"马基雅维利主义普遍存在"的人都自动放弃了理解实际统领有组织的社会生活的道德观的机会。

11 个分论点如下：

1. 马基雅维利式行为是正常的，换言之，它是很寻常的现象，人们理所当然对此有一定的预期。我们有时可能会对它的过度使用感到愤愤不平，但如果对此感到惊讶，就太单纯了。马基雅维利主义（或者简言之，政治上的非道德性）并不是一个可以通过一种特别的办法来解决的特殊问题，而是一种与人类自身不可分割的行为。

2. "真实"与"公平"的美德特质与马基雅维利主义相抵触，可它们并不能作为充分的理由来对马基雅维利主义进行反驳。正如我们从实践中所学，"真实"扮演着不同的角色，每一种角色都服从于它自身的社会需要。日常生活中，永远保持真实的面貌会对社会造成危害，正因为如此，对"真实"与"非真实"的衡量让我们互相建立联系，这一联系与心绪、机缘和个体状况密切相关。至于"公平",在实践中我们学到,这是一个含糊不清,而且往往不切实际的理想;我们还学到,良心是有选择的,过于显著的美德会引起人们的愤怒,甚至有可能把一个人孤立于社群之外。

3. 发现和交流真理的欲望可以非常强烈,它对权谋之士的影响不亚于对普通人。如果一名权谋之士告诫人们,"真实"在国家利益面前必须有所牺牲,那么他会很乐意被人们发现自己陷入了存在的两难境地,即他对马基雅维利主义的解释,限制了他付诸实践的能力。

4. 我们大多数人都有跟随一名领导者的需要;我们所有人有属于某一集体的需要。这种需要十分强烈,以至领导者和集体不仅决定了哪些内容公开允许,哪些内容公开禁止,甚至还会对个体自身倾向于做什么、回避什么、成为什么造成影响。其结果是,依照道德原则采取行为的冲动,往往与遵从规定和被接纳的冲动达成一致。个体将马基雅维利式策略视为可取的或道德的,取决于个体对采取这些策略的集体认同的强度。然而,道德上的顾虑无处不在,以致在每一社会层面都存在持久的挣扎——一方面是逃避马基雅维利式策略的欲望,另一方面是个体或集体从这些策略中获得好处。

5. 领导者发现,很难对个人的野心和公共目标加以区分。这种私人福利与公共福利、利己主义与利他主义之间的结合或混淆,在任何规模、任何性质的集体中,都是领导者的特征。如果一个野心勃勃的领导者不直接受到影响,那么他的利己主义可能会转嫁到忠心耿耿的属下身上。这些人随时准备好接受马基雅维利式的、对"需要"的恳求——既符合了他们对领导者的忠诚,也与一个集体的大小、规模和内在统一相称。为了整个集体,领导者会接受他们的恳求。

6. 除非我们清楚，伟大的马基雅维利式领导者是冷酷无情的冒险家，否则我们无法理解他们。同其他冒险家一样，面对自己所承担的风险，他们精神振奋。如果这些风险以公开宣称的"理想"为名，那么所有被领导者，或被其"理想"所吸引的人，都会分享他的兴奋与欢喜——前提是这场冒险（同时也已成为他们自己的冒险）不致让他们经受超出预期的痛苦和磨难。

7. 道德传统的形成需要很长时间，它的一个目的在于维持社会均衡。一旦领导者的野心或行为对这一均衡(也就是社会共识)构成威胁，道德传统便会对领导者加以限制。但可能由于道德传统寓于各种机构和名义上的领导者之中，它又发展出诡辩的能力，使得马基雅维利主义的策略正当化，并表现得与传统声称的明确理想相抵触。不过因循守旧也是一种暴力，让人走入歧途。

265

8. 历史不允许精确的预测，也不会给我们开设任何课程，告诉我们变化的情形迟早有一天会稳定下来。但是历史能够让智慧所依赖的各种经历得以储备并轮番增加，一些历史速写被很好地记录下来，并让我们（不论以什么标准）能够对过往政治谋略中的成败与得失加以评判。中国历史的记录浩如烟海，它们见证了马基雅维利式策略在较大范围内取得的相对持久的成功。

9. 权谋之士对大部分政治生活的描述都十分精准。他们切中要害，或者进入了问题中心的场所。他们之所以能够这么做，是因为他们认识到，人类是在按自身设定的标准行事，所作所为并非完全道德；另外，他们还认为"需要"、以国家利益为重的理由主导了大多数的政治生活。但是权谋之士在进行逻辑推理时，总会朝利己的方向一边倒，而往往低估了人类之间"信任"和"密切关系"的需要。他们不仅对信任感和亲密关系浑然漠视，而且还会在理论上和行动上逐渐破坏它们。他们力图以毫不妥协的现实主义眼光来看待社会和政治现实，这种眼光很容易变成一幅滑稽的讽刺画。怀疑是他们看待外界的主导态度，而他们自己也一次又一次地成为这一过度情绪的受害者。

10. 哲学论断自身并不具有决定性。如果排除那些基于宗教教义或引人质疑的空谈理论，我们会发现在伟大的古典哲学家中，康德提供了一系列最为中肯和切题的论断。他以自己独有的方式，把人类对公平的固执和偏好转化为哲学：他为各种抽象概念的喧哗设置了天然的道德性，并将理想的幻灭转变为希望。至于社会进步，他的希望乃是基于一种幻灭的思想：人类与生俱来的利己和自私，最后有可能迫使一切政府尊重人权，并宣布终止战争。

11. 如果认为在未来的政治生活中，暴力和欺骗会被根除，这种想法毫无根据。但正如康德所预见，人类现在害怕战争会毁灭他们自己，以及他们所创造的文明中有形和无形的结构体系。危机到来之时，这种恐惧会变得异常尖锐，以至于它会促使人们寻找有效的方式去限制马基雅维利主义（至少是那种会导致战争的权术和手段）。人类状况从来就不是静止的，它对新的探索和进步一向持开放态度。

我的论点陈述完毕，就此结束。

# 注 释

## 第一章　马基雅维利主义者介绍

　　［1］Ekman, ed. *Emotion in the Human Face*. 某些情绪具有普遍性，有关这一假设更为抽象复杂的讨论，参见 Lazarus, *Emotion and Adaptation*, pp. 190-213。

　　［2］在拙作 *The Dilemma of Context* 中，我对这一立场进行了详细论述。有关英国人类学家做出的一系列回应，参见 Holy, ed., *Comparative Anthropology*。大部分美国人类学家对此做出回应，并在 Clifford 和 Marcus 共同主编的 *Writing Culture* 中提出了一系列问题。

　　［3］我只知道少数几个颇有见地的对比方式，但并未进行拓展延伸。这些对比都与考底利耶和马基雅维利相关，包括 Kautilya, *The Kautilya Arthaśastra*, vol. 3, pp. 269-273；Drekmeier, *Kingship and Community in Early India*, pp. 158, 205；Ghoshal, *History of Indian Political Ideas*, pp. 153-154；以及 Sil, *Kautilya's Arthaśastra: A Comparative Study*, pp. 75-108。

　　［4］Kautilya, *The Kautilya Arthaśastra*, trans. Kangle, vol. 3, pp. 279-281。在讨论考底利耶时，我从头到尾引用了 Kangle 翻译的 3 卷本 *The Kautilya Arthaśastra*（后面以 *The Kautilya Arthaśastra* 为简引），第 1 卷为梵文文本，第

2 卷为含注释的英译本，第 3 卷由 Motilal Banarsidass, Delhi 重印。

［5］ *Complete Works of Han Fei Tzu*，trans. Liao, Chap. 54, vol. 2, p. 326.

［6］ Ibid, chap. 14, vol. 1, p. 328.

［7］ *The Kautilya Arthasastra*, vol. 2, pp. 10−11(1.4.11−15).

［8］ N. Machiavelli, *The Prince*, chap. 17, in *Chief Works and Others*, vol. 1, p. 61.

［9］ Shang Yang, *Book of Lord Shang*, trans. Duyvendak, chap. 1, par. 4, pp. 200−201.

［10］ *Complete Works of Han Fei Tzu*, trans. Liao, Chap. 14, vol. 1, p. 121.

［11］ *The Kautilya Arthaśastra*, vol. 2, p. 10 (1.4.7−10).

［12］ Machiavelli, *The Prince*, chap. 17, in *Complete Works and Others*, vol. 1, p. 62.

［13］ 参见 Ghoshal, *History of Indian Political Ideas*, pp. 529, 531−532, 548, 562−564。

［14］ *Complete Works of Han Fei Tzu*, trans.Liao, vol. 1, p. 29.

［15］ *The Kaytilya Arthaśastra*, vol. 2, p. 13 (1.15.17).

［16］ Machiavelli, *The Prince*, chap. 7, in *Chief Works and Others*, vol. 1, p. 34.

［17］ *The Kautilya Arthasastra*, vol. 2, pp. 364−365 (61.3.5).

［18］ Ibid., p. 368 (6.2.12).

［19］ Machiavelli, *The Prince*, chap. 14, in *Chief Works and Others*, vol. 1, p. 55.

［20］ *Complete Works of Han Fei Tzu*, trans.Liao, vol. 1, p. 31.

［21］ Ibid., pp. 31, 32.

［22］ Ibid., vol. 2, p. 331.

［23］ Ibid., vol. 1, p. 32.

［24］ Ibid., vol. 1, p. 28.

［ 25 ］ *The Kautilya Arthaśastra*, vol. 2, p. 31 (1.9.10), p. 20 (1.13.9).

［ 26 ］ Ibid., p. 342 (5.1.57).

［ 27 ］ Ibid., p. 44 (1.17.1).

［ 28 ］ Machiavelli, *The Prince*, chap. 22, in *Chief Works and Others*, vol. 1, p. 22. 85.

［ 29 ］ Machiavelli, *The Prince*, chap. 19, in *Chief Works and Others*, vol. 1, p. 70.

［ 30 ］ Spinoza, *Ethics*, bk. 5, prop. 34.

［ 31 ］有关黑格尔对马基雅维利的看法，参见 chap. 4, below。

［ 32 ］有关亚里士多德，参见 Nussbaum, *Fragility of Goodness*，尤其是 chap. 1, 2, 10, 11。

# 第二章  古代中国的马基雅维利主义：法家

［ 1 ］ Lewis，*Sanctioned Violence in Early China*，p. 36.

［ 2 ］ Ibid., pp. 90–96.

［ 3 ］ Ibid., chap. 3; Knoblock, *Xunzi*, vol. 2, pp. 211–234 ; *Sun Tzu*, trans. Ames. Sawyer, *Seven Military Classics of Ancient China*，还有其他文本，可证明姜太公的谋略思想很早就已出现。参战士兵的具体数目来自 Sawyer，p. 11。

［ 4 ］ Sawyer，*Seven Military Classics of Ancient China*, p. 16.

［ 5 ］ Ibid., p. 56.

［ 6 ］ *Sun Tzu*, trans. Ames, pp. 104–105。参见 Sawyer 在 *Seven Military Classics of Ancient China* 中对应的译文，以及他的介绍性评论，pp. 149–155。

［ 7 ］ *Sun Tzu*, trans.Ames, p. 169.

［ 8 ］ Lewis, *Sanctioned Violence in Early China*, p. 65.

［9］参见 Derk Bodde，"State and Empire of Ch'in."。

［10］Robert Eno，*Confucian Creation of Heaven*，pp. 188-189. Eno 描述了有关"天"起源的三种理论，并暗示不论"天"属于哪一种起源，都无实质区别。

［11］有关中国神话传说，参见 S. Allan，*The Shape of the Turtle*；Bodde，"Mythology of Ancient China"; Birrell, *Chinese Mythology*（这或许是目前为止有关古代中国神话的最佳综合参考书）; Girardot, *Myth and Meaning in Early Taoism*；以及 Kaltenmark 的论述，参见 Bonnefoy, ed., *Mythologies*, vol.2, pp. 1007-1024。我还参考了 Knoblock 的 *Xunzi*, vol. 2, chap. 1。

［12］来自司马迁在《史记》附录中的论述，参见 Knoblock（前一注解），p. 1019。还可参见 Birrell, *Chinese Mythology*, pp. 44-47；有关神农的内容，参见 pp. 47-50。

［13］*Shu Ching*（《尚书》，英译名为 *The Book of History, The Classic of History* 或 *The Book of Documents*），p. 4。有关司马迁对远古时期历史的描述，参见 E. Chavannes,trans., *Mémoires Historiques de Se-ma Ts'ien*, vol. 1；有关黄帝的神话传说，参见 Birrell, *Chinese Mythology*, chap. 6。

［14］*Shu Ching*, pp. 6-7, 12, 14, 17。有关舜的传说，参见 Birrell, *Chinese Mythology*, pp. 74-77。

［15］Knoblock, *Xunzi*, vol.2，pp. 15-21.

［16］Ibid., pp. 9-12.

［17］参见 *Shu Ching*, pp. 62-63; Birrell, *Chinese Mythology*, pp. 108-110;Kaltenmark 的评述见 Y. Bonnefoy, *Mythologies*, vol. 2, pp. 1023-1024; 以及 J. Knoblock, *Xunzi*, vol. 2, pp. 17, 21-22。Sawyer, *Seven Military Classics of Ancient China*, p. 5，其中包括商代年表的选段（司马迁在《史记》中收录）。Allan 的

*Shape of the Turtle* 将神话故事的碎片与近年的考古发现建立联系，以一种全新的视角理解商朝。需着重对照 chap. 4, "From Myth to History"。

［18］Knoblock, *Xunzi*, vol. 2, pp. 7-8, pp. 9-10; *Shu Ching*, p. 41；有关黄老学派，参见 Peerenboom, *Law and Morality in Ancient China,* pp. 85-87。

［19］Mo Tzu, *Ethical and Political Works of Mo Tzu*，trans., Yi-Pao Mei, pp. 24-25.

［20］关于孟子及其政治理论，参见 Kung-chuan Hsiao, *History of Chinese Political Thought*, vol. 1, chap. 3。可以看出其思想体系与荀子的差别。英文版参见 J. Legge 译的 *The Works of Mencius*，D. C. Lau 译的 *Mencius*。Lau 译本附录 4"Ancient History as Understood by Mencius" 为众多汉学家所知。

［21］L. H. Yearly, "Confucian Crisis", p. 315.

［22］英译本选自 *The Works of Mencius*, trans., Legge, pp. 279-283。

［23］*Mencius*, trans., Lau, p. 117.

［24］*Chuang-tzu*, tran. Graham，p. 234.

［25］*Complete Works of Chuang Tzu*, tran., Burton Watson，pp. 327-328.

［26］Ibid., pp. 117-118。参见 pp. 116-118（贬低黄帝、知识分子与道德文化）；pp. 119-120（赞扬黄帝对道家学说的贡献）；或参见 Girardot，*Myth and Meaning in Early Taoism,* pp. 197-199。该书解释了对黄帝有相反评价可能存在的历史根源。

［27］*Book of the Lord Shang*, trans., Duyvendak, pp. 225-227.

［28］Ibid., pp. 284-285.

［29］Ibid., pp. 314-315.

［30］*Complete Works of Han Fei Tzu, trans.,* W. K. Liao, vol. 2。另有 *Han Fei Tzu: Basic Writings*, trans., Burton Watson。

〔31〕Hsiao, *History of Chinese Political Thought,* vol. 1, p. 418。前文评论见 Hsiao, pp. 413-418。

〔32〕以上文字见 Shang Yang, *Book of the Lord Shang*。另见 Hsiao, *History of Chinese Political Thought*，vol. 1；Schwartz, *World of Thought in Ancient China*, pp. 321-338，以及 Graham, *Disputers of the Tao*, pp. 267-278。传统上人们将申不害也归为法家学派，但这种分类方式过于简单化。申不害初期也倡导官僚统治，有关他的著述可参见 *Shen Pu-Hai*, trans., Creel。另有两本有趣的书分别为 *Kuan-Tzu*，trans., Rickett, vol. 1；以及 Ames, *The Art of Rulership*。

〔33〕Watson, trans., *Ssu-ma Ch'ien*, pp. 44, 46-47.

〔34〕*Shen Pu-Hai*, trans., Creel, pp. 142-144; Ames, *Art of Rulership*, chap. 4; Graham, *Disputers of the Tao*, pp. 273-276.

〔35〕Schwarts, *World of Thought in Ancient China*, p. 323ff.

〔36〕Hsiao, *A History of Chinese Political Thought*, vol. 1, p. 373.

〔37〕*Book of the Lord Shang*, pp. 145-146。有关商鞅的生平介绍，较为现代的译本参见 Watson 的 *Ssu-ma Ch'ien* 第 3 卷。

〔38〕*Book of the Lord Shang*, pp. 8-11.

〔39〕Ibid., pp. 13-14.

〔40〕Ibid., pp. 15-16.

〔41〕Ibid., p. 15.

〔42〕Ibid., pp. 16-17.

〔43〕Ibid., pp. 19-30.

〔44〕Ibid., p. 197.

〔45〕Ibid., p. 201.

〔46〕Ibid., p. 223.

［47］Ibid., pp. 229-230.

［48］Ibid., p. 331.

［49］Knoblock, *Xunzi*, vol. 1, pp. 32-33，其中包括重要参考文献。

［50］Hsün Tzu, *Basic Writings*, trans., Watson, p. 158.

［51］Ibid., p. 157.

［52］Ibid.

［53］Ssu-ma Ch'ien, "The Biography of Han Fei Tzu", in *Complete Works of Han Fei Tzu*, trans., Liao, vol. 1, p. xxvii.

［54］李斯与韩非的关系，参见 Bodde, *China's First Unifier*, pp. 62-77。

［55］Bodde, *China's First Unifier,* pp. 64-67，以及 Liao, *Complete Works of Han Fei Tzu*, trans., Lao, vol. 1, pp. 13-16。

［56］*Complete Works of Han Fei Tzu*, trans., Liao, vol. 1, p. 17.

［57］*Complete Works of Han Fei Tzu*, trans., Liao, vol. 1, p. xxviii-xxix（略有改动）；另一译本见 Bodde, *China's First Unifier*, pp. 63-64。

［58］*Complete Works of Han Fei Tzu*, trans., Liao, p. xxix; Bodde, *China's First Unifier,* p. 64.

［59］*Complete Works of Han Fei Tzu*, trans., Liao, vol. 2, pp. 326-327.

［60］Ibid., pp. 327-328.

［61］Ibid., pp. 26-27.

［62］Ibid., pp. 127-128.

［63］Ibid., vol. 2, pp. 245-255; vol. 1, p. 121.

［64］Ibid., vol. 1, p. 128.

［65］Ibid., vol. 2, p. 311.

［66］Ibid., vol. 1, pp. 275-276; vol. 2, p. 200.

［67］Ibid., vol. 2, p. 201.

［68］Ibid., vol. 2, pp. 204-206（另见 Ames, *The Art of Rulership*, pp. 92-94）。

［69］Ibid., pp. 134-141.

［70］Section 15, 以及 *Han Fei Tzu: Basic Writings*, trans., Watson, pp. 84, 85。

［71］*Complete Works of Han Fei Tzu*, trans., Liao, vol. 2, p. 331.

［72］Ibid., vol. 1, pp. 259-260.

［73］Ibid., vol. 1, p. 32.

［74］关于"无为"在当时政治理论中的体现，见 Ames, *Art of Rulership*, chap. 2。书中提到的这一原则，在儒家经典里虽然没有重点强调，但仍有所体现。将"无为"与"不见"相结合的方法，为此前一名法家学派的人物郑长者提出。Ames 对韩非"无为"这一概念的阐述，参见第 47—53 页。

［75］*Complete works of Han Fei Tzu*, trans., Liao, vol. 1, p. 33.

［76］Ibid., vol. 2, p. 27.

［77］Bodde, *China's First Unifier*。此处 Bodde 取材于司马迁的《李斯列传》。《史记》Watson 译本的第 3 卷包含了秦始皇的基本资料以及李斯的生平。该书前两卷的重印本，连同第 3 卷都已将司马迁名字的拼音从 Ssu-ma Ch'ien 改为 Sima Qian，李斯也从 Li Ssu 改为 Li Si。

［78］Ibid., p. 13.

［79］Ibid., p. 15.

［80］Ibid., pp. 15-21.

［81］Ibid., pp. 21-22, p. 77ff.

［82］Ibid., p. 79；另见 pp. 121-123。

［83］Hulsewé, "Ch'in and Han Law"；以及 Bodde, "The State and Empire of Ch'in", pp. 36-38。

［84］Bodde, "The State and Empire of Ch'in", pp. 61-66.

［85］Bodde, *China's First Unifier*, pp. 147-161.

［86］Ibid., pp. 162-166；以及 Kramers, "Development of the Confucian Schools", pp. 760-764。

［87］Bodde, *China's First Unifier*, pp. 22-23.

［88］Ibid., pp. 23-24.

［89］Ibid., p. 24.

［90］Bodde, "The State and Empire of Ch'in", pp. 95-96.

［91］Ibid., p. 29.

［92］Ibid., p. 35.

［93］Ibid., pp. 40-41.

［94］Ibid., pp. 43-44.

［95］Ibid., pp. 48-49.

［96］Ibid., pp. 50-52.

［97］Ibid., p. 52.

［98］Ibid., pp. 53-54.

［99］Bodde, "The State and Empire of Ch'in", p. 85; 选 自 "The Faults of Ch'in"（《过秦论》）。

［100］Bodde, "The State and Empire of Ch'in", pp. 85-89.

［101］Ssu-ma Ch'ien, *Records of the Grand Historian of China*, trans., Watson, vol. 2, p. 398.

［102］Peerenboom, *Law and Morality in Ancient China*, chap. 7；另见 Loewe, "The Religious and Intellectual Background", pp. 693-695。

［103］Peerenboom, *Law and Morality in Ancient China*, chap.2, 3.；Schwartz,

*World of Thought in Ancient China*, pp. 237-254；Hsiao, *History of Chinese Political Thought*, chap. 9。有关早期中国思想中的"无为"概念，参见 Ames, *Art of Rulership*, Chap. 2。

〔104〕这本书的早期版本可能于公元前 140 年上呈于汉代朝廷，此时司马迁尚在世。见 Ames, *Art of Rulership*, p. xiv 和 note 2；另见 Creel, *Shen Pu-hai*。

〔105〕Ibid., pp. 183, 190-191.

〔106〕Ibid., pp. 13-20, 206.

〔107〕Ibid., pp. 13-20.

〔108〕Gale, *Discourses on Salt and Iron*, pp. xxv-xxvi.

〔109〕参见 Gale, *Discourses on Salt and Iron*; 以及 Loewe, "Former Han Dynasty"。

〔110〕Gale, *Discourses on Salt and Iron*, pp. 40-41.

〔111〕Ibid., p. 47.

〔112〕Ibid., p. 49.

〔113〕Ch'en, "Confucian, Legalist, and Taoist Thought in Later Han", pp. 783-794；另见 Balasz, "Ts'ui Shih, or the Attempt to Revive Legalist Docrines", in Balzasz, *Chinese Civilization and Bureaucracy*; 以及 Chang, "Metamorphosis of Han Fei's Thought in the Han"。

〔114〕Ssu-ma Ch'ien, *Records of the Grand Historian of China*, trans., Watson, vol. 2, pp. 419, 420.

〔115〕Ibid., pp. 440, 441.

〔116〕Ibid., p. 445.

〔117〕Ibid., pp. 450-451

〔118〕Ibid., p. 451.

# 第三章 古代印度的马基雅维利主义政治科学

[ 1 ] Philips, ed., *Historians of India, Pakistan and Ceylon*, pp. 20-25.

[ 2 ] Rhys Davids, *Buddhist India*, p. 269。有关旃陀罗笈多的部分，参见 Rhys Davids, "Early History of the Buddhists", pp. 190-192; 以及 Thomas, "Chandragupta, the Founder of the Maurya Empire"。还可参见 Sastri, ed., *Age of the Nandas and Mauryas*, chap. 4。

[ 3 ] Rhys Davids, *Buddhist India*, p. 270 ; 来自 Justin 15.4。

[ 4 ] Bevan, "India in Early Greek and Latin Literature", pp. 402-411, 419-420. Bevan 在这一章完整总结了那一时期用希腊文和拉丁文撰写的有关印度的材料。另见 Sastri 编写的 *Age of the Nandas and Mauryas* 第 3 章中的完整总结。

[ 5 ] Bevan, "India in Early Greek and Latin Literature", pp. 416-418.

[ 6 ] Ibid., p. 413.

[ 7 ] Sastri, in Sastri, ed., *Age of the Nandas and Mauryas*, p. 165.

[ 8 ] Sastri, in Sastri, ed., *Age of the Nandas and Mauryas*, p. 202.

[ 9 ] Nikam and McKeon, *The Edicts of Asoka*, 后文接下来引用的法令条文都来源于这一资料; Thomas, "Aśoka, the Imperial Patron of Buddhism"。Van Zeyst, "Ashoka" 以及 Dutt, "Asoka: A Comparison and Contrast between the Legends and the Edits"——以上两篇文章均收录于 *Encyclopedia of Buddhism*, vol. 2, fasc. 2, pp. 178-193 ; Sastri, ed. *Age of the Nandas and Mauyras*, chap. 6 ; 以及 Strong, *Legend of King Asoka*。

[ 10 ] 尽管有人对阿育王是否为一名真正的佛教皈依者提出质疑——佛教传说自然会强调他的皈依与信奉——不过证据十分明确充分。参见 Dutt, "Aśoka:

A Comparison and Contrast between the Legends and the Edicts", pp. 190−193。

［11］Strong, *Legend of King Aśoka*, p. 39。我的总结来自 *Aśokavadana* 的译文。我所指的"传说"有不同种形式，这一点 Strong 在第 18—26 页中有所讨论，另见 Dutt, "Aśoka: A Comparison between the Legends and the Edicts", 还可参见 Obeyesekere, *The Work of Culture*, pp. 157−159。Obeyesekere 将阿育王放在一系列真实存在或仅仅用作象征的、杀父母或尊长的佛教徒君主中。他认为，照印度传统来看，长兄为父。

［12］Strong, *Legend of King Asoka*, p. 215.

［13］Ibid., pp. 220, 232, 285.

［14］Ibid., pp. 42−43.

［15］Ibid., pp. 50−53, 76−83.

［16］Ibid., p. 288.

［17］Ibid., pp. 289−292.

［18］Scharfe, *State in Indian Tradition*, pp. 234−236。其内容来自 Eisenstadt, *The Political Systems of Empires* (London, 1963), pp. 10, 132−137；以及 J. Baechler, *La Solution indienne* (Paris, 1988)。

［19］Strong, *Legend of King Asoka*, pp. 5−15.

［20］Thapar, *A History of India*, pp. 86−91。前一个引注来自 Scharfe, *State in Indian Tradition*, p. 236。

［21］Vallée Poussin, "Ages of the World (Buddhist)", in Hastings, ed., *Encyclopaedia of Religion and Ethics*.

［22］Davids and Davids, trans., *Dialogues of the Buddha*, vol. 3, p. 82 (*Agganna Suttana, Digha Nikaya* 3. 80−98)。更为现代的译本为 Embree, *Sources of Indian Tradition*, vol. 1, pp. 129−133。迄今为止最好的译本为含注解的

Collins, "Discourse on What is Primary (Agganna Sutta)", 后面的大部分注释将参照此译本。

〔23〕Davids and Davids, trans., *Dialogues of the Buddha*, vol. 3, p. 88; Collins, "Discourse on What is Primary (Agganna Sutta)", p. 345.

〔24〕Davids and Davids, trans., *Dialogues of the Buddha*, vol. 3, pp. 89–93; Collins, "Discourse on What is Primary (Agganna Sutta)", pp. 346–348.

〔25〕有关这一佛教徒式的、社会权力移交的反婆罗门神话,参见 Reynolds, "Multiple Cosmogonies and Ethics: The Case of Theravada Buddhism", pp. 209–213。婆罗门与佛教徒的目标相异,两者形成的对照参见 Scharfe 在 *State in Indian Tradition* 第 212 至 220 页中做出的简要总结;另可见 Ghoshal, *History of Indian Political Ideas* 中的相关段落。佛教徒君主不接受佛教中有关原始契约的思想,参见 Collins, "Discourse on What is Primary", pp. 387–389。

〔26〕Ghoshal, *History of Indian Political Ideas*, chap. 1.

〔27〕Pollock, trans., *The Ramayana of Valmiki*, vol. 2, pp. 16–29.

〔28〕Pollock, trans., *The Ramayana of Valmiki*, vol. 3, p. 44, 引自 *Mahabharata* 12.68.37ff。

〔29〕Scharfe, *Statein Indian Tradition*, p. 61, 引自 *Mahabharata* 12.67.2–29。有关对《往世书》(*Puranas*) 中所提国家的初期发展做出的总结,见 Prakash, *Political Ideas in the Puranas*, pp. 30–45。其基本主题与印度史诗和《摩奴法典》中陈述的内容大致相同。

〔30〕*The Laws of Manu*, Doniger and Smith, trans., pp. 3–9 (*Manu* 1).

〔31〕Ibid., p. 11 (*Manu* 1.68–74)。对印度轮回的相关解释,参见 Jacobi, "Ages of the World: Indian" in Hastings, ed., *Encyclopaedia of Religion and Ethics*。对《往世书》中世界轮回的总结性陈述,见 Rocher, *Puranas*, pp. 124–125。

［32］*The Laws of Manu*, Doniger and Smith, trans., p. 13 (*Manu*, 1.92).

［33］Ibid. (*Manu* 1.96).

［34］Ibid., p. 128 (*Manu* 7.5-6, 8).

［35］Ibid., pp. 229-230 (*Manu* 9.303-11)。完整的总结见 Ghoshal, *History of Political Ideas*, pp. 163-164。

［36］Ibid., p. 230 (*Manu* 9.313).

［37］Ghoshal, *History of Political Ideas*, pp. 194-195.

［38］Ibid., pp. 197-198 ( 引自 *Mahabharata* 12.68.1-47)。

［39］van Buitenen, trans., *The Mahabharata*, vol. 2, p. 596.

［40］Ibid.

［41］Ibid., pp. 587-588.

［42］Ghoshal, *History of Indian Political Ideas*, p. 541.

［43］*The Laws of Manu*, Doniger and Smith, trans., pp. 130-132, 188-189, 230-231(7.27-29, 7.39, 8.346-48, 9.313-14)。有关理论和实际上君主的性情，见 Scharfe, *State in Indian Tradition*, pp. 66-71。

［44］Scharfe, *State in Indian Tradition*, p. 66.

［45］Ghoshal, *History of Indian Political Ideas*, pp. 207-209 ( 引自 *Mahabharata* 12.79.12-18, 13.61.31-3 )。

［46］Ghoshal, *History of Indian Political Ideas*, p. 203 ( 引自 *Mahabharata* 12.66.35, 12.79.26-28, 12.72.28-29)。

［47］Scharfe, *State in Indian Tradition*, pp. 210-211 ( 引自 *Mahabharata* 12.129-167, 12.34.20, 12.128.15, 12.138.61)。

［48］van Buitenen, trans., *The Mahabharata*, vol. 1, p. 268 (*Mahabharata* 1.7.122).

［49］Scharfe, *State in Indian Tradition,* p. 39（引自 *Mahabharata* 12.81.39, 12.86.32, 12.137.69, 12.120.4-6）。

［50］Ghoshal, *History of Indian Political Ideas,* pp. 42-49; Lingat, *Classical Law of India,* chaps. 1,2,4; Scharfe, *State in Indian Tradition,* pp. 220-227.

［51］Kautilya, *The Kautilya Arthasastra,* Kangle, trans., vol. 2, p. 593 (*Arthasastra* 15.1.1)；以及 Ghoshal, *History of Indian Political Ideas,* p. 81。

［52］Ghoshal, *History of Indian Political Ideas,* pp. 111, 371；Winternitz, *History of Indian Literature,* vol. 3, pp. 634-635。讨论考底利耶时，我从头至尾引用了 *The Kautilya Arthasastra,* Kangle, trans., 3 vols（后面简写为 *The Kautilya Arthasastra* ）。

［53］有关 *The Kautilya Arthashastra* 一书作者的论点及其成书年代，参见 Ghoshal, *History of Indian Political Ideas,* pp. 111-113；*The Kautilya Arthasastra,* vol. 3, chap. 4; Sastri in Sastri, ed., *Age of the Nandas and Mauryas,* pp. 190-201；Scharfe, *State in Indian Tradition,* p. 21 (esp. notes 93, 94)；Sil, *Kautilya's Arthasastra*（后来有一本美国版）, pp. 18-20, 24-25 (esp. p. 24, note 68)；以及 Winternitz, *History of Indian Literature,* vol. 3, pp. 626-634，该书译者还穿插了 (p. 633) Louis Renou 的观点。

［54］*The Kautilya Arthasastra,* vol. 2, pp. 13-14 (*Artha.* 1.6.4-10)。另见 Scharfe, *State in Indian Tradition,* pp. 21-22。

［55］*The Kautilya Arthasastra,* vol. 2, p. 15 (1.7.3-7).

［56］Ibid., pp. 51-52 (1.19.1-24)

［57］有关这些最后的马基雅维利式特征，参见上书 sections 1.11, 12.5, 13.2, 以及 Ghoshal, *History of Indian Political Ideas,* pp. 125-126（考底利耶的地理政治思想）以及 pp. 149-150（考底利耶对宗教和道德的态度）。

［58］*The Kautilya Arthasastra*, p. 7 (1.2.10)。尤其是 note 10。我所指的文本引自 *Dialogues of the Buddha*, Rhys Davids, trans., vol. 1 (London: Pali Text Society, 1899), pp. 167-170。

［59］*The Kautilya Arthasastra*, vol. 3, pp. 6-11 (1.2-4, 5-15); Ghoshal, *History of Indian Political Ideas*, pp. 112-113.

［60］*The Kautilya Arthasastra*, vol. 2, p. 286 (3.18.2, 4).

［61］完整的分类和列举，以及与其他前现代时期法律系统进行的略显随意的对比，参见 Agrawal, *Kautilya on Crime and Punishment*。

［62］*The Kautilya Arthasastra*, vol. 2, pp. 317-320 (4.8.1-29).

［63］Ibid., pp. 319-320 (4.8.22).

［64］Ibid., pp. 327-329 (4.8.1-26).

［65］Ibid., pp. 20-23 (1.10).

［66］Ibid., pp. 23-25 (1.11.1-20)。有关考底利耶对密探的总结，参见 Scharfe, *State in Indian Tradition*, pp. 159-165。

［67］*The Kautilya Arthasastra*, vol. 2, pp. 23-36 (1.7-1.14).

［68］Ibid., pp. 338-342 (5.1).

［69］Ibid., pp. 31-33 (1.12).

［70］Ibid., pp. 211-212 (2.35.8-15).

［71］Ibid., pp. 29-30 (1.12.19-25).

［72］Ibid., pp. 31-36 (1.10-11).

［73］Ibid., pp. 44-48 (1.17).

［74］Ibid., pp. 54-61 (1.20-1.21).

［75］Doniger, trans., *The Laws of Manu*, p. 150 (7.216-220); *The Kautilya Arthasastra*, vol.2, pp. 58-60 (1.21.4-16).

［76］*The Kautilya Arthasastra*, vol. 2, pp. 368-369 (6.2.13-22)。国王圈或"坛场"（mandala）形成了一个国家系统，参见 Ghoshal, *History of Indian Political Ideas*, pp. 93-99。

［77］ *The Kautilya Arthasastra*, vol. 2, pp. 372-376 (7.1).

［78］ Ibid., p. 379 (7.3.10).

［79］ Ibid., p. 378-383 (7.3).

［80］ Ibid., p. 388 (7.5.16).

［81］ Ibid., pp. 409, 413, 431 (7.10.12, 7.11.18, 7.16.3-9).

［82］ Ibid., p. 510 (10.3.43)。第 10 卷整本书都与实际战争有关。

［83］ Ibid., pp. 510-511 (10.3.45, 47).

［84］ Ibid., pp. 533-549 (12).

［85］两句格言分别引自同上书第 525、482 页 (10.6.51, 9.3.42)。

［86］Ghoshal, *History of Indian Political Ideas*. 该书总结的文学作品中阐述的政治思想相对完整。参见 chaps. 10-13, 有关 *Mahabharata*（《摩诃婆罗多》）; chap. 15，有关 *Ramayana*（《罗摩衍那》）; 以及 chap. 20，有关公元 4—8 世纪的古典梵文文学。

［87］ Smith,trans., *The Oxford History of India*, p. 107.

［88］ Gupta, *Somadev Suri's Nitivakyamritam*。有关月天（Somadeva）的思想，见 Ghoshal, *History of Indian Political Ideas*, chap. 27。

［89］ van Buitenen,trans., *Two Plays of Ancient India*; Dimock, ed. *Literatures of India*, pp. 106-113 ; 以及 A. K. Warder, *Indian Kavya Literature*, vol. 3, pp. 257-276。

［90］ Van Buitenen, trans., *Two Plays of Ancient India*, p. 269 (act 7).

［91］参见 Rhyder, trans., *Panchatantra*，以及 Edgerton, trans., *Panchatantra*。另见 Ghoshal, *History of Indian Political Ideas*, chap. 15 ; Keith, *History of Sanskrit*

Literature, pp. 243–256；Winternitz, *History of Indian Literature*, vol. 3, pp. 307–346；and Dimock, ed., *The Literatures of India*, pp. 198–200。

［92］*Panchatantra*, 1.116–177，如 Ghoshal 在 *History of Indian Political Ideas*, p. 279 中所言。Ghoshal 认为它是第 1 卷的框架故事，但是在 Rhyder (*Panchatantra*, pp. 134–141) 和 Edgerton (*Panchatantra*, pp. 57–60) 的译本中，它只作为许多则框架故事中的一则，而且在我们看来也不很有趣。Rhyder 版本中的第一则框架故事可以进行类比，它有关一头狮子，两只黑背豺作为他的顾问，以及他忠实的朋友——公牛。最终狮子将公牛吃掉。至于我引用的诗句也来自 Ryder 译本的框架故事，位于该书第 208 页。

# 第四章 文艺复兴时期意大利的马基雅维利主义

［1］有关欧洲的总体情况，参见 Hale, *Civilization of Europe in the Renaissance*, 特别是 chaps. 3 ("Divisions of Europe"), 8 ("Civility in Danger?") 和 9 ("Control of Man")。为了与中国和印度的态度相一致，Hale 宣称（p. 467）"保护宫廷被视为与维持王国治安同等重要的事"。有关意大利的总体情况，参见 Bock, Skinner, and Viroli, eds., *Machiavelli and Republicanism*；E. Garin, "Kultur der Renaissance"; F. Gilbert, *Machiavelli and Guicciardini*；以及 *Cambridge History of Renaissance Italy*。

［2］Gilbert, *Machiavelli and Guicciardini*, p. 35。有关对中世纪政治思想的继承，参见 Skinner, "Political Philosophy"。另见 Viroli, *From Politics to Reason of State*, chap. 1。中世纪欧洲的"新城市系统"拥有独立的中心，每个中心都拥有独立的物质结构和轮廓，有所差别的活动，以及公民的自豪感。参见 Benevolo, *The European City*, chap. 2。

［3］Skinner, "Political Philosophy", pp. 408-419.

［4］对人文主义者的社会和经济地位的评估，参见 Martines, *Social World of the Florentine Humanists 1300-1460*。

［5］Skinner, "Political Philosophy", pp. 416-418, 以及 Holmes, *The Florentine Enlightenment 1400-1500*, chaps. 3, 5。

［6］对佛罗伦萨市民生活变化的这一描述，乃是基于 Martines, *Social World of the Florentine Humanists 1390-1460*。有关文艺复兴时期教授的亚里士多德的伦理学,参见Kraye, "Moral Philosophy", pp. 328-348 (引自331页)。有关"城市及政治人物的哲学"，参见 Viroli, *From Politics to Reason of State*, chap. 2。

［7］Kraye, "Moral Philosophy"; Aristotle, *Nichomachean Ethics*, 4.2.

［8］前面几页的内容基于 Martines, *Social World of the Florentine Humanists* 以及 Skinner, "Political Philosophy", pp. 423-430。

［9］Rubenstein, "Machiavelli and Florentine Republican Experience", pp. 15-16.

［10］De Grazia, *Machiavelli in Hell*. pp. 5-8, 107-108; Skinner, *Machiavelli*, pp. 12-13.

［11］Villari, *Life and Times of Niccolo Machiavelli*, vol. 1, pp. 203-214.

［12］Gilbert, *Machiavelli and Guicciardini*, pp. 7-20.

［13］Ibid., pp. 20-28.

［14］Ibid., p. 33.

［15］Ibid., p. 41.

［16］Ibid., pp. 42-44.

［17］Ibid., pp. 112-113, 81.

［18］Ibid., p. 95. ( 引自 *Dialogo e Discorsi del Reggimento di Firenze*)

［19］Ibid., p. 99. ( 引自 *Dialogo e Discorsi*)

［20］Ibid., p. 120.

［21］Ibid., pp. 128–143（引自 136, 137, 142, 143）。

［22］De Grazia, *Machiavelli in Hell*, pp. 5–6；Villari, *Life and Times of Niccolo Machiavelli*, vol. 1, chap. 1。有关马基雅维利研究，另见 Black, "Machiavelli, Servant of the Florentine Republic", pp. 73–75。

［23］有关马基雅维利本人对过去的看法，见 de Grazia, *Machiavelli in Hell*。有一则对早期希腊观点的记述足够完整，但是仍旧简明浓缩，见 Guthrie, *History of Greek Philosophy*, vol. 2, pp. 473–476，以及 vol. 3, chaps. 4 ("The 'nomos'-'physis' Antithesis in Politics") 和 5 ("The Social Compact")。有关赫西俄德的论述，我依赖 Frankel, *Early Greek Poetry and Philosophy*, pp. 116–21；Loraux, "Origins of Mankind in Greek Myths", pp. 390–395。是一篇有趣的总结性文章，它以韦尔南 (Jean-Pierre Vernant) 和其他当代法国神话学家（我指的是神话学家和神话作者）颇具创造力的方式展开论述。文艺复兴时期对各种态度的评价，可参见 Burke, *Renaissance Sense of the Past*, 以及 Weisinger, "Ideas of History during the Renaissance"。

［24］Machiavelli, *Chief Works and Others*, vol. 2, p. 735–736 ("Tercets on Ambition", lines 13–63［引自第 58—60 行和第 63 行］)

［25］有关这一难题，可见 Loraux 的论述, "Origins of Mankind in Greek Myths"。

［26］参见 Fränkel, *Early Greek Philosophy and Poetry*, pp. 116–119。我在此借助了 Hesoid, *Theogony and Works and Days*, West, trans。

［27］Fränkel, *Early Greek Philosophy and Poetry*; Hesoid, *Works and Days*, pp. 105–201.

［28］Guthrie, *History of Greek Philosophy*, vol. 2, pp. 473–476; vol. 3, chaps.

4, 5. 另见 Edelstein, *Idea of Progress in Classical Antiquity*; 以及 Dodds, *Ancient Concept of Progress*, chap. 1—引文来自 p. 4 (Xenophanes, frag. 18)。

［29］Plato, *Protagoras* 320–323.

［30］*Republic* 546a, 译文来自 Plato, *Republic*, tran. Shorey, vol. 2, p. 245。有关城市和一些典型个体的更替，参见 Guthrie, *History of Greek Philosophy*, vol. 4, pp. 444–449, 471–476, 483–486, 527–537。

［31］*Metaphysics* 1074, 译文来自 *Complete Works of Aristotle*, ed. Barnes, vol. 2, p. 1698; 宇宙学内容引自 *On the Heavens* (De caelo), 1.10。

［32］Long and Sedley 译本对资料进行整合，为读者提供了很多便利。参见 Long and Sedley, trans., *The Hellenistic Philosophers*, vol. 1, pp. 274–279, 308–313。

［33］Aristocles（公元 2 世纪），参见攸西比乌斯 (Eusebius，260—340 年) 的报告 , ibid., p. 276。

［34］具体阐释见 ibid., pp. 277–279。

［35］Ibid., p. 309 ; 来自 Nemesius (fl. c. A.D. 400)。

［36］Ibid., pp. 308–313.

［37］Machiavelli, *Chief Works and Others*, vol. 1, p. 195.

［38］Ibid., pp. 199, 200.

［39］Machiavelli, *Chief Works and Others*, vol. 3, p. 1232 (*Histories of Florence*, 5.1).

［40］Polybius, *Rise of the Roman Empire*, Walbank, trans., p. 44 (*Histories*, bk.1.4).

［41］Watts, *Nicolaus Cusanus* (Leiden: Brill, 1982), pp. 191–207.

［42］Polybius, *Rise of the Roman Empire*, p. 537 (*Histories*, bk.36.17).

［43］Ibid., pp. 537–539.

［44］Walbank, *Rise of the Roman Empire*, pp. 27–30.

［45］有关这一主题，可以特别参考 Parel, *The Machiavellian Cosmos*。

［46］Machiavelli, *Chief Works and Others*, vol. 1, p. 90 (*The Prince* chap. 25).

［47］Ibid., p. 90.

［48］Ibid., p. 92. Skinner, *Machiavelli*, p. 37，指出塞涅卡认为应当要粗暴地对待命运女神。皮可洛米尼（Piccolomini）还为这一论调增加了色情暗示。

［49］Parel, *The Machiavellian Cosmos*, p. 32.

［50］Machiavelli, *Chief Works and Others,* vol. 2, p. 747 ("Tercets on Fortune", 118–120).

［51］Parel, *The Machiavellian Cosmos*, p. 33 ("The Golden Ass", 3)。Gilbert 译本对同一段落的翻译，见 Machiavelli, *Chief Works and Others*, vol. 2, p. 758。

［52］我在此引用 Parel, *The Machiavellian Cosmos*, pp. 105–112。Parel 引用了马基雅维利的著述。引自《君主论》的是第 9 章。Gilbert 的译本 *Complete Works and Others* 让人无法辨识出 humors (umori) 一词。Bull 翻译的《君主论》中，第 9 章以 dispositions 代替 humors。

［53］Parel, *The Machiavellian Cosmos*, pp. 107, 109.

［54］有关 "An Exhortation to Pertinence"，见 Machiavelli, *Chief Works and Others*, pp. 171–174。译者引言 (pp. 170–171) 还提到了马基雅维利的宗教性。另见 de Grazia, *Machiavelli in Hell*, chap. 3。有关恐惧上帝的引文为 Machiavelli, *Chief Works and Others*, vol. 2, p. 567 (*The Art of War*, "Preface")。

［55］De Grazia, Machiavelli in Hell, pp. 64–69。马基雅维利的引文来自 *Discourses* 51.6，见 Machiavelli, *Chief Works and Others*, vol. 1, p. 311。

［56］Black, "Machiavelli, Servant of the Florentine Republic", pp. 71–72.

［57］Mallett, "Theory and Practice of Warfare in Machiavelli's Republic".

［58］Angelo, *Machiavelli* (London: Gollancz, 1969), p. 50。引自 *The Historical, Political and Diplomatic Writings of Niccol Machiavelli* (Boston, 1882), vol. 4, pp. 419-420。

［59］Angelo, *Machiavelli*, p. 47.

［60］Angelo, *Machiavelli*, p. 49.

［61］Ibid., pp. 51-53; Guarini, "Machiavelli and the Crisis of the Italian Republics", pp. 26-29。见马基雅维利的 *Description of the Affairs of Germany*; *The Prince*, 10, 以及 *Discourses*, 1.55。

［62］Angelo, *Machiavelli*, p. 34.

［63］Ibid., p. 23.

［64］Chabod, *Machiavelli and the Renaissance*, p. 130（马基雅维利 1500 年 9 月 3 日的信件）。

［65］Najemy, "The Controversy Surrounding Machiavelli's Service to the Republic", 参见 Block, Skinner 和 Viroli, p. 107。

［66］Ibid., p. 116。写于 1509 年 11 月 29 日的信，收信人为圭恰迪尼。

［67］Chabod, *Machiavelli and the Renaissance*, p. 9.

［68］Ibid., pp. 116-117（引用第 116 页）。

［69］Machiavelli, *Chief Works and Others*, vol. 3, pp. 1031. 另见 Bock, "Civil Discord in Machiavelli's *Istorie Fiorentine*"。该文讨论了马基雅维利有可能对公民不和的积极影响产生的矛盾态度。

［70］Machiavelli, *Chief Works and Others*, vol. 3, pp. 1140-1141 (*History of Florence* 3.1).

［71］Ibid., p. 1141.

［72］我选用了 Chabod 的 *Machiavelli and the Renaissance*, pp. 38-41 中

有关两本书的记述。至于两本书的关系，另可参见 "On the Unity of 'The Prince' with the 'Discourses' in Tejera", *City-State Foundations of Western Political Thought*。

［73］Machiavelli, *Chief Works and Others*, vol. 1, p. 62 (*The Prince*, chap. 17).

［74］Machiavelli, *Chief Works and Others*, vol. 1, pp. 10−11.

［75］Villari, Life and Times of Niccol Machiavelli, vol. 2, p. 161.

［76］Machiavelli, *Chief Works and Others*, vol. 1, pp. 189−190, 191. (*Discourses*, dedication and preface to bk. 1).

［77］*Discurses* 中的引文参见 Machiavelli, *Chief Works and Others*, vol. 1, pp. 328−333, 202−204, 211。

［78］Bock, "Civil Discord in Machiavelli's *Istorie Fiorentine*".

［79］见 Chabod, *Machiavelli and the Renaissance*, pp. 106−108。马基雅维利的共和理想，见 Viroli, *From Politics to Reason of State*, chap. 3。

［80］*Basic Writings of Saint Augustine*, vol. 2, p. 643, *City of God*, bk. 22。奥古斯丁有关亚当之罪的论述，参见 *Ciy of God* 4.4. 以及 Kirwan, *Augustine*, p. 139。

［81］Machiavelli, *Chief Works and Others*, vol. 2, pp. 736, 737, 738 ("Tercets on Ambition", lines 55−57, 73−84, 157−159).

［82］Machiavelli, *Chief Works and Others*, vol. 2, p. 738, 脚注。

［83］De Grazia, Machiavelli in Hell, pp. 34−38。见 Villari, Life and Times of Niccolo Machiavelli, vol. 2, pp. 29−37。较为连贯的译本参见 Machiavelli, Chief Works and Others, vol. 2, pp. 1013−1013。Villari (p. 37) 推测这些文字为 "消遣之作"，在作者满怀怒气之时爆发了内心的 "骤然急变、冷嘲挖苦，甚至是愤世嫉俗"。Allan Gilbert 在译本前言 (p. 1013) 中说，这些十四行诗 "展现了无法抑制的幽默感，这一时刻马基雅维利接受了厄运"。在我看来，Villari 和

Glbert 好像忽略了这幽默感背后的痛苦和恐惧。如果这是一种幽默感，那么它也是黑色幽默。

［84］Machiavelli, *Chief Works and Others*, vol. 1, p. 62 (*The Prince*, chap. 17).

［85］Machiavelli, *Chief Works and Others*, vol. 1, p. 201 (*Discourses* 1.3).

［86］*Discourses* 1.1, "Political Philosophy", p. 439。相比意大利原文，Skinner 译文的语气略有加强。如果 Machiavelli, *Chief Works and Others* 中的译文并非基于不同文本，它的句意似乎有些模糊，或者丢失了一些词语。不管怎么说，这些词精确反映出马基雅维利要说的内容。

［87］Plato, *The Republic*, tran. Shorey, vol. 1, pp. 213-214, 301-302, 461 (389b-d, 414b-415d, 459c-d)。有关柏拉图提倡某些形式的谎言，见 Guthrie, *History of Greek Philosophy*, vol. 4, pp. 457-449, 462-464。

［88］Thucydides, *Peloponnesian War*, pp. 400-408 (引自 402, 404-405) (*Peloponnesian War* 5.89, 105)。那一时期雅典的全部论争，参见 Guthrie, *History of Greek Philosophy*, vol. 3, chap. 4。有关修昔底德的总体信息，见 Hornblower, *Thucydides*。

［89］我的阐释依据 de Romilly 的 *Thucydides and Athenian Imperialism*。特别参见 pp. 103-104, 306-310, 第 3 章的全部以及 pp. 357-369。如要像他那样对当时情况有所把握，这一简要尝试参见 A. Andrewes 的 *The Cambridge Ancient History*, vol. 5, *The Fifth Century*, pp. 444-446。在同一卷 (pp. 1-6, 13-14) 中, D. M. Lewis 总结分析了修昔底德所著历史的方法、结构和可靠性，并赞扬了他书写真实、坚持真理的态度。更为愤世嫉俗的态度当然有可能存在。有关对话真实性的一则简略但是颇具说服力的评论，见 Hornblower, *Thucydides*, pp. 52-53。还可参考他在第 184 至第 190 页的评论，有关修昔底德"非道德性"的本质。

［90］见 MacKendrick, *Philosophical Books of Cicero* (London: Duckworth,

1989), 尤其是 pp. 262-263, 谈到了西塞罗对马基雅维利的影响。我还参考了 Cicero, *On Duties* (*De Officiis*)。

［91］Machiavelli, *Chief Works and Others*, vol.1, pp. 64-65 (*The Prince*, chap. 18).

［92］Gilbert, *Machiavelli and Guicciardini*, pp. 169-170 ; 以 及 Skinner, *Machiavelli*, pp. 18-20, 25-26。

［93］Machiavelli, *Chief Works and Others*, vol.1, p. 62 (*The Prince*, chap. 17).

［94］De Grazia, Machiavelli in Hell, pp. 269-270.

［95］Machiavelli, *Chief Works and Others*, vol.1, p. 324 (*Discourses* 2, preface); Viroli, *From Politics to Reason of State*, pp. 176-177.

［96］Gilbert, *Machiavelli and Guicciardini*. Ridolfi, *Life of Franceso Guicciardini*. Viroli, *From Politics to Reason of State*, chap. 4.

［97］Gilbert, *Machiavelli and Guicciardini*, pp. 239-241。另见引言部分 , Guicciardini, *Selected Writings*, tran. Grayson ; 以及 Chabod, *Machiavelli and the Renaissance*, pp. 109-115, 作为一份心理学上的对照。

［98］Ridolfi, *Life of Francesco Guicciardini*, p. 124.

［99］Gilbert, *Machiavelli and Guicciardini*, pp. 275-276.

［100］托马斯·莫尔的描述，我在 Hale, *War and Society in Renaissance Europe*, p. 72 中发现。

［101］Ridolfi, *Life of Francesco Guicciardini,* pp. 210-215.

［102］在我对圭恰迪尼职业生涯的描述中，大部分参照了 Guicciardini, *Selected Writings* 中的引言部分。有关意大利史，参见 Gilbert, Machiavelli and Guicciardini, chap. 7。

［103］第一段引文来自 Procacci, *History of the Italian People*, p. 139。第二

段引文来自 Chabod, *Machiavelli and the Renaissance*, p. 110。

［104］Gilbert, *Machiavelli and Guicciardini*, pp. 282-285.

［105］Ibid., pp. 288-294.

［106］Gilbert, *Machiavelli and Guicciardini*, p. 278 (ricordo 66).

［107］Ibid., p. 284.

［108］Guicciardini, *Selected Writings*, p. 66 (bk. 1, chap. 2).

［109］Ibid., pp. 104-105 (bk. 1, chap. 58).

［110］Gilbert, *Machiavelli and Guicciardini*, p. 277。有关圭恰迪尼对"治国之术"的观念，参见 Viroli, *From Politics to Reason of State*, chap. 4。

［111］Gilbert, *Machiavelli and Guicciardini*, pp. 278-279 (ricordo 10).

［112］Guicciardini, *Selected Writings*, p. 7 (ricordo 6).

［113］Gilbert, *Machiavelli and Guicciardini*, p. 279 (ricordo 6, 35, 以及 Scritti Politici, pp. 8, 11)。马基雅维利对历史案例的选择并不总是很恰当，有关这一点可参看 Butterfield, *The Statecraft of Machiavelli*, chap. 2；有关马基雅维利对战争的看法，参见 Gat, *The Origin of Military Thought, introduction*。

［114］马基雅维利的修辞术及其思想的特有模式，对此我的评论基于 Tejera 的著作 *The City-State Foundations of Western Political Thought* 中 "Of the Unity of 'The Prince' with the 'Discourses'" 一章。

［115］Gilbert, *Machiavelli and Guicciardini*, p. 290.

［116］Guicciardini, *Selected Writings*, p. 15 (ricordo 37).

［117］Ibid., p. 35 (ricordo 133).

［118］Ibid., p. 47 (ricordo 186).

［119］Ibid., p. 22 (ricordo 73).

［120］Ibid., p. 17 (ricordo 46).

［121］Ibid., p. 35 (ricordo 134).

［122］对马基雅维利主义思想的浓缩概述，见 Gilbert, "Machiavellism," pp. 116–126; 以及 K. H. Gerschmann, "Machiavellismus", pp. 580–583。F. P. S. Donaldson, *Machiavelli and Mystery of State* 研究了一系列 16、17 世纪的政治作家，他们将马基雅维利的教义同古代一种与君主政体或国家的神秘有关的秘密知识联系起来。Meinecke 的 *Machiavellism* 是一本经典的研究著作，内容跨度从马基雅维利一直到 18、19 世纪德国思想家例如黑格尔、费希特和兰克。

［123］Hill, *Intellectual Origins of the English Revolution*, p. 32；来自 Raab, *English Face of Machiavelli* (London, 1964), pp. 52–53, 96, 274–275。

［124］Shakespeare, *King Richard III*, ed. A. Hammond (London: Routledge, 1981), pp. 97–119; 以及 Vickers "Shakespeare's Hypocrites", *Returning to Shakespeare*, 尤其是 pp. 97–102。

［125］Vickers, "Shakespeare's Hypocrites", p. 117.

［126］Donaldson, *Machiavelli and Mystery of State*, chap. 1, 尤其是 pp. 7–9, 30。

［127］Ibid., chap. 6.

［128］Exod. 2.12.

［129］Ibid., pp. 194, 196.

［130］我没有读过根提里特，在这里完全依赖 Meinecke, *Machiavellism*, pp. 51–56。

［131］*Essays of Michel de Montaigne*, tran. Screech, p. 744 ("Of Presumption" 2.17).

［132］Ibid., p. 737.

［133］Ibid., p. 745.

［134］Ibid., pp. 777–777. ("On Bad Means to a Good End", 2.24).

［135］Ibid., p. 902. ("On the Useful and the Honorable", 3.1).

［136］Ibid., p. 902.

［137］这是 Schaefer 那本论著的一大重要主题。该书结构完整,推理仔细。见 Schaefer, *The Political Philosophy of Montaigne*,尤其参见 chap. 12。

［138］Montaigne, *Essays of Michel Montaigne*, p. 35 ("On Liars", 1.9), quoted; 以及 pp. 897–898 ("On the Useful and the Honorable", 3.1)。有关阐释,见 Schaefer, *Political Philosophy of Montaigne*, pp. 19–24, 32–38, 354–356。

［139］Montaigne, *Essays of Michel Montaigne*, p. 1124 ("On Vanity", 3.9)。关于许多参考文献以及对它们前后不一致的讨论,见 Schaefer, *Political Philosophy of Montaigne*, pp. 357–365。

［140］Schaefer, *Political Philosophy of Montaigne*, pp. 380–395.

［141］Bacon, *De Augmentis Scientiarum*, bk. 7, chap. 2, F. R. Headlam 译,引自 Machiavelli, *The Prince*, Adams 译。有关培根的政治哲学与他有志于改革科学的关系,见 Martin, *Francis Bacon, the State, and the Reform of Natural Philosophy*。见第 144 页和第 171 页中培根赞扬马基雅维利的引文。另见 Raab, *English Face of Machiavelli*; Rossi, *Francis Bacon*; Zeitlin, "Development of Bacon's Essays"; 以及 Luciani, "Bacon and Machiavelli"。

［142］培根的这段文字引自 *The Advancement of Learning* 的第二卷,参见 *Selected Writings of Francis Bacon*, ed. Dick, pp. 353–354。

［143］Bacon, *Essays*, pp. 62, 61.

［144］Ibid., p. 78 以及（按引文顺序）pp. 155, 152 ("Of the True Greatness of Kingdoms and Estates"), 116 ("Of Empire")。

［145］Hobbes, *Leviathan*,根据 1651 年版重印,第 11 章,第 75 页。

［146］Ibid., pp. 96–97 (chap. 13); 128, 132 (chap. 7); 134 (chap. 18)。有关霍

布斯后来在英国有着诡计多端、不择手段的马基雅维利式名声，参见 Mintz,
*The Hunting of Leviathan*。

［147］Spinoza, *Ethics*, bk. 4, def. 8; prop. 22, cor.; appendix, viii (pp. 547,
558, 589)。在 "Virtue and Sociality in Spinoza" 一文中，Barbone 将马基雅维利
与斯宾诺莎对 "美德作为权力" 的不同看法做了区分：马基雅维利 "认为美德
的概念仅与社会的领导者相关，而斯宾诺莎坚持认为美德……延伸到整个社
会" (p. 383)。

［148］Ibid., p. 263 (1.4).

［149］*The Political Works*, tran. Wernham, p. 312 (*A Treatise on Politics*).

［150］Ibid., p. 277 (2.14).

［151］Ibid., p. 425 (9.13).

［152］Ibid., p. 275 (2.11).

［153］Ibid., p. 309 (5.2)。有关其他相似点或借用概念，参见该引用书目
的索引部分，另见 McShea, *Political Philosophy of Spinoza*。

［154］Hegel, *Political Writings*, tran. T. M. Knox, pp. 219-220；引自 S. Avineri,
*Hegel's Theory of the Modern State*, pp. 53-54。

［155］引自 G. W. F. Hegel, *Gesammelte Werke*, Rheinish –Westfaelischen
Akademie der Wissenschaften, vol. 8, pp. 1-24, 256-260， 由 Harris 在
*Hegel's Development* 中重新释义，vol. 2, pp. 503-504。

［156］Ibid., p. 504.

［157］Kant, "Idea for a Universal History from a Cosmopolitan Point of
View", Fourth Thesis, in *Kant: Selections*, ed. Beck, p. 418.

［158］Ibid., Sixth Thesis, p. 419 及 note。

［159］选自康德门徒 J. G. Hasse 的回忆录，*Lezte Aeusserungen Kant's,* pp.

28-29。

［160］Kant, *Religion within the Limits of Reason Alone*, tran. Green and Hudson, p. 25.

［161］Ibid., pp. 27, 32.

［162］Henrich, "On the Meaning of Rational Action in the State", pp. 107-111.

［163］Kant, *The Metaphysics of Morals*, pp. 131-132.

# 第五章 马基雅维利主义无处不在？

［1］古代美索不达米亚、埃及和以色列文学提供了许多相关案例。如要对理论上（或神学上）赋予领导者的地位进行一番比较，可从 Frankfort 的 *Kingship and the Gods* 一书开始。Mendel 最近出版的一本书 *Rise and Fall of Jewish Nationalism* 也思考了相关问题，比如古希腊世界的国家主义、国家主义与古代近东地区的"历史"概念、犹太（和邻近）君主的地位，以及本国军队和雇佣军的使用。

［2］尽管无法轻易将它摒弃，"部落"(tribe) 这个词一直受到许多人类学家的争论。行政官员和传教士在非洲部落的形成中扮演的角色，有关这方面的简要解释，参见 Oliver, *The African Experience*, pp. 148, 185。

［3］我所说的有关概括的困难，在当代人类学中已经变得如此寻常，以至于我认为无须列出参考书目。但是为了激发非人类学家对旧有资源的传统解释展开怀疑，我在此引用 Obeyesekere 在 *Apotheosis of Captain Cook* 一书中充满智慧的观察。

有关我接下来对侵略与战争的评价，我充分利用了两本关于战争的人类学座谈会报告：Friend, Harris, and Murphy, eds., *War*; 以及（与当前人类学观点更加合拍）Haas, ed., *The Anthropology of War*. Silberbauer 的 "Ethics in Small-Scale Societies" 细致入微而又切合实际，令人钦佩。

［4］Moseley, *The Incas and Their Ancestors*, pp. 9–16. 有关具体细节，参见 Cobo, *History of the Inca Empire*, bk. 2, chaps. 12–15。

［5］Ibid., pp. 194–197.

［6］对印加王朝法律的描述，见 ibid., pp. 203–207。

［7］Ibid., pp. 238–241。有关国家处置孩童 , ibid,. pp. 235–338。有关禁止哀悼 , 见 Cobo, *Inca Religion and Customs*, p. 8。

［8］Ibid., pp. 239 ff。有关禁止悲伤，见 Cobo, *History of the Inca Empire*, pp. 240–243。

［9］Ibid., p. 243。近期对印加政府的一种较为冷静的观点，见 Moseley, *Incas and Their Ancestors*, chap. 3。

［10］有关玛雅人，对其雕像和纪念碑中各种痕迹和证据的解读，参见 Schele and Miller, *Blood of Kings*; 以及对历史证据的解读（来自他们自己在纪念碑上所做的记录），见 Schele and Freidel, *A Forest of Kings*——参见我在第 128 页和第 212 页的引文。Friedel, Schele and Parker, *Maya Cosmos* 是一次进入玛雅思想的尝试——包括玛雅人对战争的看法 (chap. 7)——从古时候的记录和玛雅人的当代后裔。有关 "战争作为权术"，见 p. 317。

［11］有关阿兹特克人，我依靠 Anawalt and Berdan, "The Codex Mendoza"; Biehorst 译, *Cantares mexicanos*——受到 Leon-Portilla（见下文）的严重批评 ; Brundage, *Fifth Sun*; Clendinnen, *Aztecs*; Davies, *Ancient Kingdoms of Mexico*; Davies, *The Aztec Empire*; Duran, *Book of the Gods and Rites and The Ancient Calendar*; Leon-Porilla, *Fifteen Poets of the Aztec World*; 以及 Townsend, *The Aztecs*。Thomas, *The Conquest of Mexico* 是一本全新的、有关阿兹特克人之间互动的详

细历史。作者将阿兹特克人称为 "Mexica" 以及 "西班牙人" (Spaniards)。

[ 12 ] Townsend, *The Aztecs*, p. 66；另见 Davies, *Ancient Kingdoms of Mexico*, p. 175。

[ 13 ] 来自 *Codice Matritense de la Real Academia* 8, fol. 192 v.，译文见于 Leon-Portilla, *Pre-Columbian Literatures of Mexico*, p. 119。有关阿兹特克人口迁徙的神话，从不同版本翻译的选段见 Markman and Markman, *The Flayed God*, pp. 381-409。

[ 14 ] Townsend, *The Aztecs*, p. 84-85，基于 Jerome Offner 的著作 *Law and Politics in Aztec Tezcoco* (Cambridge: Cambridge University Press, 1988)。

[ 15 ] 我在这里主要跟随 Townsend, *The Aztecs*, chap. 4。

[ 16 ] Davies, *The Aztec Empire*, p. 197.

[ 17 ] 有关对数字夸大的怀疑, Davies, *The Aztec Empire*, pp. 241-242。

[ 18 ] Brundage, *Fifth Sun*, p. 196。有关在他客人对牺牲献祭的动机，参见 Davies, *The Aztec Empire*, chaps. 9, 10。有关繁殖多产的仪式以及牺牲，见 pp. 222-223。

[ 19 ] Davies, *The Aztec Empire*, p. 233.

[ 20 ] Brundage, *Fifth Sun*, pp. 205-208; Davies, *The Aztec Empire*, pp. 223-225 ( 有关牺牲 ), 232-236 ( 有关花之战 )。

[ 21 ] Brundage, *Fifth Sun*, pp. 203-204; Davies, *The Aztec Empire*, pp. 179-180.

[ 22 ] Clendinnen, *Aztecs*, p. 92.

[ 23 ] Davies, *The Aztec Empire*, pp. 284-290.

[ 24 ] Ibid., p. 133。另见 Townsend, *The Aztecs*, 188。

[ 25 ] Clendinnen, *Aztecs*, p. 134；来自 *Florentine Codex* 9.5.21。

[ 26 ] Ibid., pp. 117–218.

[ 27 ] Brundage, *Fifth Sun*, p. 199；来自 Bernardino de Sahagun (1499–1590)，圣方济各修士。他对阿兹特克文明做出了非常基督教式但是不可或缺的描述，因为当时正值西班牙领土扩张。

[ 28 ] Bierhorst, *Cantares Mexicanos*, pp. 151, 357, 365；Leon-Portilla, *Fifteen Poets of the Aztec World*, pp. 128（修辞上与 Bierhorst 对相同话题的论述截然不同, p. 327）。

[ 29 ] 见 Oliver, *The African Experience*, chaps. 10, 12。

[ 30 ] Ibid., pp. 145–146.

[ 31 ] Mair, *Primitive Government*, p. 205.

[ 32 ]Ibid., pp. 99, 126–127, 152; 以及 Smith, *Kingdoms of the Yoruba*, chaps. 3, 9, 10。有关奥约帝国及其艺术，参见 Drewal, Pemberton, and Abiodan, *Yoruba*, chap. 6。

[ 33 ] Balandier, *Political Anthropology*, pp. 102–103，总结了考古学家 J. H. M. Beattie 对非洲布尼奥罗（Bunyoro）王国的研究。

[ 34 ] Bascom, *Yoruba of Southwestern Nigeria*, pp. 9–10, 29–31。有关约鲁巴王朝建立的另一版本的故事，见 Courlander, *Tales of Yoruba Gods and Heroes*, pp. 30–38。

[ 35 ] Roberts, *The Zulu Kings*, p. 162。有关当时非洲国家的简要背景，见 Oliver, *The African Experience*, chap. 12 以及 pp. 167–168。另一篇更加正式的叙述，见 Omer-Cooper, "The Nguni Outburst"，以及 Ngcongco, "The Mfecane and the Rise of New African States"。

[ 36 ] 有关这些证据的价值，参见 Roberts, *The Zulu Kings*, pp. 156–153。

[ 37 ] Ngcongco, "Mfecane and the Rise of New African States", pp. 103–104;

Walter, *Terror and Resistence*, p. 120.

［38］Walter, *Terror and Resistence*, pp. 138–139。更为广阔的视角，参见 Omer-Cooper, 特别是 Ngcongco 的著述。

［39］Roberts, *The Zulu Kings*, p. 131, 引自 J. Y. Gibson, *Story of the Zulus* (London, 1911), p. 37。

［40］Walter, *Terror and Resistence*, pp. 134–135（引用）, 37。"可怖的将头下倾"来自 Issacs, *Travels and Adventures in Eastern Africa*, p. 150。

［41］Isaacs, *Travels and Adventures in Eastern Africa*, pp. 153, 156.

［42］Ibid., p. 156.

［43］Walter, *Terror and Resistance,* p. 141.

［44］Ibid., p. 145.

［45］Roberts, *The Zulu Kings*, pp. 120–123; Walter, *Terror and Resistence,* pp. 170–172.

［46］Walter, *Terror and Resistence*, p. 161.

［47］Ibid., pp. 147–148, 163.

［48］Ibid., p. 165–166.

［49］Ibid., p. 168.

［50］Ibid., p. 176.

［51］Ibid., p. 177.

［52］Walter, *Terror and Resistence*, p. 174; Roberts, *The Zulu Kings*, p. 148.

［53］Isaacs, *Travels and Adventures in Eastern Africa*, p. 143.

［54］Ibid., pp. 174–175.

［55］Ibid., p. 219; Roberts, *The Zulu Kings*, pp. 170–172.

［56］Walter, *Terror and Resistence*, pp. 186–209; Roberts, *The Zulu Kings*, pp. 187-189.

[ 57 ] Walter, *Terror and Resistance*, pp. 178-211.

[ 58 ] Ibid., p. 218.

[ 59 ] Carneiro, "Chiefdom-level Warfare as Exemplified in Fiji and the Cauca Valley", in Haas, *The Anthropology of War*, pp. 190-191。不如常人的专制君主在 Oliver 的著作中有所提及，见 Oliver, *Oceania*, vol. 2, p. 1175。

[ 60 ] 在对美国本土部落的战争中，范围有所扩大、暴力程度有所提升，有关欧洲人在此扮演的角色，参见 Ferguson, "Tribal Warfare"，另见 Service, "War and Our Contemporary Ancestors"。

[ 61 ] Driver, *Indians of North America*, pp. 320-324，引文来自 p. 320。

[ 62 ] 见 Maybury-Lewis 在 *Millennium*, pp. 240-245 中做出的令人印象深刻的记述。对战争期间服从命令的评论，基于 Wallace, "Psychological Preparations for War", pp. 176-177。作为一本整体上的参考资料，Jennings 在著作中认为，人们普遍公认的易洛魁历史并不牢靠，参见 Jennings, *The Ambiguous Iroquois Empire*。

[ 63 ] Maybury-Lewis, *Millennium*, pp. 239-241.

[ 64 ] Ibid., pp. 251-257.

[ 65 ] Oliver, *Native Cultures of the Pacific Islands*, pp. 101, 114-115, 149。有关具体细节，参见同名作者的 *Oceania*, vol. 1, chap. 11。

[ 66 ] Trompf, *Melanesian Religion*, p. 52; 以及 Oliver, *Oceania*, vol. 1, pp. 427-430。

[ 67 ] Oliver, *Oceania*, vol. 1, p. 434.

[ 68 ] Trompf, *Melanesian Religon*, pp. 55-58. Oliver, *Oceania*, vol. 1, pp. 484-500.

［69］Oliver, *Native Cultures of the Pacific Islands*, pp. 71-74; *Oceania*, vol. 1, pp. 460-463, 467-475.

［70］Gregor, "Uneasy Peace", p. 110.

［71］Ibid., p. 114.

［72］Ibid., p. 117.

［73］有关总体概念和相关案例，见 Roberts, *Order and Dispute: An Introduction to Legal Anthropology*, chaps. 7, 9; Lesser, "War and the State"; McCauley, "Conference Overview"。

［74］E. g., Lesser, "War and the State", p. 94.

［75］Berndt and Berndt, *World of the First Australians*, pp. 356-359.

［76］Spencer, *North Alaskan Eskimo*, pp. 71-72。前面对因纽特人的参考文献均来自 Damas, ed., *Handbook of North American Indians*, vol. 5, Arctic, pp. 112, 115, 177。其他文献参见 "warfare" 一词在此卷中的索引。

［77］Evans-Pritchard, *The Nuer*.

［78］Ibid., p. 181.

［79］Ibid., esp. pp. 90, 151-155, 169, 162-176.

［80］Chagnon, *Yanomamo: The Fierce People*，除特别引注外，引文均来自 1968 年第 1 版，该版本细节更为翔实。而 1992 年的第 4 版展现出丰满的全貌，并为作者时而做出的非常尖锐的评论提供了答案（有人指控他编造数据），这一版本的副标题也不如以前；"Yanomamo Social Organization and Warfare"；以及 "Reproductive and Somatic Conflicts of Interest in the Genesis of Violence and Warfare among Tribesmen"。更加具有补充性的、与读者距离更近、给人总体上留下更加温和印象的文献为 Lizot, *Tales of the Yanomami*。另可着重参看 Chagnon 的评论，见 Ferguson, "Tribal Warfare"。

[ 81 ] Chagnon, "Yanomamo Social Organization and Warfare", pp. 130−132.

[ 82 ] 这些统计数据来自 *Yanomamo* 的第 4 版，第 205 页。

[ 83 ] Chagnon, *Yanomamo*, p. 123.

[ 84 ] Chagnon, "Effects of War on Social Structure", pp. 138−139. 另见 Chagnon 的 *Yanomamo*, p. 123, 第四版中有具体案例，pp. 2−3。

[ 85 ] Chagnon, "Reproductive and Somatic Conflicts of Interest", p. 95。另见 pp. 97−98，以及第四版的 *Yanomamo*, p. 205。

[ 86 ] Ferguson, "Tribal Warfare", pp. 94−95. Chagnon, *Yanomamo*, 4th ed., pp. 85-87。有关 Chagnon 论点的总体问题以及反对者的批评，见 Symons, "On the Use and Misuse of Darwinism in the Study of Human Behavior"。

[ 87 ] Gibson, "Raiding, Trading and Tribal Autonomy in Insular Southeast Asia"; Gregor, "Uneasy Peace: Intertribal Relations in Brazil's Upper Xingu"; 以及 Robarcheck, "Motivations and Material Causes: On the Explanation of Conflict and War"。另见 McCauley, "Conference Overview"。

[ 88 ] Gibson, "Raiding, Trading and Tribal Autonomy in Insular Southeast Asian Cultures", pp. 132−133.

[ 89 ] Robarchek, "Motivations and Material Causes", p. 61.

[ 90 ] Ibid., p. 66.

[ 91 ] Ibid., p. 68.

[ 92 ] S. F. Moore, *Law as Process: An Anthropological Approach*, p. 1; 引自 Edgerton, *Rules, Exceptions, and Social Order*, p. 13。有关整个话题，见 Roberts, ("Rules and Power"), chap. 10, *Order and Dispute*。

[ 93 ] Roberts, *Order and Dispute*, pp. 180−181。引自 P. H. Gulliver, *Social Control in an African Society* (London, 1963), p. 123。

［94］Krige and Krige, "The Lovedu of the Transvaal", p. 78.

［95］Edgerton, *Rules, Exceptions, and Social Order*, p. 133，引自 C. Turnbull, *The Forest People* (New York: Simon and Schuster, 1961), p. 125。

［96］Edgerton, *Rules, Exceptions, and Social Order*, pp. 133−134，基于 Turnbull 的报告。

［97］Edgerton, *Rules, Exceptions, and Social Order*, p. 155−156，以及 163−172。对澳大利亚原住民的法律做出的总体描述，参见 Berndt and Berndt, *World of the First Australians*, chap. 10。文中还有与此相关的评论。Williams, "Studies in Australian Aboriginal Law 1961−1986" 一文对原著民法的不同解释展开讨论。作者还指出，在她讨论的年代里缺乏相关研究成果。

［98］对骗子的总体描述，我参考了两本书：Bonnefoy, ed., *Mythologies*, vol. 2, pp. 1153−1156, 12170−12120，以及 Leach, ed., *Funk and Wagnall's Standard Dictionary of Folklore, Mythology and Legend*——"Trickster"（骗子）这一词条以及各种不同的特定骗子，如 Anansi（非洲的"蜘蛛"）、Coyote（美洲本土的骗子）、Legba（达荷美骗子）、Maui（波利尼西亚的骗子和文化英雄）以及 Reynard（列那狐）。

有关非洲的骗子，我读了 Abrams, *African Folktales*, p. 3，Haring, "A Characteristic African Folktale Pattern"，Evans-Pritchard, *The Zande Trickster*；以及 Knappert, *Myths and Legends of the Congo*。

有关美洲本土的骗子，见 Alexander, *North American Mythology*, pp. 141−145, 158−162; Bierhorst, *The Mythology of North America*, pp. 12−37, 141−149；Bright, *A Coyote Reader*（本书包括一些当代诗歌和评论；在 Bright 自己的译文和改编本中，他力图用格律诗体来反映美学真实）；Erdoes and Ortiz, eds., *American Indian Myths and Legends*; Norman, *Northern Tales*, pt. 3；Radin, *The*

295

*Trickster*, 以 及 Thompson, *The Folktale*, pt. 3, chap. 3, 以 及 *Tales of the North American Indians*, chap. 3。

最后，有关波利尼西亚的骗子，参见（除了 Bonnefoy 之外还有）Alpers, *Wolrd of the Polynesians*, pp. 92-105。

［99］Radin, *The Trickster*, pp. 29-30.

［100］Alpers, *Wolrd of the Polynesians*, pp. 92-105；参见 pp. 373-374 的注释。马尼希基群岛的环礁位于北库克群岛。有关对各种毛伊神话的总结，见 Poignant, *Oceanic and Australian Mythology*; 有关大洋洲神话的批评背景我在这里有所忽略，详见 Guiart, "Religions and Mythologies of Oceania", in Bonnefoy, ed., *Mythologies*, vol. 2, pp. 1208-1224。

［101］Knappet, *Myths and Legends of the Congo*, p. 177.

［102］Abrams, *African Folktales*, pp. 107-108; W. Bascom, "African Dilemma Tales", in Dorson, *African Folklore*.

［103］Abrams, *African Folktales*, pp. 142-143；来自 H. A. S. Johnston, *A Selection of Hausa Stories* (Oxford University Press, 1966), pp. 48-49。

［104］Gbadamosi and Beier, *Not Even God is Ripe Enough*, p. 13.

［105］有关自私基因的报告，包括 "Medea", "Mother's Little Favorite", 收录于 *Scientific American*, July 1992, pp. 15-16。

［106］总体上参见 Croinin（他在生物学与哲学两个领域都受过训练），*The Ant and the Peacock*; Cosmides and Tooby, "Cognitive Adaptations for Social Exchange"; Dawkins, *The Selfish Gene*——1989 年版收录了他对评论家做出的回应（十分有趣），包括 M. Sahlins, *The Use and Abuse of Biology* (London: Tavistock, 1977); Mayr, "The Origins of Human Ethics", 以及 "Philosophical Aspects of Natural Selection", 收录于 Mayr, *Toward a New Philosophy of Biology*; Ruse,

*Taking Darwin Seriously*; 以及 Wilson, *Sociobiology*。有关寄生现象作为一种互惠共生的形式，见 Rennie, "Living Together"。

[ 107 ] 鼹鼠虽然丑陋，但是引人好奇。有关它的介绍参见 Braude and Lacey, "The Underground Society" ;或 Sherman, Jarvis, and Braude, "Naked Mole Rats"。有关社会性昆虫（其他章节中指总体上的生物学），见 Wilson, *Sociobiology*, chap. 20 中的总结 ; 有关蚂蚁 , Holldober and Wilson, *The Ants*。

Cosmides and Tooby, "Cognitive Adaptations for Social Exchange", 分析了利他主义理论以及拒绝人类只有 "单一的 '推理功能'，它只能在总体上运行，与内容无关"（ "a single 'reasoning faculty' that is function-general and content-free", 引自该书第 205 页 ) 这一观点的经验性证据。

[ 108 ] Davies and Brooke, "Coevolution of the Cuckoo and Its Hosts"。

[ 109 ] 我 所 参 考 的 文 献 包 括 Byrne and Whiten, eds., *Machiavellian Intelligence: Social Expertise and the Evolution of Intellect in Monkeys, Apes, and Humans*; Cheyney and Seyfarth, *How Monkeys See the World*; Hamburg and McCown, eds., *The Great Apes*; Heltne and Marquardt, eds., *Understanding Chimpanzees*; Jolly, *Evolution of Primate Behavior*; Goodall, *The Chimpanzees of Gombe and Through a Window: 30 Years with the Chimpanzees of Gombe*; Smuts et al., eds., *Primate Societies*; Strum, Almost Human: *A Journey into the World of Baboons*; Symons, "On the Use and Misuse of Darwinism in the Study of Human Behavior"; 以 及 de Waal, *Chimpanzee Politics: Love and Sex among Apes and Peacemaking among Primates*。

[ 110 ] Cheyney and Seyfarth, *How Monkeys See the World*, pp. 207, 304-306 ( 引自 305-306)。

[ 111 ] Ibid., p. 195。基于一种个人交流的假装的友善，De Waal 在这

方面的评论见 p. 195。有关狒狒的轶事来自 R. Byrne and A. Whiten, "The Manipulation of Attention in Primate Tactical Deception", 收录于 Byrne and Whiten, *Machiavellian Intelligence*, p. 217。

[ 112 ] Heltne and Marquardt, *Understanding Chimpanzees*, p. xiv.

[ 113 ] Goodall, *Through a Window*, chap. 10.

[ 114 ] De Waal, *Chimpanzee Politics*, p. 207.

[ 115 ] 见 Power, *The Egalitarians—Human and Chimpanzee*。Power 偏向于认为猩猩生活在不被人打扰的有利环境中，它们的生活符合一种"相互依赖的系统"，其中竞争是间接的，领导人员具有性格魅力、宽容忍让、灵活变通，其他个体自主行动，整个社会系统具有明显的平等主义色彩。Power 将这一模式追溯到 J. Woodburn, "Egalitarian Societies", Man, n. s., 17:431-51。Woodburn 以 6 个小型采猎者族群为例进行说明。

[ 116 ] Goodall, *The Chimpanzees of Gombe*, pp. 442, 453, 477-487.

[ 117 ] Goodall, *The Chimpanzees of Gombe*, pp. 410, 424, 426-428.

[ 118 ] Ibid., pp. 431-435; 以及 Goodall, *Through a Window*, chap. 13。

[ 119 ] Goodall, *The Chimpanzees of Gombe,* pp. 412-417, 426-428; de Waal, *Chimpanzee Politics,* pp. 141-142, 以及 "Dynamics of Social Relationships", 收录于 Smuts et al., *Primate Societies*, p. 422。

[ 120 ] Heltne and Marquardt, *Understanding Chimpanzees*, pp. 12-13. 另见 pp. 161-163。

## 第六章　道德的抽象观念与人类现实

[ 1 ] 有关当代哲学家较为综合的引导性著作，可参阅两本手册：

Singer, ed. A Companion to Ethics 以 及 Goodin and Pettit, eds., *A Companion to Contemporary Political Philosophy*。Goodin 和 Pettit 联合主编的这本书知识层面较高，但是其中许多内容远离政治现实——好多章节几乎没有涉及经验主义研究。作者对历史学、社会学、经济学、政治科学和法学研究等方面都分别辟开章节进行说明，令人惊讶的是居然没有心理学一章。即便是索引目录，有关"精神分析学和大陆哲学"这方面的参考书也并不多，对心理学更是完全没有涉及。该书出版时间太晚，以至于我没能好好利用它。

［2］我在这里摒弃"公正的战争"这一概念，未免有些太过随意。有关印度的部分参见 Dikshitar, *War in Ancient India*; 有关西方的部分参见 Walzer, *Just and Unjust Wars*；有关另一个不太一样话题，参见 Best, *Humanity in Warfare*。关于欧洲和伊斯兰的分析文章，见 Kelsay and Johnson, eds., *Just War and Jihad*。引文来自 Shakespeare, *Richard III* 5.3.310。

［3］Scott, *Domination and the Arts of Resistance*.

［4］对自我欺骗可能具有的、逐步发展的益处的讨论，见 Nesse and Lloyd, "The Evolution of Psychodynamic Mechanisms", pp. 603ff。

［5］Flanagan, *Varieties of Moral Personality*, 谈到"心理现实主义的最低原则"（"the principle of minimal psychological realism"），此处他指的是一种伦理学理论应当与具体的生物种类相适应。

［6］我参考了以下几本书的思想，并从中找到了经验主义的论据支持，它们是：Christie and Geis, *Studies in Machiavellism*; Milgram, *Obedience to Authority*, 以及 Peck and Havighurst, *Psychology of Character Development*。我还使用了两本关于罪犯谈话记录的书：Parker and Allerton, *Courage of His Convictions*, 以及 Parker, *Frying Pan*。这一类的书还应加上 Sutherland, *The Professional Thief*。Sutherland 为统领全书的自传性记述提供了注解和阐释。以

上这些都是年代较早的文献，其中有些可能已经不符合严格的学术规范，而其他文献（Christie and Geis, 以及 Milgram 的著述）由于其实验主体的欺骗手段在当今学术伦理规范中被禁止，很有可能也无法继续跟进。即便如此，这些书对我而言就像是老朋友一样，我在总体上仍旧信任它们。Milgram 的著述，以及其他针对"特有情况对道德行为的影响"的研究，一位哲学家给出了颇有见地的评论，参见 Flanagan, *Varieties of Moral Personality*, chap. 14。

［7］Aristotle, *The Nichomachean Ethics*, tran. Rackham, pp. 267–269 (1131b)。亚里士多德的均衡正义理论由伦理哲学家米斯凯韦 (Ahmad Muhammad Miskawayah, 卒于 1030 年 ) 引入伊斯兰教思想。参见 Fakhry, *Ethical Theories in Islam*, pp. 113–115。

［8］Confucius, *The Analects*, tran. Lau, p. 155 (5.24).

［9］Urbach, *The Sages*, vol. 1, p. 589.

［10］Matt, 7.12 RSV.

［11］Christie and Geis, *Studies in Machiavellism*, pp. 340, 357.

［12］Parker, *Frying Pan*, pp. 202–203.

［13］Parker and Allerton, *Courage of His Conviction*, p. 144.

［14］Parker, *Frying Pan*, p. 202.

［15］Parker and Allerton, *Courage of His Convictions*, p. 88。有关一名罪犯对其职业特性的认识，另可见 Southerland, *The Professional Thief*, chap. 6。

［16］Shang Yang, *Book of the Lord Shang*, tran. Duyvendak, p. 25。有关该书的出版历史，参见引言部分，第 4 章。

［17］有关哲学家对"马基雅维利式的挑战"("The Machiavellian Challenge") 的回应，参见 Coady, "Politics and the Problem of Dirty Hands"。

［18］对这一论断的经验性支持，参见 Christie and Geis, *Studies in*

*Machiavellism*, chap. 14, "Overview of Experimental Reseach"。Peck 和 Havighurst 描述他们的遵从者（见他们合著的 *Psychology of Character Development*, pp. 168–169）对他人的评价和看法，比对自己如何行动更加敏感。这些人在某些方面可能与 Christie 和 Geis 所指的对外在社会影响高度敏感（以至于受到他人影响而撒谎，甚至是不假思索的撒谎）的人群十分吻合。将两类人群的重叠部分弄清楚，会是非常有趣的课题。

［19］Lifton, *Nazi Doctors*, p. 113。Lifton 的所有著述围绕人对同类的残忍而展开。见他在 *Immortality* 上的文章，以及 Lifton and Markusen, *The Genocidal Mentality*。

［20］Lifton, *Nazi Doctors*, pp. 421, 422.

［21］Browning, *Ordinary Men*, p. 47.

［22］Ibid., p. 2.

［23］Ibid., p. 72.

［24］Ibid., p. 65.

［25］Ibid., p. 73.

［26］Ibid., p. 69.

［27］Ibid., p. 76–77.

［28］Ibid., pp. 170–189（引自 p. 189）。

［29］见 Milgram, "Why Obedience?" chap. 10 in *Obedience to Authority*。

［30］对这种自我赞扬和防御的精神分析学表达，参见由 Group for the Advancement of Psychiatry（精神病学研究促进小组，简称 GAP）展开的研究，*Us and Them: The Psychology of Ethnonationalism*, p. 93。另见 Anzieu 在 *Group and the Unconscious* 中的大胆创见。与此相关的两本论文集为 LeVine and Campbell, eds., *Ethnocentrism*, 主要强调了人类学和精神分析学的层面，以及

Reynolds and Falger, eds., *The Sociobiology of Ethnocentrism*。

［31］Kirwan, *Augustine*, p. 219, 引自 Augustine, *City of God*, 4.4; 引自 Cicero, *De republica* 3。

［32］Jones, *Tales and Teachings of the Buddha*, pp. 159-160 ( 本生故事 Jataka story no. 421)。

［33］见Dumont在*Homo Hierarchicus*, pp. 138-150中的讨论, 简洁而公平。

［34］Silberbauer, "Ethics in Small-Scale Societies", p. 22.

［35］见McCauley, "Conference Overview", pp. 10-13; 另一讨论侧重于人类学角度, 相对与众不同, 但是更加详细, 见 Hallpike, *Principles of Social Evolution*, pp. 237-252 ( 有关社会的大小 ) 以及 252-283 ( 有关国家的出现以及社会的合理化 )。

［36］Gibson, "Raiding, Trading and Tribal Autonomy in Insular Southeast Asia", p. 144.

［37］这是 A. C. Graham 对孟子和荀子两者关系的看法。孟荀二人在中国哲学中有关人性论的传统两极观点, 我予以接受。参见 Graham 的文章 "The Background of the Mencian Theory of Human Nature", 载于 *Studies in Chinese Philosophy and Philosophical Literature*。

［38］引自 Max Weber 的重要文章《政治作为一种志业》( "Politics as a Vocation" ), pp. 121, 125-126。有关 "残忍只是为了善良" 这一典型的马基雅维利式原则的当代阐释, 可参阅 Madsen and Shafritz, eds., *Essentials of Government Ethics*。在这一选集中, 可重点参阅 Bok, "Lies for the Public Good", French, "Dirty Hands", Walzer, "Political Action: The Problem of Dirty Hands", 以及 Amy, "Why Policy Analysis and Ethics Are Incompatible"。Bok 花了很大篇幅解释了自己的观点, 见 *Lying: Moral Choice in Public and Private Life*。

［39］Calvino, "A King Listens", 收录于 *Under the Jaguar Sun*, pp. 38-39。

［40］Thomas, *The Conquest of Mexico*, pp. 601-602.

［41］Weber, "Politics as a Vocation", p. 80.

［42］引自与 Nicholas Caramanti（一名费城黑手党成员）的访谈，载于 *Time*, June 17, 1991。

［43］*On War* 3.6, 引自 Gat, *The Origins of Military Thought*, pp. 243-244。

［44］Ibid., pp. 380-381 (vol. 2, sec. 284).

［45］Gray, *Warrior: Reflection on Men in Battle*, pp. 28, 51.

［46］Creveld, *The Transformation of War*, p. 221.

［47］Mitscherlich and Mitscherlich, *The Inability to Mourn*, pp. 23-24, 57, 193.

［48］Burleigh and Wipperman, *Racial State*, pp. 39-41（引自 p. 40)。

［49］Bullock, *Hitler and Stalin*, pp. 406, 408.

［50］Ibid., p. 406.

［51］Stern, *Hitler*, p. 49; 引自 *Mein Kampf*, 17th ed. (Munich, 1943), p. 419。

［52］Stern, *Hitler*, p. 51; 引自 1939 年 9 月的一则演讲。

［53］Craig, *Germany 1866-1945*, p. 590; 另见 Bullock, *Hitler and Stalin*, pp. 362, 479。

［54］Burleigh and Wippermann, *Racial State*, chap. 1, 有关"多头治理"("polycratic")或纳粹德国稳如磐石的结构，以及它们的最后评论，见 pp. 306-307。另见 Fulbrook, *Fontana History of Germany*, pp. 73-81。

［55］Craig, *Germany 1866-1945*, pp. 543, 545.

# 第七章 非乌托邦式的观察

[ 1 ] 传统（尤其是犹太传统）中值得赞许的甚至是理想化的本质特征，有关这一点的阐述，参见 Goodman, *On Justice*。

[ 2 ] Sutta Nipata, p. 143ff., 引自 Embree, ed., *Sources of Indian Tradition*, rev. ed., vol. 1, p. 118。

[ 3 ] Shantideva, *Sikhasamuccaya (Compendium of Doctrine)*, pp. 278-283, 引自 Embree, *Sources of Indian Tradition* (note 4), pp. 162-163。

[ 4 ] Masefield, *Divine Revelation in Pali Buddhism*.

[ 5 ] Jataka Story 431, 收录于 Jones, *Tales and Teachings of the Buddha*, p. 138。

[ 6 ] Jataka Story 432, 收录于 Jones, *Tales and Teachings of the Buddha*, pp. 139-140。

[ 7 ] 我跟着 Schumann 的叙述，*The Historical Buddha*, pp. 232-238。另见 Thomas, *The Life of Buddha*, pp. 131-138。

[ 8 ] Vinaya Pitaka, *Cullavagga* 7.2, 7.3.

[ 9 ] Horner 译 的 *The Middle Length Sayings (Majjhima-Nikaya)*, vol. II, pp. 60-64。引文来自 pp. 60-61。

[ 10 ] Ibid., pp. 62-63.

[ 11 ] Thomas, *The Life of Buddha*, p. 133.

[ 12 ] Gombrich, *Percept and Practice*, p. 227, 以及 Obeyesekere, *The Work of Culture*, pp. 166-174。Gombrich 报告说，他在 20 世纪 60 年代采访的锡兰僧侣和其他人，基本都可以证明这场神圣战争的正当性。

[ 13 ] Obeyesekere, *The Work of Culture*, pp. 168.

［14］Ibid., pp. 185-186.

［15］Keown, *Nature of Buddhist Ethics*, chap. 6, esp. pp. 150-154, 157-163; Williams, *Mahayana Buddhism,* pp. 143-145, 161. 在 *On the Paramita of Ingenuity* 这一卷佛经中，也就是 *Maharatnakuta Sutra*（《大宝积经》）的第 38 卷，其全部内容都与"娴熟的手段"有关。该卷经文的完整翻译参见 Chang, ed., *Treasury of Mahayana Sutras*, esp. pp. 430, 433-435, 451-452, 456-457, 458。

［16］Weinstein, *Buddhism under the T'ang*, pp. 37-47.

［17］Yampolsky, ed., *Selected Writings of Nichiren*, p. 45.

［18］Anesaki, *Nichiren the Buddhist Prophet*; A. Matsunaga and D. Matsunaga, *Foundations of Japanese Buddhism*, vol. 2, chap. 3; Osumi Kazuo, "Buddhism in the Kamakura Period," 收录于 Yamamura, ed., *The Cambridge History of Japan*, vol. 3, pp. 557-558; Williams, *Mahayana Buddhism*, pp. 141-166; Yampolsky, ed., *Selected Writings of Nichiren*, pp. 323-328——有关日莲被捕的经历，来源于他自己的戏剧化表述。

［19］Yampolsky, ed., *Selected Writings of Nichiren*, pp. 20-21.

［20］Ibid., p. 33.

［21］Ibid., p. 35.

［22］Ibid., pp. 51, 114, 145.

［23］Ibid., p. 218.

［24］Ibid., p. 233.

［25］Ibid., p. 138.

［26］Kazuo, "Buddhism in the Kamakura Period," p. 577.

［27］Ibid., p. 579.

［28］Matsunaga and Matsunaga, *Foundation of Japanese Buddhism*, p. 175.

〔29〕Ibid., pp. 175-176.

〔30〕Ibid., pp. 176-181; Tamura Yoshiro, "The Ideas of the Lotus Sutra," pp. 50-51.

〔31〕Collcutt, "Zen and the *Gozan*."

〔32〕Faure, "Rhetoric of Immediacy," pp. 21-24, 161, 234-237.

〔33〕Dumoulin, *Zen Buddhism: A History*, vol. 2, Japan, pp. 274-297 (引自 p. 287)。

〔34〕有关小乘佛教国家, 参见 Yoneo Ishii, *Sangha, State, and Society: Thai Buddhism in History*。

〔35〕Broido, "Killing, Lying, Stealing, and Adultery: A Problem of Interpretation in the Tantras."

〔36〕Poundstone, *Prisoner's Dilemma* 一书对博弈论及其在社会中的应用给予了清晰而非专业性的考察, 其中包括对战争的模拟。

〔37〕Wolfenstein, E. V. *Revolutionary Personality: Lenin, Trotsky, Gandhi*.

〔38〕Veyne, *Did the Greeks Believe in Their Myths?* p. 128.

〔39〕有关对中国史学著作的介绍, 参见 Gardner, *Chinese Traditional Historiography*。此外还可参阅 Balasz, "History as a Guide to Bureaucratic Practice," 收录于 Balasz, *Chinese Civilization and Bureaucracy*; Beasley and Puleyblank, eds., *Historians of China and Japan*; Leslie, Mackeras, and Wang Gungwu, eds., *Essays on the Sources for Chinese History* 一书对现存的 ( 有些已经散佚 ) 丰富史料作了清晰而可读性强的概述。Chavanne 在司马迁著作的法译本 *Les Memoires Historiques de Se-ma Ts'ien* 引言部分批评了作为史学家的司马迁严守规矩、形式上无变化、坚守理性主义, 但是赞扬了他最基本的、对史实的尊重 (pp. clxxxii-clxxxvii)。Twitchett, *Writing of Official History under the T'ang* 展现出一

副相对完整而细致入微的官方修史画卷，时间跨度为公元 7 世纪至 9 世纪。

[ 40 ] Chavannes, *Les Memoires Historiques de Se-ma Ts'ien*, vol. 1, pp. ccxxiii–ccxxv.

[ 41 ] Balasz, "History as a Guide to Bureaucratic Practice"，收录于 Balasz, *Chinese Civilization and Bureaucracy*, pp. 130–131。

[ 42 ] Twitchett, *Writing of Official History under the T'ang*, p. 71.

[ 43 ] 有关唐朝时期对中央政府给予的重大历史性强调，以及其他编纂者的倾向性，参见 Twitchett, *Writing of Official History under the T'ang*, pp. 199–200。

[ 44 ] Wu, *Confucian's Progress: Autobiographical Writings in Traditional China*, pp. 25–26。有关我提到的这一类自传的例子，见 pp. 32–34。

[ 45 ] Ibid., pp. 217–234 ( 引自 p. 232)。

[ 46 ] De Bary, *The Trouble with Confucianism*, p. 49——但是这一论点贯穿全书。

[ 47 ] 有关中国政府结构的变化，较为简洁明了的参考书为 Hucker, *China's Imperial Past*, chaps. 2, 6 和 11。对 18 世纪中国政府和官僚统治的本质及其局限性所做出的具体、说服力强并且十分智慧的分析，见 Kuhn, *Soulstealers: The Chinese Sorcery Scare of 1768*, 尤其是最后总结性的两章。中国一名勤勉尽责的皇帝所要承受的官僚重担，在康熙皇帝（在位时间为 1661—1722 年）身上体现得较为突出。见 Spence, *K'ang-hsi, Emperor of China*, p. 146。

[ 48 ] Spence, *K'ang-hsi, Emperor of China*, p. 232.

[ 49 ] Balasz, "History as a Guide to Bureaucratic Practice"，收录于 Balasz, *Chinese Civilization and Bureaucracy*, p. 149。

[ 50 ] Tong, *Disorder under Heaven: Collective Violence in the Ming Dynasty*, 该书基于中国明代 15 个省份中的 11 个省级和地方行政区的地名索引。

［51］Mote, "The Rise of the Ming Dynasty, 1330-1367", 见 Mote and Twitchett, eds., *The Ming Dynasty, 1368-1644*, pt. 1, p. 55。

［52］Ibid., pp. 100-103（引用 p. 103）。有关对明朝兴衰的记述，包括明太祖朱元璋的政治生涯，以及对明朝历史性书写的描述，参见 Mote and Twitchett, eds., *The Ming Dynasty, 1368-1644*, pt. 1。

［53］Ibid., p. 103.

［54］Langlois, "The Hung-wu Reign, 1368-1398", 收录于 Mote and Twitchett, eds., *The Ming Dynasty, 1368-1644*, pt. 1, p. 155。

［55］Ibid., p. 157.

［56］Tong, *Disorder under Heaven: Collective Violence in the Ming Dynasty*, pp. 164-165.

［57］Ibid., pp. 192-197. 有关儒家学说的灌输，见 Hucker, *China's Imperial Past*, pp. 310-311。

［58］Tong, *Disorder under Heaven*, pp. 117-129.

［59］Ray Huang, "The Lung-Ch'ing and Wan-li Reigns, 1567-1620", 收录于 Mote and Twitchett, eds., *The Ming Dynasty, 1368-1644*, pt. 1, p. 556。

［60］Beiner and Booth, eds., *Kant and Political Philosophy*，包含了一系列有关康德本人观点的文章，以及康德对政治思想的遗产，以及当前受到康德影响的观点。最后一组文章归为 "Contemporary Debates" 一类，文章作者包括约翰·罗尔斯、尤尔根·哈贝马斯、查尔斯·泰勒以及汉斯-格奥尔格·伽达默尔。以上所有文章均为转载。

［61］Kant, *Kant's Political Writings*, tran. Reiss.

［62］Ibid., p. 97。这一推理过程在康德的 *Metaphysics of Morals* 中有所重复。见 Kant, *Metaphysics of Morals*, Gregor 译，p. 154（"The Right of Nations"）。

［63］该引文连同前面两段引文均来自 Kant, "Perpetual Peace," p. 96。

［64］Ibid., p. 98.

［65］Ibid., pp. 99-100.

［66］Ibid., p. 102.

［67］Ibid., p. 103.

［68］Ibid., p. 108.

［69］Ibid., pp. 112, 113.

［70］Ibid., p. 114.

［71］Ibid.

［72］Ibid., pp. 116-120.

［73］Ibid., pp. 124, 125.

［74］Kant, *Kant's Political Writings*, tran. Reiss, p. 84 ("On the Common Saying: 'This May Be True in Theory, but It Does not Apply in Practice'").

［75］"Perpetual Peace," pp. 124-125。这一定论在 *Metaphysics of Morals* 中不断重复，p. 133，这里康德提出了一个问题：如果其他强国有权统一起来，站在被罢免的君主一方，在这一条件下国家应当享有何种权利。

［76］Kant, *Metaphysics of Morals*, tran. Gregor，pp. 130, 131-132.

［77］Kant, *The Conflict of the Faculties*, tran. Gregor，p. 153 ("The Conflict of the Philosophy Faculty with the Faculty of Law").

［78］Kant, "Perpetual Peace," p. 123.

［79］我跟随 Saner 在 *Kant's Political Thought*, pp. 263-269 中对康德观点的阐述。

［80］参见 Beiner and Booth, *Kant and Political Pilosophy* 的导论部分。

［81］Russet, *Grasping the Democratic Peace* 以及 Singer and Wildavsky, *The*

*Real World Order.* 我仅仅通过书评来了解它们。

［82］Saner, *Kant's Political Thought*, p. 306。这里给出了康德的参考书目。最重要的文献为 Akademie 版本的康德著作。根据我的引文先后顺序，它们依次为 vol. 19, pp. 280ff; vol. 18, p. 213; vol. 19, p. 491; vol. 4, p. 366. Saner 还对康德的文章片段另作引述，我在这里不再重复。

［83］Schiller, *On the Aesthetic Education of Man*, tran. Wilkinson and Willoughby，pp. 189, 215 ("Twenty-Fifth Letter" 以及 "Twenty-Seventh Letter")。

［84］Putnam, *Making Democracy Work*, pp. 89, 90.

［85］Ibid., p. 115.

# 参考文献

Abrams, R. D. *African Folktales*. New York: Pantheon, 1983.

Agrawal, K. M. *Kautilya on Crime and Punishment*. Almora: Shree Almora Book Depot, 1990.

Alexander, H. B. *The Mythology of North America*. London: Marshall Jones, 1916.

Allan, S. *The Shape of the Turtle: Myth, Art, and Cosmos in Early China*. Albany: State University of New York Press, 1991.

Alpers, A. *The World of the Polynesians*. Auckland: Oxford University Press, 1987.

Ames, R. T. *The Art of Rulership: A Study in Ancient Chinese Political Thought*. Honolulu: University of Hawaii Press, 1983.

Anawalt, P. R., and F. F. Berdan. "The Codex Mendoza." *Scientific American* June, 1992.

Anesaki, M. *Nichiren the Buddhist Prophet*. Cambridge: Harvard University Press, 1949.

Angelo, S. *Machiavelli*. London: Gollancz, 1969.

Anzieu, D. *The Group and the Unconscious*. London: Routledge and Kegan Paul, 1984.

Aristotle. *The Complete Works of Aristotle*. Ed. J. Barnes. 2 vols. Princeton: Princeton University Press, 1984.

———.*The Nichomachean Ethics*. Trans. H. Rackham. Cambridge: Harvard University Press, 1926.

Augustine. *Basic Writings of Saint Augustine*. Ed. W. J. Oates. 2 vols. New York: Random House, 1948.

Avineri, S. *Hegel's Theory of the Modern State.* Cambridge: Cambridge University Press, 1972.

Bacon, F. *The Essays.* Harmondsworth: Penguin, 1985.

———. *Selected Writings.* Ed. H. G. Dick. New York: Random House, 1955.

Balandier, G. *Political Anthropology.* Harmondsworth: Penguin, 1972.

Balasz, E. *Chinese Civilization and Bureaucracy.* New Haven: Yale University Press, 1964.

Barbone, S. "Virtue and Sociality in Spinoza." *Iyyun, the Jerusalem Philosophical Quarterly* 42 (July 1993).

Barkow, J. H., L. Cosmides, and J. Tooby, eds. *The Adapted Mind: Evolutionary Psychology and the Generation of Culture.* New York: Oxford University Press,1992.

Bascom, W. *The Yoruba of Southwestern Nigeria.* New York: Holt, Rinehart and Winston, 1969.

Basham, A. L. *The Wonder That Was India.* 3rd ed. London: Sidgwick and Jackson, 1967.

Beasley, W. G., and E. G. Pulleyblank, eds. *Historians of China and Japan.* London: Oxford University Press,1961.

Bee, R. L. "Quechuan." In Ortiz., ed., *Handbook of North American Indians,* vol. 10. Washington, D.C.: Smithsonian Institution, 1983.

Beiner, R. and W. J. Booth. *Kant and Political Philosophy.* New Haven: Yale University Press, 1993.

Benevolo, L. *The European City.* Oxford: Blackwell, 1993.

Berndt, R. M., and C. H. Berndt. *The World of the First Australians.* Rev. ed. Canberra: Aboriginal Studies Press, 1988.

Berndt, R. M., and R. Tonkinson, eds. *Social Anthropology and Australian Aboriginal Studies.* Canberra: Australian Institute of Aboriginal Studies, 1988.

Best, G. *Humanity in Warfare.* London: Methuen, 1983.

Bevan, E. R. "India in Early Greek and Latin Literature." In Rapson, ed., *The Cambridge History of India,* vol. 1. Cambridge: Cambridge University Press, 1922.

Bierhorst, J. *The Mythology of North America.* New York: Morrow, 1985.

——.trans. *Cantares Mexicanos: Songs of the Aztecs.* Stanford: Stanford University Press, 1985.

Birell, A.*Chinese Mythology: An Introduction.* Baltimore: Johns Hopkins University Press, 1993.

Bock, G., Q. Skinner, and M. Viroli, eds. *Machiavelli and Republicanism.* Cambridge: Cambridge University Press, 1993.

Bodde, D. *China's First Unifier: A Study of the Ch'in Dynasty as Seen in the Life of Li Ssu.* Leiden: Brill, 1938.

——. "Mythology of Ancient China." In S. N. Kramer, ed., *Mythologies of the Ancient World.* Chicago : Quadrangle Books, 1961.

——. "The State and Empire of Ch'in." In Twitchett and Loewe, eds., *The Cambridge History of China,* vol.1. Cambridge: Cambridge University Press, 1986.

Bok., S. *Lying: Moral Choice in Public and Private Life.* New York: Random House, 1989.

Bol, P. K. *This Culture of Ours: Intellectual Transitions in T'ang and Sung China.* Standford: Standford University Press, 1992.

Bonnefoy, E., ed. *Mythologies.* 2 vols. Chicago : University of Chicago Press, 1991.

Braude, S., and E. Lacey. "The Underground Society." *The Sciences,* May/June 1992.

Bright, W. *A Coyote Reader.* Berkeley and Los Angeles: University of California Press, 1993.

Broido, M. M. "Killing, Lying, Stealing, and Adultry: A Problem of Interpretation in the Tantras." In Lopez, ed., *Buddhist Hermeneutics.* Honolulu: University of Hawaii Press, 1992.

Browning, C. R. *Ordinary Men: Reserve Police Battalion 101 and the Final Solution in Poland.* New York: HarperCollins,1992.

Brundage, B. C. *The Fifth Sun: Aztec Gods,Aztec World.* Austin: University of Texas Press, 1979.

Bullock, A. *Hitler and Stalin.* London: HarperCollins, 1991.

Burchell, G., C. Gordon, and P. Miller, eds. *The Foucault Effect.* London: Harvester Wheatsheaf, 1991.

Burke, P. *The Renaissance Idea of the Past*. London: Edwin Arnold, 1969.

Burleigh, M., and W. Wippermann. *The Racial State: Germany 1933–1945*. Cambridge: Cambridge University Press, 1991.

Butterfield, H. *The Statecraft of Machiavelli*. New York: Collier Books,1962.

Byrne, R., and A. Whiten, eds. *Machiavellian Intelligence: Social Expertise and the Evolution of Intellect in Monkeys, Apes, and Humans*. Oxford: Oxford University Press, 1988.

Calvino, I. *Under the Jaguar Sun*. London: Cape, 1992.

*The Cambridge Ancient History*. 2nd ed., Vol. 5. *The Fifth Century B. C.* Edited by D. M. Lewis et al. Cambridge University Press: Cambridge, 1992.

*The Cambridge History of China*. Vol. 1. Ed. D. Twitchett and M. Loewe. Cambridge: Cambridge University Press, 1986.

*The Cambridge History of India*. Vol. 1. Ed. E. J. Rapson . Cambridge: Cambridge University Press, 1935.

*The Cambridge History of Renaissance Philosophy*. Ed. C. Schmitt, Q. Skinner, and E. Kessler. Cambridge: Cambridge University Press, 1988.

Carneiro, R. L. "Chiefdom-level Warfare as Exemplified in Fiji and the Cauca Valley. In Haas, ed., *The Anthropology of War*.

Chabod, F. *Machiavelli and the Renaissance*. New York: Harper and Row, 1965.

Chagnon, N. A. "Reproductive and Somatic Conflicts of Interest in the Genesis of Violence and Warfare among Tribesmen." In Haas, ed., *The Anthropology of War*.

——.*Yąnomamö: The Fierce People*. New York: Holt, Rinehart and Winston, 1968. The fourth edition, published in 1992, drops the subtitle.

——. "Yąnomamö Social Organization and Warfare." In Fried, Harris, and Murphy, *War*.

Chang, C. C., ed. *A Treasury of Mahayana Sutras*. Delhi: Banarsidass, 1991.

Chang, K. D. *Art, Myth, and Ritual: The Path to Political Authority in Ancient China*. Cambridge: Harvard University Press, 1983.

Chang, L. S. "The Metamorphosis of Han Fei's Thought in the Han." In Rosemont and Schwartz, ed., *Studies in Classical Chinese Thought*.

Chavennes, E., trans. *Les Mémoires Historiques de Se-ma Ts'ien*. Vol. 1. Reprint.

Paris: Adrien-Maissonneuve, 1967.

Ch'en Ch'i-yn. "Confucian, Legalist, and Taoist Thought in Later Han." In *The Cambridge History of China,* vol. 1.

Cheyney, D. L., and R. M. Seyfarth. *How Monkeys See the World.* Chicago: University of Chicago Press, 1990.

Christie, R., and F. L. Geis. *Studies in Machiavellianism.* New York: Acadmic Press, 1970.

Chuang Tzu. *The Complete Works of Chuang Tzu.* Trans. B. Watson. New York: Columbia University Press,1968.

——. *The Seven Inner Chapters and Other Writing from the Book* Chuang-Tzu. Trans. A. C. Graham. London: Allen and Unwin, 1981.

Cicero. *On Duties.* Trans. E. Atkins. Cambridge: Cambridge University Press, 1991.

Clendinnen, I. *Aztecs: An Intepretation.* Cambridge: Cambridge University Press, 1991.

Clifford, J., and G.E. Marcus, eds. *Writing Culture: The Poetics and Politics of Ethnography.* Berkeley and Los Angeles: University of California Press, 1986.

Coady. C. A. J. "Politics and the Problem of Dirty Hands." In Singer, ed., *A Companion to Ethics.* Oxford: Blackwell Reference, 1991.

Cobo, B. *History of the Inca Empire.* Austin: University of Texas Press,1979.

——. *Inca Religion and Customs.* Austin: University of Texas Press,1990.

Colcutt, M. "Zen and the *Gozan.*" In Yamamura, ed., *The Cambridge History of Japan,* vol. 3.

Collins, S. "The Discourse on What Is Primary (Agganna Sutta). An Annotated Translation." *Journal of Indian Philosophy,* December 1993.

Confucius, *The Analects.* Trans. D. C. Lau. Hong Kong: The Chinese University of Hong Kong Press, 1983.

——. Trans. R. Dawson. Oxford: Oxford University Press, 1993.

Cosmides, L., and J. Tooby. "Cognitive Adaptations for Social Exchange." In Barkow, Cosmides, and Tooby, eds. *The Adapted Mind.*

Courlander, H. *Tales of Yoruba Gods and Heroes.* Greenwich: Fawcett Publications, 1973.

Cowan, M., trans. *Humanist without Portfolio.* Detroit: Wayne State University Press, 1963.

Craig, G. R. *Germany 1866–1945.* Oxford: Oxford University Press, 1978.

Creel, H. G. *Shen Pu-hai: A Chinese Political Philosopher of the Fourth Century.* Chicago: University of Chicago Press, 1974.

Creveld, M. van. *The Transformation of War.* New York: Free Press, 1991.

Cronin, H. *The Ant and the Peacock.* Cambridge: Cambridge University Press, 1991.

Crump, J. I., trans. *Chan-kuo Ts'e.* London: Oxford University Press,1970.

Damas, D., ed. *Handbook of North American Indians.* Vol. 5, Arctic. Washingon, D.C.: Smithsonian Institution, 1984.

Davids, T.W., and C. A. F. Davids, trans. *Dialogues of the Buddha.* 3 vols. London: Pali Text Society, 1899-1921.

Davies, N. *The Ancient Kingdoms of Mexico.* Harmondsworth: Penguin, 1983.

———. *The Aztec Empire.* Norman: University of Oklahoma Press, 1987.

Davies, N.B., and M.Brooke. "Coevolution of the Cuckoo and Its Hosts." *Scientific American,* January 1991.

Dawkins, R. *The Selfish Gene.* New ed. London: Oxford University Press,1989.

de Bary, W. T. *The Trouble with Confucianism.* Cambridge: Harvard University Press,1991.

Diderot, D. *Diderot's Selected Writings.* Trans. D. Coltman. New York: Macmillan, 1966.

Dikshitar, V. R. R. *War in Ancient India.* 2nd ed. Delhi: Banarsidass, 1948.

Dimock, E. C., Jr., ed. *The Literatures of India.* Chicago: University of Chicago Press, 1974.

Dodds, E. R. *The Ancient Concept of Progress.* London: Oxford University Press, 1973.

Donaldson, P. S. *Machiavelli and Mystery of State.* Cambridge: Cambridge University Press,1988.

Dorson, R. M., ed. *African Folklore.* Garden City: Anchor Books, 1972.

Drekmeier, C. *Kingship and Community in Early India.* Stanford: Stanford University Press,1962.

Drewal, H. J., J. Pemberton III, and R. Abiodun. *Yoruba: Nine Centuries of African Art and Thought.* New York: The Center for African Art, 1989; in association with Abrams.

Driver, H. E. *Indians of North America.* 2nd ed., Chicago: University of Chicago Press,1969.

Dumont, L. *Homo Hierarchicus.* London: Paladin, 1972.

Dumoulin, H. *Zen Buddhism: A History.* Vol.2 *Japan.* New York: Macmillan, 1990.

Duran, D. *Book of the Gods and Rites and the Ancient Calendar.* Norman: University of Oklahoma Press, 1971.

Dutt, S. "Aśoka: A Comparison and Contrast between the Legends and the Edicts." *Encyclopedia of Buddhism.*

Edelstein, L. *The Idea of Progress in Classical Antiquity.* Baltimore: Johns Hopkins Press, 1967.

Edgerton, F., trans. *The Panchatantra.* London: Allen and Unwin, 1965.

Edgerton, R. B. *Rules, Exceptions, and Social Order.* Berkeley and Los Angeles: University of California Press, 1985.

Eisenstadt, S. N., ed. *Axial Age Civilizations.* Albany: State University of New York Press, 1988.

Ekman, P. *Emotion in the Human Face.* 2nd ed. Cambridge: Cambridge University Press, 1982.

Elster, J. *Political Psychology.* Cambridge: Cambridge University Press, 1993.

Elvin, M. "Was There a Transcendental Breakthrough in China?" In Eisenstadt, ed., *Axial Age Civilizations.*

Embree, A. T., ed. *Sources of Indian Tradition.* Rev. ed. Vol. 1. New York: Columbia University Press, 1988.

*Encyclopedia of Religion and Ethics.* Ed. J. Hastings. New York: Scribner's,1928.

Eno, R. *The Confucian Creation of Heaven.* Albany: State University of New York Press, 1990.

Erdoes, R., and A. Ortiz, eds. *American Indian Myths and Legends.* New York:

Pantheon, 1984.

Eribon, D. *Michel Foucault.* London: Faber & Faber, 1992.

Evans-Pritchard, E. R. *The Nuer.* London: Oxford University Press,1940.

———. *The Zande Trickster.* London: Oxford University Press,1967.

Fairbank, J. K. *The Great Chinese Revolution, 1800–1985.* New York: Harper and Row, 1986.

Fakhry, M. *Ethical Theories in Islam.* Leiden: Brill,1991.

Faure, B. *The Rhetoric of Immediacy: A Cultural Critique of Chan/Zen Buddhism.* Princeton: Princeton University Press,1991.

Ferguson, B. "Tribal Warfare." *Scientific American,* January, 1992.

Fisher, N. R. E. *Hybris.* Warminster: Aris & Phillips, 1992.

Flanagan, O. *Varieties of Moral Personality.* Cambridge: Harvard University Press, 1991.

Foriers, P., and C. Perelman. "Law: 'Natural Law'and 'Natural Rights.' " In Wiener, ed., *Dictionary of the History of Ideas.*

Forkosch, M. D. "Law: Due Process in Law." In Wiener, ed., *Dictionary of the History of Ideas.*

———. "Law: Equal Protection in Law." In Wiener, ed., *Dictionary of the History of Ideas.*

Foucault, M. *Politics, Philosophy, Culture.* Trans. A. Sheridan et al. London: Routledge, 1988.

Forde, D., ed. *African Worlds.* London: Oxford University Press,1954.

Fränkel, H. *Early Greek Poetry and Philosophy.* Oxford: Blackwell, 1975.

Frankfort, H. *Kingship and the Gods: A Study of Ancient Near Eastern Religion as the Integration of Society and Nature.* Chicago: University of Chicago Press, 1948.

Freidel, D., L. Schele, and J. Parker. *Maya Cosmos.* New York: Morrow, 1994.

Fried, M., M. Harris, and R. Murphy, eds. *War: The Anthropology of Armed Conflict and Aggression.* Garden City: Natural History Press, 1966.

Fulbrook, M. *The Fontana History of Germany.* London: Fontana, 1991.

Gale, E. M. *Discourses on Salt and Iron.* Reprint. Taipei: Ch'en Wen Publishing Co., 1973.

Gardner, C. S. *Chinese Traditional Historiography.* Cambridge: Harvard University Press, 1961.

Garin, E. "Die Kultur der Renaissance." In *Propyläen Welgeschichte.* Vol. 6. Ed. G. Mann and A. Nitschke.

Gat, A. *The Origins of Military Thought.* London: Oxford University Press, 1989.

Gbadamosi, B., and U. Beier. *Not Even God Is Ripe Enough.* London: Heinemann.

Gerschmann, K.-H. "Machiavellismus." In *Historisches Wörterbuch der Philosophie,* vol. 5, ed. J. Ritter and K. Gründer. Basel and Stuttgart: Schwabe, 1980.

Ghoshal, U. N. *A History of Indian Political Ideas.* London: Oxford University Press, 1959.

Gibson, T. "Raiding, Trading, and Tribal Autonomy in Insular Southeast Asia." In Haas, ed., *The Anthropology of War.*

Gilbert, F. *Machiavelli and Guicciardini.* Princeton: Princeton University Press, 1965.

———. "Machiavellism." In the *Dictionary of the History of Ideas,* vol.3, ed. P. P. Wiener. New York: Scribner's, 1973.

Girardot, N. J. *Myth and Meaning in Early Taoism.* Berkeley and Los Angeles: University of California Press, 1983.

Gombrich, R. H. *Precept and Practice.* London: Oxford University Press, 1971.

Goodall, J. *The Chimpanzees of Gombe.* Cambridge: Harvard University Press, 1986.

———. *Through a Window: 30 Years with the Chimpanzees of Gombe.* London: Weidenfeld and Nicolson, 1990.

Goodman, L. *On Justice.* New Haven: Yale University Press, 1991.

Graham, A. C. *Disputers of the Tao.* La Salle: Open Court, 1989.

———. *Studies in Chinese Philosophy and Philosophical Literature.* Albany: State University of New York Press, 1990.

Gray, J. "Against the New Liberalism." *Times Literary Supplement,* July3, 1992.

Gray, J. G, *The Warrior: Reflections on Men in Battle.* New York: Harper and Row,

1967.

Grazia, S. de. *Machiavelli in Hell.* Princeton: Princeton University Press, 1989.

Gregor, T. "Uneasy Peace: Intertribal Relations in Brazil's Upper Xingu." In J. Haas, ed., *The Anthropology of War.*

Group for the Advancement of Psychiatry. *Us and Them: The Psychology of Ethnonationalism.* New York: Brunner/Maazel, 1987.

Guarini, E. F. "Machiavelli and the Crisis of the Italian Republics." In Bock, Skinner, and Viroli, eds., *Machiavelli and Republicanism.*

Guiart, J. "Religions and Mythologies of Oceania." In Bonnefoy, ed., *Mythologies.*

Guicciardini, F. *Selected Writings.* Trans. M. Grayson. London: Oxford University Press, 1965.

Gupta, S. K. *Somadev Suri's Nitivakyamritam.* Jaipur and Calcutta: Prakrita Bharati Academy / Modi Foundation.

Guthrie, W. K. C. *A History of Greek Philosophy.* Cambridge: Cambridge University Press, 1962–1981.

Haas, J., ed. *The Anthropology of War.* Cambridge: Cambridge University Press, 1990.

Habermas, J. *Nachmetaphysiches Denken.* Frankfurt: Suhrkamp, 1988.

——. *The Philosophical Discourse of Modernity.* Cambridge: MIT Press, 1987.

——.*Theory of Communicative Action.* 2 vols. Trans. T. McCarthy. Boston:Beacon Press, vol 1, 1984; vol. 2, 1987.

Hale, J. R. *The Civilization of Europe in the Renaissance.* London: HarperCollins, 1993.

——. *War and Society in Renaissance Europe.* London: Fontana, 1985.

Hallpike, C. R. *Principles of Social Evolution.* Oxford: Oxford University Press, 1988.

Hamburg, D. A. , and E. R. McCown, eds. *The Great Apes.* Menlo Park: Benjamin / Cummings, 1979.

Han Fei Tzu. *Basic Writings.* Trans. B. Watson. New York: Columbia University Press, 1964.

——. *The Complete Works of Han Fei Tzu.* Trans. W. K. Liao. 2 vols. London: Probsthain, 1939, 1959.

Haring, L. "A Characteristic African Folktale Pattern," In Dorson, ed., *African Folklore.*

Harris, H. S. *Hegel' Development.* Vol. 2. Oxford: Oxford University Press, 1983.

Hasse, J. G. *Lezte Aeuserungen Kant's.* 2nd printing. Königsberg, 1804.

Hegel, G. W. F. *Elements of the Philosophy of Right.* Trans. A. W. Wood. Cambridge: Cambridge University Press, 1991.

Heltne, P. G., and L. A. Marquardt, eds. *Understanding Chimpanzees.* Cambridge: Harvard University Press in cooperation with the Chicago Academy of Sciences, 1989.

Henrich, D. "On the Meaning of Rational Action in the State ." In Beiner and Booth, eds., *Kant and Political Philosophy.*

Hesiod. *Theogony and Works and Days.* Trans. M. L. West. Oxford: Oxford University Press, 1988.

Hill, C. *Intellectual Origins of the English Revolution.* London: Oxford University Press,1965.

Hobbes, T. *The Leviathan.* London: Oxford University Press, 1909.

Hölldober, B., and E. O. Wilson. *The Ants.* Berlin: Springer Verlag, 1990.

Holmes, G. *The Florentine Enlightenment 1400−1500.* London: Weidenfeld and Nicolson, 1969.

Holy, L., ed. *Comparative Anthropology.* Oxfofrd: Blackwell, 1987.

Hornblower, S. *Thucydides,* London: Duckworth, 1987.

Horner, I. B. trans. *The Middle Length Saying(Majjhima-Nikaya).*Vol. 2. London: Pali Text Society, 1957.

Hsiao, Kung-chuan. *A History of Chinese Political Thought.* Vol. 1. Princeton: Princeton University Press, 1979.

Hsu, Cho-yun. *Ancient China in Transition.* Stanford: Stanford University Press, 1965.

Hsu, Cho-yun, and K. M. Lindoff. *Western Chou Civilization.* New Haven: Yale University Press, 1988.

Hsün Tzu (Xunzi). *Basic Writings.* Trans. B. Watson. New York: Columbia University Press, 1963.

Huang, R. "The Lung-Ch'ing and Wan-li Reigns." In Mote and Twitchett, eds., *The Ming Dynasty.*

Hucker, C. O. *China's Imperial Past.* Stanford: Stanford University Press, 1975.

Hudson, C. *The Southeastern Indians.* Knoxville: University of Tennessee Press, 1976.

Hulsewé, A. F. P. "Ch'in and Han Law." In the *Cambridge History of China*, vol. 1.

Isaacs, N. *Travels and Adventures in Eastern Africa.* Revised and edited by L. Herman and P. R. Kirby. Cape Town: C. Struik, 1970.

Ishii, Yoneo. *Sangha, State, and Society: Thai Buddhism in History.* Honolulu: University of Hawaii Press, 1986.

Jenner, W. J. F. *The Tyranny of History.* London: Penguin, 1992.

Jennings, F. *The Ambiguous Iroquois Empire.* New York: Norton, 1984.

Johnson, M. *Moral Imagination.* Chicago: University of Chicago Press, 1993.

Jolly, A. *The Evolution of Primate Behavior.* 2nd ed. New York: Macmillan, 1985.

Jones, J. G. *Tales and Teachings of the Buddha.*

Kant, I, *The Conflict of the Faculties.* Trans. M. Gregor. Cambridge: Cambridge University Press, 1979.

——. *The Critique of Judgement.* Trans. J. C. Meredith. London: Oxford University Press, 1928.

——. *Kant: Selections.* Ed. L. W. Beck. New York: Macmillan, 1988.

——. *Kant's Political Writings.* Trans. H. Reiss. Cambridge: Cambridge University Press, 1970.

——. *The Metaphysics of Morals.* Trans. M. Gregor. Cambridge: Cambridge University Press, 1991.

——. "On the Common Saying: "This May Be True in Theory but It Does Not Apply in Practice." In Kant, *Kant's Political Writings.*

—— "Perpetual Peace." In Kant, *Kant's Political Writings.*

——. *Religion within the Limits of Reason Alone.* Trans. T. M. Green and H. H. Hudson. New York: Harper & Brothers, 1934.

Karlgren, B., trans. *The Book of Odes.* Stockholm: Museum of Far Eastern Antiquities, 1974.

Kautilya, *The Kautilya Arthaśatra.* Trans. R. P. Kangle. 3 vols. Bombay: University of Bolmbay, 1963–1965.

Kazuo, Osumi, "Buddhism in the Kamakura Period." In Yamamura, ed., *The Cambridge History of Japan,* vol. 3.

Keith, A. B. *A History of Sanskrit Literature.* London: Oxford University Press, 1920.

Kelsay, J., and J. T. Johnson, eds. *Just War and Jihad.* Westport: Greenwood Press, 1991.

Keown, D. *The Nature of Buddhist Ethics.* London: Macmillan, 1992.

Kirwan, C. *Augustine.* London: Routledge, 1989.

Knappert, J. *Myths and Legends of the Congo.* London: Heinemann, 1971.

Knoblock, J. *Xunzi.* 3 vols. Stanford: Stanford University Press, 1990–1994.

Kramer, S. N., ed. *Mythologies of the Ancient World.* Garden City; Anchor Books, 1961.

Kramers, R. P. "The Development of the Confucian Schools." In *The Cambridge History of China,* vol. 1.

Kraye, J. "Moral Philosophy." In *The Cambridge History of Renaissance Philosophy.*

Krige, J. D., and E. J. Krige. "The Lovedu of the Transvaal." In Forde, ed., *African Worlds.*

Kuhn, P. A. *Soulstealers: The Chinese Sorcery Scare of 1768.* Cambridge: Harvard University Press, 1990.

La Rochefoucauld, F. de. *Maxims.* Trans. L. W. Tancock. Harmondsworth: Penguin Books, 1959.

Ladany, L. *Law and Legality in China.* Honolulu: University of Hawaii Press, 1991.

*The Laws of Manu.* Trans. W. Doniger and B. K. Smith. London: Penguin Books, 1991.

Langlois, "The Hung-wu Reign." In Mote and Twitchett, eds., *The Ming Dynasty.*

Lazarus, R. S. *Emotion and Adaptation.* New York: Oxford University Press, 1991.

Leach, M., ed. *Funk and Wagnalls's Standard Dictionary of Folklore, Mythology and Legend.* New York: Harper and Row, 1984.

Leon-Portilla, M. *Fifteen Poets of the Aztec World.* Norman: University of Oklahoma Press, 1992.

———. *Pre-Columbian Literature of Mexico.* Norman: University of Oklahoma Press, 1969.

Leslie, D. D., C. Mackeras, and Wang Gangwu, eds. *Essays on the Sources for Chinese History.* Canberra: Australian National University Press, 1973.

Lesser, A. "War and the State." In Fried, Harris, and Murphy, eds., *War.*

Levine, R. A., and D. T. Campbell, eds. *Ethnocentrism.* New York: Wiley, 1972.

Lewis, M. E. *Sanctioned Violence in Early China.* Albany: State University of New York Press, 1990.

Lifton, R. J. *The Nazi Doctors.* New York: Basic Books.

———. *The Future of Immortality.* New York: Basic Books, 1987.

Lifton, R, J., and E. Markusen. *The Genocidal Mentality.* New York: Basic Books, 1990.

Lingat, R. *The Classical Law of India.* Berkeley and Los Angeles: University of California Press, 1973.

Liu, J. J. Y. *The Chinese Knight-Errant.* London: Routledge and Kegan Paul, 1967.

Lizot, J. *Tales of the Yanomani: Daily Life in the Venezuelan Forest.* Cambridge: Cambridge University Press; Paris: Editions de la Maison des Sciences de I' Hommes, 1985.

Loewe, M. "The Former Han Dynasty." In *The Cambridge History of China,* vol. 1.

———. "The Religious and Intellectual Background." In *The Cambridge History of China,* vol. 1.

Long, A. A., and D. N. Sedley, trans. *The Hellenistic Philosophers.* Vol. 1. Cambridge: Cambridge University Press, 1987.

Lopez, D. D., ed. *Buddhist Hermeneutics.* Honolulu: University of Hawaii Press, 1986.

Loraux, Y. "The Origins of Mankind in Greek Myths: Born to Die." In Bonnefoy, ed., *Mythologies.*

Lovin, R. W., and F.E. Reynolds, eds. *Cosmogony and Ethical Order.* Chicago: University of Chicago Press, 1985.

Luciani, V. "Bacon and Machiavelli." *Italica* 24（1947）.

Machiavelli. *The Chief Works and Others.* Trans. A. Gilbert. 3 vols. Durham: Duke University Press, 1965.

——. *The Prince.* Trans. R. M. Adams. 2nd ed. New York: Norton, 1992. Trans.G. Bull. Harmondsworth: Penguin, 1981.

MacKendrick, P. *The Philosophical Books of Cicero.* London: Duckworth, 1989.

McNeill, W. H. *Plagues and Peoples.* Garden City: Anchor Press / Doubleday, 1976.

Madsen, A.P., and J.M. Shafritz, eds. *Essentials of Government Ethics.* New York: Meridian (Penguin Books), 1992.

Mair, L. *Primitive Government.* Rev. ed. Harmondsworth: Penguin, 1964.

Mallett, "The Theory and Practice of Warfare in Machiavelli's Republic." In Bock, Skinner, and Viroli, eds., *Machiavelli and Republicanism.*

Markman, R. H., and P. T. Markman. *The Flayed God: The Mythology of Mesoamerica.* San Francisco: HarperSanFrancisco, 1992.

Martin, J. *Francis Bacon, the State, and the Reform of Natural Philosophy.* Cambridge: Cambridge University Press, 1992.

Martines, L. *The Social World of the Florentine Humanists 1390–1460.* London: Routledge and Kegan Paul, 1963.

Masefield, P. *Divine Revelation in Pali Buddhism.* London: Allen and Unwin, 1986.

Matsunage, A., and D. Matsunaga. *Foundations of Japanese Buddhism.* 2 vols. Los Angeles / Tokyo: Buddhist Books International, 1978.

Maybury-Lewis, D. *Millenium: Tribal Wisdom and the Modern World.* New York: Viking Penguin, 1992.

Mayr, R. *Toward a New Philosophy of Biology.* Cambridge: Harvard University Press, 1988.

McCauley, "Conference Overview." In Haas, ed., *The Anthropology of War.*

McGrew, W. C., and A. T. C. Feistner, "Two Nonhuman Primate Models for the Evolution of Human Food Sharing: Chimpanzees and Callitrichids." In Barkow, Cosmides, and Tooby, *The Adapted Mind.*

McShea, R. J. The Political Philosophy of Spinoza. New York: Columbia University Press,1968.

Meinecke, F. *Machiavellism: The Doctrine of Raison d'état and Its Place in Modern History.* New Haven: Yale University Press, 1957. Reprint, Praeger, 1965.

Mellor, R. *Tacitus.* London: Routledge, 1993.

Mencius. *Mencius.* Trans. D. C. Lau. Harmondsworth: Penguin, 1970.

——. *The Works of Mencius,* trans. J. Legge. Reprint, New York: Dover, 1970.

Mendel, D, *The Rise and Fall of Jewish Nationalism.* New York: Doubleday, 1992.

Milgram, S. *Obedience to Authority.* New York: Harper and Row, 1974.

Mintz, S. I. *The Hunting of the Leviathan.* Cambridge: Cambridge University Press, 1962.

Mitscherlich, A., and M. Mitscherlich. *The Inability to Mourn.* New York: Grove Press, 1975.

Montaigne, M. de *The Essays of Michel de Montaigne.* Trans M. A. Screech. London: Allen Lane (Penguin), 1991.

Moseley, E. M. *The Incas and Their Ancestors.* London: Thames and Hudson, 1992.

Mote, F, P., and D. Twitchett, eds. *The Ming Dynasty,* 1368–1644. Pt. 1, vol. 7 of *The Cambridge History of China.* Cambridge: Cambridge Univeristy Press, 1988.

Mo Tzu. *The Ethical and Political Works of Mo Tzu,* Trans. Yi-Pao Mei. London: Probsthain, 1929.

Najemy, J. M. "The Controversy Surrounding Machiavelli's Service to the Republic." In Bock, Skinner, and Viroli, eds., *Machiavelli and Republicanism.*

Nesse, R. M., and A. T. Lloyd. "The Evolution of Psychodynamic Mechanisms." In Barkow, Cosmides, and Tooby, *The Adapted Mind.*

Ngcongco, L. D. "The Mfecane and the Rise of New African States." In J. F. A. Ajayi, ed. *General History of Africa,* vol. 6. Paris and Oxford: UNESCO / Heinemann.

Nietzsche, F. *Human, All too Human.* Trans. R. J. Hollingdale. Cambridge: Cambridge University Press, 1986.

——. *The Will to Power.* Trans. W. Kaufmann. London: Weidenfeld and Nicolson, 1967.

Nikam, N. A., and McKeon, R. *The Edicts of Aśoka*. Chicago: University of Chicago Press, 1959.

Nozick, R. *The Nature of Rationality*. Princeton: Princeton University Press, 1993.

Norman, H. *Northern Tales*. New York: Pantheon, 1990.

Nussbaum, M. C. *The Fragility of Goodness*. Cambridge: Cambridge University Press, 1986.

Nyberg, D. *The Varnished Truth*. Chicago: University of Chicago Press, 1993.

Nylan, M. *The Shifting Center: The Original "Great Plan and Later Readings."* Sankt Augustin / Nettetal: Institut Monumenta Serica / Steyler Verlag.

Obeyesekere, G. *The Apotheosis of Captain Cook: European Mythmaking in the Pacific*. Princeton: Princeton University Press, 1992.

———. *The Work of Culture*. Chicago: University of Chicago Press, 1990.

Offner, J. *Law and Politics in Aztec Tezcoco*. Cambridge: Cambridge University Press, 1988.

O'Hagan, T. "On Hegel's Critique of Kant's Moral and Political Philosophy." In S. Priest, ed. *Hegel's Critique of Kant*. Oxford: Oxford University Press, 1987.

Oliver, D. L. *Native Cultures of the Pacific Islands*. Honolulu: University of Hawaii Press, 1989.

———. *Oceania: The Native Cultures of Australia and the Pacific Islands*. 2 vols. Honolulu: University of Hawaii Press, 1989.

Oliver, R. *The African Experience*. London: Weidenfeld and Nicolson, 1991.

Omer-Cooper, J. D., "The Nguni Outburst." In J. E. Flint, ed., *The Cambridge History of Africa*, vol. 5. Cambridge: Cambridge University Press, 1976.

O'Neill, O. "Kantian Ethics." In P. Singer, ed., *A Companion to Ethics*.

Ortiz, A., ed. *Handbook of the American Indians*. Vol. 10, *Southwest*. Washington: Smithsonian Institution, 1983.

Pan Ku. *Courtier and Commoner in Ancient China: Selections from the History of the Former Han*. Trans. B Watson. New York: Columbia University Press, 1974.

Parel, A. J. *The Machiavellian Cosmos*. New Haven: Yale University Press, 1992.

Parker, T. *The Frying Pan: A Prison and its Prisoners*. London: Hutchinson, 1970.

Parker, T., and R. Allerton. *The Courage of His Convictions*. London: Hutchinson, 1962.

Peck, R, F., and R. J. Havighurst. *The Psychology of Character Development*. New York: Wiley, 1960.

Peerenboom, R. P. *Law and Morality in Ancient China*. Albany: State University of New York Press, 1993.

Peterson, D., and J. Goodall. *Visions of Caliban*. New York: Houghton Mifflin, 1993.

Philips, C. H, ed. *Historians of India, Pakistan and Ceylon*. London: Oxford University Press, 1961.

Plato. *The Republic*. Trans. P. Shorey. 2 vols. Rev. ed. Cambridge: Harvard University Press, 1937.

Poignant, R. *Oceanic and Australian Mythology*. Rev. ed. Feltham: Newnes Books, 1985.

Pollock, S. I., trans. *The Ramayana of Valmiki*. Vols. 2, 3. Princeton: Princeton University Press, 1986–1991.

Polybius. *The Rise of the Roman Republic*. Trans. W. W. Walbank. Harmondsworth: Penguin, 1979.

Poundstone, E. *Prisoner's Dilemma*. Oxford: Oxford University Press, 1993.

Power, M. *The Egalitarians—Human and Chimpanzee: An Anthropological View of Social Organization*. Cambridge: Cambridge University Press, 1991.

Prakash, O. *Political Ideas in the Puranas*. Allahabad: Panchanda Publications, 1977.

Procacci, G. *History of the Italian People*. London: Penguin, 1973.

Putnam, R, D. *Making Democracy Work: Civic Traditions in Modern Italy*. Princeton: Princeton University Press, 1993.

Raab, F. *The English Face of Machiavelli*. London, 1965.

Radin, P. *The Trickster*. New York: Bell, 1956.

Raphals, L. *Cunning Words: Wisdom and Cunning in the Classial Traditions of China and Greece*. Ithaca: Cornell University Press, 1992.

Rawls, J. *Political Liberalism*. New York: Columbia University Press, 1971.

———. *A Theory of Justice*. Cambridge: Harvard University Press, 1993.

Remnick, D. *Lenin's Tomb.* New York: Random House, 1993.

Rennie, J. "Living Together." *Scientific American,* January 1992.

Reynolds, F. E. "Multiple Cosmogonies and Ethics: The Case of Theravada Buddhism." In Lovin and Reynolds, eds., *Cosmogony and Ethical order.*

Reynolds, V., and V. S. S. Falger. *The Sociobiology of Ethnocentrism.* London: Croom Helm, 1987.

Rhys Davids, T. W. *Buddhist India.* Reprint, Delhi: Banarsidass, 1971.

———. "The Early History of the Buddhists." In *Cambridge History of India,* vol.1.

Rickett, A. A., trans. *Kuan-tzu.* Vol. 1. Hong Kong: Hong Kong University Press, 1965.

Ridolfi, R. *The Life of Francesco Guicciardini.* London: Routledge and Kegan Paul, 1967.

Robarcheck, C. "Motivations and Material Causes: On the Explanation of Conflict and War." In Haas, *The Anthropology of War.*

Roberts, B. *The Zulu Kings.* London: Hamilton; New York: Scribner's, 1974.

Roberts, S. *Order and Dispute: An Introduction to Legal Anthropology.* Harmondsworth: Penguin,1979.

Rocher, L. *The Puranas.* Wiesbaden, Harrassowitz, 1986.

Romilly, J. de. *Thucydides and Athenian Imperialism.* Oxford: Blackwell, 1963.

Rosemont, H., and Schwartz, B. I. *Studies in Classical Chinese Thought. Journal of the American Academy of Religion,* Thematic issue, 47, no. 3 (September 1979).

Rossi, P. *Francis Bacon.* London: Routledge, 1968.

Rubenstein, N. "Machiavelli and Florentine Republican Experience." In Bock, Skinner, and Viroli, eds., *Machiavelli and Republican Experience.*

Ruse, M. *Taking Darwin Seriously.* Oxford: Blackwell, 1986.

Russet, B. *Grasping the Democratic Peace: Principles for a Post-Cold War World.* Princeton: Princeton University Press, 1993.

Ryder, A. W., trans. *The Panchatantra.* Chicago: University of Chicago Press, 1925.

Sahlins, M. *The Use and Abuse of Biology.* London: Tavistock, 1977.

Saner, H. *Kant's Political Thought.* Chicago: University of Chicago Press, 1973.

Sastri, K. A. N., ed. *Age of the Nandas and Mauryas.* 2nd ed. Delhi: Banarsidass, 1988.

Sawyer, R. D. *The Seven Military Classics of Ancient China.* Boulder: Westview Press, 1993.

Schaefer, D. L. *The Political Philosophy of Montaigne.* Ithaca: Cornell University Press, 1990.

Scharfe, H. *The State in Indian Tradition.* Leiden: Brill, 1989.

Scharfstein, B.-A. *The Dilemma of Context.* New York: New York University Press, 1989.

———. *The Philosophers.* Oxford: Blackwell; New York: Oxford University Press, 1980.

Schele, L., and D. Freidel. *A Forest of Kings: The Untold Story of the Ancient Maya.* New York: Morrow, 1990.

Schele, L., and M. E. Miller. *The Blood of Kings.* New York / Fort Worth: Braziller / Kimbell Art Museum, 1986.

Schiller, F. *On the Aesthetic Education of Man.* Trans. E. M. Wilkinson and L. A. Willoughby. Oxford: Oxford University Press, 1967.

Schumann, H. W. *The Historical Buddha.* London: Arkana, 1989.

Schwartz, B. *The World of Thought in Ancient China.* Cambridge: Harvard University Press, 1985.

Scott, J. C. *Domination and the Arts of Resistance.* New Haven: Yale University Press, 1990.

Service, E. R. "War and Our Contemporary Ancestors." In Fried, Harris, and Murphy, eds., *War.*

Shang Yang. *The Books of the Lord Shang: A Classic of the Chinese School of Law.* Trans. J. J. L Duyvendak. London: Probsthain, 1928.

Shen Pu-hai. *Shen Pu-hai: A Chinese Political Philosopher of the Fourth Century B.C.* Trans. H. G. Creel. Chicago: University of Chicago Press, 1974.

Sherman, P. W., J. U. M. Jarvis, and S. H. Braude. "Naked Mole Rats." *Scientific American,* August 1992.

Shklar, J. N. *Ordinary Vices.* Cambridge: Harvard University Press, 1984.

Shu ching, *Book of History: A Modernized Version of the Translations of James Legge.* Modernized by C. Waltham. London: Allen and Unwin, 1972.

Sil, P. *Kautilya's Arthaśastra: A Comparative Study.* London: Sangam Books, 1985.

Silberbauer, G. "Ethics in Small-Scale Societies." In P. Singer, ed., *Companion to Ethics.*

Simmel, G. *The Sociology of Georg Simmel,* ed. and trans. K. H. Wolff. New York: Free Press, 1950.

Singer, M., and A. Wildavsky. *The Real World Order:Zones of Peace/Zones of Turmoil.* Chatham, N. J.: Chatham House, 1993.

Singer, P., ed. *A Companion to Ethics.* Oxford: Blackwell, 1991.

Sinyavsky, A. *Soviet Civilization.* New York: Little, Brown, 1990.

Skinner, Q. *Machiavelli.* Republished in *Great Political Thinkers: Machiavelli, Hobbes, Mill, Marx.* No editor mentioned. London: Oxford University Press, 1992.

———. "Political Philosophy." In *The Cambridge History of Renaissance Philosophy.*

Smith, R. S. *Kingdoms of the Yoruba.* 3rd ed. Madison: University of Wisconsin Press, 1988.

Smuts, B. B., et al., eds. *Primate Societies.* Chicago: University of Chicago Press, 1986.

Snellgrove, D. *Indo-Tibetan Buddhism.* 2 vols. Boston: Shamghala, 1987.

Socarides, C. W., ed. *The World of Emotions: Clinical Studies of Affects and Their Expression.* New York: International Universities Press, 1977.

Smith, V. A., ed. T. G. P. Spear. *The Oxford History of India.* London: Oxford University Press, 1951.

Spence, J. *Kang-hsi, Emperor of China.* New York: Knopf, 1974.

Spencer, R. F. *The North Alaskan Eskimo.* Reprint. New York: Dover, 1976.

Spinoza, B. *Ethics,* in *The Collected Works of Spinoza,* vol. 1, trans. E. Curley. Princeton: Princeton University Press, 1985.

———. *The Political Works.* Trans. A. G. Wernham. London: Oxford University

Press, 1958.

Ssu-ma Ch'ien. *Records of the Grand Historian of China.* Trans. B. Watson. 2 vols. New York: Columbia University Press, 1961.

——. *Records of the Grand Historian: Qin Dynasty.* Hong Kong / New York: The Chinese University of Hong Kong / Columbia University Press, 1992. (In 1992, the two translated volumes of the *Records,* dealing with the Han, were republished with Chinese names in Pinyin transliteration—the historian's name becoming Sima Qian—and with addition of this third, new volume containing Ssu'ma's account of the Ch'in.)

Stern, J. P. *Hitler.* Rev. ed. London: Fontana, 1990.

Strong, J. S. *The Legend of King Aśoka.* Princeton: Princeton University Press, 1983.

Strum, S. *Almost Human: A Journey into the World of Baboons.* New York: Random House, 1987.

Sun Tzu, *The Art of War.* Trans. R. Ames (as *The Art of Warfare;* with additional, recently discovered texts). New York: Ballentine Books, 1993. Trans. S. B. Griffeth (as *The Art of War*). Oxford: Oxford University Press, 1963.

Sutherland, E. H. *The Professional Thief.* Chicago: University of Chicago Press, 1956. (The author of the extensive autobiographical is an anonymous professional thief.)

Symons, D. "On the Use and Misuse of Darwinism in the Study of Human Behavior." In Barkow, Cosmides, and Tooby, *The Adapted Mind.*

Tanabe, Jr., G. J., and W. J. Tanabe, eds. *The Lotus Sutra in Japanese Culture.* Honolulu: University of Hawaii Press, 1989.

Tejera, V. *The City-State Foundations of Western Political Thought.* Rev. ed. Lanham: University Press of America, 1993.

Thapar, R. *A History of India.* Vol. 1. Harmondsworth: Penguin, 1966.

Thomas, F. W. "Aśoka, the Imperial Patron of Buddhism." In the *Cambridge History of India,* vol. 1.

——. "Chandragupta,the Founder of the Maurya Empire." In *Cambridge History of India,* vol. 1.

——. *The Life of Buddha.* 2nd ed. London: Legan Paul, Trench, Trubner & Co., 1932.

Thomas, H. *The Conquest of Mexico.* London: Hutchinson, 1993.

Thompson, S. *The Folktale.* Berkeley and Los Angeles: University of California Press, 1977.

———. *Tales of the North American Indian.* Bloomington: Indiana University Press, 1929.

Thucydides. *The Peloponnesian War.* Trans. R. Warner. Rev. ed. Harmondsworth: Penguin, 1972.

Tilly, C. *European Revolutions.* Oxford: Blackwell, 1993.

Tong, J. W. *Disorder under Heaven: Collective Violence in the Ming Dynasty.* Stanford: Stanford University Press, 1991.

Townsend. *The Aztecs.* London: Thames and Hudson, 1992.

Trompf, G. W. *Melanesian Religion.* Cambridge: Cambridge University Press, 1991.

Tucci, G. *The Religions of Tibet.* London: Routledge and Kegan Paul, 1980.

Twitchett, D. *The Writing of Official History under the T'ang.* Cambridge: Cambridge University Press, 1992.

Urbach, E. E. *The Sages.* 2 vols. Jersualem: Magnes Press, 1975.

Vallé Poussin, L. de la. "Ages of the World (Buddhist)." In *Encyclopaedia of Ethics,* ed. J. Hastings.

Van Buitenen, J. A. B., trans. *The Mahabharata.* Vol. 2. Chicago: University of Chicago Press, 1975.

———. Trans. *Two Plays of Ancient India.* New York: Columbia University Press, 1968.

Veyne, P. *Did the Greeks Believe in Their Myths?* Chicago: University of Chicago Press, 1988.

Vickers, B. *Returning to Shakespeare.* London: Routledge, 1989.

Villari, P. *The Life and Times of Niccolo Machiavelli.* 2 vols. Reprint, New York: Haskell House, 1969.

Viroli, M. *From Politics to Reason of State.* Cambridge: Cambridge University Press.1992.

Vogel, S., ed. *For Spirits and Kings.* New York:Metropolitan Museum of Art,

1981.

Waal, F. de *Chimpanzee Politics*. London: Unwin, 1983.

———. *Peacemaking among Primates: Love and Sex among Apes*. Cambridge: Harvard University Press, 1989.

Wallace, F. C. "Psychological Preparations for War." In Fried, Harris, and Murphy, eds., *War*.

Walter, E. V. *Terror and Resistance*. New York: Oxford University Press, 1969.

Walzer, M. *Just and Unjust Wars*. 2nd ed. New York: Basic Books, 1992.

Warder, A. K. *Indian Kavya Literature*. Vol. 3. Delhi: Banarsidass, 1977.

Wardwell, A., ed. *Yoruba: Nine Centuries of African Art and Thought*. New York : Center for African Art, 1989.

Watson, B. *Ssu-ma Ch'ien: Grand Historian of China*, trans. B. Watson. New York: Columbia University Press, 1958.

Weber, M. *From Max Weber*. Trans. H. H. Gerth and C. W. Mills. New York: Oxford University Press, 1946.

———. "Politics as a Vocation." In Weber, *From Max Weber*.

Weinstein, S. *Buddhism under the T'ang*. Cambridge: Cambridge University Press, 1987.

Weisinger, H. "Ideas of History during the Renaissance." In P. O. Kristeller and P.P. Weiner, eds., *Renaissance Essays*. New York: Harper and Row, 1968.

Wiener, P. H., ed. *Dictionary of the History of Ideas*. New York: Scribners, 1973.

Williams, N. N. "Studies in Australian Aboriginal Law 1961–1986." In Berndt and Tonkinson, eds., *Social Anthropology and Australian Aborignal Studies*.

Williams, P. *Mahayana Buddhism*. London: Routledge, 1989.

Wilson, E. O. *Sociobiology*. Cambridge: Harvard University Press, 1975.

Winternitz M. *History of Indian Literature*. Vol. 3. Trans. S. Jha. Reprint, Delhi: Banarsidass, 1985.

Wolfenstein, E. V. *The Revolutionary Personality: Lenin, Trotsky, Gandhi*. Princeton: Princeton University Press, 1967.

Wu Pei-y. *The Confucian's Progress: Autobiographical Writings in Traditional China*. Princeton: Princeton University Press, 1990.

Xunzi (Hsün Tzu). *A Translation and Study of the Complete Works.*Trans. J. Knoblock. 2 vols. (3rd pending). Stanford: Stanford University Press, 1988–1990.

Yamamura, Kozo, ed. *The Cambridge History of Japan.*Vol. 3. Cambridge: Cambridge University Press, 1990.

Yampolsky, P. B., ed. *Selected Writings of Nichiren*. New York: Columbia University Press, 1990.

Yearly, L. H.. "A Confucian Crisis: Mencius' Two Cosmogonies and Their Ethics." In Lovin and Reynolds, eds., *Cosmogony and Ethical Order.*

Yoshiro, Tamua, "The Ideas of the *Lotus Sutra*." In Tanabe and Tanabe, eds., *The Lotus Sutra in Japanese Culture.*

Zeitlin, J. "The Development of Bacon's Essays." *Journal of English and Germanic Philology* 27 (1928).

Zeyst, H. G. A. van. "Aśoka." *Encyclopedia of Buddhism*. Ed. G. P. Malalasekere. Ceylon: Government of Ceylon, 1961.

# 索 引

334

Chou dynasty ( 周朝 ), 21, 23, 24

Chuang Tzu ( 庄子 ), 20, 27, 29

Cicero ( 西塞罗 ), 99, 114,116, 117, 118, 119, 195, 196

Clausewitz, Carl von ( 克劳塞维茨, 卡尔·冯 ), 208

Clement VII, Pope ( 教皇克雷芒七世 ), 122, 123, 124

Colonization ( 殖民统治 ), 45

Compassion ( 同情 ), 28, 108, 222

Conflict ( 冲突 ), 9; in republican governments ( 共和制政府内的冲突 ), 114; between states ( 国家间的冲突 ), 107; between truth and lying ( 说真话与撒谎之间的冲突 ), 182

Confucianism ( 儒学 ), 218, 219, 260; activist doctrine of ( 儒学中积极进取的思想 ), 50; criticisms of ( 对儒学的批评 ), 34; ideal rulers for ( 儒家眼中理想的统治者 ), 27; and Legalism ( 儒家与法家 ), 50; morality in ( 儒家思想中的道德性 ), 11; policy on punishment ( 儒家有关刑罚统治的政策 ), 28n; virtue in ( 儒家思想的美德 ), 25

Confucius ( 孔子 ), 28n, 29, 32, 185, 188

Conscience ( 良知 ), 178, 182, 191−192, 195, 196, 206, 209; and conformity ( 良知与顺从 ), 192; public ( 公共良知 ), 204; selectivity of ( 良知的选择性 ), 178, 186;

transfer of ( 良知的转移 ), 192; and trust ( 良知与信任 ), 186

*Considerations on the "Discourses" of Machiavelli* (Guicciardini) ( 《马基雅维利〈论李维〉之评论》, 圭恰迪尼著 ), 124

Corruption ( 腐败 ), 53, 118, 258; God's punishment for ( 上帝对腐败的惩罚 ), 124; princely ( 王侯的腐败 ), 95; of spies ( 密探的腐败 ), 79

Cosmogony ( 宇宙的诞生 ), 66

Creation ( 创世 ): caste system in ( 创世神话中的种姓制度 ), 67; stages of ( 创世的几个阶段 ), 67

Crime ( 犯罪 ). See Offenses ( 见 "冒犯" )

Critias ( 克里提亚斯 ), 101

Criticism ( 批评 ), 45−46

Cromwell, Oliver ( 克伦威尔, 奥利弗 ), 127

Cruelty ( 残忍 ), 120, 121, 125, 126, 140, 148, 163, 213; committed for the state ( 为了国家而实施的残忍 ), 128; defense of ( 对残忍的辩护 ), 128; as kindness ( 残忍成为一种仁爱 ), 121

Cycles ( 轮回，循环 ): cosmic ( 宇宙轮回 ), 221; degeneration-regeneration ( 衰退—重生 ), 100−102; state ( 国家政体的循环 ), 102; theories ( 循环演进的理论 ), 102,

104; Winnebago ( 温内贝戈人 ), 163-164; world ( 世界轮回与循环 ), 67, 68

## D

Danda ( 权杖，本意为"棍棒"), 71

Deception ( 欺 骗 ), xi, 61, 167, 221; advocacy of ( 提倡实施骗术 ), 6; conscious ( 有意识的欺骗 ), xii; and force ( 骗术与武力 ), 116-121; intelligent use of ( 对骗术的智慧应用 ), 116; political ( 政治欺骗 ), 188-190, 217; in primates ( 灵长目动物的骗术 ), xii, 168; religious use ( 欺骗的宗教用途 ), 228; self ( 自我欺骗 ), 182; state ( 国家的欺骗 ), 6; in truth-telling ( 说出真相时的撒谎 ), 181; in war ( 战争中的骗术 ), 22, 23

*De legationisbus* (Gentili) (《 外 交 官论》，真提利斯著 ), 128

Democracy ( 民主 ), 102, 104, 254

Democritus ( 德谟克利特 ), 101

*De officiis* (Cicero) (《论义务》，西塞罗著 ), 99, 118

Devadatta ( 提婆达多 ), 221, 222

*Dharma* ("法"，佛教法规 ), 57, 58, 59, 69, 71-74, 73

*Dharmashastra* (《法论》), 90

Diderot, Denis ( 狄德罗，德尼 ), 188

Differences ( 差异性 ): group ( 集体的

差异 ), 5; individual ( 个体差异 ), 4, 5

Dingane ( 丁冈 ), 150

Dingiswayo ( 丁吉斯瓦约 ), 147

Diplomacy ( 外 交 ), 110; treacherous ( 具有背叛意味的外交 ), 141

Discipline ( 进行约束的法规 ), 71

*The Discourses* (Machiavelli) (《 论李维》，马基雅维利著 ), 99, 104, 107, 112, 113, 114, 115, 116, 127, 128

Dissent ( 不同言论，异见 ), 17

Dutugamunu, King ( 图盖穆鲁，国王 ), 223

Dynasties ( 王朝 ): Ch'in ( 秦朝 ), 21-53, 25n; Chou ( 周朝 ), 21, 23, 24; Han ( 汉朝 ), 21, 49, 50, 52; Hsia ( 夏 朝 ), 21, 26; Maurya ( 孔 雀 王 朝 ), 55; Ming ( 明 朝 ), 239-244; Nanda ( 难陀王朝 ), 55, 72, 88; powers of ( 王朝的力量 ), 25n; reasons for rise and fall ( 王朝兴衰的原因 ), 24; Shang ( 商朝 ), 21

## E

Egoism ( 利己主义 ), 195, 196, 206

Enemies ( 敌人 ), 12; common ( 共同敌人 ), 141; conquering ( 征服敌人 ), 83-87, 139; deceiving ( 愚弄敌军 ), 22; destruction of ( 摧毁敌军 ), 71; extermination of ( 歼

335

336

337

338

339

and power ( 宗 教 和 权 力 ), 143; right to existence ( 存 在 的 权 利 ), 11; as rival to state ( 作为国家的对手 ), 8; science of ( 宗 教之 "学" ), 75n; traditional ( 传统宗教 ), 75n; used for state purposes ( 用于国家目 的 ), 17, 118

Republicanism ( 共和主义 ), 94, 98, 111, 112, 113, 114, 117, 122, 125, 249, 254

*Republic* (Plato) ( 《理想国》, 柏拉图 著 ), 102, 116

Responsibility, collective ( 集体责任 ), 44

Rewards ( 奖赏 ): rarity of ( 少有奖赏 ), 35; use of ( 对奖赏的实施 ), 10

*Richard III* (Shakespeare) ( 《 理 查 三 世》, 莎士比亚著 ), 127, 178

*Ricordi* (Guicciardini) ( 《格言集》, 圭 恰迪尼著 ), 123

Robber Chih ( 盗跖 ), 29, 188, 195, 196

Rock Edicts ( 岩石法令 ), 57, 59, 60

The Rod ( 权杖 ), 10, 11, 71, 75, 76

Romulus and Remus ( 罗慕路斯与雷 穆斯 ), 128

Rucellai, Bernardo ( 卢彻莱, 贝纳多 ), 97, 98

Rucellai, Cosimo ( 卢彻莱, 科西莫 ), 113

Rulers ( 统治者 ). 另见 Kings ( 君主 ); Leaders ( 领导者 );

acknowledged as preeminent ( 作为国 家的杰出代表受到承认 ), 12; authority of ( 统治者的权威 ), 39, 42; benevolent ( 仁 慈的统治者 ), 31; dangers to ( 给统治者带 来危险 ), 14, 40; dedication to war ( 对战 争的全情投入 ), 12, 13, 83-87, 113, 143, 150, 151; deposing of ( 罢免统治者 ), 62; distance from ministers ( 与臣子保持距离 ), 43; as fathers ( 作为父亲 ), 203, 215; function of ( 统治者的效用 ), 11-13; humane ( 仁 爱的统治者 ), 57, 58; and humors ( 统治 者与气质秉性 ), 107; identification with supreme being ( 认同某个至高无上的力 量 ), 11; love for citizens ( 爱民 ), 10, 11, 38; as models for citizens ( 作为公民的榜样 ), 58; need for silence ( 保持沉默的需要 ), 43; obedience to ( 对统治者的服从 ), 131; ordinary ( 普通的统治者 ), 40; origin of ( 统 治者的起源 ), 64; permission to lie ( 撒谎 的许可 ), 117; reduction of powers of ( 削减 统治者的权力 ), 62; revelation of views ( 君 主的观念被臣下看透 ), 14; sacred origin of ( 统治者的神圣起源 ), 67; self-revelations of ( 君主显露自己的观点和偏好 ), 41; and social life ( 统治者和社会生活 ), 65; taking credit for success ( 占有成功的名望 ), 13, 14, 15, 42; treachery of intimates ( 身边亲 近人的背叛 ), 13, 41, 73, 82-83; use of fear ( 对恐惧的运用 ), 10; wheel ("转轮圣王"), 61

341

342